GUIDE

DES CANDIDATS AU GRADE

DE

MAITRE AU CABOTAGE,

Par ARMAND HUE,

PROFESSEUR D'HYDROGRAPHIE.

BAYONNE,

CHARLES LARROULLET, LIBRAIRE,

RUE ET HÔTEL BERNÈDE.

—

1852.

GUIDE

DES CANDIDATS AU GRADE

DE

MAITRE AU CABOTAGE,

Par ARMAND HUE,

PROFESSEUR D'HYDROGRAPHIE.

BAYONNE,

CHARLES LARROULLET, LIBRAIRE,

RUE ET HÔTEL BERNÈDE.

1852.

Bayonne , imprimerie de Vᵉ LAMAIGNÈRE,
rue Pont-Mayou, 43.

Ce livre a été écrit dans le but de présenter méthodiquement les connaissances actuellement exigées des candidats au grade de Maître au cabotage. Joint aux *Éphémérides Maritimes* publiées par M. Dubus, professeur à St-Brieuc, il suffit pour résoudre les différentes questions proposées aux examens.

J'ai cherché à expliquer aussi clairement que possible, et sans sortir des limites d'un Cours de cette nature, les théories qui s'y rattachent; heureux, si j'ai réussi à faire quelque chose d'utile à une classe intéressante de marins.

Les Tables qui terminent cet ouvrage ont été revues avec la plus scrupuleuse attention.

Janvier 1852.

TABLE DES MATIÈRES.

NOTIONS D'ARITHMÉTIQUE.

NAVIGATION.

APPENDICE.

TABLES.

Bayonne, imprimerie de Vᵉ Lamaignère,
rue Pont-Mayou, 43.

NOTIONS D'ARITHMÉTIQUE.

OPÉRATIONS FONDAMENTALES.

Définitions.

1. On appelle *grandeur* tout ce qui est susceptible d'augmentation ou de diminution. Les longueurs, les poids, les vitesses, le temps, sont des grandeurs.

2. Mesurer une grandeur, c'est en déterminer la valeur à l'aide d'une autre grandeur de même nature déjà connue. Cette dernière prend le nom d'*unité*.

3. Le résultat de la mesure d'une grandeur s'exprime par un *nombre*. Si ce résultat est tel que la grandeur contienne exactement l'unité, le nombre est dit *entier;* dans le cas contraire, le reste que l'on obtient est une *fraction*, et le résultat total, composé d'un nombre entier et d'une fraction, est appelé un *nombre fractionnaire.*

4. L'ARITHMÉTIQUE enseigne à effectuer les opérations auxquelles les nombres donnent naissance.

5. Le premier objet de cette science est de former les nombres, de les énoncer et de les écrire; c'est la *Numération.*

On forme les nombres en ajoutant successivement l'unité à elle-même.

Pour les énoncer, on a imaginé de les classer par groupes ou *ordres*, de telle manière que chaque ordre contienne dix unités de l'ordre précédent; ainsi, les premiers nombres ayant reçu des noms indépendants les uns des autres, *un, deux, trois, quatre, cinq, six, sept, huit, neuf* et *dix*, l'unité du second ordre, ou *dizaine*, vaut dix unités du premier ordre; l'unité du troisième ordre, ou *centaine*, dix unités du second ordre; celle du quatrième ordre, ou *mille*, dix unités du troisième, et ainsi de suite. Afin de simplifier encore, on a distribué ces ordres différents par *ordres principaux* ternaires, de sorte que les noms dix, cent, se reproduisent d'un de ces groupes à l'autre; ces ordres principaux sont l'unité simple, le mille, le million, le billion, etc.

Un nombre compris entre dix et cent, s'exprime en indiquant le plus grand nombre de dizaines qu'il contient, et y ajoutant le nom du nombre moindre que dix, qui le complète. Il en est de même pour les nombres compris entre cent et mille, entre mille et dix mille, et ainsi de suite.

Pour écrire les nombres d'une manière commode, on a représenté les neuf premières unités par les chiffres 1, 2, 3, 4, 5, 6, 7, 8 et 9, et on est convenu que tout chiffre placé à la gauche d'un autre exprimerait des unités d'un ordre immédiatement supérieur. Ainsi, dans le nombre 6347, le chiffre 7 représente des unités, le chiffre 4 des dizaines, le chiffre 3 des centaines, le chiffre 6 des mille. On a, de plus, créé un dixième caractère, 0, pour tenir la place des ordres manquant dans l'énoncé d'un nombre ; ce *zéro* n'a aucune valeur absolue.

Lorsqu'on veut énoncer un nombre déjà écrit, on le partage en tranches de trois chiffres, à partir de la droite, la dernière pouvant seule avoir un ou deux chiffres ; on lit séparément le nombre formé par l'ensemble des chiffres de chaque tranche, en y ajoutant l'espèce des unités que la tranche représente. Ainsi, 8607428, s'énonce : 8 *millions*, 607 *mille*, 428 *unités*.

Pour écrire un nombre, on écrit tous les ordres principaux en commençant par le plus élevé, et en faisant attention que chacun d'eux doit être composé de trois chiffres, à l'exception du premier à gauche qui peut n'en contenir qu'un ou deux ; si quelques unités manquent, on les remplace par des zéros.

Addition.

6. L'*addition* a pour but de réunir plusieurs nombres en un seul ; le résultat de cette opération se nomme *somme*.

L'addition s'indique par le signe $+$. Ainsi $8 + 3$ signifie 8 plus 3.

Il est évident qu'on ne peut additionner que des grandeurs de même espèce ; on conçoit, en effet, qu'il serait absurde de vouloir ajouter 10 mètres avec 20 francs.

Pour additionner plusieurs nombres, on les écrit les uns au-dessous des autres, de sorte que leurs unités de même ordre soient sur une même colonne verticale. On fait la somme des chiffres de la première colonne à droite ; si cette somme ne surpasse pas 9, on l'écrit au résultat comme chiffre des unités ; si elle surpasse 9, on n'écrit que les unités et on retient les dizaines que l'on ajoute à celles de la colonne suivante, sur laquelle on opère comme sur celle des unités, et ainsi de suite, jusqu'à ce qu'on arrive à faire la somme des chiffres de la dernière colonne de gauche, laquelle, jointe à la retenue précédente, s'écrit telle qu'elle a été trouvée. EXEMPLE :

$$\begin{array}{r} 6348 \\ 7609 \\ 6427 \\ 897 \\ \hline \end{array}$$

Somme.... 21281

On contrôle le résultat d'une addition en recommençant l'opération de bas en haut. Si l'on obtient ainsi un résultat identique, c'est une forte raison pour compter sur son exactitude.

Soustraction.

7. La *soustraction* a pour but de déterminer l'excès de deux nombres l'un sur l'autre ; le résultat de cette opération est appelé *reste*.

On indique la soustraction par le signe —. Ainsi, 15 — 7 signifie 15 moins 7.

8. Lorsque tous les chiffres du plus grand nombre surpassent les chiffres correspondants du plus petit, on les écrit respectivement les uns au-dessous des autres, et on retranche successivement chaque chiffre de celui de même espèce qui est au-dessus de lui. EXEMPLE :

$$64615$$
$$32503$$

Reste.... $\overline{32112}$

9. Si cette condition n'est pas remplie, on raisonne de la manière suivante. EXEMPLE :

$$87237$$
$$54863$$

Reste.... $\overline{32374}$

On dit : 3 unités ôtées de 7 unités, restent 4 unités. 6 dizaines ne peuvent se retrancher de 3 dizaines ; alors on emprunte 1 centaine au rang des centaines, et l'ajoutant aux 3 dizaines, on dit : 6 dizaines ôtées de 13 dizaines, restent 7 dizaines. Passant à la colonne des centaines, dans laquelle il n'y a plus qu'1 centaine au nombre supérieur, on emprunte encore 1 mille au rang des mille, lequel, joint à 1 centaine, donne 11 centaines, et on dit : 8 centaines ôtées de 11 centaines, restent 3 centaines ; et ainsi de suite.

Soient encore les deux nombres :

$$5003$$
$$2836$$

Reste.... $\overline{2167}$

6 unités ne pouvant pas être retranchées de 3 unités, et les zéros qui suivent n'ayant pas de valeur absolue, on emprunte 1 mille au rang des mille ; ce mille valant 10 centaines, on laisse 9 centaines à la colonne correspondante, et on retient une centaine dont on laisse encore 9 dizaines au rang des dizaines ; on est conduit en définitive à ajouter une dizaine aux 3 unités, et on dit : 6 unités ôtées de 13 unités, restent 7 unités ; 3 dizaines ôtées de 9 dizaines, restent 6 dizaines ; 8 centaines ôtées de 9 centaines, reste 1 centaine ; enfin, 2 mille ôtés de 4 mille, restent 2 mille.

10. Il résulte de ce qui précède que, *pour soustraire deux nombres, après les avoir écrits verticalement l'un au-dessous de l'autre, on retranche chaque* *chiffre de celui qui lui correspond, en commençant par la droite, et que, lorsque cette opération est impossible, on y remédie en augmentant de dix unités le chiffre supérieur, et en diminuant d'une unité celui qui vient immédiatement ou à quelques rangs après lui; dans ce dernier cas, les zéros intermédiaires doivent être comptés comme des 9.*

La preuve d'une soustraction se fait en ajoutant le reste au plus petit des deux nombres; le résultat de cette addition doit être évidemment égal au plus grand.

Multiplication.

11. La *multiplication* a pour but de répéter un nombre appelé *multiplicande* autant de fois qu'il y a d'unités dans un autre nombre appelé *multiplicateur;* le résultat se nomme *produit*.

La multiplication s'indique par le signe $\times$. Ainsi 9×6 signifie 9 multiplié par 6.

Nous supposerons qu'on sache multiplier deux nombres d'un seul chiffre l'un par l'autre, c'est-à-dire qu'on connaisse la *table de multiplication*.

Soit à multiplier 4837 par 456.

$$
\begin{array}{r}
4837 \\
456 \\
\hline
29022 \\
24185 \\
19348 \\
\hline
\end{array}
$$

Produit.... 2205672

L'opération revient à répéter 4837 456 fois, c'est-à-dire 400 fois $+$ 50 fois $+$ 6 fois.

On répète le multiplicande 6 fois, en disant: 6 fois 7 unités font 42 unités, ou 4 dizaines $+$ 2 unités; on écrit 2 unités, et on retient 4 dizaines pour les ajouter au produit de la colonne suivante. 6 fois 3 dizaines font 18 dizaines qui, jointes aux 4 dizaines de retenue, donnent 22 dizaines, ou 2 centaines $+$ 2 dizaines; on écrit 2 dizaines, et on retient 2 centaines pour les ajouter au produit des centaines; et ainsi de suite. On obtient de la sorte le nombre 29022.

Pour répéter le multiplicande 50 fois, on remarque qu'il revient au même de le répéter 5 fois, et de rendre ensuite ce produit 10 fois plus grand; or, on rend un nombre 10 fois plus grand en plaçant un zéro à sa droite, puisqu'alors chaque chiffre acquiert une valeur relative 10 fois plus grande; mais ce zéro ne devant pas influer sur la somme des produits partiels, on se dispense de l'écrire, en ayant soin de placer le premier chiffre à droite du produit de 4837 par 5 au rang des dizaines. Il n'y a donc plus qu'à multiplier 4837 par 5, ce qui donne 24185.

On raisonnera de la même manière pour répéter le multiplicande 400 fois, et on verra que cela revient à multiplier 4837 par 4, en mettant le premier chiffre de droite au rang des centaines. On a ainsi 19348.

Faisant la somme de ces trois produits partiels, on obtient le produit total 2205672.

12. Nous concluons de là que, *pour multiplier deux nombres l'un par l'autre, on multiplie successivement le multiplicande par chacun des chiffres du multiplicateur, en ayant soin de placer le premier chiffre de droite de chacun des produits partiels au même rang que celui par lequel on a multiplié. Ajoutant ensuite ces différents produits partiels, on obtient le produit total.*

13. Le multiplicande et le multiplicateur sont appelés les deux *facteurs* du produit.

14. Si l'un des deux facteurs, ou si les deux à la fois sont terminés par des zéros, on fait la multiplication, abstraction faite de ces zéros, et on écrit à la droite du produit autant de zéros qu'il y en a dans les deux facteurs. Soit en effet 48000 à multiplier par 500. On comprend qu'en multipliant 48 par 5, on multiplie un nombre 1000 fois trop petit, par un autre nombre 100 fois trop petit, et qu'alors le produit étant lui-même 100 fois 1000 fois trop faible, il faut le multiplier par 100000 pour le ramener à sa vraie valeur, c'est-à-dire placer cinq zéros sur sa droite.

15. On a quelquefois à faire le produit de plusieurs facteurs. Soit par exemple $3 \times 4 \times 6 \times 8$. Pour cela, on multiplie d'abord 3 par 4, ce qui donne 12, puis 12 par 6, ce qui donne 72 ; enfin 72 par 8, et le produit cherché est 576.

Un tel produit ne change pas en intervertissant l'ordre des facteurs.

16. Le *carré* d'un nombre est le produit de ce nombre par lui-même ; ainsi 64 est le carré de 8, car $8 \times 8 = 64$. (*) Le *cube* d'un nombre est le produit de trois facteurs égaux à ce nombre ; par conséquent 216 est le cube de 6, puisque $6 \times 6 \times 6 = 216$.

Division.

17. La *division* a pour but de trouver combien de fois un nombre nommé *dividende* en contient un autre nommé *diviseur;* le résultat est appelé *quotient.*

La division s'indique par le signe : ; ainsi 12 : 4 signifie 12 divisé par 4 ; on écrit aussi $\frac{12}{4}$.

18. Supposons d'abord que le diviseur n'ait qu'un seul chiffre.

Soit, par exemple, 53865 à diviser par 9. Après avoir disposé ces deux nombres de la manière suivante,

```
53865 | 9
   88 | ‾‾‾‾‾
   76 | 5985   Quotient.
   45 |
    0 |
```

(*) Le signe $=$ signifie *égale*.

on prend sur la gauche du dividende un ou deux chiffres, de manière que le diviseur y soit contenu au moins une fois ; on divise cette partie ainsi séparée, par le diviseur, en cherchant combien de fois elle le contient. Dans l'exemple proposé, 53 contenant 9 cinq fois, on écrit 5 au-dessous du diviseur. On multiplie ce chiffre par 9 et on retranche de 53 le produit 45, ce qui donne pour reste 8.

Ayant abaissé à côté de ce reste le chiffre suivant 8 du dividende, on cherche combien de fois le nombre 88 contient le diviseur, et on écrit le chiffre 9 qui en résulte à droite de celui qu'on a déjà trouvé. Multipliant ce chiffre par le diviseur, et retranchant de 88 le produit 81, on obtient 7 pour deuxième reste, auprès duquel on abaisse le chiffre suivant 6 du dividende.

On continue ainsi jusqu'à ce qu'on ait épuisé successivement tous les chiffres du nombre 53825, et on trouve pour dernier reste 0. Ce reste zéro exprime que le dividende contient exactement 5985 fois le diviseur.

Si le reste final était différent de zéro, il indiquerait l'excès du dividende sur le produit du diviseur par le quotient.

19. Supposons, en second lieu, que le diviseur soit composé de plusieurs chiffres. Soit 2660304 à diviser par 456 :

$$
\begin{array}{c|c}
2660304 & 456 \\
3803 & \overline{5834} \\
1550 & \\
1824 & \\
0 & \\
\end{array}
$$

On détache à la gauche du dividende le nombre 2660 plus grand que le diviseur, et on le divise par 456 ; cette opération devrait se faire en cherchant combien de fois 2660 contient 456 ; mais on arrivera au même résultat en cherchant combien de fois le nombre 26 contient le premier chiffre 4 du diviseur, au risque cependant de trouver un chiffre trop fort. On s'en assure en multipliant le diviseur par ce chiffre, et en examinant si le produit peut être retranché de 2660. Ainsi, dans le cas présent, 26 contient 4 six fois ; mais en ayant égard à l'observation que nous venons de faire, on s'aperçoit que le chiffre 6 est trop grand, et on écrit alors 5 au quotient.

Il s'agit maintenant de multiplier le diviseur 456 par 5, et de retrancher ce produit de 2660. Cette double opération se fait simultanément de la manière suivante : 5 fois 6 donnent 30 que l'on ne peut pas soustraire du dernier chiffre 0 de 2660 ; mais on rend cette soustraction possible en empruntant 3 dizaines au chiffre suivant 6, et on a alors 30 ôté de 30, reste 0. Le chiffre suivant 6 ne vaut plus que 3 ; or il revient évidemment au même de le laisser tel qu'il est, et d'ajouter ces 3 dizaines au second produit que l'on aura à retrancher. Passant au second chiffre 5 du diviseur, et le multipliant par le chiffre obtenu au quotient, on a pour produit 25 qui, augmenté des 3 dizaines prises sur le chiffre 6, donne 28 qu'il faut retrancher du chiffre supérieur 6 de 2660. Cette soustraction est encore rendue possible en empruntant 3 centaines au chiffre suivant, et l'on dit : 28 ôté de 36, reste 8. Enfin, 4 fois 5 font

20, auquel on ajoute les 3 centaines que l'on vient d'emprunter; on a ainsi 23 qui, ôté de 26, donne pour reste 3.

On abaisse, à côté de ce premier reste 380, le chiffre suivant 3 du dividende, ce qui forme le nombre 3803 que l'on doit diviser par 456. Raisonnant comme nous venons de le faire sur le premier dividende partiel, et continuant cette série d'opérations jusqu'à ce qu'on ait épuisé tous les chiffres du dividende, on trouve pour quotient le nombre 5834.

20. Il résulte de là que, *pour diviser deux nombres l'un par l'autre, on détache sur la gauche du dividende le plus petit nombre de chiffres dont l'ensemble représente un nombre au moins égal au diviseur; en divisant ce nombre par le diviseur, on obtient le premier chiffre du quotient. Faisant le produit du diviseur par ce chiffre, le retranchant du nombre séparé sur la gauche du dividende, et écrivant après ce reste le chiffre suivant du dividende, on a un nouveau dividende partiel, lequel étant encore divisé par le diviseur, fournit le deuxième chiffre du quotient. On continue ainsi jusqu'à ce qu'on obtienne un dernier dividende partiel moindre que le diviseur; c'est le reste de la division.*

On vérifie une division en multipliant le diviseur par le quotient; ce produit, augmenté du reste de l'opération, doit être égal au dividende.

21. Lorsqu'on multiplie ou qu'on divise le dividende et le diviseur par un même nombre, le quotient ne change pas. On conçoit, en effet, qu'en rendant le dividende et le diviseur un même nombre de fois plus grands ou plus petits, le nouveau diviseur sera toujours contenu dans le dividende correspondant autant de fois que précédemment; donc le quotient ne sera pas altéré.

Une conséquence de ce principe, c'est que, lorsque le dividende et le diviseur sont terminés par des zéros, on peut supprimer le même nombre de zéros de part et d'autre sans altérer le quotient, puisque on ne fait alors que diviser le dividende et le diviseur chacun par un même nombre.

FRACTIONS ORDINAIRES.

Définitions.

22. Nous avons dit (3) qu'il arrive souvent qu'en mesurant une grandeur, on trouve un nombre entier plus un reste plus petit que l'unité. Pour apprécier ce reste, appelé *fraction*, on divise l'unité en un certain nombre de parties égales, et on cherche combien de ces parties sont contenues dans ce reste. Il suit de là que la valeur d'une fraction dépend et du nombre des parties dans lesquelles l'unité a été partagée, que l'on nomme son *dénominateur*, et du nombre de celles qui ont été réunies pour la former, que l'on nomme son *numérateur*.

Le dénominateur et le numérateur sont appelés les *deux termes* de la fraction.

On écrit une fraction en plaçant le numérateur au-dessus du dénominateur, et en les séparant par un trait horizontal. Pour l'énoncer, on lit d'abord le numérateur et ensuite le dénominateur que l'on fait suivre de la terminaison *ième*. Ainsi $\frac{4}{9}$ signifie quatre neuvièmes. On excepte les dénomiteurs 2, 3, 4, que l'on énonce *demie, tiers, quart*.

23. D'après ces définitions, on peut compléter le quotient d'une division qui a donné lieu à un reste différent de zéro. Soit proposé, par exemple, de déterminer le quotient complet de la division de 38 par 5. En faisant cette opération, on trouve pour quotient entier 7, et pour reste 3. Or, ce quotient 7 n'est que le quotient de 35 par 5; il faut donc encore diviser 3 par 5, c'est-à-dire partager 3 en 5 parties égales, ou, ce qui revient au même, partager l'unité en 5 parties égales, et prendre 3 de ces parties, ce qui donne la fraction $\frac{3}{5}$. Ainsi le quotient complet de la division de 38 par 5, est $7 + \frac{3}{5}$.

On voit par là que le quotient complet d'une division est égal au quotient entier, augmenté d'une fraction ayant pour numérateur le reste de la division, et pour dénominateur le diviseur.

Une autre conséquence, c'est qu'une fraction est égale au quotient de son numérateur par son dénominateur.

24. Un *nombre fractionnaire* est, comme on l'a vu (3), une grandeur composée d'un nombre entier et d'une fraction; telle est l'expression $4 + \frac{5}{7}$. Pour écrire ce nombre sous la même forme qu'une fraction, on multiplie l'entier par le dénominateur de la fraction qui l'accompagne, on ajoute le numérateur à ce produit, et on donne à la somme ainsi formée le dénominateur de la fraction. Il est clair, en effet, que 1 valant $\frac{7}{7}$, le nombre entier 4 vaut $\frac{28}{7}$, lesquels ajoutés à la fraction $\frac{5}{7}$, donnent une somme égale à $\frac{33}{7}$.

Réciproquement, pour décomposer un nombre fractionnaire écrit sous la forme d'une fraction, on divise le numérateur par le dénominateur, en se conformant à la règle (23), puisqu'une expression fractionnaire n'est autre chose que le quotient de ses deux termes. Ainsi $\frac{47}{6} = 7 + \frac{5}{6}$.

25. Une fraction ne change pas, lorsqu'on multiplie ou qu'on divise ses deux termes par un même nombre.

Soit, en effet, la fraction $\frac{8}{12}$. En multipliant ses deux termes par 3, par exemple, le dénominateur devenant 3 fois plus grand, l'unité se trouve partagée en 3 fois plus de parties égales, lesquelles sont par conséquent 3 fois plus petites. Mais le numérateur étant aussi rendu 3 fois plus grand, on prend 3 fois plus de ces nouvelles parties de l'unité pour former la fraction. Donc la fraction primitive n'est pas altérée. Ainsi $\frac{8}{12} = \frac{24}{36}$.

Par la même raison, si l'on divise les deux termes de la fraction $\frac{8}{12}$ par 4, par exemple, le dénominateur étant rendu 4 fois plus petit, l'unité est divisée en 4 fois moins de parties égales; ces parties sont donc 4 fois plus grandes. Mais le numérateur devenant, de son côté, 4 fois plus petit, on prend 4 fois moins de parties pour former la fraction. D'où il suit que la fraction $\frac{8}{12}$ est restée la même. Ainsi $\frac{8}{12} = \frac{2}{3}$.

Simplification des fractions.

26. *Simplifier* une fraction, c'est trouver une fraction qui lui soit équivalente, mais exprimée par des termes moindres.

Pour cela, on divise successivement les deux termes de la fraction proposée par les nombres 2, 3, 5, etc., ce qui ne change pas (25) cette fraction. Ainsi

$$\frac{72}{90} = \frac{36}{45} = \frac{12}{15} = \frac{4}{5}.$$

Lorsqu'on arrive à une fraction telle que ses deux termes ne peuvent plus être exactement divisés par un même nombre, on dit que la fraction proposée est réduite à sa plus simple expression.

Addition et soustraction des fractions.

27. La condition essentielle pour pouvoir additionner ou soustraire des fractions, c'est qu'elles aient le même dénominateur; car le dénominateur, indiquant en combien de parties égales l'unité a été divisée, représente par conséquent la nature, l'espèce de ces parties; or (6), on ne peut additionner ou soustraire que des grandeurs de même espèce.

Lorsque cette condition est remplie, *on ajoute ou on soustrait les numérateurs, en donnant au résultat le dénominateur commun.* Il est clair, en effet, que la somme des fractions $\frac{3}{9}$, $\frac{4}{9}$, $\frac{7}{9}$, est un certain nombre de neuvièmes égal à $3 + 4 + 7$, c'est-à-dire $\frac{14}{9}$; et que, de même, la différence des fractions $\frac{9}{12}$, $\frac{5}{12}$, est un certain nombre de douzièmes égal à $9 - 5$, ou $\frac{4}{12}$.

28. Si les fractions n'ont pas le même dénominateur, on les y ramène en multipliant les deux termes de chacune d'elles par le produit des dénominateurs de toutes les autres. Soient, par exemple, les fractions

$$\frac{3}{4} \qquad \frac{5}{7} \qquad \frac{8}{9};$$

en multipliant les deux termes de $\frac{3}{4}$ par le produit 63 des dénominateurs des deux autres, on obtient la fraction $\frac{189}{252}$; en multipliant les deux termes de $\frac{5}{7}$ par le produit 36 des dénominateurs des deux autres, on a la fraction $\frac{180}{252}$; et en multipliant les deux termes de $\frac{8}{9}$ par le produit 28 des deux autres dénominateurs, on a la fraction $\frac{224}{252}$. Or, il est évident que ces trois nouvelles fractions sont équivalentes aux fractions proposées, puisqu'on n'a fait que multiplier respectivement les deux termes de celles-ci par un même nombre, et que leur dénominateur doit être le même, puisqu'il résulte du produit des dénominateurs 4, 7 et 9 de ces fractions.

Les fractions réduites au même dénominateur sont donc

$$\frac{189}{252} \qquad \frac{180}{252} \qquad \frac{224}{252}.$$

29. Cette opération se modifie et devient plus simple, quand un des dénominateurs contient exactement tous les autres, comme cela arrive pour les fractions

$$\frac{3}{4} \cdot \frac{5}{6} \qquad \frac{7}{8} \qquad \frac{9}{24};$$

alors on divise le plus grand dénominateur 24 par chacun des autres dénominateurs, et on multiplie les deux termes de chaque fraction par le quotient qui lui correspond. On obtient ainsi

$$\frac{18}{24} \quad \frac{20}{24} \quad \frac{21}{24} \quad \frac{9}{24},$$

fractions équivalentes aux premières, puisqu'elles proviennent du produit des deux termes de ces fractions par un même nombre.

30. Lorsqu'on a à additionner ou à soustraire des nombres fractionnaires, on peut opérer séparément sur les entiers et sur les fractions, ou bien, les mettre sous forme de fraction et y appliquer les règles précédentes.

Multiplication des fractions.

31. Trois cas peuvent se présenter.

1° *Multiplier une fraction par un nombre entier*. Soit, par exemple,

$$\frac{5}{7} \times 8.$$

Cela veut dire qu'il faut répéter 8 fois la fraction $\frac{5}{7}$, ou faire la somme de 8 fractions égales à $\frac{5}{7}$; cette somme s'obtiendra (27) en répétant 8 fois le numérateur 5, et en donnant à ce produit le dénominateur 7 de la fraction $\frac{5}{7}$. Donc, *on multiplie une fraction par un nombre entier, ou, ce qui revient au même, on rend une fraction un certain nombre de fois plus grande, en multipliant son numérateur par ce nombre, et en divisant ce produit par son dénominateur*. Ainsi

$$\frac{5}{7} \times 8 = \frac{5 \times 8}{7} = \frac{40}{7}.$$

2° *Multiplier un nombre entier par une fraction*.

Ici le mot *multiplier* n'aurait aucun sens, si on lui donnait l'acception du n° 11, où il signifie rendre une grandeur un certain nombre de fois plus grande. Il faut donc changer cette définition et dire que *multiplier un nombre quelconque par une fraction, c'est prendre cette même fraction de ce nombre*.

Soit donc

$$10 \times \frac{3}{4}.$$

Il s'agit, d'après cela, de prendre les $\frac{3}{4}$ de 10; ce qui se fera en prenant le quart de 10, et le répétant ensuite 3 fois. Or le quart de 10 est $\frac{10}{4}$, et le triple de cette expression fractionnaire est (1°) $\frac{10 \times 3}{4} = \frac{30}{4}$. On voit donc que la règle de cette multiplication est la même que pour le cas précédent.

3° *Multiplier une fraction par une fraction*.

Soit, par exemple,

$$\frac{5}{8} \times \frac{2}{3}.$$

Conformément à l'observation déjà faite, nous dirons que multiplier $\frac{5}{8}$ par $\frac{2}{3}$, c'est prendre les $\frac{2}{3}$ de $\frac{5}{8}$. Or, prendre le tiers de $\frac{5}{8}$, c'est rendre cette fraction 3 fois plus petite, ce qui aura lieu en multipliant son dénominateur par 3, parce qu'alors l'unité étant partagée en 3 fois plus de parties égales, ces parties, et par suite la fraction elle-même, seront devenues 3 fois plus petites. Ainsi le tiers de $\frac{5}{8}$ est $\frac{5}{8\times3}$. Par conséquent les $\frac{2}{3}$ de $\frac{5}{8}$, qui sont 2 fois plus grands, valent (1°) $\frac{5\times2}{8\times3} = \frac{10}{24}$.

D'où l'on conclut que, *pour multiplier une fraction par une fraction, il faut multiplier les numérateurs entre eux, et diviser ce produit par celui des dénominateurs.*

32. Lorsqu'on a à multiplier des nombres fractionnaires, on réduit les entiers en fractions de même espèce que celles qui les accompagnent, et on se conforme aux règles précédentes.

Division des fractions.

33. Nous distinguerons trois cas.

1° *Une fraction à diviser par un nombre entier.*

Soit la fraction $\frac{6}{11}$ à diviser par 4. Diviser une grandeur quelconque par 4, c'est la rendre 4 fois plus petite. Or, le dénominateur indiquant l'espèce des parties égales de l'unité, si l'on multiplie ce dénominateur par 4, il exprimera que l'unité sera partagée en 4 fois plus de parties, lesquelles seront par conséquent 4 fois moindres. Il s'ensuit qu'en multipliant le dénominateur 11 de la fraction $\frac{6}{11}$, par 4, la nouvelle fraction $\frac{6}{11\times4}$, sera formée de 6 parties 4 fois plus petites que celles de la première; donc elle sera divisée par 4. Ainsi le quotient de $\frac{6}{11} : 4 = \frac{6}{44}$.

On voit par là que, *pour diviser une fraction par un nombre entier, c'est-à-dire pour la rendre un certain nombre de fois plus petite, il n'y a qu'à multiplier son dénominateur par ce nombre.*

2° *Un entier à diviser par une fraction.*

Soit 5 à diviser par $\frac{4}{9}$. Si l'on avait 5 à diviser par 4 unités, au lieu de $\frac{4}{9}$, le quotient serait $\frac{5}{4}$. Mais la fraction $\frac{4}{9}$, étant 9 fois moindre que 4 unités, sera contenue dans 5 neuf fois davantage. Par conséquent, le quotient de 5 par $\frac{4}{9}$ est 9 fois plus grand que $\frac{5}{4}$; sa valeur est donc (31,1°) $\frac{5\times9}{4}$ ou $5 \times \frac{9}{4} = \frac{45}{4}$.

Donc, *pour diviser un entier par une fraction, il faut multiplier l'entier par la fraction diviseur renversée.*

3° *Une fraction à diviser par une fraction.*

Soit $\frac{3}{8}$ à diviser par $\frac{4}{5}$. Si l'on avait $\frac{3}{8}$ à diviser par 4 unités, le quotient serait (1°) $\frac{3}{8\times4}$. Or la fraction $\frac{4}{5}$ étant 5 fois plus petite que 4 unités, doit être contenue 5 fois plus dans $\frac{3}{8}$; donc, il n'y a qu'à multiplier par 5 le quotient $\frac{3}{8\times4}$, ce qui donne $\frac{3\times5}{8\times4}$, ou $\frac{3}{8} \times \frac{5}{4}$. Ainsi le quotient de $\frac{3}{8} : \frac{4}{5} = \frac{15}{32}$.

D'où l'on voit que, *pour diviser une fraction par une fraction, il faut multiplier le dividende par le diviseur renversé.*

34. Si l'on a à diviser des nombres fractionnaires, on les met sous forme de fraction, et on opère d'après les règles précédentes.

FRACTIONS DÉCIMALES.

Définitions.

35. La simplicité des opérations relatives aux nombres entiers tient à la manière régulière avec laquelle décroissent les différents ordres d'unités qui les composent. Un moyen d'étendre aux fractions cette simplicité de calculs, c'est d'écrire à la droite des unités simples de nouveaux chiffres qui, par leur position respective, exprimeront (5) des dixièmes, des centièmes, des millièmes, etc., en séparant toutefois par un signe quelconque, une virgule, par exemple, la partie entière de la partie purement fractionnaire. Ainsi 28,359 signifie 28 unités, 3 dixièmes, 5 centièmes, 9 millièmes.

Les nombres écrits de la sorte s'appellent *nombres décimaux* ou *fractions décimales*.

Pour énoncer un nombre décimal, on énonce d'abord sa partie entière, puis le nombre formé par l'ensemble des chiffres de la partie fractionnaire, en le faisant suivre de la dénomination des décimales de la plus petite espèce. Soit le nombre décimal 46,3284; on l'énoncera en disant: 46 unités, 3284 dix millièmes. Il est évident, en effet, que 3 dixièmes valent 30 centièmes, ou 300 millièmes, ou 3000 dix millièmes; que 2 centièmes valent 20 millièmes, ou 200 dix millièmes, et ainsi de suite.

36. Puisque la valeur relative de chaque chiffre de la partie décimale ne dépend que du rang qu'occupe ce chiffre par rapport à la virgule, on peut, sans altérer un nombre décimal, placer ou supprimer des zéros à sa droite.

37. Si l'on transporte la virgule d'un certain nombre de rangs vers la droite, ou vers la gauche, on multiplie ou on divise le nombre décimal par l'unité suivie d'autant de zéros que l'on a fait parcourir de rangs à la virgule.

Soit, par exemple, le nombre décimal 357,879. En avançant la virgule de 2 rangs sur la droite, chaque chiffre acquiert une valeur relative 100 fois plus grande. De même en reculant la virgule de 3 rangs vers la gauche, la valeur relative de chaque chiffre devient 1000 fois plus petite.

Addition et soustraction des fractions décimales.

38. *Ces deux opérations se font comme celles des nombres entiers, en ayant soin de faire correspondre verticalement les unités de même espèce.* Cela résulte de ce que les différents ordres des fractions décimales ont la même valeur, les uns par rapport aux autres, que dans les nombres entiers.

Soit à additionner les nombres suivants :

$$43,879$$
$$6,42$$
$$0,846$$
$$58,007$$

Somme...... 109,152

Soit à soustraire 27,453 de 78,106 :

$$78,106$$
$$27,453$$

Reste...... 50,653

Lorsque, dans la soustraction à effectuer, le plus grand des deux nombres a moins de chiffres décimaux que l'autre, on y supplée en plaçant à sa droite le nombre de zéros nécessaire.

Multiplication des fractions décimales.

39. *La multiplication des nombres décimaux se fait comme celle des nombres entiers, sans avoir égard à la virgule, et en séparant à la droite du produit autant de chiffres décimaux qu'il y en a dans les deux facteurs.*

Soit 48,27 à multiplier par 9,5 :

$$48,27$$
$$9,5$$

$$24135$$
$$43443$$

Produit...... 458,565

En négligeant la virgule dans le multiplicande, on le rend 100 fois plus grand ; en la négligeant dans le multiplicateur, on le rend 10 fois plus grand ; donc, le produit ainsi obtenu est 10 fois 100 fois ou 1000 fois trop grand. Il faut, par conséquent, pour le ramener à sa vraie valeur, le diviser par 1000, c'est-à-dire séparer 3 chiffres décimaux sur sa droite.

Division des fractions décimales.

40. *Pour diviser deux nombres décimaux, on les ramène à avoir le même nombre de chiffres après la virgule, en écrivant, s'il le faut, des zéros à la droite de l'un d'eux ; puis on supprime la virgule, et on fait la division des nombres entiers qui en dérivent.*

En effet, en supprimant la virgule dans les deux nombres ainsi préparés, on les multiplie chacun par l'unité suivie du même nombre de zéros ; donc (21) le quotient n'est pas altéré.

Ainsi, diviser 36,8 par 7,237, revient à diviser 36800 par 7237.

41. Lorsque le dividende contient plus de chiffres décimaux que le diviseur, il est préférable de faire la division sans placer des zéros à la droite de ce dernier ; mais alors on sépare au quotient un nombre de chiffres égal à l'excès du nombre des chiffres décimaux du dividende sur le nombre de ceux du diviseur.

Soit à diviser 86,4528 par 12,7 :

$$\begin{array}{r|l} 864528 & 127 \\ 1025 & \overline{6,807} \\ 00928 & \\ 39 & \end{array}$$

En supprimant la virgule dans le dividende, on rend ce nombre, et par suite le quotient, 10000 fois plus grand ; en la supprimant dans le diviseur, on le rend 10 fois plus grand, et le quotient 10 fois plus petit ; donc le quotient des deux nombres entiers qui en résultent est 1000 fois trop grand. Il faut, par conséquent, le diviser par 1000, en séparant trois chiffres décimaux à sa droite.

Cette règle s'applique au cas où l'on a un nombre décimal à diviser par un nombre entier. Ainsi le quotient de 36,458 par 25 est 1,458.

Réduction des fractions ordinaires en décimales.

42. On voit, par ce qui précède, de quelle importance il doit être de réduire les fractions ordinaires en décimales, pour simplifier les calculs qui s'y rapportent. Or, cela est toujours possible, soit exactement, soit approximativement, comme nous allons l'expliquer.

Soit proposé de convertir en décimales la fraction $\frac{7}{8}$:

$$\begin{array}{r|l} 70 & 8 \\ 60 & \overline{0,875} \\ 40 & \\ 0 & \end{array}$$

Une fraction étant (23) le quotient de son numérateur par son dénominateur, on est conduit à diviser 7 par 8, ce qui donne 0. Mais 7 unités valant 70 dixièmes, en écrivant un zéro à la droite de 7, et divisant 70 par 8, on a 8 dixièmes au quotient.

Le reste 6 exprime des dixièmes. Or, 6 dixièmes valent 60 centièmes ; donc en plaçant un zéro à la droite de ce reste, et divisant 60 par 8, on obtient au quotient 7 centièmes, et ainsi de suite.

43. Dans l'exemple précédent, la division a donné pour dernier reste 0, ce qui indique que la fraction $\frac{7}{8}$ est exactement égale à la fraction décimale 0,875 ; mais cela n'arrivera pas toujours.

Soit à réduire en décimales les fractions $\frac{1}{11}$ et $\frac{5}{12}$:

$$\begin{array}{r|l} 30 & 11 \\ 80 & \overline{0,2727....} \\ 30 & \\ 80 & \\ 3 & \end{array} \qquad \begin{array}{r|l} 50 & 12 \\ 20 & \overline{0,4166...} \\ 80 & \\ 80 & \\ 8 & \end{array}$$

On voit, à l'inspection de ces deux quotients, qu'il arrive un moment où les mêmes chiffres se reproduisent, et cela continuerait ainsi jusqu'à l'infini. Alors, pour en apprécier la valeur, on prend un certain nombre de chiffres décimaux, et on a une approximation marquée par le rang du chiffre auquel on s'arrête. Ainsi $\frac{3}{11} = 0,2727$ à moins d'un dix millième près, et $\frac{5}{12} = 0,416$ à moins d'un millième près.

44. A ce propos, il est bon de faire observer que, lorsqu'on a un nombre composé de plusieurs chiffres décimaux, si l'on en supprime quelques-uns et que le premier des chiffres supprimés surpasse 5, il faudra augmenter d'une unité celui auquel on aura arrêté l'approximation.

Soit, en effet, le nombre 0,6528, et supposons que nous supprimions le chiffre 8. Ce nombre, étant compris entre 0,652 et 0,653, diffère avec le premier de 8 dix millièmes en plus, et avec le second de 2 dix millièmes en moins. Donc, en prenant 0,653, l'erreur commise sera moindre, et par conséquent l'approximation plus grande.

SYSTÈME MÉTRIQUE.

Unité de longueur.

45. L'unité de longueur est le *mètre;* c'est la dix millionième partie du quart du méridien terrestre. Il vaut 3^{pieds}11^{lignes},296 des anciennes mesures.

Le mètre est la base de toutes les autres unités principales.

Unité de surface.

46. L'unité de surface est le *mètre carré;* c'est un carré qui a un mètre de côté. Pour les mesures agraires on prend habituellement une unité plus grande, l'*are*, qui est un carré de 10 mètres de côté, et qui vaut 100 mètres carrés.

Unité de volume.

47. L'unité de volume est le *mètre cube;* c'est un cube dont chaque arête a un mètre, et dont chaque face vaut un mètre carré.

Quand il s'agit de mesurer les bois de chauffage, on donne au mètre cube le nom de *stère*.

Unité de capacité.

48. L'unité de capacité est le *litre;* c'est un volume égal à la millième partie du mètre cube.

Unité de poids.

49. L'unité de poids est le *gramme*; c'est le poids de la millionième partie d'un mètre cube d'eau distillée, prise à environ 4° de température au-dessus de zéro.

Unité de monnaie.

50. L'unité de monnaie est le *franc;* c'est une pièce d'argent, pesant 5 grammes, et contenant un dixième de son poids de cuivre.

Multiples et sous-multiples des unités principales.

51. On conçoit sans peine que, dans la mesure d'une grandeur d'une espèce quelconque, le choix de l'unité ne doit pas être tout à fait indifférent. Ainsi, si l'on voulait apprécier une très-faible distance en prenant le mètre pour unité, ou la charge d'un navire en prenant pour unité le gramme, on serait conduit, soit à des fractions très-petites, soit à des nombres très-considérables et dont l'emploi dans les calculs serait fort embarrassant.

Il faut donc proportionner l'unité à la nature de la grandeur à évaluer. Pour cela on a formé, à l'aide de chaque unité principale, d'autres unités qui sont de dix en dix fois plus grandes, et auxquelles on a conservé le nom de l'unité principale, en la faisant précéder des mots suivants :

Déca, hecto, kilo, myria, deci, centi, milli.

qui signifient respectivement dix, cent, mille, dix mille, dixième, centième, millième.

Ainsi le *kilomètre* vaut mille mètres; l'hectare vaut cent arcs; le décilitre, le dixième d'un litre; le décagramme, dix grammes, etc.

Cependant, dans chaque classe d'unités, il n'y a que certains multiples dont l'usage soit habituel.

Les distances itinéraires s'évaluent en kilomètres et myriamètres; les grandes superficies, en hectares ; on emploie l'hectolitre pour les volumes d'une certaine capacité, le kilogramme pour les poids ordinaires. Dans les fortes pesées, on se sert du *quintal métrique* qui vaut 100 kilogrammes, et du *tonneau* qui en vaut 1000.

Quant aux monnaies, les mots déca, hecto, etc., ne leur ont pas été appliqués. Les seuls sous-multiples du franc en usage sont : le *décime* qui est la dixième partie du franc, et le *centime* qui en est la centième partie. On a préféré ces dénominations à celles de décifranc, centifranc.

Comme les différents multiples et sous-multiples des unités de mesure suivent la loi de la numération décimale, tous les calculs qui s'y rapportent s'exécuteront d'après les règles relatives aux nombres entiers et aux nombres décimaux.

PROPORTIONS.

Définitions.

52. On appelle *rapport* le quotient de deux nombres dont le premier se nomme *antécédent*, et le second, *conséquent*. Ainsi le rapport de 10 à 2 est 5 ; celui de 3 à 4 est $\frac{3}{4}$.

Il résulte (21) de cette définition qu'on n'altère pas un rapport en multipliant ou en divisant ses deux termes par un même nombre.

Lorsque le rapport de deux nombres est égal à celui de deux autres nombres, l'égalité de ces deux rapports forme une *proportion*. Par exemple, le rapport de 9 à 3 étant égal à celui de 12 à 4, on a la proportion

$$\frac{9}{3} = \frac{12}{4},$$

que l'on a l'habitude d'écrire de la manière suivante :

$$9 : 3 :: 12 : 4.$$

On lit : 9 est à 3, comme 12 est à 4.

Les deux termes 9 et 4 sont appelés les *extrêmes*, et les deux termes 3 et 12 les *moyens* de la proportion.

Propriétés des proportions.

53. *Lorsque quatre nombres forment une proportion, le produit des extrêmes est égal à celui des moyens.*

Soit, par exemple, la proportion

$$8 : 4 :: 10 : 5.$$

Mettant cette proportion sous forme d'égalité de rapports, il vient

$$\frac{8}{4} = \frac{10}{5}.$$

Réduisons ces fractions au même dénominateur, nous aurons

$$\frac{8 \times 5}{4 \times 5} = \frac{10 \times 4}{4 \times 5}.$$

Or, quand deux fractions de même espèce sont égales, leurs numérateurs sont évidemment égaux ; donc

$$8 \times 5 = 10 \times 4.$$

C'est ce qu'il fallait démontrer.

54. On peut, sans altérer une proportion, faire les trois transformations suivantes :

1° Changer les moyens de place ;

2° Changer les extrêmes de place ;

3° Mettre les extrêmes à la place des moyens.

Car, dans chacune de ces transformations, le produit des extrêmes ne cesse pas d'être égal à celui des moyens.

Ainsi, de la proportion $8 : 4 :: 10 : 5,$ on déduit :

$$8 : 10 :: 4 : 5$$
$$5 : 4 :: 10 : 8$$
$$4 : 8 :: 5 : 10.$$

55. *Connaissant trois termes d'une proportion, trouver le quatrième.*

Soit la proportion

$$7 : 9 :: 14 : x,$$

x étant le terme inconnu. On connaît le produit des extrêmes, puisqu'il est égal à celui des moyens $9 \times 14 = 126$. Donc, en divisant 126 par l'extrême connu 7, on aura la valeur de x. Ainsi $x = \frac{9 \times 14}{7} = 18$.

Si c'est un moyen que l'on cherche, comme dans la proportion

$$3 : 5 :: x : 20,$$

on trouvera, par un raisonnement analogue au précédent, que la valeur de x est $\frac{20 \times 3}{5} = 12$.

56. *En multipliant terme à terme un nombre quelconque de proportions, on forme une nouvelle proportion.*

Soient, par exemple, les proportions suivantes :

$$2 : 4 :: 6 : 12$$
$$3 : 7 :: 15 : 35$$
$$4 : 5 :: 8 : 10.$$

En mettant ces proportions sous forme d'égalité de rapports, on a

$$\frac{2}{4} = \frac{6}{12}$$
$$\frac{3}{7} = \frac{15}{35}$$
$$\frac{4}{5} = \frac{8}{10}.$$

Multipliant toutes ces égalités membre à membre, il vient (31)

$$\frac{2 \times 3 \times 4}{4 \times 7 \times 5} = \frac{6 \times 15 \times 8}{12 \times 35 \times 10}.$$

Mais, ces deux quotients étant égaux, on en déduit la proportion

$$2 \times 3 \times 4 : 4 \times 7 \times 5 :: 6 \times 15 \times 8 : 12 \times 35 \times 10,$$

dont les quatre termes sont les produits de ceux des proportions données, multipliés par ordre.

Règle de trois.

57. La *règle de trois* a pour but de résoudre des problèmes dans lesquels on cherche une grandeur qui ait, avec une autre grandeur de même espèce, le même rapport que deux autres ont entre elles.

Les deux grandeurs connues, de même espèce, se nomment les *principales*; les deux autres, aussi de même espèce entre elles, mais dont l'une est inconnue, se nomment les *relatives*.

On distingue deux sortes de règles de trois : la règle de trois *simple* et la règle de trois *composée*. Elles diffèrent en ce que, dans la première, l'inconnue ne dépend que d'un seul rapport, tandis que, dans la seconde, l'inconnue dépend de la considération de plusieurs rapports.

Règle de trois simple.

58. On dit qu'il y a une *relation directe* entre les principales et les relatives, lorsque les principales varient dans le même sens que les relatives, et que la *relation* entre ces mêmes grandeurs est *inverse,* lorsque les principales varient en sens inverse des relatives.

Cela posé, soit à résoudre les problèmes suivants :

EXEMPLE I. 36 ouvriers ont fait dans un certain temps 180 mètres d'ouvrage. Combien 45 ouvriers en feront-ils dans le même temps?

Les principales sont ici 36 et 45 ouvriers; les relatives sont 180 mètres, et le nombre de mètres inconnu, x. La relation est directe, car il est évident que 45 ouvriers feront plus d'ouvrage dans le même temps que 36 ouvriers ; donc x doit être plus grand que 180; donc le conséquent du premier rapport doit être plus grand que son antécédent. Il s'ensuit que la proportion sera :

$$36 : 45 :: 180^{m} : x$$

d'où (55) $\qquad x = \frac{45 \times 180}{36} = 225 \text{ mètres.}$

EXEMPLE II. Avec un sablier de 40 secondes, un navire a filé 7 nœuds. Combien en filerait-il avec un sablier de 30 secondes?

Ici encore la relation est directe, car moins l'expérience dure, moins on doit filer de nœuds. En raisonnant comme plus haut, on verra qu'il faut poser la proportion :

$$40 : 30 :: 7 : x$$

d'où $\qquad x = \frac{30 \times 7}{40} = 5^{n},25.$

Nous conclurons de là que, lorsque la relation est directe, on doit écrire : *La première principale est à la deuxième, comme la première relative est à la relative inconnue.*

59. EXEMPLE III. Un navire n'a plus que pour 17 jours de vivres en donnant à chaque homme 625 grammes de biscuit par jour. Devant tenir la mer encore 25 jours, on demande quelle ration de biscuit il faudra donner par jour à chaque homme?

La traversée devant durer 25 jours, au lieu de 17, la ration doit être diminuée proportionnellement; donc la relation est inverse: L'inconnue x devant être plus petite que 625 grammes, il faut que le conséquent du premier rapport soit plus petit que son antécédent; sans quoi, il n'y aurait pas proportion. On posera donc :

$$25 : 17 :: 625 : x$$

d'où $\qquad x = \frac{625 \times 17}{25} = 425 \text{ grammes.}$

EXEMPLE IV. Avec des nœuds de 13 mètres de longueur, un navire a filé 6 nœuds. Combien en filerait-il avec des nœuds de $14^{m},6$?

La relation est encore inverse, parce que, les nœuds étant plus longs, on en filera moins dans le même temps. L'inconnue x doit être moindre que 6 nœuds; donc, pour qu'il y ait proportion, on écrira

$$14,6 \; : \; 13 \; :: \; 6 \; : \; x$$

d'où
$$x = \frac{13 \times 6}{14,6} = 5^{n},3.$$

On déduit de là que, lorsque la relation est inverse, la proportion est : *La deuxième principale est à la première, comme la première relative est à la relative inconnue.*

Règle de trois composée.

60. Une telle règle se réduit, comme on va le voir, à des séries de règles de trois simples, lesquelles se ramènent en définitive à une seule.

EXEMPLE I. Avec des nœuds de 16 mètres, et un sablier de 20 secondes, un navire a filé 3 nœuds. Combien en filerait-il avec des nœuds de $14^{m},6$ et un sablier de 30 secondes ?

Cherchons d'abord le nombre de nœuds filés, s'ils étaient de $14^{m},6$, au lieu d'être de 16^{m}, l'expérience durant 20 secondes. On reconnaît que la relation est inverse, et on a (59)

$$14,6 \; : \; 16 \; :: \; 3 \; : \; x.$$

x n'est pas encore le nombre de nœuds demandé, puisqu'il correspond à un sablier de 20 secondes. Or l'expérience devant durer 30 secondes, au lieu de 20, le vrai nombre de nœuds filés sera plus grand que x; donc la relation est directe, et, en appelant x' ce nombre inconnu, on aura (58)

$$20 \; : \; 30 \; :: \; x \; : \; x'.$$

Multipliant ces deux proportions terme à terme (56), il vient

$$14,6 \times 20 \; : \; 16 \times 30 \; :: \; 3 \times x \; : \; x \times x'.$$

Mais nous pouvons (52) diviser par x les deux termes du dernier rapport sans l'altérer, et nous aurons, après avoir effectué les produits indiqués :

$$292 \; : \; 480 \; :: \; 3 \; : \; x'$$

d'où
$$x' = \frac{480 \times 3}{292} = 4^{n},9.$$

Il sera utile de supprimer les facteurs communs des deux termes du premier rapport, lorsque cela pourra avoir lieu.

EXEMPLE II. 10 ouvriers, travaillant 9 heures par jour, ont fait 1240 mètres d'ouvrage dans 6 jours. On demande dans combien de jours 4 ouvriers, travaillant 10 heures par jour, feraient 1500 mètres du même ouvrage ?

Supposons d'abord que le nombre des ouvriers varie seul, et de 10 devienne 4, sans rien changer aux autres hypothèses. Si 10 ouvriers ont mis 6 jours à faire un certain travail, 4 ouvriers mettront davantage. La relation est inverse, et on aura d'après la règle (59) :

$$4 \; : \; 10 \; :: \; 6 \; : \; x;$$

x représente le nombre de jours qu'emploieraient 4 ouvriers travaillant 9 heures par jour, pour faire 1240^m d'ouvrage, comme les premiers. Mais ils doivent travailler 10 heures par jour ; or, plus ils travailleront d'heures chaque jour, moins ils resteront de jours. La relation est encore inverse, et il viendra (59)

$$10 : 9 :: x : x' ;$$

x' représente le nombre de jours de travail de 4 ouvriers, travaillant 10 heures par jour, pour faire 1240 mètres. Pour passer de là à un travail de 1500 mètres, la relation est évidemment directe, et on aura, conformément à la règle (58) :

$$1240 : 1500 :: x' : x''.$$

Multipliant ces trois proportions terme à terme, et divisant les deux termes du dernier rapport par le produit $x \times x'$, il vient

$$4 \times 10 \times 1240 : 10 \times 9 \times 1500 :: 6 : x''.$$

En simplifiant le premier rapport et effectuant, cette proportion se réduit enfin à

$$248 : 675 :: 6 : x'' = 16,3.$$

Règle d'intérêt.

61. Cette règle a pour but de déterminer l'*intérêt*, c'est-à-dire le bénéfice que produit un capital placé, pendant un certain temps, à des conditions fixées. Ces conditions s'expriment par le *taux de l'intérêt*, qui n'est autre chose que l'intérêt de 100 francs pendant un an.

L'intérêt est *simple*, lorsque le capital reste le même pendant toute la durée du placement ; il est *composé*, lorsque chaque année l'intérêt s'ajoute au capital, pour en augmenter la valeur. Nous ne traiterons ici que de l'intérêt simple.

EXEMPLE I. Calculer l'intérêt de 23655 fr., placés à 4 ½ %, pendant 7 ans, 10 mois et 24 jours.

L'intérêt d'un an sera évidemment donné (58) par la proportion :

$$100 : 4,50 :: 23655 : x = 1064^f,47 ;$$

l'intérêt de 7 ans sera égal à $1064^f,47 \times 7 = 7451^f,29$.

Pour trouver ensuite l'intérêt pendant 10 mois et 24 jours, nous décomposerons ce temps en parties aliquotes de l'année, et nous opérerons de la manière suivante :

Intérêt pour 1 an....................	$1064^f,47$
pour 6 mois...............	532,23
3	266,11
1	88,70
15 jours...............	44,35
6	17,74
3	8,87
Intérêt pour 10 mois, 24 jours...	$958^f,00$

Ajoutant cet intérêt à celui de 7 ans, déjà trouvé, on a, pour l'intérêt demandé 7451^f,29 + 958^f = 8409^f,29.

EXEMPLE II. Calculer le capital qui, placé à 5 °/$_0$, a produit 2648^f,50 d'intérêt au bout de 4 ans et 7 mois.

Cherchons d'abord quel est l'intérêt produit dans 1 an. Or, dans 4 ans et 7 mois, ou 55 mois, cet intérêt a été de 2648^f,50 ; donc, pour 12 mois, il sera donné par la proportion :

$$55 : 12 :: 2648^f,50 : x = 577^f,85.$$

Connaissant l'intérêt pendant 1 an, on aura le capital qui lui correspond en posant :

$$5 : 100 :: 577^f,85 : x = 11557^f.$$

EXEMPLE III. Un capital de 25000 fr. a produit d'intérêt 4156^f,60 au bout de 5 ans et 3 mois. On demande le taux de l'intérêt ?

Comme dans l'exemple précédent, on déterminera d'abord l'intérêt d'un an, en remarquant que 5 ans et 3 mois valent 63 mois, par la proportion :

$$63 : 12 :: 4156^f,60 : x = 791^f,73.$$

On aura ensuite le taux de l'intérêt, c'est-à-dire l'intérêt de 100 fr. pendant un an, par la proportion évidente :

$$25000 : 791,73 :: 100^f : x = 3^f,17.$$

EXEMPLE IV. Un capital de 12830^f, placé à 4 °/$_0$, a produit d'intérêt 3637^f,25. On demande pendant combien de temps ce capital est resté placé ?

On trouvera, comme dans le 1er exemple, l'intérêt d'un an, en posant :

$$100 : 4 :: 12830^f : x = 513^f,20.$$

Maintenant, en cherchant combien de fois cet intérêt est contenu dans les 3637^f,25, on aura le temps du placement.

Le quotient de cette division, exprimé en ans, mois et jours, est 7 ans, 1 mois et 1 jour.

Règle d'escompte.

62. L'*escompte* est la retenue que doit subir un billet dont on veut toucher le montant avant son échéance.

Nous ne nous occuperons que de l'escompte tel qu'il est usité dans le commerce, et que l'on nomme *escompte en dehors*.

EXEMPLE. On demande l'escompte d'un billet de 3840 fr., payable dans 5 mois et 12 jours, à raison de 5 °/$_0$ par an.

On commencera par chercher la valeur de l'escompte, si le billet était payable au bout d'un an, à l'aide de la proportion

$$100 : 5 :: 3840^f : x = 192^f.$$

Prenant ensuite des parties proportionnelles pour 5 mois et 12 jours, de la même manière que nous l'avons expliqué (61), on trouvera que l'escompte cherché est 86^f,40.

Cette règle donnerait lieu à quatre problèmes analogues à ceux qui se rapportent à la règle d'intérêt ; mais comme ils se résoudraient semblablement, nous nous dispensons de les développer, pour éviter des répétitions inutiles.

Règle de société.

63. On appelle ainsi une opération qui a pour but de partager un bénéfice ou une perte entre plusieurs associés, suivant les droits de chacun d'eux ; ces droits résultent : 1° des mises de ces associés, 2° du temps pendant lequel les mises sont demeurées dans la société.

Examinons séparément les deux cas qui peuvent se présenter.

EXEMPLE I. **Quatre associés ont fait un bénéfice de 6830 fr. Le 1er avait mis 2745 fr.; le 2e, 2936 fr.; le 3e, 1867 fr.; le 4e, 2000 fr. On demande ce qui revient à chacun d'eux?**

Le bénéfice 6830^f ayant été produit par la totalité des sommes versées par les divers associés, nous sommes d'abord conduits à faire la somme des mises, ce qui donne 9548^f. Or, il est évident qu'il doit y avoir, entre chaque gain partiel et chaque mise partielle, le même rapport qu'entre le gain total et la mise totale. Donc, les quantités inconnues seront données par les quatre proportions suivantes :

$$9548 : 6830 :: 2745 : x = 1963^f,59$$
$$:: 2936 : x' = 2100^f,22$$
$$:: 1867 : x'' = 1335^f,52$$
$$:: 2000 : x''' = 1430^f,67.$$

On vérifiera les résultats en remarquant que la somme des bénéfices partiels doit être égale au bénéfice total.

EXEMPLE II. **Trois associés ont gagné dans une entreprise 1200 fr. Le 1er a mis 360 fr. pendant 3 mois ; le 2e, 400 fr. pendant 5 mois ; le 3e, 280 fr. pendant 8 mois. On demande le bénéfice de chacun?**

Ce cas se ramène au précédent par les considérations suivantes :

La part du 1er associé doit être la même que s'il avait mis 3 fois 360^f, ou 1080^f pendant un mois ; celle du 2e, la même que s'il avait mis 5 fois 400^f, ou 2000^f pendant un mois ; celle du 3e, la même que s'il avait mis 8 fois 280^f, ou 2240^f pendant un mois. On n'a donc plus à considérer que les bénéfices proportionnels à ces trois nouveaux nombres.

On fera la somme 5320 de ces nombres, et on déterminera, comme dans le 1er exemple, les parts qui leur correspondent, par les proportions :

$$5320 : 1200 :: 1080 : x = 243^f,61$$
$$:: 2000 : x' = 451^f,13$$
$$:: 2240 : x'' = 505^f,26.$$

Un problème qui rentre dans la théorie précédente, est celui dans lequel on propose de partager un nombre en parties proportionnelles à des nombres donnés.

Supposons qu'on veuille partager 360 en trois parties qui soient entre elles comme les nombres 3, 7, 8.

On ajoutera ces trois nombres, ce qui donnera 18, et on écrira :

$$18 : 360 :: 3 : x = 60$$
$$:: 7 : x' = 140$$
$$:: 8 : x'' = 160.$$

LOGARITHMES.

Définitions.

64. On nomme *progression par différence* une suite de nombres tels que la différence entre deux termes consécutifs quelconques soit constante ; cette différence est la *raison* de la progression. Ainsi la série de nombres

$$\div 3.\ 5.\ 7.\ 9.\ 11.\ 13.\ 15.\ 17.\ 19.\ 21\ldots$$

forme une progression par différence dont la raison est 2, et qui s'énonce en disant : 3 est à 5, comme 5 est à 7, comme 7 est à 9, comme 9 est à 11, etc.

Chaque terme s'obtenant en ajoutant la raison à celui qui le précède, il s'ensuit que le second terme est égal au premier plus la raison, que le troisième est égal au premier plus deux fois la raison, que le quatrième est égal au premier plus trois fois la raison, et qu'en général, un terme de rang quelconque est égal au premier plus autant de fois la raison qu'il y a de termes avant lui.

Il résulte de là que, si le premier terme est zéro, comme dans la progression suivante :

$$\div 0.\ 2.\ 4.\ 6.\ 8.\ 10.\ 12.\ 14\ldots$$

chaque terme est égal à la raison répétée autant de fois qu'il y a de termes avant lui.

65. On appelle *progression par quotient* une suite de nombres tels que le rapport de deux termes consécutifs quelconques soit constant. Ce rapport est la *raison* de la progression. Ainsi les nombres

$$\div\div 3 : 6 : 12 : 24 : 48 : 96 : 192\ldots$$

forment une progression par quotient dont la raison est 2, et qui s'énonce aussi en disant : 3 est à 6 comme 6 est à 12, comme 12 est à 24, comme 24 est à 48, etc.

Chaque terme étant égal à celui qui le précède multiplié par la raison, on voit que le second terme est égal au premier multiplié par la raison, que le troisième est égal au premier multiplié par la raison prise deux fois facteur, que le quatrième est égal au premier multiplié par la raison prise trois fois facteur, et qu'en général, un terme quelconque est égal au premier multiplié par la raison prise autant de fois facteur qu'il y a de termes avant lui.

Si la progression commence par l'unité, comme la suivante :

$$\div 1 : 3 : 9 : 27 : 81 : 243 : 729\ldots$$

chaque terme est égal à la raison prise autant de fois facteur qu'il y a de termes avant lui.

66. Lorsqu'on considère deux progressions, l'une par quotient commençant par l'unité, l'autre par différence commençant par zéro, les termes de la progression par différence sont appelés les *logarithmes* des termes de même rang dans la progression par quotient.

Soient, par exemple, les deux progressions

$$\div 1 : 2 : 4 : 8 : 16 : 32 : 64 : 128 : 256 : 512$$
$$\div 0 . 5 . 10 . 15 . 20 . 25 . 30 . 35 . 40 . 45.$$

10 est le logarithme de 4, 25 celui de 32, 40 celui de 256, etc.

Les deux progressions précédentes ayant été prises arbitrairement, et les raisons de ces progressions pouvant varier à l'infini, il s'ensuit qu'il y a une infinité de systèmes de logarithmes.

Propriétés des logarithmes.

67. *Le logarithme d'un produit est la somme des logarithmes des facteurs de ce produit.*

Reprenons les progressions du n° 66, et considérons deux termes de la progression par quotient, 4 et 32, par exemple. D'après ce qui a été dit (65), 4, étant le 3ᵐᵉ terme, est égal à la raison prise 2 fois facteur; 32, étant le 6ᵐᵉ terme, est égal à la raison prise 5 fois facteur. Si donc nous multiplions ces deux nombres, leur produit sera égal à la raison prise 7 fois facteur, et sera par conséquent le huitième terme de la progression.

Maintenant ajoutons les logarithmes de 4 et de 32, lesquels sont 10 et 25. 10, étant le 3ᵐᵉ terme de la progression par différence, est égal (64) à 2 fois la raison de cette progression; 25, qui en est le 6ᵐᵉ terme, est égal à 5 fois la raison; donc la somme de ces deux logarithmes vaudra 7 fois la raison, et sera le huitième terme de la progression.

Il en résulte que la somme des logarithmes 10 et 25 des deux nombres 4 et 32, correspondra au produit de ces nombres; elle sera donc le logarithme de ce produit.

Donc, quand on voudra multiplier deux nombres, on additionnera leurs logarithmes, et, cherchant le nombre correspondant à cette somme, on aura le produit demandé.

68. *Le logarithme d'un quotient est égal au logarithme du dividende diminué de celui du diviseur.*

En effet, le dividende étant le produit du diviseur par le quotient, il suit du principe précédent que le logarithme du dividende est égal au logarithme du quotient plus le logarithme du diviseur ; donc le logarithme du quotient sera égal au logarithme du dividende moins celui du diviseur.

Ainsi, quand on aura à diviser deux nombres, on soustraira le logarithme du diviseur de celui du dividende, et, prenant le nombre correspondant à cette différence, on obtiendra le quotient cherché.

Tables de logarithmes.

69. L'importance et l'utilité des logarithmes ressortent des deux propriétés que nous venons d'exposer ; on voit, en effet, qu'ils ramènent les multiplications à des additions, et les divisions à des soustractions.

Mais pour pouvoir profiter de ces simplifications dans les calculs, il faut avoir le moyen de connaître promptement les logarithmes de tous les nombres. C'est dans ce but qu'on a dressé des tables, appelées *tables de logarithmes*.

Pour les construire, on a choisi les deux progressions suivantes :

$$\div\ 1\ :\ 10\ :\ 100\ :\ 1000\ :\ 10000\ldots$$
$$\div\ 0\ .\ 1\ .\ 2\ .\ 3\ .\ 4\ldots$$

et, à l'aide d'opérations qu'il n'entre pas dans notre sujet d'expliquer, on a calculé les logarithmes des nombres depuis 1 jusqu'à une limite déterminée. Il y a des tables qui vont jusqu'à 10000, d'autres jusqu'à 108000.

Celle que nous donnons (*Table* 1) s'arrête à 1200. Les candidats auxquels s'adresse ce livre n'ayant presque jamais besoin des logarithmes des nombres, et ces nombres étant bien moindres que 1000 dans les cas fort rares où ils pourront avoir à les employer, nous avons jugé inutile de pousser plus loin l'étendue de la table.

A l'inspection des progressions qui précèdent, on voit immédiatement que les logarithmes des nombres autres que 1, 10, 100, 1000, etc., doivent être une expression fractionnaire, puisqu'ils sont compris soit entre 0 et 1, soit entre 1 et 2, soit entre 2 et 3, etc. Cette expression fractionnaire ayant été calculée en décimales, un logarithme se composera donc d'une partie entière nommée *caractéristique*, et d'une partie décimale. Ainsi le logarithme de 236, qui est 2,37291, a 2 pour caractéristique.

Il résulte encore de la comparaison de ces deux progressions que la caractéristique d'un logarithme contient autant d'unités qu'il y a de chiffres moins un dans le nombre auquel correspond ce logarithme. Donc, un nombre étant donné, on connaît immédiatement la partie entière de son logarithme.

70. Lorsqu'on multiplie ou qu'on divise un nombre par 10, 100, 1000, etc., la caractéristique de son logarithme augmente ou diminue de une, deux, trois unités, etc. En effet, si on multiplie un nombre par 100, par exemple, le logarithme du produit sera égal (67) au logarithme de ce nombre augmenté du logarithme de 100, qui est 2. Par la même raison, si on divise un nombre par 1000, le logarithme du quotient sera égal (68) au logarithme de ce nombre diminué de celui de 1000, qui est 3.

Ce principe fournit le moyen de trouver le logarithme d'un nombre décimal.

Si l'on veut avoir, par exemple, le logarithme du nombre 48,7, on remarquera que ce logarithme est égal à celui de 487, diminué de 1, puisque $487 = 48,7 \times 10$. Or le logarithme de 487 est 2,68753; donc celui de 48,7 est 1,68753.

71. Pour trouver le nombre correspondant à un logarithme donné, on cherchera dans les tables le logarithme qui en approchera le plus, et on prendra le nombre correspondant; cette approximation sera suffisante. Cependant, si la caractéristique du logarithme est 0 ou 1, on le cherchera parmi les nombres de trois chiffres, comme s'il avait 2 pour caractéristique, et on divisera par 100, ou par 10, le nombre correspondant. On aura ainsi le nombre demandé à moins d'un centième, ou à moins d'un dixième près.

Par exemple, si l'on veut avoir le nombre auquel appartient le logarithme 1,77540, on trouvera que 596 est celui qui correspond au logarithme le plus approché, en lui supposant 2 de caractéristique. Donc 59,6 est le nombre demandé, à moins d'un dixième près.

Usage des tables.

72. La seule application que nous ayons à faire des logarithmes, dans la destination spéciale de cet ouvrage, c'est de déterminer le quatrième terme d'une proportion.

Soit la proportion

$$428 : 545 :: 37 : x$$

On en tire
$$x = \frac{545 \times 37}{428}.$$

Prenant les logarithmes conformément aux principes (67) et (68), il vient

$$\log. x = \log. 545 + \log. 37 - \log. 428$$

$$\log. 545 = 2,73640$$
$$\log. \quad 37 = 1,56820$$
$$\overline{ 4,30460}$$
$$\log. 428 = 2,63144$$
$$\overline{\log. x \quad = 1,67316}$$

d'où $\quad x = 47,1.$

73. Dans cet exemple nous avons été conduits à retrancher le logarithme de 428. On a imaginé de remplacer ces soustractions de logarithmes par des additions, en employant les *compléments arithmétiques.*

On appelle ainsi ce qui reste en retranchant un logarithme de 10 unités; par exemple, le complément arithmétique de 2,67835 est 7,32165. On voit que cette opération se fait pratiquement en retranchant de 9 tous les chiffres de gauche à droite, excepté le dernier que l'on retranche de 10.

Au lieu de soustraire un logarithme, on ajoute son complément arithmétique, en ayant soin de retrancher 10 du résultat. Ces deux manières d'opérer sont évidemment identiques, car en ajoutant le complément arithmétique, on ne fait qu'ajouter 10 et soustraire le logarithme lui-même; et comme on supprime 10 de la somme, on obtient le même résultat qu'en effectuant directement la soustraction.

Appliquons cette règle à l'exemple précédent, nous aurons :

$$\begin{aligned}
\log.\ 545 &= 2,73640 \\
\log.\ \ 37 &= 1,56820 \\
\text{Comp}^t \text{ arit. log. } 428 &= 7,36856 \\
\hline
\text{Somme} - 10 &= 1,67316
\end{aligned}$$

On voit que le résultat est le même.

74. Concluons que, si l'on cherche un extrême d'une proportion, son logarithme est égal à la somme des logarithmes des moyens, augmentée du complément arithmétique du logarithme de l'extrême connu, et diminuée de 10; et que, si l'on cherche un moyen, son logarithme s'obtient en faisant la somme des logarithmes des deux extrêmes et du complément arithmétique du logarithme de l'autre moyen, cette somme étant diminuée ensuite de 10 unités.

NAVIGATION.

PRÉLIMINAIRES.

Lignes droites et courbes.

1. Tous les corps de la nature sont terminés par des *surfaces* qui les isolent de l'espace environnant.

L'intersection de deux surfaces est une *ligne;* celle de deux lignes est un *point.*

2. On distingue trois sortes de lignes : la ligne *droite,* la ligne *brisée* et la ligne *courbe.*

La ligne droite est le plus court chemin d'un point à un autre. Pour la tracer sur le papier, on place une règle entre les deux points A et B (fig. 1), et on fait glisser un crayon le long de la règle.

La ligne brisée est composée de plusieurs lignes droites (fig. 2.)

On appelle ligne courbe une ligne (fig. 3) qui n'est ni droite ni formée de lignes droites.

3. Parmi la variété infinie de lignes courbes que l'on peut tracer à volonté, la seule qu'il nous importe de connaître, c'est la *circonférence.*

On nomme ainsi une ligne courbe (fig. 4) dont tous les points sont également éloignés d'un autre point intérieur qui en est le *centre.* La distance du centre à un point quelconque de la circonférence est un *rayon.* Tous les rayons d'une même circonférence sont donc égaux.

Pour décrire une circonférence d'un rayon donné, on ouvre un compas d'une quantité égale à ce rayon; puis, plaçant l'une des branches au point qui doit être le centre, on fait pivoter l'autre branche autour de la première.

Un *arc* est une partie A M B de la circonférence. La ligne droite qui joint les deux extrémités A et B de cet arc s'appelle une *corde.* Quand cette corde passe par le centre, elle devient un *diamètre.*

Un diamètre, tel que C D, est évidemment le double du rayon, et divise la circonférence en deux parties égales.

La surface comprise dans la circonférence se nomme le *cercle*, et la portion
C O H de cette surface, renfermée entre un arc et deux rayons , est un *secteur
circulaire*.

Division de la circonférence.

4. On divise la circonférence en 360 parties égales auxquelles on a donné
le nom de *degrés;* chaque degré, en 60 parties égales appelées *minutes;* chaque minute, en 60 parties égales appelées *secondes;* chaque seconde, en 60
tierces , etc. Un degré s'exprime par le signe °, une minute par le signe ′, une
seconde par le signe ″, une tierce par le signe ‴, et ainsi de suite.

Il est utile, avant d'aller plus loin, de montrer comment on applique aux
divisions de la circonférence les opérations fondamentales de l'arithmétique.

5. ADDITION. On commence par écrire les différents nombres les uns au-
dessous des autres, en faisant correspondre verticalement les unités de
même espèce, et on raisonne comme suit :

Soit à additionner

$$239° \; 38′ \; 54″$$
$$147° \; 43′ \; 28″$$
$$251° \; 59′ \; 56″$$
$$83° \; 25′ \; 40″$$

Somme..... $722° \; 47′ \; 58″$

On dit : 4″ et 8 font 12″, et 6 font 18″; on pose 8″ et on retient 1 dizaine
pour l'ajouter au rang des dizaines. 1 dizaine de retenue et 5 font 6, et 2 font
8, et 5 font 13, et 4 font 17 dizaines. Or 1 minute valant 60 secondes, ou 6
dizaines de secondes , les 17 dizaines de secondes contiennent 2′ et 5 dizaines
de secondes. On pose donc 5, et on retient 2′.

Passant à la colonne des minutes, on dit : 2′ de retenue et 8 font 10′, et 3
font 13′, et 9 font 22′, et 5 font 27′; on écrit 7′ et on retient 2 dizaines. 2 dizaines de retenue et 3 font 5, et 4 font 9, et 5 font 14, et 2 font 16 dizaines de minutes; mais 1 degré vaut 60 minutes, ou 6 dizaines de minutes; donc
il y a, dans ces 16 dizaines de minutes , 2° et 4 dizaines de minutes. On pose
4 et on retient 2°.

On ajoute cette retenue à la colonne des degrés, et on continue l'addition
comme pour les nombres entiers ordinaires.

6. SOUSTRACTION. Soit proposée la soustraction suivante :

$$75° \; 48′ \; 23″$$
$$37° \; 54′ \; 46″$$

Reste..... $37° \; 53′ \; 37″$

On dit : 6″ ôtées de 13″, reste 7″. Comme 4 dizaines de secondes ne peuvent
pas être retranchées de 1 dizaine, on emprunte 1′ à la colonne des minutes ;
cette minute valant 60 secondes, ou 6 dizaines de secondes, en l'ajoutant à 1

dizaine , on obtient 7 dizaines, et on dit : 4 ôté de 7, reste 3. 4′ ôtées de 7′,
restent 3′. Pour pouvoir ensuite soustraire 5 dizaines de minutes de 4 dizaines,
on emprunte à la colonne suivante 1° qui vaut 60 minutes, ou 6 dizaines de
minutes; ces 6 dizaines, ajoutées aux 4 dizaines, donnent 10 dizaines, et on
dit : 5 ôté de 10 reste 5. La suite de l'opération s'achève comme pour les
nombres entiers.

Un cas particulier, qui se présente fréquemment, est celui où l'on a à retrancher un nombre de 90°.

Pour rendre la soustraction possible, on emprunte 1° à la colonne des degrés ; ce degré valant 60′, on laisse 59′ au rang des minutes, et on porte la
minute restante, ou 60″, au rang des secondes. De sorte que l'opération doit
être conçue comme s'il y avait

$$89° \ 59′ \ 60″$$
$$67° \ 43′ \ 28″$$

Reste...... $22° \ 16′ \ 32″$

et la soustraction s'effectue de la manière ordinaire.

On agirait de même si l'on avait un nombre à soustraire de 180° ou de
360°

7. MULTIPLICATION. Nous ne nous occuperons que du cas où le multiplicateur est un nombre abstrait.

Soit 63° 18′ 49″ à multiplier par 7 :

$$63° \ 18′ \ 49″$$
$$7$$

Produit...... $443° \ 11′ \ 43″$

On dit : 7 fois 9″ font 63″; on pose 3 et on retient 6 dizaines ; 7 fois 4 dizaines font 28 dizaines, et 6 de retenue font 34 dizaines de secondes; or,
dans 34 dizaines de secondes, il y a 5′ et 4 dizaines ; on écrit donc 4 et on
retient 5′.

7 fois 8′ font 56′, et 5′ de retenue font 61′; on pose 1′ et on retient 6 dizaines. 7 fois 1 dizaine font 7 dizaines, et 6 de retenue font 13 dizaines de minutes, ou 2° et 1 dizaine. On écrit 1 et on retient 2°.

7 fois 3° font 21°, et 2 de retenue font 23°; on pose 3 et on retient 2; 7 fois
6 font 42, et 2 de retenue font 44.

Lorsque le multiplicateur est un nombre assez grand, on convertit préalablement le multiplicande en unités de la plus petite espèce. Pour cela, on réduit d'abord les degrés en minutes en les multipliant par 60, et on ajoute au
produit les minutes du nombre proposé ; on réduit ensuite cette somme en
secondes en la multipliant encore par 60, et on y ajoute les secondes que
contient le nombre, etc.

Une fois le résultat de la multiplication obtenu, si on veut le décomposer
en degrés, minutes et secondes, on le divise par 60; le quotient est un cer-

tain nombre de minutes, et le reste exprime des secondes. On divise encore ce quotient par 60, et on obtient des degrés, et pour reste des minutes. Ainsi $4638'' = 1° 17' 18''$.

8. DIVISION. Soit à diviser $354° 36' 47''$ par 25 :

$$
\begin{array}{r|l}
354°\ 36'\ 47'' & 25 \\
104 & \overline{14°\ 11'\ 04''}\quad \text{Quotient.} \\
\ \ 4° & \\
\ 60 & \\
\hline
240 & \\
\ 36 & \\
\hline
276' & \\
\ 26 & \\
\ \ 1' & \\
\ 60 & \\
\hline
\ 60 & \\
\ 47 & \\
\hline
107'' & \\
\ \ 7'' & \\
\end{array}
$$

On divise d'abord $354°$ par 25, ce qui donne $14°$ au quotient et $4°$ pour reste. On convertit ce reste en minutes, et y ajoutant les $36'$ du dividende, on a un nouveau dividende partiel $276'$ qui, divisé par 25, donne pour quotient $11'$, et pour reste $1'$. On convertit ce nouveau reste en secondes, on y ajoute les $47''$ du dividende, et divisant $107''$ par 25, on obtient $4''$ au quotient, et $7''$ pour reste.

Dans la pratique, le diviseur étant ordinairement moindre que 10, l'opération se fait plus promptement de la manière suivante :

Soit à diviser $139° 45' 36''$ par 6.

Diviser un nombre par 6, c'est en prendre le sixième. On dit alors : le sixième de 13 est 2 ; on écrit 2 et on retient 1 dizaine qui, ajoutée à $9°$, donne $19°$. Le sixième de $19°$ est $3°$; reste $1°$ qui vaut 6 dizaines de minutes, lesquelles, ajoutées aux quatre dizaines de $45'$, font 10 dizaines. Le sixième de 10 est 1 ; restent 4 dizaines qui, jointes à $5'$, font $45'$. Le sixième de 45 est 7; restent $3'$ que l'on convertit en secondes, et ainsi de suite.

Le quotient cherché est donc $23° 17' 39''$.

Si on avait un nombre de degrés, minutes, etc., à diviser par un autre nombre de même nature, on les réduirait tous les deux en unités de même espèce, en secondes, par exemple, et on effectuerait la division. Le quotient serait un nombre abstrait.

Angles et triangles.

9. On appelle *angle rectiligne* l'ouverture comprise entre deux lignes droites qui se rencontrent ; ces deux lignes sont les *côtés* de l'angle, et leur point de concours en est le *sommet*.

Pour désigner un angle, on écrit une lettre à son sommet et une autre let-tre sur chacun de ses côtés, et on nomme ces trois lettres en ayant soin de placer celle du sommet au milieu. Ainsi on dit (fig. 5) : l'angle BAC, ou CAB. Quelquefois on énonce la lettre du sommet toute seule.

Lorsque l'ouverture d'un angle BAC (fig. 6) est telle qu'un des côtés AB ne penche pas plus vers l'autre côté AC que vers le prolongement de ce der-nier, l'angle ainsi formé est appelé *droit*. C'est à cet angle qu'on rapporte tous les autres.

Un angle plus petit ou moins ouvert qu'un angle droit (fig. 5), est un angle *aigu*.

Un angle plus grand qu'un angle droit (fig. 7), est *obtus*.

10. Pour mesurer un angle BAC (fig. 8), on décrit une circonférence de son sommet comme centre, et l'arc BC, compris entre les côtés AB et AC, est la mesure de cet angle. On voit, en effet, que plus l'angle devient grand, plus l'arc compris entre ses côtés augmente.

Dans la pratique, on réalise cette opération à l'aide d'un instrument nommé *rapporteur;* c'est un demi-cercle, en cuivre ou en corne, gradué de degré en degré, ou de 30′ en 30′ (fig. 9), et dont le centre est indiqué par un point ou par une légère échancrure O sur le diamètre AB.

On place le centre de cet instrument au sommet de l'angle (fig. 10) et son diamètre dirigé sur un des cotés. Le nombre de degrés compris entre les deux côtés, est évidemment alors la mesure de l'angle.

11. Le rapporteur sert encore à faire, en un point d'une ligne, un angle égal à un angle donné. On place le centre sur le point et le diamètre sur la ligne ; puis, comptant sur la circonférence du rapporteur un arc d'un nombre de degrés égal à l'angle donné, on trace une ligne qui joigne le cen-tre à l'extrémité de cet arc.

12. Un angle droit BAC (fig. 11) a pour mesure un arc de 90° ; car si l'on décrit de son sommet comme centre une demi-circonférence, les deux angles BAC et BAD étant égaux, d'après la définition, chacun d'eux a pour mesure le quart de la circonférence, c'est-à-dire 90°.

Il suit de là que l'angle obtus a pour mesure un arc plus grand que 90°, et l'angle aigu, un arc moindre que 90°.

Deux angles dont la somme est égale à 90° sont nommés *complémentaires*, et ceux dont la somme est égale à 180° sont dits *supplémentaires*.

Ainsi, le complément de 65° est 25°, le supplément de 50° est 130°.

13. On appelle *triangle rectiligne* une figure formée par trois lignes droites qui se rencontrent ; ces lignes sont les *côtés* du triangle.

Un triangle *équilatéral* (fig. 12) est celui qui a ses trois côtés égaux.

Un triangle *isocèle* n'a que deux côtés égaux (fig. 13).

Un triangle qui a un angle droit (fig. 14) se nomme triangle *rectangle*, et le côté oppposé à l'angle droit est l'*hypoténuse*.

14. La somme des trois angles d'un triangle rectiligne est égale à 180°.

Il s'ensuit que dans un triangle rectangle les deux angles autres que l'angle droit sont aigus et complémentaires.

Perpendiculaires et parallèles.

15. Deux lignes sont dites *perpendiculaires* entre elles, lorsque l'angle qu'elles forment est droit.

Si elles se rencontrent sous un angle aigu ou obtus, elles sont *obliques* l'une par rapport à l'autre.

Lorsque d'un point O pris hors d'une droite AB (fig. 15), on mène une perpendiculaire OC et différentes obliques OD, OE à cette droite, la perpendiculaire est plus courte que toutes les obliques. C'est pour cela que la distance d'un point à une droite est mesurée par la perpendiculaire abaissée de ce point sur cette droite.

16. *Par un point pris sur une droite, élever une perpendiculaire à cette droite.*

On prend de part et d'autre du point donné O sur la ligne AB prolongée, s'il est nécessaire (fig. 16), deux distances égales, OC et OD. De chacun des deux points C et D comme centre, et d'un rayon plus grand que OC, on décrit deux arcs qui se coupent en P. La ligne PO, qui joint ce point au point donné, est la perpendiculaire demandée.

Ce problème pourrait encore se résoudre en plaçant le centre du rapporteur au point O, et en menant une ligne formant avec AB un angle de 90°.

Si l'on a à sa disposition une *équerre*, on n'a qu'à placer un des côtés de l'angle droit sur AB, et le sommet au point O ; l'autre côté indique la direction de la perpendiculaire.

17. *D'un point pris hors d'une droite, abaisser sur cette droite une perpendiculaire.*

Du point donné O (fig. 17), et d'un rayon suffisamment grand, on décrit deux arcs de cercle qui rencontrent la ligne AB en deux points G et H. Puis, de chacun de ces points comme centre, et d'un rayon plus grand que la moitié de la distance GH, on décrit, de l'autre côté de AB par rapport au point O, deux arcs qui se coupent en P. La droite OP est la perpendiculaire demandée.

Avec une équerre, on place un des côtés de l'angle droit sur AB, et on fait passer l'autre côté par le point O ; on a ainsi la position de la perpendiculaire.

18. Ce problème servant à déterminer la distance d'un point à une droite, nous devons indiquer un moyen pratique que nous emploierons plus tard.

Du point O comme centre (fig. 18) on décrit un arc qui soit *tangent* à A B, c'est-à-dire qui ne fasse que toucher cette ligne. Il est clair que l'ouverture de compas qui en résulte est la plus courte distance du point à la ligne donnée, et que le point de contact est le pied de la perpendiculaire.

19. *Diviser un angle en deux parties égales.*

On prend deux distances égales AB et AC (fig. 19) sur les deux côtés de l'angle. De chacun des deux points B et C comme centre, et d'un rayon plus grand que la moitié de la distance qui les sépare, on décrit deux arcs qui se coupent en O. La ligne AO partage l'angle A en deux parties égales; on l'appelle la *bissectrice* de cet angle.

20. *Diviser une ligne en deux parties égales.*

Des deux extrémités A et B (fig. 20) de la ligne AB, prises successivement pour centre, et d'un rayon plus grand que la moitié de AB, on décrit, de part et d'autre de cette ligne, des arcs qui se coupent en C et en D. La ligne CD, qui joint ces deux derniers points, passe par le milieu de AB à laquelle elle est en même temps perpendiculaire.

21. Un *plan* est une surface sur laquelle on peut placer, dans toutes les directions, une règle bien dressée.

Deux lignes tracées sur un même plan sont dites *parallèles*, lorsqu'elles ne se rencontrent pas, à quelque distance qu'on les prolonge; telles sont les lignes AB, CD (fig. 21).

Deux parallèles sont partout à égale distance l'une de l'autre.

22. *Mener, par un point donné, une parallèle à une droite.*

Du point donné O (fig. 22) on abaisse (17) une perpendiculaire OC sur la droite donnée AB.; puis, de ce même point, on élève (16) une perpendiculaire sur OC, et on obtient la ligne OK parallèle à AB.

Ou bien, on pose une équerre (fig. 23) sur la ligne AB, de manière qu'elle passe par le point O. Faisant ensuite glisser une autre équerre le long de la première jusqu'à ce qu'elle rencontre ce même point, le côté OK de l'angle droit donne la parallèle demandée.

Voici encore un autre procédé assez simple. Du point O (fig. 24) on décrit un arc tangent à la ligne AB. Puis, d'un point quelconque K de cette ligne, et du même rayon, on décrit un deuxième arc en sens opposé au premier, auquel on mène par le point O une tangente à l'aide d'une règle.

23. Le problème qui précède fournit le moyen de résoudre la question suivante :

Diviser une ligne en plusieurs parties égales.

Soit la ligne AB (fig. 25) que l'on veut partager, par exemple, en 5 parties égales.

De l'une des extrémités A de la ligne donnée on tire une ligne indéfinie sur laquelle on prend 5 divisions arbitraires, mais égales entre elles. On joint le point C de la dernière division au point B, et par le point E on mène (22) une parallèle EO à la droite CB. En portant BO sur AB, cette ligne se trouve divisée en 5 parties égales.

Sphère.

24. Une *sphère* est une surface courbe (fig. 26) dont tous les points sont également éloignés d'un point intérieur qui en est le *centre*.

Un *rayon* de la sphère est une ligne droite qui joint le centre à un point quelconque de la surface. Tous les rayons d'une sphère sont égaux.

Une ligne qui unit deux points de la surface en passant par le centre est un *diamètre*. Tous les diamètres d'une sphère sont égaux et doubles du rayon.

Lorsqu'on coupe une sphère par un plan, cette section est un cercle; on la nomme *grand cercle*, si elle contient le centre de la sphère, et *petit cercle* dans le cas contraire.

L'*axe* d'un cercle est le diamètre de la sphère (fig. 27), perpendiculaire au plan de ce cercle; tel est le diamètre PP′ par rapport au cercle *ab*. Les deux points P et P′, extrémités de l'axe, sont les *pôles* de ce cercle.

Le grand cercle AB, dont le plan est parallèle à celui du petit cercle *ab*, a le même axe PP′, et par suite les mêmes pôles. Les centres de tous les cercles parallèles entre eux sont situés sur leur axe commun.

Le pôle P d'un cercle quelconque *ab* est à égale distance de tous les points de la circonférence de ce cercle.

Les deux pôles P, P′, d'un grand cercle AB sont éloignés de tous les points de sa circonférence d'un arc égal à 90°.

Lorsqu'un grand cercle passe par l'axe d'un autre grand cercle, il lui est perpendiculaire.

25. *Un grand cercle étant tracé sur une sphère, déterminer ses pôles.*

Soit le cercle AB (fig. 28) dont on veut trouver le pôle.

Connaissant le rayon de la sphère à laquelle ce cercle appartient, on construit un triangle rectangle ayant ce rayon pour côté de l'angle droit; l'hypoténuse de ce triangle est ce que l'on nomme la *corde de 90°*.

Cela fait, on ouvre un *compas sphérique* à branches courbes (fig. 29) d'une quantité égale à cette corde, et plaçant successivement une des branches sur deux points A et B du cercle donné, on décrit sur la sphère deux arcs qui se coupent en un point P, lequel est le pôle demandé.

26. *Faire passer un arc de grand cercle par deux points donnés sur une sphère.*

Soient les deux points A et B (fig. 28). On commence par chercher le pôle du grand cercle qui passe par ces deux points, d'après le problème précédent. Puis du point P ainsi déterminé, et avec une ouverture de compas égale à la corde de 90°, on trace une circonférence qui contiendra nécessairement les points A et B.

27. On appelle *angle sphérique* l'ouverture comprise entre deux arcs de grand cercle. Un tel angle peut être droit, aigu ou obtus.

Un angle sphérique BAC (fig. 30) a pour mesure l'arc de grand cercle MN décrit de son sommet A comme pôle, et compris entre ses côtés.

28. Lorsque trois arcs de grand cercle se rencontrent sur la surface d'une sphère, ils forment un *triangle sphérique* (fig. 31).

Ces triangles portent les mêmes noms que les triangles rectilignes (13).

29. Les deux portions égales de surface sphérique déterminées par un grand cercle AB (fig. 27) se nomment *hémisphères*.

On appelle *zone* la partie de la surface comprise entre deux cercles parallèles; telle est la zone A*ab*B.

La partie de la surface que laisse de part et d'autre un petit cercle, a reçu le nom de zone à une base, ou de *calotte sphérique*.

Lignes trigonométriques.

30. Considérons, sur une circonférence de rayon O A (fig. 32), un arc quelconque AB. Si de l'une des extrémités B de cet arc nous abaissons une perpendiculaire BC sur le rayon qui passe par l'autre extrémité A, cette perpendiculaire est appelée le *Sinus* de l'arc AB. On le désigne abréviativement par le mot *Sin.*, après lequel on place le nombre de degrés de l'arc auquel cette ligne correspond. Ainsi *Sin.* 40° signifie sinus de l'arc de 40°.

La ligne AT, élevée perpendiculairement à l'extrémité du rayon O A et terminée par le prolongement du rayon O B qui passe par l'autre extrémité de l'arc AB, se nomme la *Tangente* de cet arc. On la représente par le mot *Tang.* Ainsi *Tang.* 30° veut dire tangente de l'arc de 30°.

Menons maintenant le rayon OM perpendiculaire sur O A. L'arc AM vaut 90°, et par conséquent (12) BM est le complément de AB. Le sinus BD de l'arc BM et la tangente MG de ce même arc sont appelés le *Cosinus* et la *Cotangente* de l'arc AB. On les désigne respectivement par l'expression abrégée *Cos.* et *Cot.* Ainsi *Cos.* 53°, *Cot.* 28°, signifient cosinus de l'arc de 53°, cotangente de l'arc de 28°.

Les quatre lignes que nous venons de définir ont reçu le nom générique de *lignes trigonométriques*. Le même nom s'applique encore à d'autres lignes que l'on emploie dans certains cas; mais celles qui précèdent sont les seules dont nous aurons à faire usage.

31. Elles servent à remplacer les arcs ou les angles dans les calculs qui ont pour but de résoudre un triangle.

Résoudre un triangle c'est, connaissant quelques-uns de ses éléments, calculer les autres.

Pour cela, il est nécessaire et suffisant de connaître trois éléments dans lesquels devra entrer au moins un côté, si le triangle est rectiligne.

Les triangles rectangles renfermant implicitement une partie connue, qui est l'angle droit, il suffit de la connaissance de deux éléments pour déterminer tous les autres.

La branche des Mathématiques qui traite de ces questions est la TRIGONOMÉTRIE.

32. En faisant varier l'arc AB (fig. 32), on se convaincra aisément que, cet arc augmentant depuis 0° jusqu'à 90°, son sinus et sa tangente augmentent, tandis que son cosinus et sa cotangente diminuent.

Quand l'arc est égal à zéro, son sinus et sa tangente sont nuls en même temps, son cosinus est égal au rayon et sa cotangente est infinie.

Quand l'arc est égal à 90°, le contraire arrive; son sinus est égal au rayon, sa tangente est infinie, son cosinus et sa cotangente sont nuls.

33. Deux arcs tels que AB et BC (fig. 33) sont supplémentaires, puisque leur somme est égale à une demi-circonférence ou 180°.

On voit qu'ils ont le même sinus BG; leurs tangentes AT et CT' sont égales entre elles; ils ont aussi le même cosinus et la même cotangente, car l'arc BM est le complément de chacun de ces deux arcs à la fois.

Table de Sinus.

34. On appelle ainsi une table dans laquelle, en regard de tous les arcs compris entre 0° et 90°, sont placées les valeurs correspondantes de leurs lignes trigonométriques.

Pour construire ces tables, on a supposé les sinus, cosinus, etc., appartenant à un cercle d'un rayon égal à 10 billions, et, après avoir calculé, dans cette hypothèse, les nombres représentant les valeurs successives de ces différentes lignes, on a préféré, pour la commodité des calculs, inscrire les logarithmes de ces nombres.

Le rayon des tables valant 10 billions, son logarithme est 10.

35. La *Table II* de ce volume contient les sinus, cosinus, tangentes et cotangentes de tous les degrés du quart de cercle, de minute en minute. Le titre supérieur s'étend de 0° à 45°, et le titre inférieur, de 45° à 90°.

Les deux colonnes verticales extrêmes de chaque page renferment les minutes; celle de gauche se rapporte au titre supérieur, celle de droite au titre inférieur.

On remarquera que chaque logarithme n'est donné qu'avec cinq figures décimales. Dans les problèmes ordinaires de la navigation, dans ceux surtout que l'on exige des candidats au cabotage, l'expérience nous a prouvé que cette approximation est suffisante; les calculs y gagnent en célérité, sans rien perdre de l'exactitude que l'on doit en attendre.

Disons quelques mots de l'usage de cette table.

36. *Un arc étant donné, trouver le logarithme Sinus, Cosinus, Tangente ou Cotangente de cet arc.*

1° Si l'arc ne contient que des degrés et minutes, on cherche le nombre de degrés en haut de la page, et les minutes dans la colonne de gauche, ou bien les degrés en bas, et les minutes dans la colonne de droite, selon que l'arc proposé est inférieur ou supérieur à 45°. Le logarithme qui correspond horizontalement au nombre de minutes de l'arc, est le logarithme sinus ou cosinus, etc., de cet arc.

On trouve ainsi :

Log. Sin. 67° 48′ = 9.96655
Log. Cos. 35° 26′ = 9.91105
Log. Tang. 54° 19′ = 10.14380
Log. Cot. 29° 42′ = 10.24383

2° Si l'arc renferme des degrés, minutes et secondes, on cherche d'abord, comme nous venons de l'expliquer, le logarithme sinus, cosinus ou tangente du nombre de degrés et minutes de cet arc. Puis, on multiplie la *différence tabulaire* correspondante par le nombre de secondes de l'arc; ce produit, étant divisé par 60, donne une partie proportionnelle que l'on ajoute aux dernières décimales du logarithme déjà trouvé, s'il s'agit d'un sinus ou d'une tangente, et que l'on en retranche, si c'est un cosinus ou une cotangente que l'on cherche.

Cette partie proportionnelle n'est que le quatrième terme de la proportion suivante :

$$60 : N :: D : x;$$

en appelant N le nombre de secondes de l'arc, et D la différence tabulaire. On l'ajoute aux logarithmes sinus et tangentes, parce que (32) ces lignes trigonométriques augmentent avec l'arc, et on la retranche des logarithmes cosinus et cotangentes, parce qu'ils diminuent en même temps que l'arc augmente.

En appliquant la règle précédente, on trouve :

$$\text{Log. Sin.} \quad 19° \ 43' \ 27'' = 9.52827$$
$$\text{Log. Cos.} \quad 58° \ 36' \ 44'' = 9.71670$$
$$\text{Log. Tang.} \quad 11° \ 07' \ 18'' = 9.29355$$
$$\text{Log. Cot.} \quad 75° \ 51' \ 35'' = 9.40128$$

3° Si l'arc proposé surpasse 90°, on peut chercher les lignes trigonométriques de son supplément, qui sont les mêmes que celles de cet arc (33).

Mais il est préférable de déterminer les lignes trigonométriques du complément de cet arc, lequel n'est autre chose, dans le cas actuel, que l'excès de cet arc sur 90°, en se rappelant que le sinus d'un arc est égal au cosinus de son complément, et que la tangente d'un arc est égale à la cotangente de son complément. Ainsi

$$\text{Log. Sin.} \ 128° \ 43' = \text{Log. Cos.} \ 38° \ 43' = 9.89223.$$

37. *Étant donné le logarithme Sinus, Cosinus, Tangente ou Cotangente d'un arc, déterminer cet arc.*

1° Si le logarithme dont il s'agit se trouve exactement dans les tables, on remarque le titre de la colonne de la ligne trigonométrique à laquelle ce logarithme appartient, et on prend le nombre de degrés du côté du titre, en y joignant le nombre de minutes inscrit dans l'alignement de ce logarithme, à gauche si c'est le titre supérieur, à droite dans le cas contraire.

On trouve ainsi que le log. Sin. = 9.87635 correspond à un arc de 48° 47'.

2° Si le logarithme donné n'est pas dans les tables, ce qui arrive le plus fréquemment, il est toujours compris entre deux logarithmes consécutifs. On observe lequel de ces deux logarithmes est le plus près du titre de la colonne qui contient la ligne trigonométrique dont il s'agit, et on prend, comme nous venons de le dire, le nombre de degrés et minutes qui lui correspondent. Faisant ensuite la différence entre le logarithme proposé et celui auquel on s'est arrêté, on la multiplie par 60; ce produit, divisé par la différence tabulaire, donnera le nombre de secondes de l'arc demandé.

Ce nombre de secondes est le quatrième terme de la proportion

$$D : d :: 60 : x,$$

dans laquelle D représente la différence tabulaire, et d la différence entre le logarithme proposé et le logarithme le plus voisin du titre.

En se conformant à cette règle, on trouvera que

$$\text{Log. Cos.} = 9.87660, \text{ correspond à } 41° \ 10' \ 44''.$$
$$\text{Log. Tang.} = 10.18425, \text{ correspond à } 56° \ 48' \ 17''.$$

NOTIONS D'ASTRONOMIE.

Forme de la terre.

38. La terre où nous habitons est un corps solide isolé dans l'espace, dont la forme est à peu près celle d'une sphère.

Les voyages de circumnavigation ont démontré que la surface terrestre n'est point illimitée. Le hardi marin Magellan, qui le premier osa tenter une entreprise aussi périlleuse, étant parti de Séville, se dirigea vers l'Amérique, traversa le détroit qui porte aujourd'hui son nom, et aborda en Asie où il périt; mais ce qui restait de son expédition doubla le cap de Bonne-Espérance, et effectua enfin son retour en Espagne. Ces voyages ont été répétés depuis bien souvent et dans tous les sens.

La courbure de la terre résulte de l'aspect que présentent les objets en vue, lorsqu'on s'en rapproche ou qu'on s'en éloigne. On sait qu'à la mer, à mesure que le navire s'avance vers la côte, on commence à apercevoir les points les plus élevés, comme les cimes des montagnes, les sommets des tours; puis, et successivement, apparaissent les parties de plus en plus basses. Ce phénomène n'aurait pas lieu, si la terre était une surface plane, parce qu'alors l'éloignement de l'observateur aurait seulement pour effet de diminuer la grandeur apparente des objets, dont toutes les parties disparaîtraient à la fois lorsque la distance serait devenue assez considérable.

Si l'on s'élève au-dessus du niveau de la mer, on remarque autour de soi une ligne courbe dont la forme exacte, mesurée avec les instruments les plus parfaits, est celle d'un cercle. Ce cercle s'agrandit quand la hauteur augmente; et, à quelque point du globe que l'on se transporte, on s'assure que cette ligne est toujours un cercle. On en a conclu que la terre doit offrir la figure d'une sphère.

Cette sphéricité néanmoins n'est pas rigoureuse. Non qu'elle soit altérée par les inégalités de terrain, qui, si fortes qu'on les suppose, sont insensibles par rapport à la masse entière du globe; mais il a été reconnu, par la détermination de l'intensité de la pesanteur en plusieurs endroits, que la terre est légèrement aplatie en deux points opposés de sa surface. La différence entre son plus grand et son plus petit diamètre est d'environ 9 lieues.

Cet aplatissement est si faible, qu'il nous sera permis de regarder la terre comme une sphère parfaite, d'un rayon d'à peu près 1432 lieues.

Mouvement diurne de la terre.

39. La terre tourne sur elle-même, autour d'un diamètre que l'on a nommé *axe terrestre*. Ce mouvement, qui produit une révolution entière de chaque point de la surface dans l'intervalle d'un jour, est appelé le *mouvement diurne*.

Un fait si simple et qui rend admirablement compte de la succession des jours et des nuits, sans attribuer aux astres qui nous environnent des vitesses incommensurables, était resté longtemps ignoré. Les découvertes de l'astronomie moderne l'avaient bien élevé au rang des vérités les plus vulgaires; mais il restait à le démontrer matériellement. C'est ce qui a eu lieu récemment à Paris, dans une expérience devenue célèbre.

On suspend, à une assez grande hauteur, une boule en cuivre A (fig. 34) armée d'une pointe ou stylet, et on place sur un cercle en bois, d'un rayon de 3 ou 4 mètres, deux petites masses de sable M et M', présentant leur arête à cette pointe. On écarte la boule de sa position verticale, et on l'abandonne à elle-même. Dans ce mouvement de va et vient, la pointe rencontre le sable sur lequel elle laisse une brèche qui va en s'agrandissant de quelques millimètres, d'une oscillation à l'autre; cinq minutes suffisent pour que la brèche ait une largeur assez notable. Au bout d'une heure, le déplacement est tel qu'il saute aux yeux.

Il est évident que si la terre restait immobile, le stylet qui termine la boule continuerait à passer éternellement par les mêmes points. Puisqu'il n'en est pas ainsi, il faut bien en conclure que la terre tourne sur elle-même.

40. Les extrémités *p* et *p'* (fig. 35) de l'axe terrestre sont appelées les *pôles* de la terre, l'un *pôle Nord* ou *boréal*, l'autre *pôle Sud* ou *austral*.

Si l'on conçoit un grand cercle *qq'* perpendiculaire à l'axe terrestre, ce cercle, appelé *équateur*, partage la surface du globe en deux hémisphères qui ont reçu chacun le nom du pôle qui s'y trouve.

Les *parallèles terrestres* sont des petits cercles, tels que *rr'*, parallèles à l'équateur.

Dans le mouvement diurne de la terre, chaque point de la surface décrit soit l'équateur, soit un parallèle autour de l'axe.

Les *méridiens* sont des grands cercles $p\,dp'$ passant par l'axe de la terre, et par conséquent perpendiculaires à l'équateur.

41. En portant nos regards autour de nous dans le ciel, nous apercevons une voûte immense dont la terre paraît être le centre. On a imaginé sur cette sphère céleste des cercles analogues à ceux que nous venons de définir, et situés respectivement dans les mêmes plans.

On appelle *axe céleste* ou *axe du monde* le prolongement PP' de l'axe terrestre; les extrémités P et P' de cet axe sont les *pôles célestes* auxquels on a donné les noms des pôles de la terre.

Le grand cercle QQ', perpendiculaire à l'axe du monde, est l'*équateur céleste*, évidemment situé dans le plan même de l'équateur terrestre.

Un *méridien céleste* est tout grand cercle qui passe par l'axe du monde et auquel correspond un méridien sur la terre.

Enfin on appelle *parallèles célestes* ou simplement *parallèles* tous les petits cercles parallèles à l'équateur céleste, tels que RR'; ces derniers seuls ne sont pas dans les mêmes plans que les parallèles terrestres.

42. A chaque situation des différents lieux distribués sur la terre se rattachent des lignes et des cercles qui se meuvent avec eux dans le phénomène général du mouvement diurne.

Soit O la position d'un lieu (fig. 36). Le diamètre ZN de la sphère céleste, passant par le point O, est appelé la *verticale* de ce lieu. La direction de cette ligne dans l'espace est indiquée par celle du *fil à plomb*.

Les deux points Z et N où la verticale rencontre le ciel, sont le *zénith* et le *nadir*.

On nomme *horizon vrai* ou *rationnel* un grand cercle HH' de la sphère céleste, dont le plan est perpendiculaire à la verticale ZN.

Si, par le point O, on imagine un plan hh' tangent à la surface de la terre, ce plan est l'*horizon sensible* ou *apparent;* il sépare la partie visible du ciel de celle qui ne l'est pas.

Lorsqu'un observateur est élevé en O' (fig. 37) au-dessus de la surface de la mer, le cercle FF' qui borne sa vue a reçu le nom d'*horizon visuel*.

43. Concevons dans le ciel (fig. 38) un méridien PQP'Q' qui contienne la verticale ZN d'un lieu; ce cercle est appelé le *méridien du lieu*. Il est à la fois perpendiculaire à l'horizon et à l'équateur, puisqu'il passe par les axes géométriques de ces deux cercles.

On donne le nom de méridien *supérieur* au demi-méridien PZP' sur lequel se trouve le zénith, et celui de méridien *inférieur* au demi-méridien PNP' qui passe par le nadir.

L'intersection HH' du méridien et de l'horizon est la *ligne méridienne* ou la ligne *Nord* et *Sud* de l'horizon; l'intersection EO de l'horizon et de l'équateur céleste est la ligne *Est* et *Ouest* de l'horizon. Ces deux diamètres, qui divisent l'horizon en quatre parties symétriques, rencontrent sa circonférence en quatre points nommés *points cardinaux*. Si, par exemple, P est le pôle Nord du monde, H' est le Nord de l'horizon, E l'Est, H le Sud, et O l'Ouest.

L'horizon apparent est partagé de la même manière par quatre lignes parallèles aux précédentes et de dénomination semblable, et qui, vu l'immense
distance, aboutissent aux mêmes points du ciel.

44. Il est facile maintenant de se rendre compte des circonstances que présente le mouvement diurne de la terre.

Tout le monde sait que les astres commencent à se montrer du côté de l'Est
de l'horizon, s'éloignent successivement de ce cercle jusqu'à ce qu'ils aient
atteint une certaine hauteur, au-delà de laquelle ils se rapprochent de l'horizon du côté opposé à celui où avait eu lieu leur lever, et disparaissent enfin
vers l'Ouest. On s'est assuré, de plus, que ce mouvement, auquel semble participer toute la sphère céleste, s'accomplit dans des cercles perpendiculaires
à l'axe du monde. Ces apparences ne sont qu'une conséquence naturelle de
la rotation de la terre autour de son axe.

Considérons, en effet, le petit cercle MM'R (fig. 39) que décrit journellement un point quelconque de la surface terrestre, et soit A la position d'un
astre dans le ciel.

A l'instant où ce point arrivera en M, si nous menons une tangente EO
au cercle MM'R, pour représenter la ligne Est et Ouest de l'horizon, cette ligne passera par l'astre A, à cause de l'éloignement considérable de la voûte
céleste, et l'astre apparaîtra à l'horizon ; ce sera le moment de son lever.

A mesure que le point M se déplace, la ligne Est et Ouest s'abaisse au-dessous de l'astre, comme on le voit en M', et l'astre doit sembler s'élever en sens
contraire.

Quant le point M est parvenu en M'', à 90° de sa position primitive, l'astre
paraît être à égale distance des deux points Est et Ouest de l'horizon ; il répond alors à la ligne Nord et Sud, et se trouve par conséquent dans le plan
du méridien du lieu ; il a atteint sa plus grande élévation.

Dès ce moment, c'est l'Ouest de l'horizon qui se rapproche de plus en plus
de l'astre, jusqu'à ce que, le point M étant arrivé en M'v, l'astre se rencontre de nouveau sur la ligne Est et Ouest ; c'est l'heure de son coucher.

A partir de là, le point M continuant à décrire l'autre moitié M'v RM de son
parallèle, l'astre reste invisible, et ne reparaît que lorsque ce point revient à
la place qu'il occupait au commencement.

La terre se meut donc en sens contraire du mouvement apparent du ciel,
c'est-à-dire de l'Ouest vers l'Est.

Ce que nous venons de dire pouvant s'appliquer au soleil tout aussi bien
qu'à un astre quelconque, on comprend comment le mouvement de la terre
produit la succession du jour et de la nuit.

Mouvement annuel de la terre.

45. Un fait non moins incontestable que le mouvement diurne, c'est que
la terre n'est point fixe dans l'espace. Elle tourne autour du soleil dans l'intervalle d'une année ; c'est ce que l'on appelle son *mouvement annuel*.

La courbe qu'elle décrit ainsi et que l'on nomme l'*orbite* de la terre, a une forme peu différente de celle d'un cercle ; son plan est incliné sur l'équateur d'une quantité égale à 23° 28′ environ.

Si l'on imagine le plan de l'orbite prolongé jusqu'au ciel, ce plan y détermine un grand cercle, appelé *écliptique*, qui fait par conséquent avec l'équateur céleste un angle de 23° 28′. Les deux points d'intersection de ces deux circonférences sont : l'un le *point du Bélier*, l'autre le *point de la Balance*. Nous verrons plus loin la raison de ces dénominations.

Dans cette révolution de la terre autour du soleil, la ligne droite qui joint le soleil au centre de la terre passe par différents points de la surface de notre globe, et y produit ces variations de température auxquelles on a donné le nom de *saisons*.

Soient (fig. 40) S le soleil, et la courbe TT′T″ l'orbite de la terre.

La terre étant au point T, le rayon ST qui part du soleil rencontre l'équateur qq'. Alors, par l'effet de la rotation diurne, tous les lieux situés sur l'équateur auront successivement le soleil à leur zénith ; ce sera le commencement du *printemps*.

Environ trois mois après, la terre sera parvenue au point T′ ; et comme l'axe terrestre conserve toujours la même direction, le rayon ST′ ne rencontrera plus l'équateur ; il passera par un parallèle bb' de l'hémisphère boréal, distant de l'équateur de 23° 28′ et que l'on nomme le *tropique du Cancer*. Ce jour-là, l'*été* commencera pour tous les lieux placés sur cet hémisphère.

La terre continuant son mouvement, lorsqu'elle sera arrivée au point T″ diamétralement opposé au point T, le rayon ST″ viendra de nouveau passer par l'équateur ; ce sera le commencement de l'*automne*.

Depuis ce moment, la terre présente son hémisphère austral au soleil. Au point T‴, le rayon ST‴ rencontre le parallèle aa' situé à 23° 28′ de distance de l'équateur, que l'on appelle le *tropique du Capricorne;* c'est le premier jour de l'*hiver* pour l'hémisphère boréal.

Enfin, après une révolution qui a duré une année, la terre revient au point de départ T, et les saisons se reproduisent dans le même ordre.

Par analogie avec les deux tropiques dont nous venons de parler, on a imaginé deux petits cercles parallèles à l'équateur et éloignés chacun des pôles de 23° 28′ ; on les nomme *cercles polaires*.

La surface terrestre se trouve ainsi partagée en cinq zones. Celle qui est renfermée entre les tropiques, est la *zone torride;* celles qui sont comprises entre les tropiques et les cercles polaires, sont les *zones tempérées;* les deux autres sont les *zones glaciales*.

Position des lieux sur la terre.

46. La position des lieux sur la terre se détermine par leur *latitude* et leur *longitude*.

La *latitude* d'un lieu est l'angle formé dans le plan du méridien par la verticale et le rayon de l'équateur. Ainsi, soit (fig. 41) CZ la verticale d'un lieu O et QQ' l'intersection du méridien PZ avec l'équateur ; l'angle ZCQ $= ocq$ est la latitude de ce lieu. Cet angle est mesuré sur la terre par l'arc qo du méridien, en le supposant un cercle parfait, et dans le ciel par la distance ZQ du zénith à l'équateur ; il se compte, comme on voit, de 0° à 90°.

La latitude est dite Nord ou Sud, suivant que le lieu auquel elle appartient est dans l'hémisphère boréal ou dans l'hémisphère austral.

La *longitude* d'un lieu est l'arc de l'équateur compris entre un méridien de convention, nommé *premier méridien*, et le méridien de ce lieu. On la compte depuis 0° jusqu'à 180°, soit vers l'Est, soit vers l'Ouest, suivant que le lieu est dans l'une ou l'autre de ces deux situations par rapport au premier méridien.

Le premier méridien n'est pas le même pour toutes les nations. Celui des Français est le méridien de Paris, celui des Anglais est le méridien de Greenwich, etc. Une pareille distinction est regrettable ; mais il est toujours facile, au besoin, de ramener les longitudes à une même origine.

47. Selon les différents points qu'un lieu peut occuper sur la terre, la sphère céleste se présente sous trois aspects principaux auxquels on a donné le nom de *positions de la sphère*.

La sphère est dite *droite*, lorsque l'équateur ZQ (fig. 42) est perpendiculaire à l'horizon HP, ce qui arrive quand la latitude du lieu est nulle, puisqu'alors l'équateur passe par le zénith.

Dans la sphère droite, les parallèles rr' que semblent décrire les astres dans le ciel par l'effet de la rotation diurne de la terre, étant perpendiculaires à l'horizon et coupés par ce grand cercle en deux parties égales, les astres s'élèvent verticalement et demeurent tous aussi longtemps au-dessus qu'au-dessous de l'horizon.

La sphère est dite *oblique*, lorsque l'équateur QQ' (fig. 43) rencontre l'horizon HH' obliquement ; cette position se présente pour tous les lieux situés depuis l'équateur jusqu'aux pôles.

Dans la sphère oblique, l'horizon étant incliné sur les parallèles et les divisant en deux parties inégales, il s'ensuit que les astres doivent paraître monter obliquement dans le ciel, et rester plus ou moins longtemps visibles, selon que le parallèle qu'ils décrivent, rr' ou ss', est du même côté ou de différent côté que le zénith par rapport à l'équateur. Il y en a parmi eux qui ne se couchent jamais, d'autres qui restent perpétuellement cachés ; tels sont ceux qui tournent dans les cercles vv' et uu'. Les astres seuls qui se meuvent sur l'équateur sont aussi longtemps au-dessus qu'au-dessous de l'horizon.

Enfin la sphère est dite *parallèle*, lorsque l'horizon et l'équateur se confondent (fig. 44) ; cette position n'a lieu que pour chacun des deux pôles.

On voit que, dans ce cas, les astres semblent tourner autour de l'horizon, et que, par conséquent, un hémisphère céleste est constamment visible, tandis que l'autre ne l'est jamais.

Position des astres dans le ciel.

48. On fixe la position des astres dans le ciel de trois manières : par rapport à l'équateur, à l'écliptique et à l'horizon.

1° *Par rapport à l'équateur*, au moyen de la *déclinaison* et de l'*ascension droite*.

La *déclinaison* d'un astre A (fig. 45) est l'arc AD de son méridien céleste compris entre l'équateur QQ′ et le centre de cet astre ; elle est Nord ou Sud, suivant que l'astre se trouve dans l'hémisphère boréal ou dans l'hémisphère austral, et se compte depuis 0° jusqu'à 90°, de l'équateur vers les pôles.

Le méridien céleste PAD, qui passe par le centre de l'astre, se nomme, à cause de cela, son *cercle de déclinaison*.

Soient B et B′ les points du Bélier et de la Balance, points d'intersection de l'écliptique, dont nous avons déjà parlé (45), avec l'équateur céleste.

L'*ascension droite* de l'astre A est l'arc BD de l'équateur compris entre le point du Bélier et le cercle de déclinaison de l'astre. On la compte de 0° à 360°, dans le sens de l'Ouest vers l'Est. Si, par exemple, un astre est situé en A′, son ascension droite est l'arc BQ′B′D′ de l'équateur.

2° *Par rapport à l'écliptique*, au moyen de la *latitude* et de la *longitude*.

On appelle *cercles de latitude* tous les cercles, tels que P′AL (fig. 45), qui passent par les pôles de l'écliptique auquel ils sont par conséquent perpendiculaires.

La *latitude* d'un astre A est l'arc AL de son cercle de latitude compris entre l'écliptique et le centre de cet astre ; elle est Nord ou Sud, selon que l'astre est au Nord ou au Sud de l'écliptique, et se compte de 0° à 90°, en allant vers les pôles de ce dernier cercle.

La *longitude* d'un astre A est l'arc BL de l'écliptique compris entre le point du Bélier et le cercle de latitude de cet astre ; on la compte de l'Ouest vers l'Est, comme l'ascension droite, depuis 0° jusqu'à 360°. La longitude d'un astre placé en A′ est donc l'arc BC′B′L′.

3° *Par rapport à l'horizon*, au moyen de la *hauteur* et de l'*azimut*.

Soient (fig. 46) HH′ l'horizon vrai et PZHNH′ le méridien du lieu.

On nomme *cercle vertical* tout grand cercle qui passe par la verticale ZN, et qui est par suite perpendiculaire à l'horizon.

La *hauteur* d'un astre A est l'arc AG de son vertical compris entre l'horizon et le centre de cet astre ; elle se compte de 0° à 90°, de l'horizon jusqu'au zénith.

L'*azimut* d'un astre A est l'arc H′G de l'horizon compris entre le méridien du lieu et le vertical de l'astre. On est convenu de le compter du côté du pôle *élevé*, de 0° à 180°; et comme la latitude d'un lieu est toujours de même dénomination que ce pôle, on peut dire que l'azimut est du même nom que la latitude.

On appelle *premier vertical* le vertical OZE qui passe par les points Est et Ouest de l'horizon.

L'arc EG de l'horizon, compris entre le premier vertical et le vertical de l'astre, se nomme l'*amplitude*; elle se compte de l'Est ou de l'Ouest, soit vers le Nord, soit vers le Sud. On peut la substituer à l'azimut pour fixer la position d'un astre relativement à l'horizon.

49. C'est ici le moment de donner quelques autres définitions qui se lient à l'objet qui nous occupe.

Soient (fig. 47) PZQH le méridien du lieu, HH' l'horizon, QQ' l'équateur, A la position d'un astre dans son parallèle diurne. Menons le vertical ZAG de cet astre, et son cercle de déclinaison PAD.

L'arc AP est appelé la *distance polaire*. Si l'astre est en A, auquel cas sa déclinaison AD est de même dénomination que l'arc ZQ qui (46) mesure la latitude du lieu, la distance polaire AP s'obtient en retranchant de 90° la déclinaison; si, au contraire, il se trouve en A', ayant une déclinaison A'D de différent nom que la latitude ZQ, la distance polaire A'P est égale à 90° augmentés de la déclinaison.

Le complément AZ de la hauteur AG se nomme la *distance zénithale*.

La *colatitude* est l'arc ZP complémentaire de la latitude ZQ. On voit qu'elle est aussi représentée par l'arc HQ qui mesure l'inclinaison de l'équateur sur l'horizon.

L'arc PH' ayant pour complément ZP, on peut dire que la latitude d'un lieu est égale à l'élévation du pôle au-dessus de l'horizon.

La distance polaire, la distance zénithale et la colatitude constituent les trois côtés du triangle sphérique ZAP dont les angles sont:

L'*angle horaire* ZPA formé au pôle par le méridien supérieur et le cercle de déclinaison de l'astre;

L'*angle azimutal* AZP formé au zénith par le méridien supérieur et le vertical de l'astre, et qui n'est autre que l'azimut (48, 3°), puisqu'il a pour mesure l'arc GH' de l'horizon.

L'*angle de position* ZAP formé au centre de l'astre par son vertical et son cercle de déclinaison.

Mouvement apparent du soleil.

50. Le soleil est cet astre brillant qui réchauffe et éclaire la terre. Son volume est 1400000 fois plus grand que celui de notre globe.

En mesurant le disque du soleil avec un instrument à réflexion, à différentes époques de l'année, on reconnaît qu'il éprouve des variations de grandeur apparente, qui démontrent que la terre s'en éloigne et s'en rapproche. Sa distance moyenne est d'environ 34 millions de lieues.

Fixe dans l'espace, le soleil est le centre autour duquel circulent, non-seulement la terre, mais d'autres corps, nommés *planètes*, parmi lesquels les principaux sont: *Mercure, Vénus, Mars, Jupiter, Saturne, Uranus.*

Nous avons dit (45) que l'écliptique est l'intersection du plan de l'orbite de la terre avec la sphère céleste. On divise la circonférence de ce grand cercle en 12 parties égales de 30° chacune, appelées *signes*, auxquelles on a donné les noms suivants : *le Bélier, le Taureau, les Gémeaux, le Cancer, le Lion, la Vierge, la Balance, le Scorpion, le Sagittaire, le Capricorne, le Verseau* et *les Poissons.*

Examinons maintenant quelles apparences doivent se produire dans le mouvement de révolution de la terre autour du soleil.

Soient S le soleil (fig. 48), OO′ l'orbite de la terre, CC′ le grand cercle de l'écliptique.

Considérons la terre au point T, au moment où elle passe devant le signe de la Balance. Le rayon visuel TS aboutira au point de l'écliptique diamétralement opposé, et le soleil paraîtra répondre dans le ciel au signe du Bélier.

La terre continuant son mouvement, lorsqu'elle sera arrivée devant le signe du Scorpion, en T′, le soleil paraîtra répondre au signe du Taureau.

A mesure donc que la terre s'avance dans son orbite, le soleil semble marcher dans l'écliptique, de signe en signe; de sorte que, quand la terre revient, après une révolution entière, devant le signe de la Balance, le soleil se retrouve au point du Bélier. Et ainsi de suite.

Ce phénomène qui n'est, comme on le voit, qu'une conséquence naturelle du mouvement réel de la terre, est appelé le *mouvement annuel apparent* du soleil. Reste à savoir dans quel sens il s'effectue.

Or, si l'on observe, un certain jour, une étoile qui se lève en même temps que le soleil, on remarque que le lendemain le soleil est en retard sur cette étoile, le surlendemain encore davantage, et qu'il s'en éloigne ainsi de plus en plus, jusqu'à ce qu'au bout d'un an il vienne répondre avec elle au même point de l'horizon. Comme les étoiles sont fixes dans le ciel, il faut en conclure que le soleil semble se mouvoir de l'Ouest vers l'Est, c'est-à-dire dans le sens suivant lequel se comptent les longitudes et les ascensions droites.

Cela bien établi, rien ne nous empêchera désormais, en nous en rapportant aux apparences, d'attribuer au soleil le mouvement réel de la terre, et de considérer cet astre comme circulant autour de l'écliptique, de l'occident vers l'orient, dans l'intervalle d'une année.

51. Soient donc (fig. 49) CC′ l'écliptique et QQ′ l'équateur. Le soleil se trouve au point *équinoxial* B du Bélier, le 20 mars ; ce jour-là, qui est appelé l'*équinoxe du printemps*, sa déclinaison, sa longitude et son ascension droite sont nulles à la fois. Il passe alors de l'hémisphère Sud dans l'hémisphère Nord, et sa déclinaison augmente successivement jusqu'à ce qu'il soit parvenu à 90° de longitude.

Au point *solsticial* C′, le soleil atteint sa plus grande déclinaison de 23° 28′ ; c'est l'instant du *solstice d'été,* le 21 juin.

A partir de ce point jusqu'au point *équinoxial* B′ de la Balance, la déclinaison du soleil diminue jusqu'à 0. Dès ce moment que l'on nomme l'*équinoxe d'automne*, et qui arrive le 22 septembre, cet astre passe du Nord au Sud de l'équateur, et sa déclinaison va en augmentant jusqu'au point *solsticial* C, situé à 90° du point de la Balance.

Le 21 décembre, jour du *solstice d'hiver*, le soleil étant au point C, sa déclinaison est encore de 23° 28'; après quoi, elle diminue graduellement jusqu'au point du Bélier. Alors le soleil a fait le tour entier de l'écliptique.

Le méridien céleste PCC'P, qui passe par les points solsticiaux C et C', a reçu le nom de *Colure des solstices*, et celui PBB'P, qui passe par les points équinoxiaux B et B', est appelé *Colure des équinoxes*; ces deux cercles sont évidemment perpendiculaires l'un sur l'autre.

On suppose dans le ciel deux tropiques et deux cercles polaires, portant les mêmes noms que ceux dont nous avons déjà parlé (45), et respectivement situés à des distances analogues de l'équateur.

Les tropiques sont les limites de la route apparente annuelle du soleil.

Jour vrai, jour moyen. — Année.

52. Dans le mouvement diurne de la sphère céleste, produit, nous le répétons, par la rotation de la terre autour de son axe, le soleil se lève, traverse le méridien et se couche, pour recommencer de même chaque jour, en variant seulement, suivant les époques de l'année, les points où son parallèle rencontre l'horizon.

Un des moments les plus importants est celui où le soleil passe au méridien d'un lieu; on le nomme le *midi vrai* de ce lieu. L'intervalle de temps qui s'écoule entre deux midis vrais consécutifs, est appelé *jour vrai*.

Les jours vrais sont inégaux, d'abord parce que le soleil ne se meut pas uniformément sur l'écliptique, et puis à cause de l'inclinaison de ce dernier cercle sur l'équateur. On conçoit combien une telle irrégularité serait incommode, si l'on devait s'y conformer pour la mesure du temps.

Les astronomes ont obvié à cet inconvénient, en imaginant un astre qui parcoure l'équateur avec une vitesse constante, et en comparant chaque jour sa position à celle du soleil. Cet astre fictif, auquel on donne le nom de *soleil moyen*, se trouve tantôt en avance, tantôt en retard sur le soleil vrai; et comme son mouvement en ascension droite est uniforme, il s'ensuit que la durée de deux passages successifs de cet astre au méridien est toujours la même.

L'instant auquel ont lieu ces passages est appelé *midi moyen*, et l'intervalle compris entre deux midis moyens consécutifs, est le *jour moyen*.

Il existe donc une différence entre le midi vrai et le midi moyen. Cette différence, nommée *équation du temps*, est tantôt positive, tantôt négative, et ne dépasse jamais environ 16 minutes; elle est nulle quatre fois par an, vers le milieu d'Avril et de Juin, et vers la fin d'Août et de Décembre; ces jours-là, le midi moyen arrive à la même heure que le midi vrai.

Le jour vrai et le jour moyen se divisent chacun en 24 heures. Les heures moyennes sont constantes, tandis que les heures vraies varient selon la longueur particulière du jour vrai pour l'époque que l'on considère.

53. On appelle *année équinoxiale* le nombre de jours moyens compris entre deux retours du soleil au point équinoxial du printemps; elle se compose de 365^j 5^h 49^m.

Dans les années civiles, qui commencent le 1er Janvier et finissent le 31 Décembre, on néglige la fraction 5^h 49^m, ce qui fait tous les quatre ans une erreur d'environ 23^h 16^m. Pour détruire cette erreur, on est convenu de donner aux années qui se présentent de quatre en quatre, une durée de 366 jours; on les nomme *bissextiles*, tandis que les autres sont appelées *années communes*. Le jour complémentaire s'ajoute au mois de Février qui se compose, ces années-là, de 29 jours.

Mais en augmentant ainsi d'un jour chaque quatrième année, les années bissextiles sont trop grandes d'environ 45 minutes. On a donc, au bout de 100 ans, dans lesquels sont comprises vingt-cinq années bissextiles, une erreur en plus d'à peu près 19 heures, et on a imaginé de rendre commune la dernière année de chaque siècle. Il en résulte, tous les quatre siècles, une erreur en moins d'environ 21 heures. On rétablit alors l'année bissextile, et en définitive, on n'a plus, après 4000 ans, qu'une erreur de 12 minutes.

La lune.

54. La lune est, après le soleil, l'astre dont l'étude est la plus utile et la plus intéressante. Intimement liée au mouvement de la terre, circulant autour d'elle, et avec elle autour du soleil, elle offre aux marins un des moyens les plus exacts de déterminer leur longitude.

L'observation la plus vulgaire suffit pour se convaincre du mouvement propre de la lune autour de la terre. Si, en effet, on remarque, un certain jour, une étoile qui passe au méridien avec la lune, on trouve que le lendemain la lune s'est éloignée de l'étoile vers l'Est; le surlendemain encore davantage; trois ou quatre jours après, l'écart est considérable. Et comme les étoiles sont fixes dans le ciel, on en déduit que la lune tourne, de l'Ouest vers l'Est, autour de notre globe. Ce mouvement a fait donner à cet astre le nom de *satellite* de la terre.

L'orbite de la lune est inclinée sur l'écliptique d'environ 5°09'. Les points où ces deux courbes se coupent, sont appelés les *nœuds: nœud ascendant*, quand la lune passe du Sud au Nord de l'écliptique, *nœud descendant*, dans le cas contraire.

La distance de la lune à la terre n'est pas constante, parce que son orbite n'est pas une circonférence exacte. La moyenne de ces distances est de 60 rayons terrestres, ou mieux de 86000 lieues environ. Quant à son volume, il est à peu près $\frac{1}{49}$ de celui de la terre.

En observant attentivement le temps que met la lune à revenir à un même point fixe du ciel, on trouve 27ʲ 7ʰ 43ᵐ; c'est la *révolution sidérale* de ce satellite. Le quotient de 360° par ce nombre donne 13° 11′ pour la quantité moyenne dont la lune avance chaque jour dans son orbite.

Si l'on rapporte au soleil le mouvement de la lune, la durée de la révolution augmente, parce que, ces deux astres marchant dans le même sens avec des vitesses différentes, quand la lune aura accompli une révolution sidérale, le soleil aura aussi décrit un certain arc de l'écliptique. On conçoit, en effet, que, la lune L et le soleil S (fig. 50) partant de la même longitude à une époque déterminée, lorsque la lune aura fait le tour du ciel et reviendra au point L, le soleil sera éloigné de sa position primitive S, en vertu de son mouvement apparent annuel. Or, pendant la révolution sidérale de la lune, le soleil, qui a une vitesse moyenne de 59′ par jour, aura décrit environ 27°; et comme la lune parcourt elle-même un arc de 13° chaque jour, il s'écoulera encore un peu plus de 2 jours pour qu'elle atteigne la même longitude que le soleil, c'est-à-dire qu'elle arrive au point L′.

A l'instant où cette coïncidence a lieu, on dit que ces deux astres ont accompli une *révolution synodique,* et le temps nécessaire à cette révolution est le *mois lunaire,* ou la *lunaison;* sa durée est de 29ʲ 12ʰ 44ᵐ, ce qui donne par jour un arc de 12° 11′ environ.

On appelle *jour lunaire* l'intervalle de temps moyen qui s'écoule entre deux passages consécutifs de la lune au méridien d'un lieu.

Les jours lunaires sont inégaux, parce que le mouvement de cet astre en ascension droite n'est pas uniforme. Leur durée moyenne se détermine en remarquant que, la lune s'écartant chaque jour du soleil de 12° 11′ vers l'Est, le jour lunaire doit être plus long que le jour solaire du temps employé à décrire cet arc, c'est-à-dire de 49ᵐ. Ainsi la lune met moyennement 24ʰ 49ᵐ à revenir à un même méridien.

55. Dans l'intervalle d'une lunaison, la lune se présente à nos yeux sous divers aspects que l'on nomme ses *phases*.

Lorsqu'elle se trouve dans la même direction que le soleil, ou *en conjonction,* sa partie éclairée est tournée du côté opposé à la terre; elle est donc invisible, d'autant plus qu'elle passe au méridien vers midi. On dit alors qu'elle est *nouvelle*.

Deux ou trois jours après, on aperçoit du côté de l'Ouest, dès le coucher du soleil, un faible croissant au-dessus de l'horizon. Ce croissant, dont les pointes sont tournées vers l'Est, s'agrandit successivement, et lorsque la lune est arrivée à 90° du soleil, elle apparaît sous la forme d'un demi-cercle; elle est alors à son *premier quartier*, et traverse le méridien vers 6 heures du soir.

La partie lumineuse s'accroît encore de plus en plus, jusqu'à ce que la lune se trouve à 180° de sa position primitive, auquel moment elle offre l'apparence d'un cercle; elle passe alors au méridien vers minuit. C'est l'époque de l'*opposition* ou de la *pleine lune.*

A dater de ce jour, les mêmes circonstances se reproduisent en sens inverse. La portion visible du disque diminue, et redevient un demi-cercle quand la lune est parvenue à 270° du soleil ; on dit alors qu'elle est à son *dernier quartier*, et son passage au méridien a lieu vers 6 heures du matin. Puis, elle reparaît sous la forme d'un croissant dont les pointes sont dirigées vers l'Ouest, et dont l'étendue décroît progressivement, jusqu'à ce que, la révolution synodique étant terminée, la lune vient se perdre dans la clarté du soleil.

On donne le nom commun de *syzygies* à la nouvelle et à la pleine lune, et celui de *quadratures* au premier et au dernier quartier.

Au moment où commence à se dessiner le croissant lunaire, l'hémisphère obscur de cet astre, qui devrait être entièrement invisible, semble couvert d'une teinte pâle que l'on appelle la *lumière cendrée*. Ce phénomène est dû à la réflexion par la surface terrestre des rayons lumineux du soleil.

56. On observe sur le disque de la lune des taches nombreuses qui conservent constamment les mêmes positions. Ce fait ne peut être expliqué qu'en attribuant à cet astre un mouvement de rotation sur son axe, effectué dans le même temps que son mouvement de révolution autour de la terre.

57. Si l'orbite lunaire était dans le plan même de l'écliptique, il arriverait qu'à chaque conjonction la lumière du soleil nous serait cachée par la lune, et il y aurait *éclipse de soleil ;* et qu'à chaque opposition, la terre se trouvant directement placée entre ces deux astres, une *éclipse de lune* aurait lieu. L'inclinaison effective de l'orbite lunaire est cause que ces phénomènes ne peuvent se présenter que lorsque, au moment des syzygies, la lune est à l'un de ses nœuds, ou dans le voisinage de ses nœuds.

ÉPHÉMÉRIDES.

58. Le Bureau des Longitudes publie chaque année, sous le titre de *Connaissance des Temps*, un recueil renfermant les éléments variables des astres. M. DUBUS, professeur d'hydrographie à Saint-Brieuc, a eu l'heureuse pensée d'en extraire tout ce qui est nécessaire aux calculs nautiques ; nous lui devons les *Éphémérides Maritimes*, volume d'un format commode et peu coûteux, qui est entre les mains de tous les marins. C'est de ce livre que nous allons enseigner l'usage ; mais nous devons préalablement résoudre quelques questions indispensables.

Temps civil, temps astronomique.

59. Dans les relations ordinaires de la vie, on compte le jour d'un minuit au minuit suivant, en divisant cet intervalle en deux parties, de 12 heures chacune, qui forment le matin et le soir. C'est ce que l'on nomme le *jour ci-vil*.

Le *jour astronomique* commence au contraire à midi, et se compose, sans interruption, de 24 heures qui se terminent au midi du lendemain. On est convenu de donner au jour astronomique la date du jour civil qui a commencé le minuit précédent.

Les heures, quelles qu'elles soient, se partagent chacune en 60 minutes, chaque minute en 60 secondes, chaque seconde en 60 tierces; de sorte que les subdivisions des heures ont les mêmes valeurs relatives que les subdivisions des degrés de la circonférence. Les minutes, secondes et tierces de temps, se représentent par les lettres ^{m} ^{s} ^{t}; ainsi, on écrit $3^h 25^m 18^s 40^t$.

Nous désignerons le temps astronomique par les initiales T. A.

Pour réduire le temps civil en temps astronomique, si les heures données sont du soir, il n'y a qu'à supprimer le mot *soir*, puisqu'alors les heures civiles se comptent de la même origine que les heures astronomiques; si, au contraire, les heures données sont du matin, il faut, en supprimant le mot *matin*, augmenter les heures de 12^h, et retrancher un jour de la date, car, dans ce cas, l'origine du temps astronomique est en retard de 12^h sur celle du temps civil.

EXEMPLE :   Le 14, à 8^h du soir $=$ le 14, à 8^h T. A.

                 Le 5, à 7^h du matin $=$ le 4, à 19^h T. A.

Pour réduire le temps astronomique en temps civil, il faudra opérer contrairement à ce qui vient d'être dit. Ainsi, si les heures sont moindres que 12, il suffit d'ajouter le mot *soir*; et si les heures surpassent 12, il faut en retrancher 12^h, augmenter la date d'un jour, et ajouter le mot *matin*.

EXEMPLE :   Le 24, à 5^h T. A. $=$ le 24, à 5^h du soir.

                 Le 9, à 20^h T. A. $=$ le 10, à 8^h du matin.

Tous les éléments que nous aurons à chercher dans les Éphémérides ne devront être calculés que pour une époque exprimée en temps astronomique.

Conversion réciproque des degrés en temps.

60. Dans le mouvement diurne apparent de la sphère céleste, le soleil employant 24^h à revenir au méridien, ou à parcourir 360°, c'est d'après cette relation que l'on convertit les degrés en temps, et réciproquement. Il en résulte que

$$1° = 4^m, \quad 1' = 4^s, \quad 1'' = 4^t.$$

Soit donc 149° 28' 56'' à réduire en temps.

Puisque $1'' = 4^t$, 56'' vaudront 56 fois 4^t; donc, en multipliant 56'' par 4, on aura des tierces de temps. De même, comme $1' = 4^s$, 28' vaudront 28 fois 4^s; donc, en multipliant encore 28' par 4, on aura des secondes de temps. Enfin,

1° = 4ᵐ; d'où il suit que 149° vaudront 149 fois 4ᵐ; donc, le produit de 149° par 4 exprimera des minutes et des heures.

On dispose l'opération de la manière suivante :

$$149° \ 28' \ 56''$$
$$4$$
$$\overline{9^h \ 57^m \ 55^s \ 44^t}$$

et on multiplie, en se conformant à la règle que nous avons donnée pour la multiplication des divisions de la circonférence (7). Ordinairement, on remplace les tierces de temps par des dixièmes de secondes, en remarquant que 6ᵗ = 0ˢ,1 ; le produit précédent est donc égal à 9ʰ 57ᵐ 55ˢ,7.

Pour convertir des degrés en temps, il faut, par conséquent, multiplier par 4 le nombre proposé de degrés, minutes et secondes, en donnant à chaque produit partiel une dénomination d'un ordre d'unités immédiatement inférieur à celui du multiplicande qui lui correspond.

Réciproquement, *pour convertir le temps en degrés,* il n'y a qu'à suivre une marche inverse de la précédente ; c'est-à-dire qu'après avoir réduit les heures en minutes, on prend le quart du nombre de minutes, secondes et tierces proposé, en comptant les minutes pour des degrés, les secondes pour des minutes de degrés, les tierces pour des secondes de degrés. Ainsi

$$8^h \ 43^m \ 57^s \ 36^t = 523^m \ 57^s \ 36^t = 130° \ 59' \ 24''$$
$$11^h \ 29^m \ 48^s,4 = 689^m \ 48^s \ 24^t = 172° \ 27' \ 06''$$

Réduire l'heure d'un lieu à l'heure astronomique correspondante de Paris, et réciproquement.

61. L'origine du jour étant déterminée pour chaque lieu de la terre par le passage du soleil au méridien, et le mouvement diurne de cet astre s'effectuant de l'Est à l'Ouest, parallèlement à l'équateur, il en résulte que le midi vrai ou moyen d'un lieu précède ou suit celui d'un autre lieu, selon que le premier est dans l'Est ou dans l'Ouest du second, et que la différence des heures simultanées de deux lieux quelconques, est égale à leur différence en longitude réduite en temps.

D'après cela, *pour réduire l'heure d'un lieu à l'heure astronomique de Paris correspondante,* il faut ajouter sa longitude à l'heure astronomique de ce lieu, s'il est dans l'Ouest du premier méridien, et l'en retrancher, dans le cas contraire.

Ex. I. On demande l'heure astronomique de Paris qui correspond à 5ʰ 27ᵐ 18ˢ du soir, le 7 Avril, par une longitude Ouest de 122° 44'.

T. A. du lieu le 7.........	5ʰ 27ᵐ 18ˢ
Longitude en T .... +	8 10 56
T. A. de Paris le 7.........	13 38 14

Ex. II. On demande l'heure astronomique de Paris qui correspond à 7ʰ 48ᵐ 23ˢ du matin, le 11 Juillet, par une longitude Ouest de 94° 36′.

T. A. du lieu le 10.......   19ʰ 48ᵐ 23ˢ
Longitude en T.........+   6 18 24

T. A. de Paris le 11'.....   2 06 47

Ex. III. On demande l'heure astronomique de Paris qui correspond à 9ʰ 07ᵐ 36ˢ du matin, le 1ᵉʳ Février, par une longitude Est de 67° 54′.

T. A. du lieu le 31 Janv.   21ʰ 07ᵐ 36ˢ
Longitude en T.........—   4 31 36

T. A. de Paris le 31......   16 36 00

Ex. IV. On demande l'heure astronomique de Paris qui correspond à 3ʰ 25ᵐ 38ˢ du soir, le 15 Novembre, par une longitude Est de 77° 19′.

T. A. du lieu le 15.......   3ʰ 25ᵐ 38ˢ
Longitude en T.........—   5 09 16

T. A. de Paris le 14.....   22 16 22

Ex. V. On demande l'heure astronomique de Paris qui correspond à midi, le 8 Octobre, par une longitude Est de 128° 14′.

T. A. du lieu le 8 ....   0ʰ 00ᵐ 00ˢ
Longitude en T.........—   8 32 56

T. A. de Paris le 7.......   15 27 04

Réciproquement, *pour réduire l'heure de Paris à l'heure correspondante d'un lieu quelconque,* il faut retrancher de l'heure de Paris la longitude de ce lieu, si elle est occidentale, et l'ajouter, si elle est orientale.

Ex. I. Au moment où l'on compte à Paris 11ʰ 23ᵐ 15ˢ, T. A., le 20 Juin, quelle heure est-il dans un lieu situé par une longitude Ouest de 83° 26′ ?

T. A. de Paris le 20 .....   11ʰ 23ᵐ 15ˢ
Longitude en T.........—   5 33 44

T. A. du lieu le 20.......   5 49 31

Ex. II. Au moment où l'on compte à Paris 22ʰ 15ᵐ 38ˢ, T. A., le 6 Mars, quelle heure est-il dans un lieu situé par une longitude Est de 136° 40′ ?

$$\text{T. A. de Paris le 6} \ldots\ldots \quad 22^{\text{h}} \ 15^{\text{m}} \ 38^{\text{s}}$$
$$\text{Longitude en T} \ldots\ldots + \quad 9 \ . \ 06 \quad 40$$
$$\overline{\text{T. A. du lieu le 7} \ldots\ldots \quad 7 \quad 22 \quad 18}$$

Usage des Éphémérides.

62. Les Éphémérides donnent les éléments variables du soleil pour chaque jour à midi moyen de Paris, et ceux de la lune à midi et à minuit moyens du premier méridien. L'équation du temps seule y est calculée pour le midi vrai.

Quand on aura besoin d'un des éléments contenus dans ces tables, il faudra d'abord réduire l'heure du lieu pour lequel on voudra le déterminer, à l'heure correspondante de Paris, et c'est pour cette dernière époque que le calcul devra être fait. Si l'heure donnée est exprimée en temps vrai, il sera indispensable de ramener cette heure à celle de Paris qui lui correspond, temps moyen. Nous devons donc commencer par là l'usage des Éphémérides.

Équation du temps.

63. Nous avons expliqué (52) ce que c'est que le jour vrai et le jour moyen. On appelle *temps vrai, temps moyen,* une portion quelconque soit du jour vrai, soit du jour moyen.

Nous indiquerons désormais le temps vrai et le temps moyen par les initiales T. V. et T. M.

L'équation du temps, qui est la différence entre le midi vrai et le midi moyen d'un lieu, est aussi, plus généralement, la différence entre le temps vrai et le temps moyen qui lui correspond ; et comme elle varie d'un midi au midi qui le suit, il est évident qu'elle devra être spécialement calculée pour l'époque déterminée que l'on considère. Elle sert à réduire le temps vrai en temps moyen , et réciproquement.

Pour obtenir l'équation du temps, après avoir réduit l'heure T. V. du lieu à l'heure correspondante de Paris, on prend l'équation du temps du midi qui précède, laquelle doit être augmentée ou diminuée d'une certaine quantité proportionnelle à sa variation diurne et à l'instant pour lequel on la cherche ; cette partie proportionnelle est le quatrième terme de la proportion suivante :

$$24^{\text{h}} : \text{T} :: d : x,$$

en appelant T l'heure vraie de Paris, et d le changement en 24^{h}, que l'on trouve dans la colonne intitulée *différence.* On l'ajoute à l'élément du midi précédent, si les équations du temps vont en croissant, et on l'en retranche, dans le cas contraire.

On préfère habituellement calculer la partie proportionnelle par la méthode des *parties aliquotes.*

Ex. I. Trouver l'équation du temps, le 12 Octobre 1852, à 7ʰ 47ᵐ 26ˢ du matin, T. V., par une longitude Est de 66° 39′.

T. V. du lieu le 11 .	19ʰ 47ᵐ 26ˢ	Variation en 24ʰ	14ˢ,7
Longitude en T	4 26 36	en 12ʰ	7,35
T. V. de Paris le 11.	15 20 50	3	1,84
		20ᵐ	0,20
Equat. du T. le 11 —	13ᵐ 18ˢ,3	50ˢ	0,01
partie propⁱⁱᵉ ...... +	9,4		9,40
Eq. du T. demandᵉ —	13 27,7		

Ex. II. Trouver l'équation du temps, le 4 Avril 1852, à 5ʰ 19ᵐ 50ˢ du soir, T. V., par une longitude Ouest de 47° 23′.

T. V. du lieu le 4.....	5ʰ 19ᵐ 50ˢ	Variation en 24ʰ	17ˢ,7
Longitude en T	3 09 32	en 6ʰ	4,42
T. V. de Paris le 4...	8 29 22	2	1,47
		20ᵐ	0,24
Equat. du T. le 4 . +	2ᵐ 57ˢ,0	10	0,12
partie propⁱⁱᵉ ...... —	6,2		6,25
Eq. du T. demandᵉ +	2 50,8		

Il est suffisant de calculer la partie proportionnelle avec les heures et minutes du T. V. de Paris, en arrêtant l'approximation aux dixièmes de secondes.

64. Il peut arriver que l'équation du temps change de signe dans l'intervalle de 24ʰ. Alors, après avoir déterminé la partie proportionnelle, comme nous venons de le faire, on en prend la différence avec l'équation du temps du midi précédent, et on obtient l'élément cherché qui est de même signe que le premier, si celui-ci surpasse la partie proportionnelle, et de différent signe, dans le cas contraire.

Ex. I. Trouver l'équation du temps, le 23 Décembre 1852, à 6ʰ 45ᵐ 10ˢ du soir, T. V., par une longitude Ouest de 39° 16′.

T. V. du lieu le 23 ...	6ʰ 45ᵐ 10ˢ	Variation en 24ʰ	29ˢ,9
Longitude en T	2 37 04	en 8ʰ	9,9
T. V. de Paris le 23 ..	9 22 14	1	1,2
		20ᵐ	0,4
Equat. du T. le 23. —	0ᵐ 25ˢ,5		11,5
partie propⁱⁱᵉ ...... —	11,5		
Eq. du T. demandᵉ —	0 14,0		

Ex. II. Trouver l'équation du temps, le 31 Août 1852, à 9ʰ 56ᵐ 30ˢ du soir, T. V., par une longitude Ouest de 100° 45′.

T. V. du lieu le 31 ...	$9^h\,56^m\,30^s$	Variation en 24^h	$18^s,8$
Longitude en T	6　43　00	en 12^h	9,4
T. V. de Paris le 31..	16　39　30	3	2,3
		1	0,8
Equat. du T. le 31 $+$	$0^m\,03^s,2$	30^m	0,4
partie prop^{lle}...... $-$	13,0	10	0,1
Eq. du T. demandᵉ $-$	0　09,8		13,0

65. Nous sommes maintenant en mesure de réduire le temps vrai en temps moyen, et réciproquement.

Comme le temps vrai, à un moment donné, ne diffère du temps moyen correspondant que par l'équation du temps, on calculera celle-ci, et, l'ajoutant au temps vrai ou l'en retranchant, selon qu'elle sera positive ou négative, on obtiendra le temps moyen cherché.

Si c'est, au contraire, le temps moyen que l'on veut réduire en temps vrai, après avoir déterminé l'équation du temps pour cette heure moyenne considérée comme une heure vraie, on la retranchera du temps moyen donné, si elle est positive, et on l'ajoutera, si elle est négative. L'erreur que l'on commet, en calculant de la sorte l'élément du temps, est négligeable.

Ex. I. On compte $17^h\,20^m\,44^s$, T. V., le 15 Septembre 1852, par une longitude Est de $55°\,16'$; on demande l'heure correspondante T. M.

T. V. du lieu le 15...	$17^h\,20^m\,44^s$	T. V. du lieu le 15 ...	$17^h\,20^m\,44^s$
Longitude en T	3　41　04	Equat. du T........ $-$	5　11,1
T. V. de Paris le 15..	13　39　40	T. M. du lieu le 15....	17　15　32,9
Equat. du T. le 15.$-$	$4^m\,59^s,2$		
partie prop^{lle} ...... $+$	11,9		
Eq. du T. calculée. $-$	5　11,1		

Ex. II. On compte $11^h\,06^m\,23^s$, T. M., le 2 Mai 1852, par une longitude Ouest de $109°\,45'$; on demande l'heure correspondante T. V.

T. M. du lieu le 2.....	$11^h\,06^m\,23^s$	T. M. du lieu le 2	$11^h\,06^m\,23^s$
Longitude en T........	7　19　00	Equat. du T........ $+$	3　17,1
T. M. de Paris le 2....	18　25　23	T. V. du lieu le 2.....	11　09　40,1
Equat. du T. le 2.. $-$	$3^m\,12^s,1$		
partie prop^{lle} ...... $+$	5,0		
Eq. du T. calculée. $-$	$3^m\,17,1$		

Ex. III. On demande l'heure de Paris, T. M., qui correspond à midi vrai, le 28 Janvier 1852, par une longitude Est de 88° 53′.

T. V. du lieu le 28....	0ʰ 00ᵐ 00ˢ	T. V. de Paris le 27...	18ʰ 04ᵐ 28ˢ
Longitude en T........	5 53 32	Equat. du T........ +	13 07,4
T. V. de Paris le 27....	18 04 28	T. M. de Paris le 27..	18 17 35,4
Equat. du T. le 27. +	12ᵐ 58ˢ,4		
partie propⁿᵉ....... +	9 ,0		
Eq. du T. calculée. +	13 07 ,4		

Déclinaison du soleil.

66. *Pour calculer la déclinaison du soleil* pour un lieu et une époque déterminés, on commence par réduire l'heure du lieu à l'heure astronomique correspondante de Paris T. M.; puis, on prend la déclinaison du midi qui précède, et on calcule la variation qu'elle doit éprouver pour l'heure actuelle de Paris, d'après la quantité dont elle varie en 24ʰ, quantité qui est donnée dans la colonne *différence*. Cette variation s'obtient par la proportion

$$24^h : T :: d : x,$$

en appelant T l'heure de Paris T. M., et d le changement de la déclinaison dans 24ʰ. Cette partie proportionnelle s'ajoute à la déclinaison du midi précédent ou s'en retranche, selon que les déclinaisons vont en augmentant ou en diminuant.

Nous prévenons une fois pour toutes que, dans ce calcul comme dans ceux qui suivront, nous déterminerons la partie proportionnelle par la méthode des *parties aliquotes*.

Ex. I. Trouver la déclinaison du ☉, le 6 Avril 1852, à 5ʰ 33ᵐ 40ˢ du soir, T. M., par une longitude Ouest de 119° 10′.

T. M. du lieu le 6....	5ʰ 33ᵐ 40ˢ	Variation en 24ʰ	22′ 33″
Longitude en T.......	7 56 40	en 12ʰ	11 16,5
T. M. de Paris le 6...	13 30 20	1........	0 56,4
Déclinaison ☉ le 6..	6° 37′ 05″ N.	30ᵐ	28,2
partie propⁿᵉ..... +	12 41	20ˢ........	0,3
Déclin. ☉ calculée..	6 49 46 N.		12 41,4

Ex. II. Trouver la déclinaison du ☉, le 16 Juillet 1852, à 8ʰ 33ᵐ 50ˢ du matin, T. M., par une longitude Est de 73° 44′.

T. M. du lieu le 15...	20^h 33^m 50^s	Variation en 24^h	9′ 47″
Longitude en T	4 54 56	en 12^h	4 53,5
T. M. de Paris le 15..	15 38 54	3	1 13,4
		30^m	0 12,2
Déclinaison ⊙ le 15.	21° 29′ 13″ N.	6	2,4
partie prop^{lle} ...... —	6 23	3	1,2
Déclin. ⊙ cherchée..	21 22 50 N.		6 22,7

67. Lorsque la déclinaison change de nom dans l'intervalle des deux midis consécutifs qui comprennent l'heure moyenne de Paris, on fait la différence entre la partie proportionnelle et la déclinaison du midi précédent; la déclinaison ainsi calculée prend le nom de la première, si celle-ci surpasse la partie proportionnelle, et une dénomination opposée, dans le cas contraire.

Ex. I. Trouver la déclinaison du ⊙, le 20 Mars 1852, à 7^h 20^m 42^s du matin, T. M., par une longitude Est de 140° 33′.

T. M. du lieu le 19...	19^h 20^m 42^s	Variation en 24^h	23′ 42″
Longitude en T	9 22 12	en 8^h	7 54
T. M. de Paris le 19..	9 58 30	1	0 59,2
		30^m	29,6
		20	19,7
		4	3,9
Déclinaison ⊙ le 19.	0° 22′ 35″ S.	4	3,9
partie prop^{lle} ...... —	9 51	30^s	0,5
Déclin. ⊙ cherchée..	0 12 44 S.		9 50,8

Ex. II. Trouver la déclinaison du ⊙, le 23 Septembre 1852, à 2^h 51^m 09^s du soir, T. M., par une longitude Est de 94° 18′.

T. M. du lieu le 23...	2^h 51^m 09^s	Variation en 24^h	23′ 25″
Longitude en T	6 17 12	en 12^h	11 42,5
T. M. de Paris le 22 ...	20 33 57	6	5 51,2
		2	1 57,1
		30^m	0 29,3
Déclinaison ⊙ le 22.	0° 09′ 36″ N.	3	2,9
partie prop^{lle} ...... —	20 04	1	1,0
Déclin. ⊙ cherchée..	0 10 28 S.		20 04,0

Déclinaison de la lune.

68. Ainsi que nous l'avons déjà dit (62), la déclinaison de la lune est donnée dans les Éphémérides pour chaque jour, à midi et à minuit de Paris, temps moyen. Les mouvements de cet astre étant plus rapides et plus irréguliers que ceux du soleil, on a dû rapprocher les époques, afin de pouvoir admettre que, dans l'intervalle de l'une à l'autre, les variations des éléments soient proportionnelles à celles du temps.

Du reste, on opèrera exactement comme nous venons de le faire pour le soleil (66) et (67), avec cette seule différence qu'on prendra la déclinaison du midi ou du minuit qui précèdera l'heure moyenne de Paris pour laquelle on aura besoin de la calculer, et que la partie proportionnelle devra être déterminée avec l'excès de cette heure sur celle qui est inscrite dans les Éphémérides.

Ex. I. Trouver la déclinaison de $\mathbb{C}$, le 16 Mars 1852, à $3^h\,40^m\,23^s$ du soir, T. M., par une longitude Ouest de 26° 52′.

T. M. du lieu le 16...	$3^h\,40^m\,23^s$	Variation en 12^h	1° 15′ 36″
Longitude en T........	1 47 28	en 4^h	0 25 12
T. M. de Paris le 16...	5 27 51	1........	6 18
		20^m........	2 06
		4.......	0 25,2
		2.......	12,6
Déclin. $\mathbb{C}$ le 16 à 0^h.	20° 04′ 37″ S.	1.......	6,3
partie prop^lle ...... —	34 25	30^s	3,1
		20.......	2,1
Déclin. $\mathbb{C}$ cherchée ..	19 30 12 S.	1.......	0,1
			0 34 25,4

Ex. II. Trouver la déclinaison de $\mathbb{C}$, le 29 Octobre 1852, à $9^h\,11^m\,35^s$ du matin, T. M., par une longitude Est de 66° 44′.

T. M. du lieu le 28...	$21^h\,11^m\,35^s$	Variation en 12^h	1° 57′ 51″
Longitude en T.......	4 26 56	en 3^h	0 29 27,7
T. M. de Paris le 28 ..	16 44 39	1........	9 49,2
Déclin. $\mathbb{C}$ le 28 à 12^h	13° 26′ 24″ N.	30^m	4 54,6
partie prop^lle ...... +	46′ 39	15........	2 27,3
Déclin. $\mathbb{C}$ cherchée..	14 13 03 N.		0 46 38,8

Ex. III. Trouver la déclinaison de $\mathbb{C}$, le 19 Décembre 1852, à $6^h\,57^m\,14^s$ du soir, T. M., par une longitude Ouest de 55° 10′.

T. M. du lieu le 19....	$6^h\,57^m\,14^s$	Variation en 12^h	2° 25′ 52″
Longitude en T.......	3 40 40	en 6^h	1 12 56
T. M. de Paris le 19 ..	10 37 54	3.......	0 36 28
		1.......	12 09,3
		30^m......	6 04,6
		6.......	1 12,9
Déclin. $\mathbb{C}$ le 19 à 0^h.	0° 40′ 00″ S.	1	0 12,1
partie prop^lle ...... —	2 09 14	30^s......	6,0
		20.......	4,0
Déclin. $\mathbb{C}$ cherchée..	1 29 14 N.	4.......	0,8
			2 09 13,7

Déclinaison des étoiles.

69. On trouve, à la fin des Éphémérides, une table où sont consignées les positions des principales étoiles au 1er Janvier de chaque année.

Pour déterminer, à l'aide de cette table, la déclinaison d'une étoile pour une époque quelconque, on prend la déclinaison qui y est inscrite, et on la corrige de la variation proportionnelle pour le temps écoulé depuis le commencement de l'année. Cette correction se fait à vue.

Ex. On demande la déclinaison de l'étoile Régulus, le 20 Octobre 1852.

$$
\begin{array}{ll}
\text{Déclinaison de Régulus, le 1er Janvier} & 12°\ 41'\ 19''\,\text{N.} \\
\text{Variation pour } 9^{m} \text{ et } 20^{j} \quad\quad - & 13 \\
\hline
& 12\ \ 41\ \ 06\ \ \text{N.}
\end{array}
$$

Parallaxe et demi-diamètre de la lune.

70. Soient (fig. 51) C le centre de la terre, O la position d'un observateur et A un astre dont la distance à la terre soit appréciable, comme cela arrive pour le soleil, la lune et les planètes.

Si, des points C et O, on conçoit l'astre A projeté sur la voûte céleste, A′ sera son lieu *apparent* et A″ son lieu *vrai*. L'élévation A″H du lieu vrai de cet astre au-dessus de l'horizon HH′, est ce que l'on nomme sa *hauteur vraie*, et l'élévation A′H du lieu apparent au-dessus de ce même cercle, est sa *hauteur apparente*. Les deux arcs A″H et A′H diffèrent d'une petite quantité A′A″, qui est appelée la *parallaxe* de l'astre.

La parallaxe, qui est nulle quand l'astre est au zénith, parce qu'alors les deux lignes CA et OA se confondent, augmente à mesure que l'astre descend, et atteint sa plus grande valeur, lorsqu'il est à l'horizon ; on l'appelle dans ce cas la *parallaxe horizontale*. La parallaxe horizontale du soleil est de 9″ ; celle de la lune varie entre 54′ et 61′ environ ; on comprend, en effet, que plus l'astre A se rapproche de la terre, plus le petit arc A′A″ augmente. Les étoiles n'ont pas de parallaxe, en raison de l'immensité de leur distance.

Par opposition avec la parallaxe horizontale, on appelle *parallaxe en hauteur* celle de l'astre, lorsqu'il est élevé au-dessus de l'horizon.

On voit, par ce qui précède, que la hauteur vraie surpasse de la parallaxe la hauteur apparente.

71. On appelle *diamètre apparent* d'un astre (fig. 52) l'angle AOB sous lequel on aperçoit le disque de cet astre, et *demi-diamètre apparent*, ou simplement *demi-diamètre*, la moitié AOD de cet angle.

Le demi-diamètre est dit *en hauteur*, lorsque son sommet est placé en un point de la surface terrestre, et *horizontal*, si l'on suppose l'œil de l'observateur situé au centre de la terre.

Il est évident que le demi-diamètre d'un astre augmente ou diminue, à mesure que cet astre se rapproche ou s'éloigne. Par conséquent, les étoiles n'ont pas de demi-diamètre.

Lorsqu'on observe un astre ayant un disque appréciable, comme le soleil et la lune, on prend la hauteur AH ou BH d'un de ses bords, et il faut, pour avoir la hauteur DH du centre, ajouter à la hauteur AH du bord inférieur le petit arc AD qui mesure le demi-diamètre AOD, ou retrancher ce même arc de la hauteur BH du bord supérieur.

72. Les Éphémérides donnent pour chaque jour, de 12^h en 12^h, la parallaxe horizontale de la lune et son demi-diamètre horizontal. La parallaxe y est nommée équatoriale, parce qu'elle a été calculée en supposant le rayon terrestre égal à celui de l'équateur.

Pour déterminer ces deux éléments pour un lieu et une heure quelconques, on fait la différence des nombres consécutifs qui correspondent au midi et au minuit entre lesquels est comprise l'heure astronomique de Paris, et on calcule la partie proportionnelle, comme d'habitude; celle qui se rapporte aux demi-diamètres s'obtient à vue, à cause de leur faible variation en 12^h. On ajoute ensuite ou l'on retranche cette partie proportionnelle, selon que les éléments augmentent ou diminuent dans l'intervalle.

Ex. Trouver la parallaxe horizontale et le demi-diamètre horizontal de $\mathbb{C}$, le 9 Mai 1852, à $13^h 47^m 20^s$, T. M., par une longitude Ouest de 99° 36′.

T. M. du lieu le 9.....	$13^h 47^m 20^s$	
Longitude en T........	6 38 24	
T. M. de Paris le 9....	20 25 44	
Par. horiz. $\mathbb{C}$ le 9 à 12^h	56′ 06″	
partie prop^lle ...... —	16	
Par. horiz. $\mathbb{C}$ calculée	55 50	
½ Diam. horiz. $\mathbb{C}$ le 9 à 12^h	15′ 17″	
partie prop^lle......... —	4	
½ Diam. horiz. $\mathbb{C}$ calculé.	15″ 13	

Variation en 12^h............	23″
en 6^h............	11,5
2............	3,8
20^m..........	0,6
5............	0,1
	16,0
Variation en 12^h............	06″
en 6^h............	3
2............	1
	4

Passage de la lune au méridien.

73. On trouve dans les Éphémérides le moment du passage de la lune au méridien de Paris, jour par jour, exprimé en temps moyen. Ces passages croissent consécutivement, puisque, d'après ce qui a été dit (54), le jour lunaire est moyennement de $24^h 49^m$.

Si le lieu, pour lequel on veut déterminer le passage de la lune au méridien, est situé dans l'Ouest du premier méridien, il est clair que l'heure de ce passage, le jour proposé, devra suivre celle du passage à Paris, en raison du mouvement diurne, et qu'elle la surpassera de la quantité dont la lune aura retardé proportionnellement à la longitude de ce lieu. Au contraire, si le lieu est dans l'Est du premier méridien, l'heure du passage, le jour proposé, précèdera celle du passage à Paris d'une partie du retard de la lune en 24^h, proportionnelle à la longitude.

Donc, *pour calculer l'heure du passage de la lune au méridien d'un lieu*, on fait la différence des passages à Paris pour le jour proposé et pour le lendemain, si la longitude est Ouest, et pour le jour proposé et le jour de la veille, si la longitude est Est. On prend, sur cette différence, une partie proportionnelle à la longitude ; on l'ajoute au passage du jour proposé, dans le premier cas, et on l'en retranche, dans le second.

Cette partie proportionnelle s'obtient à vue, à l'aide d'une table placée à la fin des Éphémérides, *(Table X),* et qui a pour arguments la différence diurne des passages et la longitude du lieu.

Ex. I. Trouver l'heure du passage de ☾ au méridien d'un lieu situé par une longitude Ouest de 137° 40′, le 5 Avril 1852.

Passage à Paris le 5.....................	$13^h 28^m$
Idem le 6.....................	14 23
Retard diurne	0 55
partie proportionnelle (*Table X*)...+	21^m
Passage à Paris le 5.....................	13 28
Passage demandé le 5	13 49

Ex. II. Trouver l'heure du passage de ☾ au méridien d'un lieu situé par une longitude Est de 53° 28′, le 24 Août 1852.

Passage à Paris le 24	$8^h 07^m$
Idem le 23	7 10
Retard diurne......................	0 57
partie proportionnelle (*Table X*)...—	9^m
Passage à Paris le 24	8 07
Passage demandé le 24	7 58

74. La lune ne passe pas tous les jours au méridien d'un lieu déterminé ; si, en effet, son passage arrive le 10, par exemple, à $23^h 50^m$, celui du 11 aura lieu à $23^h 50^m + 49^m = 24^h 39^m$, ou le 12, à $0^h 39^m$; donc, il n'y aura pas de passage au méridien le 11.

Lorsque cette circonstance se rencontre pour Paris, on l'indique dans les Éphémérides par un trait horizontal. Or, il peut se faire que, ce jour-là, il y ait ou non passage ailleurs que sous le premier méridien. C'est ce que nous allons examiner.

On prend, dans ce cas, la différence des passages pour la date antérieure et pour la date postérieure à celle du jour actuel, en augmentant la seconde de 24^h, et on calcule, comme plus haut, la partie proportionnelle que l'on ajoute au passage du jour précédent, si la longitude est Ouest, et que l'on retranche du passage du jour suivant, si elle est Est.

La longitude étant Ouest, il n'y aura passage au méridien du lieu le jour proposé que lorsque la partie proportionnelle, ajoutée à l'heure de la veille, donnera une somme plus grande que 24^h.

La longitude étant Est, si la partie proportionnelle surpasse l'heure du passage du lendemain, en la retranchant de cette dernière heure augmentée de 24^h, on aura l'instant du passage pour le jour proposé. Dans le cas contraire, la différence sera l'heure du passage le jour suivant.

Ex. I. Trouver l'heure du passage de ☾ au méridien d'un lieu situé par une longitude Ouest de 163° 20′, le 19 Février 1852.

Passage à Paris le 18	23^h 55^m
Idem le 20	0 40
Retard diurne	0 45
partie proportionnelle (*Table X*) .. +	20^m
Passage à Paris le 18	23 55
Passage demandé le 19	0 15

Ex. II. Trouver l'heure du passage de ☾ au méridien d'un lieu situé par une longitude Ouest de 77° 45′, le 10 Décembre 1852.

Passage à Paris le 9	23^h 13^m
Idem le 11	0 15
Retard diurne	1 02
partie proportionnelle (*Table X*) ... +	14^m
Passage à Paris le 9	23 13
Passage au méridien le 9	23 27
(Il n'y a point de passage le 10.)	

Ex. III. Trouver l'heure du passage de ☾ au méridien d'un lieu situé par une longitude Est de 100°, le 12 Octobre 1852.

Passage à Paris le **11**...................	23ʰ 10ᵐ
Idem le **13**...................	0 04
Retard diurne	0 54
partie proportionnelle (*Table X*).. —	15ᵐ
Passage à Paris le **13**	0 04
Passage demandé le **12**...............	23 49

Ex. IV. Trouver l'heure du passage de ☾ au méridien d'un lieu situé par une longitude Est de 33° 50', le 16 Juillet 1852.

Passage à Paris le **15**...................	23ʰ 29ᵐ
Idem le **17**...................	0 25
Retard diurne	0 56
partie proportionnelle (*Table X*).. —	05ᵐ
Passage à Paris le **17**...................	0 25
Passage au méridien le **17**	0 20

(Il n'y a point de passage le **16**.)

75. Enfin si, la longitude étant Ouest, il n'y a point de passage à Paris le lendemain, ou si, la longitude étant Est, il n'y en a point la veille, on pourrait, au premier abord, éprouver quelque embarras. Les calculs suivants lèveront toute incertitude à ce sujet.

Ex. I. Trouver l'heure du passage de ☾ au méridien d'un lieu situé par une longitude Ouest de 62° 44', le 13 Août 1852.

Passage à Paris le **13**	23ʰ 08ᵐ
Idem le **15**.................	0 05
Retard diurne	0 57
partie proportionnelle (*Table X*).. +	10ᵐ
Passage à Paris le **13**	23 08
Passage demandé le **13**...............	23 18

Ex. II. Trouver l'heure du passage de ☾ au méridien d'un lieu situé par une longitude Ouest de 156° 20', le 16 Juin 1852.

Passage à Paris le 16................ 23ʰ 50ᵐ
    Idem   le 18 .... 0 43

Retard diurne 0 53

partie proportionnelle (*Table X*).. +   23ᵐ
Passage à Paris le 16 .... 23 50

Passage au méridien le 17 .... 0 13
(Il n'y a point de passage le 16.)

Ex. III. Trouver l'heure du passage de ☾ au méridien d'un lieu situé par une longitude Est de 117° 30′, le 12 Novembre 1852.

Passage à Paris le 10................ 23ʰ 36ᵐ
    Idem   le 12................ 0 34

Retard diurne................ 0 58

partie proportionnelle (*Table X*).. —   19ᵐ
Passage à Paris le 12 .... 0 34

Passage demandé le 12............ 0 15

Ex. IV. Trouver l'heure du passage de ☾ au méridien d'un lieu situé par une longitude Est de 174° 49′, le 19 Mai 1852.

Passage à Paris le 17................ 23ʰ 20ᵐ
    Idem   le 19................ 0 16

Retard diurne................ 0 56

partie proportionnelle (*Table X*).. —   22ᵐ
Passage à Paris le 19 .... 0 16

Passage au méridien le 18 .... 0 54
(Il n'y a point de passage le 19.)

OCTANT.

Description de l'Octant.

76. L'*Octant* est un des instruments dont on se sert, à la mer, pour mesurer la hauteur des astres. Il se compose d'un secteur circulaire (fig. 53) dont l'arc A B, que l'on nomme le *limbe*, vaut 45°, et est divisé en 90 parties égales, numérotées de droite à gauche, de A vers B; ces parties ne sont que des demi-degrés, mais on les compte pour des degrés, parce que, dans la détermination des hauteurs, l'instrument ne donne en réalité que la moitié de la distance angulaire de l'astre à l'horizon; elles contiennent trois subdivisions de 20' chacune.

Du centre C part une règle CD, appelée *alidade*, mobile autour de ce centre, et dont l'extrémité inférieure parcourt les divisions du limbe; elle porte, vers cette extrémité, un petit arc V, nommé *vernier*, lequel embrasse généralement 19 divisions du limbe, et est partagé lui-même en 20 parties égales. La ligne marquée zéro est l'*index* ou la *ligne de foi* du vernier.

L'alidade est munie de deux vis : l'une, la *vis de pression*, placée au-dessous et destinée à arrêter l'alidade en un point quelconque du limbe; l'autre, la *vis de rappel*, dont la tête R est située sur le côté, et qui a pour but d'imprimer des mouvements très-lents à l'alidade.

Au noyau central de l'Octant et sur l'alidade, est fixé, perpendiculairement au plan de l'instrument, un miroir M, appelé *grand miroir*, entièrement étamé sur sa face de droite, et qui tourne en même temps que l'alidade.

Le rayon de gauche CB porte un autre miroir *m* que l'on nomme le *petit miroir*, dont une partie seulement est étamée sur la face opposée au grand miroir : c'est celle qui touche le plan de l'instrument.

Le rayon de droite CA est surmonté en P d'une plaque en cuivre appelée *pinnule*. Cette pinnule est ordinairement percée de deux trous, l'un inférieur qui correspond à la ligne qui sépare la partie étamée de la partie transparente, l'autre supérieur qui est dirigé vers le milieu de la partie transparente.

Enfin on place en G, entre les deux miroirs, des verres colorés destinés à affaiblir les rayons lumineux du soleil.

77. Un arc lu sur le limbe se compose de degrés et de vingtaines de minutes. On emploie le vernier pour déterminer le nombre d'unités de minutes moindre que vingt, compris entre chaque division du limbe.

Considérons le vernier (fig. 54) dans une situation telle que son index coïncide exactement avec une des divisions du limbe. Puisqu'il embrasse 19 de ces divisions, son étendue est de 19 fois 20', ou 19×20; et comme il est partagé en 20 parties égales, chacune de ces parties est le vingtième de ce produit, c'est-à-dire 19'. Il en résulte que, dans cette position particulière, la première division du vernier est éloignée de 1' de celle du limbe qui lui correspond; la deuxième division, de 2' de celle du limbe qui lui correspond; la troisième, de 3'; et ainsi de suite.

Si maintenant on fait avancer successivement le vernier, l'index aura parcouru un arc de 1', au moment de la coïncidence de la première division; un arc de 2', au moment de la coïncidence de la deuxième division, etc. Donc le numéro de la division du vernier qui coïncidera avec une de celles du limbe, indiquera l'écart de l'index, depuis qu'il se trouvait lui-même sur la division qui le précède immédiatement.

Il suit de là que, pour lire un arc parcouru par la ligne de foi de l'alidade, à partir du zéro du limbe, on doit lire d'abord le nombre de degrés et vingtaines de minutes inscrit à droite de l'index, puis y ajouter autant de minutes qu'il y a d'unités dans le numéro de la division du vernier qui répond directement à une division du limbe.

Ainsi l'arc parcouru par l'alidade (fig. 55), est de 41° 27'.

Dans la plupart des Octants, le vernier embrasse, comme nous l'avons supposé ici, 19 divisions du limbe. Il en est cependant dans lesquels le vernier en embrasse 39, et est divisé lui-même en 40 parties égales ; alors les hauteurs sont évaluées avec une approximation de 30 secondes.

Vérification de l'Octant.

78. Avant de se servir d'un Octant, trois vérifications importantes doivent être faites :

1° Rectifier la perpendicularité du grand miroir ;

2° Rectifier la perpendicularité du petit miroir ;

3° Chercher le point de parallélisme des miroirs.

1° *Pour rectifier la perpendicularité du grand miroir*, on place l'alidade vers le milieu du limbe, et on applique l'œil devant ce miroir, aussi près que possible du plan de l'instrument, de manière à voir directement la partie AV du limbe (fig. 53), et par réflexion l'autre partie BV qui viendra se peindre du côté opposé par rapport à l'alidade.

Si l'image est exactement sur le prolongement de la partie AV que l'on vise, le grand miroir est perpendiculaire au plan de l'instrument.

Si l'image paraît au-dessus de AV, le grand miroir penche vers l'avant, et si elle paraît au-dessous, il penche vers l'arrière. Dans le premier cas, on devra desserrer la vis c (fig. 56) et serrer les vis a et b de la monture de ce miroir ; dans le second cas, on desserrera les vis a et b et l'on serrera la vis c. A la suite de quelques essais, dans lesquels on aura soin de ne toucher les vis que jusqu'au refus le plus léger, on ramènera le grand miroir à sa vraie position.

2° Une fois la perpendicularité du grand miroir bien établie, *on rectifie celle du petit.* Pour cela, on tient l'instrument dans une position verticale, et, visant l'horizon de la mer par la partie transparente du petit miroir, on fait mouvoir l'alidade de manière à amener, sur le prolongement de cet horizon, son image réfléchie par le grand miroir. Ensuite, on prend l'instrument horizontalement, et visant de nouveau l'horizon, on remarque si la ligne qu'on aperçoit directement, de part et d'autre du petit miroir, se confond avec celle qu'on voit dans la partie étamée.

Si cette coïncidence a lieu, le petit miroir est perpendiculaire au plan de l'instrument.

Sinon, le petit miroir penche vers le grand, lorsque l'image de l'horizon est au-dessus de la ligne vue directement, et il penche du côté opposé, dans le cas contraire. On lui rendra la position perpendiculaire, en desserrant légèrement celle des deux vis *f* ou *g* de sa monture (fig. 57), vers laquelle il est incliné, et en serrant l'autre d'autant.

Il peut arriver que l'on ait à faire cette rectification à terre, n'ayant pas devant soi l'horizon de la mer. Alors on prend l'instrument dans une position horizontale, et, visant un objet éloigné et nettement dessiné, on fait mouvoir l'alidade de manière à voir en même temps l'image de cet objet par réflexion.

Si l'image passe exactement sur l'objet, le petit miroir est perpendiculaire au plan du limbe. Si elle passe au-dessus, ou au-dessous, le petit miroir penche du côté du grand, ou bien du côté opposé. On le rectifie ensuite, comme nous venons de l'indiquer.

Il y a des Octants dans lesquels le trou supérieur de la pinnule est muni d'un petit verre coloré qui permet de viser directement le soleil. On peut alors employer l'observation de cet astre à la rectification du petit miroir, en agissant comme à l'égard d'un objet terrestre.

3° *Chercher le point de parallélisme des miroirs*, c'est déterminer la division du limbe à laquelle répond l'index de l'alidade, au moment où ils sont parallèles. Ce point est important à trouver, parce que c'est de là que doivent être comptées les hauteurs et les distances angulaires.

Lorsqu'on s'est assuré de la perpendicularité des deux miroirs, on vise l'horizon, et on fait mouvoir l'alidade jusqu'à ce que l'image vienne se peindre sur le prolongement de l'horizon vu directement; les miroirs sont alors parallèles. On lit la division du limbe à laquelle correspond la ligne de foi du vernier, et l'on a ce qu'on appelle l'*erreur de rectification* ou l'*erreur instrumentale;* cette erreur est additive ou soustractive, selon que le point de parallélisme se trouve à droite ou à gauche du zéro du limbe. On comprend, en effet, que, ce point devant être l'origine de la mesure des distances, les arcs lus sur le limbe seront trop petits de l'erreur instrumentale, s'il tombe en dehors du zéro de l'instrument, et trop grands de cette même quantité, dans le cas contraire.

Il sera bon de faire plusieurs observations de ce genre et d'en prendre la moyenne.

Étant à terre, on obtient le point de parallélisme, en faisant coïncider l'image d'un objet éloigné avec ce même objet vu directement. Ou mieux, si l'Octant est disposé pour cela, on vise le soleil, et l'on met successivement en contact chacun de ses bords avec le bord opposé de l'image, en ayant soin de lire, chaque fois, la distance de l'index du vernier au zéro du limbe. La moyenne de ces deux lectures, égale, dans la plupart des cas, à leur demi-différence, indique la situation de l'alidade au moment de la coïncidence du disque du soleil avec son image, et donne, par conséquent, l'erreur de rectification de même signe que la plus grande de ces deux quantités.

Quand l'erreur instrumentale est considérable, on peut la détruire de la manière suivante :

On met l'index du vernier sur le zéro du limbe, et, visant soit l'horizon, soit un objet terrestre, on fait tourner le petit miroir autour de son axe, à l'aide du levier placé derrière l'instrument, jusqu'à ce que la coïncidence parfaite des images ait lieu.

79. Lorsqu'on voudra se procurer un Octant, il sera indispensable de se prémunir contre certains défauts que l'instrument pourrait avoir et qui devraient le faire rejeter.

Il faut d'abord que la surface du limbe soit rigoureusement plane. Pour s'en assurer, on place l'alidade dans différentes positions autour du centre, et l'on examine si, dans toutes ces positions, le grand miroir est constamment perpendiculaire au plan de l'instrument.

On vérifie ensuite l'égalité des divisions du limbe, en faisant coïncider les deux extrémités du vernier avec chacune de ces divisions, et en remarquant si le vernier en embrasse toujours un même nombre.

Quant au vernier, il sera lui-même convenablement divisé, lorsqu'en plaçant son index sur une division quelconque du limbe, toutes les parties de cet arc tomberont d'un même côté, par rapport à celles du limbe qui leur correspondent.

Enfin, on s'assurera si l'arc de l'Octant est bien un arc de 45° relativement au cercle auquel il appartient, en choisissant autour de soi plusieurs objets éloignés, distincts et à peu près dans le même plan, et en mesurant successivement la distance angulaire du premier au second, du second au troisième, etc., et du dernier au premier. Les divisions du limbe n'auront la grandeur voulue, que si la somme de ces distances est égale à 360°.

Observation des hauteurs.

80. Observer la hauteur d'un astre, c'est déterminer la plus courte distance de cet astre à l'horizon de la mer.

S'il s'agit du soleil, après avoir mis un des verres colorés entre les deux miroirs, on place l'Octant dans le plan du vertical de l'astre, en remarquant si l'arc du limbe est dans l'ombre projetée par le rayon C B (fig. 53), et on vise l'horizon par le trou inférieur de la pinnule, à travers la partie transparente du petit miroir. On fait mouvoir l'alidade de manière à amener l'image du bord inférieur du soleil près de l'horizon ; on serre alors la vis de pression, et on établit le contact à l'aide de la vis de rappel. Un léger balancement imprimé à l'instrument autour de l'axe visuel, suffit pour s'assurer si le bord inférieur décrit un arc tangent à l'horizon de la mer.

La hauteur lue sur le limbe est la *hauteur instrumentale* du bord inférieur du soleil, laquelle, étant corrigée de l'erreur de rectification, fait connaître ce que l'on nomme la *hauteur observée* de ce bord.

On se conduirait pareillement pour obtenir la hauteur du bord supérieur du soleil ; mais, à la mer, c'est toujours celle du bord inférieur que l'on cherche, parce que la détermination du contact avec l'horizon est plus facile et plus exacte.

Lorsque le soleil est assez brillant pour que son image puisse être reçue sur la partie transparente du petit miroir, on se sert du trou supérieur de la pinnule.

L'observation de la hauteur de la lune se fait d'une manière analogue, avec cette seule différence qu'on est obligé de prendre la hauteur du bord le mieux terminé.

Pour trouver la hauteur d'une étoile, on place l'index du vernier sur le point de parallélisme, et visant directement l'étoile, on pousse l'alidade en abaissant en même temps l'instrument, de manière à conserver l'image de l'astre dans la direction du rayon visuel, jusqu'à ce qu'on aperçoive le terme de l'horizon. On serre alors la vis de pression, et l'on rectifie le contact avec la vis de rappel.

Ce mode d'opérer diffère du précédent, parce que, si l'on cherchait à ramener à l'horizon l'image de l'astre, on verrait passer devant soi une multitude d'étoiles, parmi lesquelles il serait impossible de distinguer celle dont on veut déterminer la hauteur.

Quand on observe un astre au moment de son passage au méridien, on obtient ce qu'on appelle sa *hauteur méridienne*. Pour cela, on se met en observation quelques instants avant ce passage, et l'on fait arriver, comme nous l'avons dit plus haut, l'image de l'astre en contact avec l'horizon. On la maintient dans cette position, en faisant avancer l'alidade à l'aide de la vis de rappel, jusqu'à ce que, en balançant l'instrument autour de l'axe optique, on s'aperçoive que l'astre a cessé de s'élever ; on a alors sa hauteur méridienne.

Dans la détermination des hauteurs des astres, les deux premières rectifications que nous avons mentionnées (78), doivent toujours être faites avant d'observer. Quant à la recherche du point de parallélisme, elle peut indifféremment précéder ou suivre les observations, suivant que les circonstances le commandent.

81. A terre, on remplace l'horizon de la mer par une surface plane réfléchissante, rendue parfaitement horizontale, si elle ne l'est d'elle-même ; c'est ce qu'on nomme un *horizon artificiel*.

Les horizons artificiels les plus simples sont ceux à fluide, qu'on se procure en remplissant un vase quelconque d'huile, de mercure ou de goudron. On a soin de soustraire le liquide à l'agitation de l'air, en le couvrant d'une petite toiture de verre ou de talc, et de le mettre à l'abri des mouvements que les vibrations du sol, sur lequel on le dispose, pourraient lui communiquer.

L'horizon artificiel représenté (fig. 58), se compose d'une glace polie à sa surface supérieure, dépolie et peinte en noir à sa surface inférieure; cette glace est enchâssée dans une monture en cuivre que supportent trois vis *a, b, c,* destinées à donner à cet instrument une horizontalité aussi exacte que possible.

Pour obtenir ce résultat, sans lequel toute observation serait mauvaise, on se sert d'un *niveau à bulle d'air,* petit cylindre en verre contenant de l'eau ou de l'alcool jusqu'à une certaine hauteur, et dans lequel se meut une bulle d'air qui doit venir se placer entre deux repères et s'y fixer, lorsque le niveau a une position horizontale. On met ce niveau sur la glace entre deux vis *a* et *b,* et l'on fait jouer l'une de ces vis de manière à amener la bulle entre les deux repères; on le retourne aussitôt, et si la bulle s'est dérangée, on la ramène à sa position primitive. On place ensuite le niveau dans la direction *ac,* et, répétant la même opération à l'aide de la troisième vis *c,* on obtient une seconde ligne horizontale. L'instrument est alors *calé,* c'est-à-dire que la glace est dans un plan parallèle à l'horizon.

Pour mesurer la hauteur du soleil, on vise l'image de cet astre réfléchie par l'horizon artificiel, et l'on fait mouvoir l'alidade de manière à mettre en contact le bord supérieur de cette image avec le bord inférieur de celle qui est successivement réfléchie par les deux miroirs. On obtient alors le double de la hauteur du bord inférieur du soleil.

Si l'on avait fait coïncider le bord inférieur de l'image vue directement avec le bord supérieur de celle qui est réfléchie par les miroirs, on aurait eu le double de la hauteur du bord supérieur.

On voit, par ce qui précède, que les observations à l'horizon artificiel ne peuvent guère être faites avec un Octant, à moins que les hauteurs ne soient au-dessous de 45°. Les instruments généralement employés pour cet objet, sont le *sextant* et le *cercle à réflexion.*

Correction des hauteurs.

82. A la mer, à cause de la position particulière de l'observateur, le rayon visuel O′F (fig. 37), dirigé vers l'horizon tangentiellement à la surface terrestre, rencontre la voûte du ciel en un point M, situé au-dessous du plan horizontal O′H. La hauteur observée de l'astre A est, par conséquent, l'arc AM, tandis que sa hauteur apparente est l'arc AH.

La différence HM de ces deux hauteurs est appelée la *dépression* de l'horizon; il est évident qu'elle devra toujours être retranchée de la hauteur observée.

La dépression augmente ou diminue, suivant qu'on s'éloigne ou qu'on se rapproche du niveau de la mer. Elle est donnée dans les Éphémérides, *(Table I),* pour différentes élévations; on l'y prend à vue.

Les hauteurs observées à l'horizon artificiel ne sont pas altérées de la dépression.

10

83. La surface de notre globe est enveloppée d'une masse gazeuse, appelée *atmosphère*, au sein de laquelle se produisent les vents et les tempêtes. Cette masse d'air, dont l'étendue en hauteur est estimée de 15 à 20 lieues, est considérée comme formée de couches sphériques concentriques à la terre, et dont la densité va en décroissant, celles qui sont les plus basses supportant le poids de toutes les autres.

Un phénomène général dans la nature, c'est que, lorsqu'un rayon de lumière passe d'un certain espace dans un autre de densité différente, il se brise, en se rapprochant ou s'écartant de la perpendiculaire à la surface qui les sépare, selon que le deuxième milieu est plus ou moins dense que le premier.

D'après cela, soit un rayon lumineux AB (fig. 59) émanant d'un astre A. Ce rayon, qui s'est propagé en ligne droite, tant qu'il n'a fait que traverser les espaces privés d'air, se brise légèrement d'abord au point B, où il rencontre la première couche atmosphérique, en se rapprochant de la perpendiculaire à cette couche, puis continue à se détourner ainsi successivement, à mesure qu'il traverse des couches nn', rr', de plus en plus voisines de la terre. Après une infinité de déviations consécutives, il parvient enfin au point O, où l'observateur est situé ; et il arrive que celui-ci, jugeant de la position de l'astre A par l'impression du dernier rayon lumineux que reçoit son œil, croit apercevoir cet astre dans la direction OA', et le voit, par conséquent, plus élevé qu'il ne l'est réellement.

L'angle AOA', formé par le rayon direct AO et le rayon réfracté A'O, se nomme la *réfraction astronomique*.

La réfraction est la plus grande possible quand l'astre est à l'horizon ; elle est alors de 33′ 46″. Elle diminue, à mesure que l'astre s'élève. A 45° de hauteur, elle n'est plus que de 1′ environ, et elle devient nulle quand l'astre passe au zénith.

Il suit de ce que nous venons d'exposer, que la réfraction doit toujours être retranchée des hauteurs prises soit à terre, soit à la mer.

On trouve dans les Éphémérides, *(Table II)*, une table des réfractions moyennes, dressée pour une température de 10° au-dessus de zéro, et une pression barométrique de 76 centimètres.

84. Telles sont les deux causes qui altèrent les hauteurs observées de tous les astres. Il nous reste à examiner comment on doit corriger en particulier les hauteurs du soleil, de la lune et des étoiles.

Le mouvement diurne des astres s'accomplissant autour du centre de la terre, c'est à ce point, indépendant de la position qu'un observateur peut occuper sur la surface du globe, que les hauteurs doivent être rapportées. De plus, si l'astre a un disque sensible, c'est l'élévation de son centre que l'on cherche.

En se rappelant ce qui a fait l'objet des deux numéros qui précèdent, et ce qui a été déjà dit, (70) et (71), des parallaxes et des demi-diamètres, on comprendra sans peine ce qui va suivre.

Hauteur du soleil.

85. La hauteur observée de l'un des bords du soleil, du bord inférieur, par exemple, se corrige d'après la formule :

Haut. vr. ⊖ = haut. obs. ☉ — dépr. + ½ diam. — (réfr. — parall.) ☉

Le demi-diamètre du soleil se trouve, dans les Éphémérides, au bas de la première page de chaque mois ; la dépression et la réfraction diminuée de la parallaxe sont données dans les *Tables I et II*. La réfraction doit être cherchée avec la hauteur apparente du bord observé.

La formule précédente s'applique au cas où l'on aurait pris la hauteur du bord supérieur du soleil, en retranchant le demi-diamètre, au lieu de l'ajouter.

Ex. I. Le 30 Septembre 1852, on a observé la hauteur du ☉ de 14° 28′ 40″ ; erreur instrumentale — 3′ 20″ ; élévation 4ᵐ,8. **On demande la hauteur vraie du ⊖.**

Hauteur instrumentale.....		14° 28′ 40″
Erreur instrumentale ...—		3 20
Hauteur observée....... ☉	14 25 20
Dépression pʳ 4ᵐ,8..... —	3 53
Hauteur apparente ..... ☉	14 21 27
½ Diamètre .... +	16 01
Hauteur apparente..... ⊖	14 37 28
Réfraction — parall.... —	3 35
Hauteur vraie.......... ⊖	14 33 43

Ex. II. Le 12 Février 1852, on a observé la hauteur du ☉ de 21° 47′ 15″ ; erreur instrumentale + 5′ 30″, élévation 3ᵐ,5. **On demande la hauteur vraie du ⊖.**

Hauteur instrumentale.....	21° 47′ 15″
Erreur instrumentale... +	5 20
Hauteur observée....... ☉	21 52 45
Dépression pʳ 3ᵐ,5 ..... —	3 19
Hauteur apparente...... ☉	21 49 26
½ Diamètre .... —	16 13
Hauteur apparente..... ⊖	21 33 13
Réfraction — parall.... —	2 16
Hauteur vraie .... ⊖	21 30 57

Hauteur de la lune.

86. On corrige la hauteur observée du bord éclairé de la lune, par l'une des deux formules suivantes :

Haut. vr. ☾ = haut. obs. ☾ — dépr. $+ \frac{1}{2}$ diam. horiz. $+$ (parall. — réfr.) ☾

Haut. vr. ☾ = haut. obs. ☾ — dépr. $+ \frac{1}{2}$ diam. en haut. $+$ (parall. — réfr.) ☾ ;

en supposant que le bord éclairé soit le bord inférieur. S'il s'agissait du bord supérieur, il n'y aurait qu'à changer le signe du demi-diamètre.

Quelle que soit celle de ces deux méthodes qu'on emploie, on commence toujours par calculer la parallaxe horizontale et le demi-diamètre horizontal, comme nous l'avons fait voir (72).

Si l'on se sert de la seconde formule, on obtient le demi-diamètre en hauteur, en ajoutant au demi-diamètre horizontal un petit nombre de secondes que l'on trouve dans la *Table III* des Éphémérides.

Quant à la parallaxe en hauteur moins la réfraction, on la détermine, soit pour la hauteur apparente du bord observé, soit pour celle du centre, à l'aide de la *Table VI* de ce recueil, en se conformant, pour son usage, à l'explication qui l'accompagne.

Nous allons appliquer ces deux procédés à un même exemple.

Ex. Le 29 mai 1852, à 2^h 43^m du matin, **T. M.**, par une longitude **Est de 57°** 38', on a observé la hauteur du ☾ de 41° 33' 50''; erreur instrumentale $+$ 1' 30'', élévation $5^m,4$. On demande la hauteur vraie du ☾.

T. M. du Bord le 28....	14^h 43^m		Parall. horiz. le 28 à 0^h.....	59' 43''
Longitude en T.........	3 50 32		partie proportionnelle... $+$	13
T. M. de Paris le 28....	10 52 28		Parall. horiz. calculée......	59 56
			$\frac{1}{2}$ Diamètre horizontal.......	16' 20''
			Idem en hauteur.......	16 31

1ʳᵉ MÉTHODE.			2ᵐᵉ MÉTHODE.		
Hauteur instrumentale ...	41° 33' 50''		Hauteur instrumentale ...	41° 33' 50''	
Erreur instrumentale.. $+$	1 30		Erreur instrumentale.. $+$	1 30	
Hauteur observée ..... ☾	41 35 20		Hauteur observée ..... ☾	41 35 20	
Dépression pour $5^m,4$. —	4 08		Dépression pour $5^m,4$. —	4 08	
Hauteur apparente .... ☾	41 31 12		Hauteur apparente .... ☾	41 31 12	
$\frac{1}{2}$ Diamètre horizontal . $+$	16 20		$\frac{1}{2}$ Diamètre en hauteur. $+$	16 31	
Hauteur appᵗᵉ appr.... ☾	41 47 32		Hauteur apparente .... ☾	41 47 43	
Parallaxe — réfr...... $+$	43 49		Parallaxe — réfr....... $+$	43 38	
Hauteur vraie .... ☾	42 31 21		Hauteur vraie .... ☾	42 31 21	

La deuxième méthode a l'avantage de donner immédiatement la hauteur apparente du centre de la lune, dont on a besoin dans la correction des distances lunaires ; mais, ce calcul étant hors de notre sujet, nous nous servirons dorénavant de la première, comme étant la plus expéditive.

Hauteur des étoiles.

87. Les hauteurs des étoiles n'étant altérées ni de la parallaxe, ni du demi-diamètre, il n'y a qu'à les corriger seulement de la dépression et de la réfraction.

La réfraction s'obtient, en prenant, dans la *Table II* des Éphémérides, le nombre de minutes et secondes inscrit vis-à-vis de la hauteur apparente, et en y ajoutant la parallaxe du soleil que l'on trouve en tête ou à droite de chaque colonne.

Ex. On a pris la hauteur d'une étoile de 37° 44′ 30″ ; erreur instrumentale —4′ 15″, élévation 3ᵐ,6. On demande la hauteur vraie.

Hauteur instrumentale	37° 44′ 30″
Erreur instrumentale .. —	4 15
Hauteur observée........	37 40 15
Dépression pour 3ᵐ, 6.. —	3 22
Hauteur apparente	37 36 53
Réfraction .... —	1 15
	37 35 38

ESTIME.

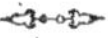

88. On appelle *Estime* la détermination de la position du navire, à l'aide des instruments qui servent, à la mer, à diriger la route et à mesurer le chemin. Indépendante des observations astronomiques, elle a besoin d'être souvent rectifiée, à cause de l'imperfection des moyens dont elle dispose ; mais, telle qu'elle est, elle n'en est pas moins précieuse pour faire connaître, d'une manière approchée, le lieu où l'on se trouve, à différentes époques d'une traversée.

Mesure du chemin.

89. L'unité de longueur en usage pour les distances comptées dans la navigation, est le *mille*.

Le mille est la soixantième partie d'un degré de grand cercle, la terre étant supposée parfaitement sphérique ; il vaut environ 1852 mètres. Chaque minute, soit de l'équateur, soit des méridiens terrestres, est donc égale à un mille.

La *lieue marine* se compose de 3 milles ; elle est par conséquent la vingtième partie du degré de grand cercle.

90. L'instrument que l'on emploie, à la mer, pour mesurer le chemin parcouru par le navire, est le *loch;* il est formé de trois parties distinctes : le *bateau de loch*, la *ligne de loch* et le *tour de loch*.

Le bateau de loch est un petit secteur en bois, dont l'arc est garni d'une lame de plomb, afin que les deux tiers du bateau plongent dans l'eau, quand on en fait usage. Aux deux extrémités de cet arc sont fixés deux bouts de ligne qui viennent se réunir à une cheville, laquelle est destinée à entrer dans une espèce d'étui en buis que porte, très-près du bateau, la ligne de loch.

La ligne de loch est une corde mince attachée au sommet du secteur, et enroulée autour d'un cylindre, nommé tour de loch. Pour laisser le temps au bateau de loch d'être isolé des remoux du navire, on porte sur cette ligne une longueur égale à celle de la quille, et, à partir de ce point que l'on distingue par un morceau de drap ou d'étamine, on divise le reste de la ligne en parties égales de 45 pieds, ou 14^m,6. Ces parties, appelées *nœuds*, sont indiquées par des bouts de fil à voile, et séparées elles-mêmes en demi-nœuds et quarts de nœuds.

Pour mesurer le chemin avec cet instrument, trois hommes se placent sur l'arrière du navire, dont deux armés du bateau et du tour de loch, et le troisième, d'un sablier d'une durée habituelle de 30 secondes. Celui qui tient le bateau de loch, le lance à la mer sous le vent, et, au moment où il sent passer entre ses doigts le morceau d'étamine, il prévient, par le mot *vire*, de tourner le sablier. Quand le sable s'est écoulé, au signal *stop* qui lui est donné, il arrête subitement la ligne ; la cheville sort de l'étui, et le bateau de loch, prenant alors une position horizontale, est facilement ramené à bord.

On compte le nombre de nœuds et parties de nœuds qui ont été filés, et l'on a la vitesse du navire, c'est-à-dire le nombre de milles qu'il parcourt dans une heure, en supposant que sa marche reste constante. Cela provient de ce que, un nœud étant la cent vingtième partie d'un mille, comme 30 secondes sont la cent vingtième partie d'une heure, autant on file de nœuds pendant l'expérience, autant on fait de milles par heure.

Le nœud pratique n'est pas, il est vrai, exactement la cent vingtième partie d'un mille. Sa valeur théorique serait de 47^p,5, ou 15^m,4 ; mais de nombreux essais ont prouvé qu'il fallait lui donner une longueur effective de 14^m,6, à cause de l'instabilité du bateau de loch pendant l'expérience.

Lorsque le navire a beaucoup d'erre, on se sert d'un sablier de 15 secondes, et en doublant le nombre de nœuds qui ont été filés, on obtient sa marche réelle.

S'il arrivait que la ligne de loch et le sablier fussent altérés, la rectification de la ligne pourrait se faire commodément au moyen d'une distance égale à un nœud ou à un demi-nœud, que l'on marquerait sur le pont, une fois pour toutes, à l'aide de deux repères; et le sablier pourrait être remplacé par une montre à secondes. Quoi qu'il en soit, les problèmes résolus (*Arith.* 58, 59, 60) enseigneront à trouver, dans chaque cas, la vitesse du navire.

L'exactitude des résultats ainsi obtenus dépendra évidemment du soin qu'on aura mis à rapprocher les expériences, suivant que la force du vent aura varié. Si l'on a dû jeter le loch plusieurs fois, on en déduira la distance moyenne parcourue dans une heure; puis, on connaîtra le chemin total pour un intervalle de temps quelconque, en faisant la somme de tous les chemins partiels précédemment déterminés.

Direction de la route.

91. La direction de la route que suit le navire est indiquée par l'instrument appelé *compas de route*.

Lorsqu'on suspend horizontalement une aiguille aimantée, cette aiguille prend, après quelques oscillations, une position fixe, généralement voisine de la méridienne du lieu, avec laquelle elle fait ainsi un angle qui se nomme la *variation*. La variation est dite Nord-Ouest (N O.), quand l'aiguille tombe entre le Nord et l'Ouest de l'horizon, et Nord-Est (N E.), quand l'aiguille tombe entre le Nord et l'Est. Cet angle change avec les lieux et avec le temps; ainsi, à Paris, il y a deux cents ans, la variation était presque nulle, tandis qu'elle est aujourd'hui de 20° 30′ environ N O.

On a profité de cette propriété remarquable des aiguilles aimantées, pour déterminer d'une manière assez exacte la vraie situation des points cardinaux de l'horizon.

On commence par tracer sur une feuille de carton une *rose des vents* (fig. 60) : c'est un cercle gradué et divisé par des rayons en 32 parties égales, ou *airs de vents*, dont les noms sont trop familiers aux marins pour qu'il soit utile de les rappeler ici; chacun de ces airs de vent fait, avec celui qui l'avoisine, un angle égal à la trente-deuxième partie de 360°, ou à 11° 15′.

On adapte ensuite à la surface inférieure de ce cercle une aiguille aimantée, dans la direction de la ligne Nord et Sud de la rose, qui devient alors ce qu'on appelle la *méridienne magnétique*. Cette aiguille est munie, à son centre, d'une chape, dans laquelle entre la pointe d'une tige qui lui sert de pivot et dont l'autre extrémité repose sur le fond d'une boîte cylindrique en cuivre, nommée *cuvette;* la cuvette est lestée d'un cercle de plomb, et fermée par deux glaces qui laissent apercevoir les divisions de la rose. L'instrument ainsi construit est généralement connu sous le nom de *boussole.*

Le compas de route n'est autre chose qu'une boussole convenablement disposée pour l'usage particulier de la navigation. Afin d'amoindrir les oscillations produites par le roulis et le tangage, on suspend la cuvette entre deux cercles concentriques, dits *balanciers*, qui sont contenus eux-mêmes dans une autre boîte carrée en bois. Le compas est ensuite enfermé dans une espèce de petite armoire qui porte le nom d'*habitacle*, ouverte sur l'arrière, et éclairée, la nuit, par une lampe. Enfin, on installe le tout sur le pont, en face de la roue du gouvernail, en ayant soin de placer dans le plan vertical passant par la quille, et dans la direction de l'avant du navire, une ligne tracée en noir sur la paroi intérieure de la cuvette, et qu'on appelle la *ligne de foi* du compas.

Le point de la rose qui correspond à la ligne de foi, est le *cap du compas*, et l'on nomme *route au compas* l'angle formé par le cap du compas et la méridienne magnétique; cet angle se compte, de 0° à 90°, soit du Nord, soit du Sud, suivant que l'un ou l'autre de ces deux points est plus rapproché de l'air de vent auquel on gouverne.

92. La variation altérant presque toujours les routes au compas, il importe de corriger celles-ci, pour savoir la vraie direction que l'on suit sur le globe. On obtient alors l'*angle du rhumb de vent*, ou *la route vraie*, angle formé par le cap du compas et la ligne Nord et Sud de l'horizon.

Nous supposerons, pour le moment, que la grandeur de la variation soit connue, nous réservant d'enseigner ultérieurement les moyens de la déterminer.

Soient NS (fig. 61) la ligne Nord et Sud de l'horizon, *n s* celle du compas, la variation étant NE, par exemple. Si C*v* représente la direction de la route, comme cet air de vent se trouve *à droite* de l'air de vent vrai de même nom, CV, d'une quantité égale à la variation, il s'ensuit que l'air de vent du monde CA qui correspond à C*v*, s'obtiendra en comptant, à partir du point V de l'horizon, ou du même point *v* de la rose, vers *la droite*, un arc égal à la variation. Or, l'observateur étant censé situé au centre de la rose, la variation est à droite, quand elle est NE., et à gauche, quand elle est NO.

Donc, *pour corriger de la variation une route au compas, il suffit de compter, à partir de cette route et dans le sens de la variation, un arc égal à cette dernière quantité.*

Ex. I. On a fait route au NE. ¼ E. du compas, ayant 18° 30′ de variation NE. Quelle est la route vraie ?

<pre>
Route au compas............ N. 56° 15′ E.
Variation ....   18 30 NE.
                                ───────────
Route vraie .... N. 74° 45′ E.
</pre>

Ex. II. On a fait route au SSE. du compas, ayant 14° 25′ de variation NO. Quelle est la route vraie ?

Route au compas	S.	22° 30′	E.
Variation		14 25	N O.
Route vraie	S.	36 55	E.

Ex. III. On a fait route à l'O. $\frac{1}{4}$ S O. du compas, ayant 24° 40′ de variation NE. Quelle est la route vraie?

Route au compas	S.	78° 45′	O.
Variation		24 40	N E.
Route vraie	S.	103 25	O.
ou	N.	76 35	O.

Ex. IV. On a fait route à l'ONO. 3° N. du compas, ayant 12° 36′ de variation NE. Quelle est la route vraie?

Route au compas	N.	64° 30′	O.
Variation		12 36	N E.
Route vraie	N.	51 54	O.

Ex. V. On a fait route au N. $\frac{1}{4}$ N E. 5° E. du compas, ayant 26° 44′ de variation NO. Quelle est la route vraie?

Route au compas	N.	16° 15′	E.
Variation		26 44	N O.
Route vraie	N.	10 29	O.

93. Le point de la rose, auquel le navire a le cap, n'est que par exception la direction de la ligne qu'il suit; il faut, pour cela, qu'il coure vent arrière, ou au moins grand largue. Dans toutes les autres allures, qui sont les plus habituelles, le vent agissant obliquement sur les voiles, une partie de son impulsion est employée à faire avancer le navire, et l'autre le jette en travers; il en résulte une direction AD (fig 62), intermédiaire entre celle AB où l'on gouverne et une ligne AH, menée perpendiculairement au plan vertical passant par la quille.

L'angle BAD, formé par la route effective AD et la route au compas AB, est appelé la *dérive;* cet angle varie avec la force du vent, la voilure que l'on porte, l'état de la mer, la construction particulière du bâtiment.

Pour déterminer la dérive, on place sur le couronnement un demi-cercle dont le point zéro correspond à l'axe longitudinal, et qui est gradué, de part et d'autre, jusqu'à 90°. On examine à quelle division reste la *houache,* c'est-à-dire la trace AC que le navire laisse derrière lui; le nombre de degrés de cet arc donne l'angle cherché.

Ou bien, on relève la houache au compas de variation, et l'angle compris entre la ligne opposée au relèvement et l'air de vent auquel on a le cap, fait connaître la dérive.

Le *compas de variation* n'est autre qu'un compas de route muni de deux pinnules diamétralement opposées, dont l'une, celle qui est tournée du côté du point que l'on vise, est traversée par un fil vertical. On pointe les pinnules vers l'objet qu'on doit relever, et l'on regarde à quel air de vent répond la ligne de foi de l'instrument. Pour cela, on adapte maintenant aux compas de variation un petit miroir, incliné de 60° sur la surface supérieure de la cuvette, du côté de l'œil de l'observateur, et qui permet de lire la division de la rose directement opposée à celle du relèvement.

La dérive est *tribord*, lorsque les amures sont à babord, et elle est *babord*, quand les amures sont à tribord.

L'explication que nous avons donnée de la dérive, et l'inspection de la fig. 62, prouvent que la dérive doit être comptée à droite de la route au compas, quand elle est tribord, et à gauche, dans le cas contraire.

Le plus souvent, les routes suivies au compas sont altérées en même temps de la dérive et de la variation; alors, au lieu d'effectuer chacune de ces corrections, l'une après l'autre, on les combine ensemble, et on en fait l'application, d'après la règle suivante, facile à démontrer.

Si la dérive et la variation sont dans le même sens, on les ajoute, et l'on a une correction que l'on compte, à partir de la route au compas, dans le même sens que ces deux quantités.

Si la dérive et la variation sont dans un sens opposé, on les retranche l'une de l'autre, et l'on compte cette correction, à partir de la route au compas, dans le sens de la plus grande de ces deux quantités.

Ex. I. On a fait route au SO. ¼ S. du compas, ayant 29° 45′ de variation NO., et 13° de dérive babord. On demande la route vraie.

Variation	29° 45′ N O.		Route au compas ..	S. 33° 45′ O.
Dérive	13	B.	Correction	42 45 B.
Correction	42 45	B.	Route vraie	S. 9 00 E.

Ex. II. On a fait route à l'ENE. du compas, ayant 21° 28′ de variation NO., et 9° de dérive tribord. On demande la route vraie.

Variation	21° 28′ N O.		Route au compas ..	N. 67° 30′ E.
Dérive	9	T.	Correction	12 28 B.
Correction	12 28	B.	Route vraie	N. 55 02 E.

94. Une autre cause d'erreur, malheureusement peu connue, et qui altère fortement les résultats fournis par l'estime, est produite par les *courants*.

Les courants sont dus à un mouvement horizontal de la mer, qui agit dans une certaine direction, avec une vitesse plus ou moins grande.

Il y a, dans la vaste étendue de l'Océan, des courants généraux qui proviennent de l'action constante du vent qui règne ; il y en a de périodiques, c'est-à-dire dont les effets se renouvellent à des époques déterminées ; enfin, il existe, principalement le long des côtes, une infinité de courants particuliers, dont l'intensité et la direction varient avec le gisement des terres, la largeur des détroits, la position des îles et des écueils. On voit donc que, dans la plupart des cas, leur détermination ne peut guère s'obtenir que d'une manière approchée.

Lorsqu'on a la faculté de mouiller, on jette le loch et on le relève en même temps au compas ; le relèvement, corrigé de la variation, donne la direction vraie du courant, et le nombre de nœuds filés fait connaître sa vitesse. Dans le cas contraire, on met une embarcation à la mer, et on la rend fixe, autant que possible, au moyen de quelque corps pesant, d'un grappin, par exemple, que l'on coule à une profondeur d'une centaine de brasses ; puis, on estime le courant à l'aide du loch, comme nous venons de le dire.

Quelque imparfaits que soient ces procédés, il sera bon d'y avoir égard, toutes les fois que les circonstances le permettront. On peut encore se servir de la différence entre le *point estimé* et le *point observé,* dont nous parlerons plus tard.

Quand la nature d'un courant est connue, il importe de faire subir aux routes au compas cette nouvelle correction ; nous enseignerons (105) le moyen employé habituellement.

Cartes marines.

95. Les *cartes marines* sont des représentations, sur un plan, de la surface entière du globe terrestre, ou de différentes portions de cette surface.

On en distingue de deux sortes : les *cartes plates* et les *cartes réduites*. Nous ne nous occuperons que de ces dernières, parce que l'usage en est maintenant universel, et qu'elles sont plus exactes que les cartes plates.

Sur une carte réduite, les parallèles terrestres sont représentés par des lignes droites parallèles entre elles, et les méridiens par d'autres lignes droites perpendiculaires aux premières. On suppose, dans cette construction, les degrés des parallèles égaux à ceux de l'équateur, tandis qu'en réalité les arcs semblables de ces petits cercles vont en décroissant sur le globe, à mesure qu'ils se rapprochent des pôles. Pour détruire cette erreur, on augmente chaque minute du méridien dans le même rapport qu'on augmente effectivement celle du parallèle qui lui est adjacent ; de sorte que la position relative des lieux n'est point altérée.

Les méridiens extrêmes de la carte sont les *échelles des latitudes,* et les parallèles extrêmes, les *échelles des longitudes.*

Nous allons traiter immédiatement quelques questions usuelles sur les cartes marines.

96. *Trouver la latitude et la longitude d'un point placé sur la carte.*

On prend, avec un compas, la distance (18) de ce point à un des parallèles, et faisant glisser le compas sur cette ligne jusqu'à l'échelle des latitudes, on obtient la latitude du point donné.

On prend, de même, la distance de ce point à un des méridiens; cette distance, portée le long de ce méridien, sur l'échelle des longitudes, fait connaître la longitude du point donné.

97. *Marquer sur la carte un point dont la latitude et la longitude sont connues.*

On se sert pour cela de deux compas que l'on ouvre, l'un sur la latitude donnée et sur un des parallèles, l'autre sur la longitude donnée et sur un des méridiens. On fait glisser respectivement ces compas sur chacune de ces lignes, et l'intersection des deux pointes libres fixe la position du point cherché.

Il faudra avoir soin, dans cette opération, de maintenir les deux pointes de chaque compas dans une direction perpendiculaire à la ligne le long de laquelle on le fait courir.

98. *Par un point de la carte, mener une parallèle à un rhumb de vent donné.*

On place le centre d'un rapporteur au point donné, de manière que sa circonférence soit tournée dans le sens convenable, et que son diamètre soit parallèle à un méridien; on s'en assure, soit à l'aide d'un compas, soit en posant un des côtés d'une équerre sur une ligne E. et O. de la carte, de façon que l'autre côté passe par le point, et en appuyant le rapporteur contre l'équerre. Ensuite, on fait un angle égal à celui du rhumb de vent donné, conformément à ce qui a été dit (11).

99. *Trouver l'angle du rhumb de vent qui passe par deux points marqués sur la carte.*

On dispose le rapporteur comme dans le problème précédent, et, plaçant une règle sur ces deux points, on lit sur la circonférence du rapporteur le nombre de degrés de l'angle demandé.

100. *Trouver la distance qui sépare deux points marqués sur la carte.*

Si cette distance est assez petite pour être prise entre les branches d'un compas, on la porte sur l'échelle des latitudes, en face de ces deux points; le nombre de minutes compris entre les pointes du compas, est égal au nombre de milles cherché.

Lorsque la distance est trop considérable, on prend sur le méridien extrême une longueur de 20′, de 30′ ou de 1°, que l'on porte sur la ligne qui joint les points donnés, autant de fois qu'elle peut y être contenue. S'il y a un reste, on en détermine la valeur, en le comptant sur l'échelle des latitudes.

Point de partance. — Route à suivre.

101. Lorsque le navire vient de quitter le port, il est obligé de louvoyer pendant quelque temps, au milieu des écueils qui sillonnent la côte, avant de pouvoir s'élever en pleine mer.

Au moment où, dégagé de tous ces dangers, il va perdre la terre de vue, on détermine, par un des procédés que nous allons exposer, le lieu où l'on se trouve; c'est à partir de ce point, très-justement nommé *point de partance*, que devront être comptées les différentes routes que l'on aura à faire pour se rendre à sa destination.

Si l'on est en présence de deux objets terrestres marqués sur la carte, on les relève au compas, et on trace sur la carte (98), par chacun de ces points, des droites respectivement parallèles et opposées à ces relèvements corrigés de la variation. L'intersection de ces deux lignes fixe la position du navire, dont on cherche ensuite (96) la latitude et la longitude.

On devra, autant que possible, se placer de manière à relever ces deux objets à 90° l'un de l'autre, parce qu'alors les erreurs commises sur les relèvements influent le moins sur le résultat de l'opération.

Si l'on n'a en vue qu'un seul objet qui soit indiqué sur la carte, on le relève au compas, et l'on estime sa distance au navire. On fait, à ce point, un angle égal au relèvement corrigé de la variation, et l'on porte sur la ligne ainsi déterminée, à partir de l'objet, une longueur égale à la distance estimée, prise sur l'échelle des latitudes par le travers du lieu où il est situé.

Dans ce dernier cas, on peut agir différemment. Après avoir relevé l'objet O (fig 63), on court un bord, en ayant soin de bien tenir compte du chemin que l'on fait et de la direction que l'on suit, et on relève une seconde fois ce même objet. On trace sur la carte, par le point O, une ligne ON parallèle et opposée au deuxième relèvement corrigé de la variation, et une autre ligne O A dans la direction de la route, préalablement corrigée de la variation et de la dérive, sur laquelle on porte un nombre de minutes du méridien extrême, égal au nombre de milles du chemin parcouru dans l'intervalle. Par le point A, où cela se termine, on mène AN parallèle et opposée au premier relèvement corrigé. L'intersection N des deux droites O N et AN indique le lieu où se trouvait le navire au moment du second relèvement.

Un dernier moyen très-simple consiste à se placer dans l'alignement de deux objets, et à en relever en même temps un troisième au compas, ou bien deux nouveaux l'un par l'autre. Il en résulte deux lignes qui viennent se rencontrer au point cherché.

Les procédés qui précèdent sont applicables, non-seulement à l'instant du départ, mais encore à toutes les circonstances d'une navigation le long des côtes. Il est important d'y avoir égard pour rectifier les positions données par l'estime, et surtout pour les corriger des déviations produites par les courants.

102. Dès que le point de partance est déterminé, il s'agit de connaître à quel rhumb de vent on doit gouverner.

Cette question a été déjà résolue (99), et il n'y aurait rien à y ajouter, si la distance qui sépare les deux points pouvait toujours être parcourue en ligne droite; or, cela n'arrive qu'exceptionnellement. La configuration des terres est cause qu'on est obligé le plus souvent de se diriger de cap en cap, et l'on divise alors le chemin à faire en une série de routes partielles, après chacune desquelles on vient successivement prendre connaissance des points de repères que l'on a préalablement choisis et fixés sur la carte. D'autres fois même, on se détourne beaucoup de la route directe, et l'on s'arrange de manière à aller chercher des vents généraux qui favorisent et abrègent la navigation.

Quoi qu'il en soit, c'est toujours d'un point à un autre qu'il faut se rendre, et le rhumb de vent indiqué par la carte est la route vraie du bâtiment, c'est-à-dire celle qu'il devrait suivre, s'il n'y avait ni dérive, ni variation. Il faut donc altérer ce rhumb de vent de ces deux causes d'erreur, pour le ramener au point de la rose auquel on devra effectivement mettre le cap.

Cette opération étant inverse de celle du n° 93, donne lieu à la règle suivante :

Si la dérive et la variation sont dans le même sens, on les ajoute, et l'on compte cette somme, à partir du rhumb de vent, dans un sens contraire à ces deux quantités.

Si la dérive et la variation sont dans un sens opposé, on les retranche l'une de l'autre, et l'on compte cette différence, à partir du rhumb de vent, dans le sens de la plus petite de ces deux quantités.

Ex. I. La route vraie étant le N. 38° 20′ O., on demande la route au compas, sachant qu'il y a 15° 48′ de variation N O. et 12° de dérive supposée babord.

Variation	15° 48′ N O.		Route vraie	N. 38° 20′ O.	
Dérive	12	B.	Altération	27 48 T.	
Altération	27 48 T.		Route au compas	N. 10 32 O.	

Ex. II. La route vraie étant le S. 74° 36′ O., on demande la route au compas, sachant qu'il y a 7° 30′ de variation N E. et 19° de dérive supposée babord.

Variation	7° 30′ N E.		Route vraie	S. 74° 36′ O.	
Dérive	19	B.	Altération	11 30 T.	
Altération	11 30 T.		Route au compas	S. 86 06 O.	

Ex. III. La route vraie étant le N. 83° 55′ E., on demande la route au compas, sachant qu'il y a 26° 10′ de variation N O. et 14° de dérive supposée tribord.

Variation............	26° 10′ N O.	Route vraie	N. 83° 55′ E.
Dérive	14 T.	Altération...........	12 10 T.
Altération..........	12 10 T.	Route au compas..	N. 96 05 E.
		ou	S. 83 55 E.

Réduction des routes.

103. Le navire ayant gagné le large, on suit, autant que possible, l'air de vent indiqué par la carte, et l'on jette le loch d'heure en heure, ou de demi-heure en demi-heure, selon les circonstances. Mais, si le vent n'est pas favorable, on est obligé de courir des bordées, en ne s'écartant pas trop de la voie directe; et lorsqu'on veut ensuite, à un instant quelconque, trouver sa position à l'aide des données de l'estime, on doit ramener toutes ces routes à une seule; c'est ce qu'on appelle la *réduction des routes*.

Ce problème s'exécute au moyen d'un instrument nommé *Quartier de réduction*. C'est un grand rectangle dans lequel deux côtés d'un angle droit représentent, l'un la ligne Nord et Sud, l'autre la ligne Est et Ouest, et sont divisés, à partir du sommet, en intervalles égaux. Par chaque point de la ligne N. et S., on mène des parallèles à la ligne E. et O., et réciproquement; de sorte que la surface de ce rectangle est ainsi partagée en une série de petits carrés. Du *centre* du Quartier, on décrit une suite d'arcs concentriques, en prenant successivement pour rayon un, deux, trois, etc., des intervalles, et l'on numérote deux de ces arcs, distants de cinq divisions, l'un du N. vers l'E., l'autre de l'E. vers le N., de 0° à 90°. On partage enfin l'angle droit en huit angles égaux, destinés à représenter les airs de vents de chaque quadrant de la rose, et l'on fait passer au centre un fil de soie qu'on arrête derrière la feuille de carton sur laquelle le quartier est tracé.

On appelle *tendre le fil sur un rhumb de vent*, faire, à l'aide du fil, avec la ligne N. et S., un angle égal à celui d'un rhumb de vent donné.

Ces angles peuvent être évalués de 12 en 12 minutes, par le moyen de transversales (fig. 64) qui joignent les divisions consécutives de l'arc supérieur gradué à celles de l'arc inférieur, qui viennent immédiatement après elles. Ainsi, le fil passant au point *a*, marque un angle de 26° 12′; au point *b*, un angle de 26° 24′; au point *c*, un angle de 26° 36′, et ainsi de suite. Il en est de même pour les angles comptés sur l'arc inférieur, en évaluant les douzaines de minutes de bas en haut. Si le fil ne coïncide pas exactement avec un de ces points d'intersection, on estime à peu près l'excédant du nombre de minutes qu'il indique.

Quand la grandeur des distances parcourues exige que les intervalles compris entre les arcs concentriques soient comptés pour 2, 3, 4, etc., milles, il faut avoir soin de compter de même les intervalles renfermés entre les parallèles.

104. *Pointer une route,* c'est déterminer de combien de milles cette route porte au N. ou au S., à l'E. ou à l'O. Pour cela, après l'avoir corrigée de la dérive et de la variation, on tend le fil sur le rhumb de vent correspondant, et l'on compte sur le fil, à partir du centre, le chemin parcouru, à l'extrémité duquel on pique une aiguille. Les intervalles compris entre l'aiguille et le côté E. et O. du Quartier, donnent les milles au N. ou au S.; et ceux qui sont compris entre le côté N. et S. et l'aiguille, donnent les milles à l'E. ou à l'O.

Ayant ainsi pointé successivement chacune des routes qu'on veut réduire, on fait la différence entre la somme des milles au N. et celles des milles au S., et la différence entre la somme des milles à l'E. et celle des milles à l'O. On porte respectivement sur la ligne N. et S. et sur la ligne E. et O. du Quartier, les milles restants au N. ou au S., les milles restants à l'E. ou à l'O., et l'on pique une aiguille à l'extrémité de chacune de ces distances.

On fait ensuite *quadrer* ces deux aiguilles, c'est-à-dire qu'on fait glisser l'une parallèlement au côté E. et O., et l'autre parallèlement au côté N. et S., jusqu'à ce qu'elles se rencontrent; enfin, on tend le fil sur ce point d'intersection.

La position du fil donne le rhumb de vent direct, et la distance du centre à l'aiguille fait connaître les milles du chemin direct.

Voici le tableau de cette opération :

ROUTES AU COMPAS.	VARIAT.	DÉRIVE	MILLES	ROUTES CORRIGÉES.	N.	S.	E.	O.
S E. $\frac{1}{4}$ S.	29°10′NO.	13° B.	36,4	S. 75° 55′ E.		8,8	35,4	
N N O.	»	14 T.	45,5	N. 37 40 O.	36			27,7
O. $\frac{1}{4}$ S O.	»	8 T.	40,5	S. 57 35 O.		21,7		34,2
E N E.	»	12 B.	38,6	N. 26 20 E.	34,5		17,1	
Route directe N. 13° 12′ O.					70,5	30,5	52,5	61,9
Chemin direct 44^m, 2.					30,5			52,5
					40,0			9,4

105. Nous avons dit précédemment (94) que, lorsque la nature d'un courant est connue, il faut en corriger les routes suivies au compas. Pour cela, il n'y a qu'à compter la direction et l'intensité de ce courant comme une nouvelle route, que l'on combine avec toutes celles que l'on veut réduire. Il est évident, en effet, que, quelle que soit la ligne que parcourt le navire en cédant à l'impulsion du vent, le courant l'entraîne vers le N. ou vers le S., vers l'E. ou vers l'O., de la quantité dont sa vitesse propre peut être décomposée dans l'une ou l'autre de ces directions.

Ex. De 6ʰ du matin à midi, étant dans un courant qui portait au **N E ¼ E.** du compas, avec une vitesse de 4 nœuds, on a fait les routes suivantes :

ROUTES AU COMPAS.	DÉRIVE.	VARIATION.	MILLES.
E ¼ N E. 6° N.	12° B.	18° 35′ N E.	16,8
N N O.	12 T.	»	21,3
S. 6° E.	15 T.	»	12,9

On demande le rhumb de vent direct et le chemin direct.

ROUTES AU COMPAS.	VARIAT.	DÉRIVE	MILLES	ROUTES CORRIGÉES.	N.	S.	E.	O.
E ¼ N E. 6° N.	18° 35 N E.	12° B.	16,8	N. 79° 20′ E.	3,2		16,6	
N N O	»	12 T.	21,3	N. 8 05 E.	21,0		3,1	
S. 6° E.	»	15 T.	12,9	S. 27 35 O.		11,4		6,0
N E ¼ E.	»	—	24	N. 74 50 E.	6,4		23,2	.
Route directe N. 62° 36′ E.					30,6	11,4	42,9	6,0
Chemin direct 44ᵐ,5.					11,4		6,0	
					19,2		36,9	

Premier problème.

106. Lorsque la réduction des routes est achevée, il reste à connaître la position actuelle du navire sur la surface du globe ; c'est ce qu'on appelle *faire le point.*

On est dans l'usage de faire le point, chaque jour, à midi. Pour cela, on tient compte de la route directe et du chemin direct que l'on a parcouru, depuis le lieu où l'on se trouvait au midi précédent, et que l'on nomme le *point de départ.* Avec ces données, on trace (98), à partir de ce point fixé, la veille, sur la carte, un angle égal à celui du rhumb de vent ; et l'on porte, dans cette direction, une distance prise sur l'échelle des latitudes, en face de la route suivie, d'autant de minutes qu'on a fait de milles dans 24 heures. On obtient ainsi ce que l'on appelle le *point d'arrivée*, lequel devient, à son tour, un point de départ pour les routes ultérieures.

On est souvent obligé, selon les circonstances, de faire le point à des époques plus rapprochées. On se sert alors, comme point de départ, du dernier point déterminé par la méthode précédente, à un instant quelconque de la journée, et l'on combine les résultats de l'estime dans l'intervalle.

107. Ce problème se résout aussi très-simplement par le Quartier de réduction.

Si l'on n'a suivi qu'une seule route, pendant le temps qui s'est écoulé depuis le point de départ, on la corrige de la dérive et de la variation, et l'on en déduit la route vraie.

On tend le fil sur ce rhumb de vent, et l'on compte sur le fil, à partir du centre, le chemin parcouru, à l'extrémité duquel on pique une aiguille. La distance de l'aiguille au côté E. et O. du Quartier donne le nombre de milles faits au N. ou au S., ou le nombre de minutes du *changement en latitude*.

Le changement en latitude est N. ou S., suivant que le rhumb de vent porte dans l'une ou l'autre de ces deux directions.

Lorsque le changement en latitude et la latitude de départ sont de même dénomination, on en fait la somme, et l'on obtient la latitude d'arrivée de même nom que ces deux quantités.

Lorsque le changement en latitude et la latitude de départ sont de dénomination contraire, on en fait la différence, et on a la latitude d'arrivée, qui prend le nom de la plus grande de ces deux quantités.

Cette règle est évidente. Dans le premier cas, en effet, le rhumb de vent tend à augmenter la latitude, tandis que, dans le second, il tend à la diminuer; et l'on comprend qu'on n'aura pas changé d'hémisphère, ou qu'on aura traversé l'équateur, selon que le changement en latitude sera plus petit ou plus grand que la latitude de départ.

On détermine ensuite la *latitude moyenne,* qui est égale à la demi-somme des deux latitudes, si elles sont de même dénomination, et à leur demi-différence, si elles sont de dénomination opposée, et l'*on tend le fil sur cette latitude moyenne,* c'est-à-dire qu'on fait, avec le côté E. et O. du Quartier, un angle d'un même nombre de degrés que la latitude moyenne.

Abaissant, enfin, ou élevant l'aiguille, parallèlement à la ligne N. et S. du Quartier, jusqu'à la rencontre du fil, la distance de l'aiguille au centre fait connaître le *changement en longitude.*

Le changement en longitude est E. ou O., selon que le rhumb de vent est dirigé vers l'E. ou vers l'O.

Si le changement en longitude et la longitude de départ sont de même nom, on les ajoute, et l'on a la longitude d'arrivée de même dénomination que celle de départ, à moins que la somme ne dépasse 180°; dans ce cas, la longitude d'arrivée est le complément de cette somme à 360°, et elle prend une dénomination contraire à celle de départ.

Si le changement en longitude et la longitude de départ sont de nom différent, on les retranche l'un de l'autre, et l'on obtient la longitude d'arrivée de même dénomination que la plus grande de ces deux quantités.

Soient, en effet (fig. 62), QQ' l'équateur terrestre, et $PQP'Q'$ le premier méridien, le point Q étant le zéro des longitudes.

Lorsque la longitude de départ QG et le changement en longitude GG' sont de même nom, la longitude d'arrivée $QG' = QG + GG'$, et conserve le nom de celle de départ. Mais si la somme de la longitude de départ QG et du changement en longitude G G″ est plus grande que 180°, il est évident que la longitude d'arrivée change de nom, puisque le point G″ est de l'autre côté du premier méridien, et qu'on a Q G″ = 360° — (Q G + G G″).

Lorsque la longitude de départ Q L et le changement en longitude L L′ sont de nom contraire, la longitude d'arrivée Q L′ = Q L — L L′, et prend le nom de la longitude de départ, qui est effectivement la plus grande ; mais, si le changement en longitude L L″ surpasse la longitude de départ, on a la longitude d'arrivée Q L″ = L L″ — Q L, et l'on voit qu'elle change de dénomination, c'est-à-dire qu'elle prend celle du changement en longitude.

Ex. I. Etant parti d'une latitude **S.** de 47° 24′, et d'une longitude **O.** de 115° 38′, on a fait 53ᵐ,6 à l'O ¼ S O. du compas ; dérive 12° T., variation 23° 11′ **N O.** On demande le point d'arrivée.

Route au compas.............	S. 78° 45′ O.
Correction................	11 11 B.
Route vraie................	S. 67 34 O.

Chang. en latitude ...	0° 20′,4 S.	Chang. en longitude..	1° 13′ O.
Latitude de départ...	47 24 S.	Longitude de départ .	115 38 O.
Latitude d'arrivée....	47 44,4 S.	Longitude d'arrivée..	116 51 O.
Somme des latitudes .	95 08		
Latitude moyenne....	47 34		

Ex. II. Etant parti d'une latitude **S.** de 28° 57′, et d'une longitude **E.** de 157° 22′, on a fait 33ᵐ,6 au **N O** ¼ **N.** du compas ; dérive 17° **B.**, variation 13° 12′ **N E.** On demande le point d'arrivée.

Route au compas.............	N. 33° 45′ O.
Correction.................	3 48 B.
Route vraie................	N. 37 33 O.

Chang. en latitude ..	0° 26′,7 N.	Chang. en longitude	0° 23′,3 O.
Latitude de départ..	28 57 S.	Longitude de départ.	157 22 E.
Latitude d'arrivée...	28 30,3 S.	Longitude d'arrivée .	156 58,7 E.
Somme des latitudes	57 27		
Latitude moyenne ...	28 43		

Ex. III. Etant parti d'une latitude **S.** de 46° 05′, et d'une longitude **O.** de 0° 24′, on a fait 77ᵐ à l'E ¼ SE. du compas ; dérive 13° B., variation 20° 52′ **N O.** On demande le point d'arrivée.

Route au compas	S. 78° 45′ E.	
Correction	33 52 B.	
Route vraie	S. 112 37 E.	
ou	N. 67 23 E.	

Chang. en latitude..	0° 29′,8 N.	Chang. en longitude.	1° 42′,1 E.
Latitude de départ..	46 05 S.	Longitude de départ.	0 24 O.
Latitude d'arrivée...	45 35,2 S.	Longitude d'arrivée .	1 18,1 E.
Somme des latitudes	91 40,2		
Latitude moyenne ..	45 50		

**Ex. IV. Etant parti d'une latitude N. de 39° 44′, et d'une longitude E. de 179°
50′, on a fait 78ᵐ, à l'ENE. du compas; dérive 16° T., variation 20° 18′ NE.
On demande le point d'arrivée.**

Route au compas	N. 67° 30′ E.	
Correction	36 18 T.	
Route vraie	N. 103 48 E.	
ou	S. 76 12 E.	

Chang. en latitude..	0° 18′,9 S.	Chang. en longitude.	1° 38′,6 E.
Latitude de départ..	39 44 N.	Longitude de départ.	179 50 E.
Latitude d'arrivée ..	39 25,1 N.	Somme	181 28,6
Somme des latitudes	79 09	Longitude d'arrivée .	178 31,4 O.
Latitude moyenne ..	39 34		

108. Si la route vraie est le N. ou le S., le nombre de milles parcourus, réduit en degrés et minutes, donne le changement en latitude, et la longitude d'arrivée est égale à celle de départ, puisqu'on a couru sur un méridien.

Si la route vraie est l'E. ou l'O., la latitude d'arrivée est la même que celle de départ, parce qu'on a suivi un parallèle à l'équateur. Pour déterminer le changement en longitude, on tend le fil sur la latitude de départ, considérée comme latitude moyenne, on compte le nombre de milles du chemin sur le côté E. et O. du Quartier, et l'on fait monter l'aiguille, parallèlement au côté N. et S., jusqu'à la rencontre du fil. La distance du centre à ce point d'intersection donne le changement en longitude.

109. Lorsqu'on a suivi plusieurs routes, depuis le dernier point de départ, on peut déterminer le point d'arrivée à l'aide du Quartier, sans se préoccuper du rhumb de vent direct, ni du chemin direct.

Après avoir *pointé* chaque route (104), et trouvé les milles restants au N. ou au S., à l'E. ou à l'O., le changement en latitude n'est autre chose que le chemin fait au N. ou au S., et, en le combinant convenablement avec la latitude de départ, on a immédiatement celle d'arrivée.

On compte ensuite les milles restants à l'E. ou à l'O. sur le côté E. et O. du Quartier, et, tendant le fil sur la latitude moyenne, on élève l'aiguille, parallèlement au côté N. et S., jusqu'à la rencontre du fil. La distance de cette aiguille au centre donne le changement en longitude, d'où l'on déduit, conformément aux règles citées plus haut, la longitude d'arrivée.

Ex. Étant parti d'une latitude N. de 56° 22′, et d'une longitude O. de 39° 28′, on a fait les trois routes suivantes :

ROUTES AU COMPAS.	VARIATION.,	DÉRIVE.	MILLES.
SO $\frac{1}{4}$ S.	39° 45′ N O.	11° B.	67,4
ESE. 3° S.	»	9 B.	43,8
NO $\frac{1}{4}$ O. 5° N.	»	—	84,3

On demande le point d'arrivée.

ROUTES AU COMPAS.	VARIAT.	DÉRIVE	MILLES	ROUTES CORRIGÉES.	N.	S.	E.	O.
SO $\frac{1}{4}$ S.	39° 45′ N O.	11° B.	67,4	S. 47° 00′ E.		64,3	19,9	
ESE. 3° S.	»	9 B.	43,8	N. 66 45 E.	17,3		40,2	
NO $\frac{1}{4}$ O. 5° N	»	—	84,3	S. 89 00 O.		1,2		84,2
					17,3	65,5	60,1	84,2
						17,3		60,1
						48,2		24,1.

Chang. en latitude.... 0° 48′,2 S.

Latitude de départ ... 56 22 N.

Latitude d'arrivée..... 55 33,8 N.

Somme des latitudes . 111 55

Latitude moyenne...... 55 57

Chang. en longit.. 0° 42′,8 O.

Longit. de départ.. 39 28

Longit. d'arrivée... 40 10,8 O.

Deuxième problème.

110. Dès que le *point* a été fait, et que la position estimée du navire a été portée sur la carte d'après sa latitude et sa longitude, il faut déterminer la route à suivre pour se rendre au point de repère que l'on a fixé d'avance. Il est utile, en même temps, de connaître la distance que l'on aura à parcourir.

Cette double question a été déjà résolue (99) et (100), en se servant de la carte; c'est, en effet, le procédé le plus habituel et le plus simple. Néan-

13

moins, nous devons faire voir comment on exécute le même problème au moyen du Quartier de réduction.

On commence par chercher le changement en latitude entre le point de départ et celui d'arrivée, de la manière suivante :

Si les deux latitudes sont de même dénomination, leur différence donne le changement en latitude, qui prend le nom de ces deux quantités, lorsque la latitude d'arrivée surpasse celle de départ, et le nom opposé, dans le cas contraire.

Si les deux latitudes sont de différente dénomination, leur somme donne le changement en latitude, qui est toujours de même nom que la latitude d'arrivée.

On calcule ensuite le changement en longitude :

Si les deux longitudes sont de même dénomination, leur différence fait connaître le changement en longitude, qui prend le nom de ces deux quantités, lorsque la longitude d'arrivée est plus grande que celle de départ, et le nom opposé, dans le cas contraire.

Si les deux longitudes sont de différente dénomination, leur somme fait connaître le changement en longitude, qui est de même nom que la longitude d'arrivée, à moins que cette somme ne soit supérieure à 180°; on la retranche alors de 360°, et l'on obtient le changement en longitude, qui prend le nom de la longitude de départ:

Cela fait, on compte le changement en latitude sur le côté N. et S. du Quartier, et, tendant le fil sur la latitude moyenne, on porte sur le fil, à partir du centre, le changement en longitude. On fait quadrer ces deux aiguilles, et l'on tend le fil sur leur point de concours.

La position du fil indique la route vraie, et la distance du centre à l'aiguille donne le nombre de milles à parcourir.

Enfin, on altère ce rhumb de vent (102) de la dérive et de la variation, et l'on fait gouverner à l'air de vent du compas qui en résulte.

Ex. I. Etant par une latitude N. de 54° 23', et une longitude E. de 13° 46', on veut se rendre par une latitude N. de 55° 18', et une longitude E. de 14° 10'; variation 20° 15' N O., dérive supposée 14° T.

On demande la route au compas et la distance à parcourir.

Latitude de départ....	54° 23' N.		Longitude de départ..	13° 46' E.
Latitude d'arrivée.....	55 18 N.		Longitude d'arrivée...	14 10 E.
Chang. en latitude....	0 55 N.		Chang. en longitude..	0 24 E.
Somme des latitudes..	109 41		Milles à parcourir.....	56^m,7
Latitude moyenne.....	54 50			

Route vraie .... N. 14° 10' E.

Altération .... 6 15 T.

Route au compas .... N. 20 25 E.

Ex. II. Etant par une latitude **S.** de 44° 33′, et une longitude **O.** de 55° 27′, on veut se rendre par une latitude **S.** de 41° 56′, et une longitude **O.** de 54° 12′; variation 7° 48′ **N E.**, dérive supposée 19° **T.**
On demande la route au compas et la distance à parcourir.

Latitude de départ....	44° 33′ S.		Longitude de départ...	55° 27′ O.
Latitude d'arrivée	41 56 S.		Longitude d'arrivée ...	54 12 O.
Chang. en latitude ...	2 37 N.		Chang. en longitude ..	1 15 E.
Somme des latitudes .	86 29		Milles à parcourir.....	166ᵐ,3.
Latitude moyenne....	43 14			

Route vraie .... N. 19° 12′ E.
Altération......................... 26 48 B.
Route au compas................ N. 7 36 O.

Ex. III. Etant par une latitude **N.** de 58° 47′, et une longitude **E.** de 2° 10′, on veut se rendre par une latitude **N.** de 59° 55′, et une longitude **O.** de 0° 28′; variation 24° 35′ **N O.**, dérive supposée 15° **B.**
On demande la route au compas et la distance à parcourir.

Latitude de départ...	58° 47′ N.		Longitude de départ..	2° 12′ E.
Latitude d'arrivée ...	59 55 N.		Longitude d'arrivée ...	0 28 O.
Chang. en latitude...	1 08 N.		Chang. en longitude ...	2 38 O.
Somme des latitudes .	118 42		Milles à parcourir......	105ᵐ,7.
Latitude moyenne....	59 21			

Route vraie.................... N. 49° 48′ O.
Altération .... 39 35 T.
Route au compas........... N. 10 13 O.

Ex. IV. Etant par une latitude **S.** de 1° 15′, et une longitude **O.** de 179° 32′, on veut se rendre par une latitude **N.** de 0° 15′, et une longitude **E.** de 179° 45′; variation 8° 15′ **N E.**, dérive supposée 12° **T.**
On demande la route au compas et la distance à parcourir.

Latitude de départ....	1° 15′ S.		Longitude de départ...	179° 32′ O.
Latitude d'arrivée	0 15 N.		Longitude d'arrivée ..	179 45 E.
Chang. en latitude....	1 30 N.		Somme	359 17
Différence des latitud.	1 00		Chang. en longitude...	0 43 O.
Latitude moyenne.....	0 30		Milles à parcourir.....	99ᵐ,9.

Route vraie...................... N. 25° 30′ O.
Altération ....   20 15 B.
                                         ──────────
Route au compas .... N. 45 45 O.

111. Lorsque la latitude d'arrivée est égale à celle de départ, la route vraie est l'E. ou l'O. Pour obtenir les milles à parcourir, on tend le fil sur la latitude de départ, on compte sur le fil le changement en longitude, et l'on estime la distance de l'aiguille au côté N. et S. du Quartier.

Lorsque la longitude d'arrivée est égale à celle de départ, le changement en latitude donne le chemin à faire, et la route vraie est le N. ou le S.

112. Les deux problèmes qui précèdent sont les seuls véritablement usités dans la navigation par estime ; cependant, pour nous conformer aux exigences des examens, nous allons traiter encore les suivants, dont l'application peut quelquefois se présenter.

Troisième problème.

113. Dans ce problème, on suppose connues, outre le point de départ, la latitude d'arrivée et la route suivie, et l'on cherche le chemin parcouru et la longitude d'arrivée.

Pour le résoudre sur la carte, on fait (99), au point de départ, un angle égal à celui du rhumb de vent, et, prenant sur le méridien extrême la distance de la latitude d'arrivée à un des parallèles, on fait mouvoir le compas sur cette dernière ligne, jusqu'à la rencontre de la direction de la route. On a ainsi le point d'arrivée, dont on détermine la longitude et (100) la distance au point de départ.

Par le Quartier, après avoir trouvé, comme il a été dit (110), le changement en latitude, on le compte sur le côté N. et S., et l'on tend le fil sur le rhumb de vent corrigé ; on fait glisser l'aiguille, parallèlement au côté E. et O., jusqu'à la rencontre du fil, et la distance du centre à l'aiguille donne le chemin parcouru.

On cherche ensuite le changement en longitude, en calculant la latitude moyenne, et continuant l'opération comme au premier problème.

Ex. Etant parti d'une latitude **N.** de 44° 36′, et d'une longitude **O.** de 32° 54′, on est arrivé par une latitude **N.** de 42° 51′, après avoir couru au **S ¼ S E.** du compas ; dérive 8° **B.**, variation 21° 35′ **N O.**
On demande le chemin et la longitude d'arrivée.

Route au compas.......... S. 11°15′ E.
Correction ....   29 35 B.
                                 ──────────
Route vraie .... S. 40 50 E.

Latitude de départ....	44° 36′ N.	Milles parcourus....	144ᵐ
Latitude d'arrivée.....	42 51 N.		
Chang. en latitude	1 45 S.	Chang. en longitude	2° 10′,1 E.
		Longit. de départ...	32 54 O.
Somme des latitudes ..	87 27	Longitude d'arrivée.	30 43,9 O.
Latitude moyenne.....	43 43		

114. Quand la route vraie est le N. ou le S., le changement en latitude donne les milles du chemin, et la longitude d'arrivée est la même que celle de départ.

Quand la route vraie est l'E. ou l'O., le problème est indéterminé.

Quatrième problème.

115. On connaît, dans ce problème, le point de départ, la latitude d'arrivée et les milles parcourus entre deux points cardinaux de l'horizon; on cherche le rhumb de vent et la longitude d'arrivée.

Par la carte; on prend sur l'échelle des latitudes, vis-à-vis du point de départ, un nombre de minutes égal au nombre de milles du chemin, que l'on porte, à partir de ce point, dans le sens convenable; puis, on ouvre un autre compas sur la latitude d'arrivée et sur un des parallèles, et on le fait glisser le long de cette ligne. L'intersection des deux points libres de ces compas est le point d'arrivée. On détermine (99) le rhumb de vent cherché et la longitude de ce point.

Par le Quartier, on compte le changement en latitude sur le côté N. et S., et les milles parcourus sur les arcs concentriques. On suit l'arc où se termine cette dernière distance, jusqu'à une ligne parallèle au côté E. et O. et passant par la première aiguille. Le fil tendu sur ce point fait connaître le rhumb de vent.

On se procure ensuite le changement en longitude, comme au premier problème.

**Ex. Etant parti d'une latitude N. de 52° 23′, et d'une longitude O. de 40° 18′, on a parcouru 100ᵐ du côté de l'E. du monde, et l'on est arrivé par une latitude N. de 52° 54′.
On demande la route suivie et la longitude d'arrivée.**

Latitude de départ..	52° 23′ N.	Route suivie.........	N. 72° 00′ E.
Latitude d'arrivée ...	52 54 N.		
Chang. en latitude..	0 31 N.	Chang. en longitude	2° 36′,5 E.
		Longitude de départ	40 18 O.
Somme des latitudes	105 17	Longitude d'arrivée.	37 41,5 O.
Latitude moyenne...	52 38′ N.		

116. Lorsque le changement en latitude est égal au nombre de milles du chemin, le rhumb de vent est le N. ou le S., et la longitude d'arrivée est la même que celle de départ.

Lorsque la latitude d'arrivée est égale à celle de départ, le rhumb de vent est l'E. ou l'O. Pour obtenir la longitude d'arrivée, on tend le fil sur la latitude de départ, on compte le chemin parcouru sur le côté E. et O. du Quartier, et l'on fait monter l'aiguille, parallèlement au côté N. et S., jusqu'à la rencontre du fil. La distance du centre au point d'intersection donne le changement en longitude.

Marées.

117. Les eaux de l'Océan s'élèvent et s'abaissent alternativement dans un intervalle de $12^h \frac{1}{2}$ environ. La mer monte, en général, pendant $6^h \frac{1}{4}$: c'est le *flux* ou le *flot ;* elle descend ensuite pendant le même temps : c'est le *reflux* ou le *jusant*. Entre ces deux mouvements contraires, il y a un certain laps de temps durant lequel elle reste *étale ;* et l'on appelle *heure de la pleine mer* l'instant qui tient le milieu entre le moment où le flot est terminé et celui où le jusant commence.

L'accord du retard successif des marées et de celui des passages de la lune au méridien, ne laisse aucun doute sur l'influence directe de cet astre dans ce phénomène. De plus, la différence d'élévation des eaux aux époques des syzygies et des quadratures, montre clairement que le soleil y joue aussi un certain rôle. C'est donc à l'attraction combinée de la lune et du soleil qu'est dû le mouvement ascensionnel de la mer.

La lune agissant sur les marées avec une intensité presque trois fois plus grande que celle du soleil, il semblerait, au premier abord, que l'heure de la pleine mer devrait coïncider avec le passage de cet astre au méridien ; mais des circonstances locales modifient l'époque de ce phénomène, qui se trouve effectivement retardée, soit par la configuration des côtes, soit par la nature du sol sous-marin. En outre, l'inertie des eaux s'oppose à ce qu'elles obéissent instantanément aux forces qui les sollicitent, et il arrive que la pleine mer que l'on observe, un jour quelconque, est celle qui aurait dû avoir lieu 36^h auparavant.

On appelle *établissement d'un port* l'heure T. V. de la pleine mer dans ce port, un jour de syzygie équinoxiale, en supposant le soleil et la lune sur l'équateur, et à leurs moyennes distances de la terre.

Pour calculer l'heure T. M. de la pleine mer dans un port, on détermine d'abord l'heure moyenne du passage de la lune au méridien, que l'on convertit en T. V., et à laquelle on ajoute l'établissement de ce port. Puis, avec la parallaxe horizontale de la lune pour le jour proposé, prise à vue, et le T. V. du passage au méridien, on cherche dans les Éphémérides, *(Table XII),* une correction que l'on applique avec le signe dont elle est affectée, et l'on obtient l'heure T. V. de la pleine mer, d'où l'on déduit ensuite l'heure T. M.

Le calcul ainsi fait ne donnant qu'une seule pleine mer chaque jour, on y ajoute ou l'on en retranche la moitié du retard des passages successifs de la lune au méridien, suivant que l'on demande l'heure de la pleine mer qui suit ou qui précède celle qu'on a trouvée.

Ex. I. On demande l'heure T. M. de la pleine mer du soir, le 20 Octobre 1852, dans un port situé par une longitude O. de 51° 10′, et dont l'établissement est 3^h 45^m.

T. M. du passage de ☾ à Paris le 20.....	6^h 42^m
part. prop. (*Table X. Eph.*).......... +	7
T. M. du passage de ☾ au méridien le 20.	6 49
Equation du T.................... +	15
T. V. du passage de ☾ au méridien le 20.	7 04
Etablissement du port.................. +	3 45
T. V. approché de la pleine mer le 20...	10 49
Correction (*Table XII. Eph.*)......... —	33
T. V. de la pleine mer le 20.............	10 16
Equation du T.................... —	15
T. M. de la pleine mer le 20.............	10 01
Ou, le 20 au soir..............	10 01

Ex. II. On demande l'heure T. M. de la pleine mer du matin, le 5 Juin 1852, dans un port situé par une longitude O. de 82° 16′, et dont l'établissement est 6^h.

T. M. du passage de ☾ à Paris le 4.....	14^h 39^m
part. prop. (*Table X. Eph.*)......... +	12
T. M. du passage de ☾ au méridien le 4.	14 51
Equation du T.................... +	2
T. V. du passage de ☾ au méridien le 4.	14 53
Etablissement du port.................. +	6 00
T. V. approché de la pleine mer le 4....	20 53
Correction (*Table XII. Eph.*)...... —	48
T. V. de la pleine mer le 4.............	20 05
Equation du T.................... —	2
T. M. de la pleine mer le 4.............	20 03
Ou, le 5 au matin..............	8 03

Ex. III. On demande l'heure T. M. de la pleine mer du soir, le 28 Août 1852, dans un port situé par une longitude E. de 104° 12′, et dont l'établissement est $4^h 15^m$.

T. M. du passage de ☾ à Paris le 28	$11^h 38^m$
part. prop. (*Table X. Eph*) .... —	14
T. M. du passage de ☾ au méridien le 28.	11. 24
Équation du T..................... —	1
T. V. du passage de ☾ au méridien le 28.	11 23
Établissement du port ....+	4 15
T. V. approché de la pleine mer le 28....	15 38
Correction (*Table XII. Eph.*) ....+	14
T. V. de la pleine mer le 28	15 52
Équation du T...................+	1
T. M. de la pleine mer le 28 ....,...	15 53
Ou, le 29 au matin	3 53
½ Retard diurne............... —	23
T. M. de la pleine mer le 28 au soir.......	3 30

Cette opération très-simple, du reste, se fait d'une manière encore plus prompte pour les différents points du littoral, en se servant du retard de la marée que l'on trouve dans les Éphémérides, à la première page de chaque mois; ce retard, ajouté à l'établissement du port, fait connaître immédiatement l'heure moyenne de la pleine mer.

118. On appelle *grandeur de la marée* dans un port l'élévation de la pleine mer, un certain jour, au-dessus du niveau des plus basses marées équinoxiales.

Soit (fig. 63) une échelle de marée, dans laquelle nous supposerons, pour fixer les idées, que le point *zéro* corresponde à la plus basse mer observée. On note les divisions M et M′ de deux pleines mers consécutives et la division B de la basse mer intermédiaire; puis, prenant le milieu de l'intervalle compris entre le point B et le point moyen A des deux divisions M et M′, on obtient une ligne connue sous le nom de *niveau moyen.*

L'*unité de hauteur* d'un port est l'élévation de la pleine mer au-dessus du niveau moyen, le soleil et la lune étant à la fois en syzygie, à l'équateur et à leurs moyennes distances de la terre.

L'élévation du niveau moyen et l'unité de hauteur sont données, pour les principaux ports de France, dans la *Table XI* des Éphémérides.

Considérons maintenant le point P où doit monter la pleine mer, à une époque déterminée. On voit que la grandeur de la marée est égale à l'élévation du niveau moyen, augmentée de la hauteur de la pleine mer au-dessus de ce niveau, pour cette époque. Or, la première de ces deux quantités est constante. Quant à la seconde, on la calcule en multipliant l'unité de hauteur par les *centièmes de la marée,* nombre que l'on trouve dans les Éphémérides, à la première page de chaque mois, et que l'on prend en face du retard qui a servi à obtenir l'heure de la pleine mer.

S'il s'agit de connaître la hauteur de l'eau sur un danger, comme les sondes des cartes sont rapportées au niveau des plus basses mers équinoxiales, il n'y a évidemment qu'à ajouter la sonde de ce point à la grandeur de la marée calculée par la méthode précédente, dans le cas où le fond reste toujours couvert, et à l'en retrancher, dans le cas contraire ; cette dernière circonstance est indiquée sur la carte par un trait horizontal placé au-dessous du chiffre de sonde de cet écueil.

Ex. I. On demande l'heure T. M. de la pleine mer et la grandeur de la marée à Concarneau, le 5 Juin 1852 au matin.

$$\begin{array}{ll}
\text{Retard de la marée le 4}\ldots & 13^{h}\,57^{m} \\
\text{Etablissement du port}\ldots & 3\,24 \\
\hline
\text{T. M. de la pleine mer le 4}\ldots & 17\,21 \\
\text{Ou, le 5 au matin}\ldots & 5\,21
\end{array}$$

Unité de hauteur.......	$2^{m},34$	Élévation du niveau moyen...........	$2^{m},62$
Centièmes de la marée.	0,86	Haut. de la P. M. au-des. du niv. M..	2 ,01
	1404	Grandeur de la marée.................	4 ,62
	1872		
Produit.................	2,0124		

Ex. II. On lit sur une carte $\frac{15}{}$ décimètres pour la sonde d'un point situé dans le voisinage des Sables-d'Olonne. On demande l'heure T. M. de la pleine mer, et la hauteur de l'eau en ce point, le 6 Avril 1852 au soir.

$$\begin{array}{ll}
\text{Retard de la marée le 5}\ldots & 13^{h}\,04^{m} \\
\text{Etablissement du port}\ldots & 3\,36 \\
\hline
\text{T. M. de la pleine mer le 5}\ldots & 16\,40 \\
\text{Ou, le 6 au matin}\ldots & 4\,40 \\
\tfrac{1}{2}\text{ Différence des retards du 5 au 6.} + & 21 \\
\hline
\text{T. M. de la pleine mer le 6 au soir}\ldots & 5\,01
\end{array}$$

Unité de hauteur........	$2^m,3$	Élévation du niveau moyen	$2^m,76$
Centièmes de la marée...	1,14	Haut. de la P. M. au-des. du niv. M..	2 ,62
	342	Grandeur de la marée	5 ,38
	228	Sonde du point .... —	1 ,5
Produit.................	2,622	Hauteur de l'eau	3 ,88

119. Les calculs de marée, tels que nous venons de les expliquer, ne peuvent être qu'approximatifs, parce qu'on n'y tient pas compte de certaines particularités propres à chaque port, qui font que les heures des pleines mers avancent ou retardent, suivant la durée relative du flot ou du jusant, pour le lieu et pour l'époque que l'on considère. Il importait donc à la sûreté de la navigation d'avoir un travail spécial, appuyé sur des données positives et sur de nombreuses expériences exécutées avec soin. M. CHAZALLON, ingénieur hydrographe de la marine, a victorieusement comblé cette lacune, en publiant, chaque année, l'*Annuaire des marées des côtes de France*, où l'on trouve jour par jour, matin et soir, les heures et les hauteurs des pleines et basses mers de tous les ports de notre pays, ainsi que les pleines mers pour les principaux lieux des différentes contrées du globe. Cet ouvrage se recommande, non-seulement par l'exactitude des résultats qui y sont consignés, mais encore par d'autres documents pratiques d'une utilité incontestable. Les explications extrêmement claires qui l'accompagnent, nous dispensent d'en enseigner ici l'usage.

ANGLE HORAIRE.

120. Nous avons exposé, dans le chapitre précédent, les moyens que fournit l'estime pour faire connaître, à un instant quelconque, la latitude et la longitude du navire. Or, les positions ainsi obtenues sont nécessairement entachées des erreurs inévitables qui altèrent la mesure du chemin donnée par le loch, et la direction de la route indiquée par le compas, sans compter les déviations considérables produites par les courants. On comprend donc combien il est nécessaire de rectifier ces résultats par des procédés indépendants de ceux qui concernent l'estime; c'est ce qui fait l'objet de l'*astronomie nautique*.

Nous commencerons par le problème le plus sérieux de tous, parce qu'il exige le plus d'exactitude dans les observations et le plus de précision dans les calculs: on le nomme communément le calcul d'*angle horaire*.

121. On a déjà vu (49) ce que cette expression signifie. L'angle horaire d'un astre est l'angle Z P A (fig. 47), formé au pôle par le méridien supérieur et le cercle de déclinaison de l'astre; il a pour mesure l'arc Q D de l'équateur, compris entre ses côtés.

Les heures, soit civiles, soit astronomiques, étant déterminées par le mouvement diurne du soleil qui s'effectue de l'Est à l'Ouest, autour de l'axe céleste, il s'ensuit que l'heure d'un lieu dépend de l'angle horaire du soleil. Si cet astre est au point S, du côté de l'Ouest du méridien, c'est-à-dire vers le soir, son angle horaire, réduit en temps, donne l'heure vraie civile ou astronomique, puisque l'heure se compte alors de la même origine et dans le même sens que l'angle horaire. Si, au contraire, il se trouve dans l'Est du méridien, ou le matin, au point A, son angle horaire est mesuré par l'arc Q D, tandis que l'heure astronomique est l'arc QOQ′D, et l'heure civile, comptée de minuit, l'arc Q′ED; il faudra donc, dans ce cas, retrancher l'angle horaire de 24^h ou de 12^h, selon qu'on cherchera l'heure astronomique ou l'heure civile.

La connaissance de l'heure d'un lieu sert, soit à obtenir l'avance ou le retard d'une montre marine, appelée *chronomètre*, sur le T. V. et sur le T. M. de ce lieu, soit, en la comparant à l'heure correspondante de Paris, à en conclure la longitude du navire, comme nous l'expliquerons plus tard. Pour le moment, nous ne nous occuperons que de la première de ces deux questions.

État absolu d'un chronomètre.

122. Pour déterminer, à la mer, *l'état absolu* d'un chronomètre, c'est-à-dire son avance ou son retard sur le T. M. du lieu où l'on se trouve, on prend une série de hauteurs du bord inférieur du soleil, en faisant noter avec soin les heures correspondantes au chronomètre. On ajoute respectivement ces hauteurs et ces heures, et, divisant chaque somme par le nombre des observations, on obtient une hauteur moyenne et une heure moyenne au chronomètre.

On fait *le point*, et, à l'aide de la longitude estimée et de l'heure présumée du lieu, on cherche l'heure correspondante de Paris T. M., pour laquelle on calcule la déclinaison du soleil et (49) sa distance polaire. La latitude estimée retranchée de 90°, donne la colatitude. Enfin, on ramène la hauteur moyenne observée en hauteur vraie, et l'on en déduit (49) la distance zénithale.

Dans le triangle Z P A (fig. 47), dont on connaît ainsi les trois côtés, on calcule l'angle horaire Z A P par la formule

$$\text{L. sin. } \tfrac{1}{2}\text{P.} = \frac{\text{l. sin. } (\tfrac{1}{2}\text{S.} - \text{dist. pol.}) + \text{l. sin. } (\tfrac{1}{2}\text{S.} - \text{col.}) + \text{c}^t\,\text{l. sin. dist. pol.} + \text{c}^t\,\text{l. sin. col.}}{2}$$

en appelant P l'angle horaire, et $\tfrac{1}{2}$ S la demi-somme des trois côtés.

De l'angle horaire, réduit en temps, on conclut (121) l'heure T. V., puis (65) l'heure T. M. du lieu; et, comparant l'un de ces deux résultats avec l'heure moyenne du chronomètre, on a l'état absolu de cette montre soit sur le T. V., soit sur le T. M. correspondant.

Quand l'état absolu est une avance, on l'indique par le signe +; quand il est un retard, par le signe —.

Les secondes colonnes verticales de gauche et de droite de la *Table II* de ce volume, donnent immédiatement le demi-angle horaire réduit en temps.

Ex. I. Le 4 Août 1852, vers 4^h 30^m du soir, T. M., par une latitude N. de 37° 52′, et une longitude O. de 29° 03′, lorsque l'heure du chronomètre était $2^h 37^m 11^s,8$, on a observé la hauteur du ☉ de 28° 13′ 40″; erreur instrumentale + 1′, élévation $5^m,3$.
On demande l'état absolu du chronomètre sur le T. M. du lieu.

T. M. du Bord le 4....	$4^h 30^m 00^s$	Haut. instrumentale..	28° 13′ 40″
Longitude en T........	1 56 12	Erreur instrument. +	1
T. M. de Paris le 4....	6 26 12	Haut. observée..... ☉	28 14 40
		Dépression..........—	4 06
Déclinaison ☉ le 4....	17° 09′ 38″ N.		
partie prop^lle........ —	4 21	Haut. apparente.... ☉	28 10 34
		½ Diamètre......... +	15 47
Déclinaison ☉ calculée	17 05 17 N.	Haut. apparente ... ⊖	28 26 21
		Réfract. — parall.. —	1 39
		Hauteur vraie ...... ⊖	28 24 42

Distance zénithale ...	61° 35′ 18″		
Distance polaire......	72 54 43	C^t log. sin	0.01961
Colatitude...........	52 08	C^t log. sin	0.10268
Somme...........	186 38 01		
½ Somme...........	93 19		
½ S. — Dist. polaire.	20 24 17	Log. sin	9.54239
½ S. — Colatitude ...	41 11	Log. sin	9.81854
			19.48322
		Log. sin ½ P......	9.74161

½ Angle horaire..........	$2^h 13^m 54^s,1$
T. V. du Bord le 4.......	4 27 48,2
Equat. du T........... +	5 44,4
T. M. du Bord le 4	4 33 32,6
Heure du chronomètre.....	2 37 11,8
Etat absolu........... —	1 56 20,8

**Ex. II. Le 21 Mai 1852, vers 9ʰ du matin, T. M., par une latitude S. de 43° 37′,
et une longitude E. de 56° 29′, lorsque l'heure du chronomètre était 23ʰ 04ᵐ 18ˢ,5,
on a observé la hauteur du ☉ de 14° 23′ 10″; erreur instrumentale — 4′ 30″, élévation 6ᵐ,8.**
On demande l'état absolu du chronomètre sur le T. M. du lieu.

T. M. du Bord le 20...	21ʰ 00ᵐ 00ˢ		Haut. instrumentale...	14° 23′ 10″
Longitude en T........	3 45 56		Erreur instrument . —	4 30
T. M. de Paris le 20..	17 14 04		Haut. observée..... ☉	14 18 40
			Dépression......... —	4 39
Déclinaison ☉ le 20..	20° 04′ 18″ N.		Haut. apparente ... ☉	14 14 01
partie prop.ᵗⁱᵉ ....+	8 46		½ Diamètre .... +	15 49
Déclinaison ☉ calculée	20 13 04 N.		Haut. apparente ... ☽	14 29 50
			Réfract. — parall.. —	3 37
			Haut. vraie .... ☽	14 26 13

Distance zénithale.....	75° 33′ 47″		
Distance polaire.......	110 13 04	Cᵗ log. sin	0.02762
Colatitude...........	46 23	Cᵗ log. sin	0.14028
Somme.............	232 09 51		
½ Somme...........	116 04 55		
½ S. — Distance polaire.	5 51 51	Log. sin.......	9.00933
½ S. — Colatitude.....	69 41 55	Log. sin.......	9.97215
			19.14938
		Log. sin. ½ P...	9.57469

½ Angle horaire	1ʰ 28ᵐ 14ˢ,3
Angle horaire	2 56 28,6
T. V. du Bord le 20......	21 03 31,4
Équat. du T......... —	3 41,3
T. M. du Bord le 20	20 59 50,1
Heure du chronomètre....	23 04 18,5
Etat absolu .... +	2 04 28,4

123. Lorsque la latitude du lieu est nulle, on cherche la déclinaison du soleil pour l'heure présumée de l'observation réduite à l'heure moyenne correspondante de Paris, et l'on ramène la hauteur observée en hauteur vraie. Ensuite, dans le triangle ZAD (fig. 64), rectangle en D, dont on connaît un des
côtés AD qui est la déclinaison, et l'hypothénuse AZ qui est la distance zé-

nithale, on calcule le troisième côté DZ, mesure de l'angle horaire P, par la proportion :

$$R : \cos. P :: \cos. \text{décl.} : \sin. \text{haut.}$$

en appelant R le rayon des tables de sinus, dont le logarithme est, comme on sait, 10 unités.

On tire de là (*Arith.* 74) :

$$\text{Log. cos. } P = 10 + \text{log. sin. haut.} + c^t \text{ log. cos. décl.} - 10 ;$$

et comme + 10 et — 10 se détruisent, cette formule devient :

$$\text{Log. cos. } P = \text{log. sin. haut} + c^t \text{ log. cos. décl.}$$

Ex. Le 13 Novembre 1852, vers 4^h 35^m du soir, T. M., étant sur l'équateur, et par une longitude E. de 87° 38′, lorsque l'heure du chronomètre était 8^h 54^m 21^s,8, on a observé la hauteur du ○ de 14° 57′ 20″ ; erreur instrumentale + 2′ 30″, élévation 5^m,5.
On demande l'état absolu du chronomètre sur le T.M. du lieu.

T. M. du Bord le 13 . .	4^h 35^m 00^s		Haut. instrumentale . .	14° 57′ 20″
Longitude en T	5 50 32		Erreur instrument . +	2 30
T. M. de Paris le 12 . .	22 44 28		Haut. observée . . . . ○	14 59 50
			Dépression . . . . —	4 11
Déclinaison ⊙ le 12 . .	17° 50′06″ S.		Haut. apparente . . . ○	14 55 39
partie prop^{lle} . . . . +	15 10		½ Diamètre . . . . +	16 12
Déclinaison ⊙ calculée	18 05 16 S.		Haut. apparente . . . ⊖	15 11 51
			Réfract. — parall . . —	3 26
			Haut. vraie . . . . ⊖	15 08 25

Déclinaison	18° 05′ 16″	C^t log. cos	0.02201
Hauteur	15 08 25	Log. sin	9.41694
		Log. cos. P	9.43895

T. V. du Bord le 13	4^h 56^m 12^s,5
Equat. du T . . . . —	15 29,8
T. M. du Bord le 13	4 40 42,7
Heure du chronomètre	8 54 21,8
Etat absolu . . . . +	4 13 39,1

124. Si la déclinaison du soleil est nulle, on corrige la hauteur observée de toutes les causes qui l'altèrent ; puis, dans le triangle Z A Q (fig. 65), rectangle en Q, dont on connaît le côté ZQ égal à la latitude du lieu, et l'hypoténuse AZ, complément de la hauteur vraie, on calcule le troisième côté AQ qui mesure l'angle horaire P , par la proportion :

$$R : \cos. P :: \cos. \text{lat.} : \sin. \text{haut.}$$

D'où l'on tire (*Arith.* 74) :

$$\text{Log. cos. } P = 10 + \text{log. sin. haut.} + \text{c}^\text{t} \text{log. cos. lat.} - 10.$$

Ou $\quad\quad \text{Log. cos. } P = \text{log. sin. haut.} + \text{c}^\text{t} \text{log. cos. lat.}$

Ex. Le 20 Mars 1852, vers 8ʰ du matin, T. M., par une latitude S. de 51° 33′, et une longitude O. de 42° 53′, on a observé la hauteur du ☉ de 16° 37′ 40″, élévation 5ᵐ,5 au moment où l'heure du chronomètre était 16ʰ 58ᵐ 23ˢ,4. On demande l'état absolu du chronomètre sur le T. M. du lieu.

T. M. du Bord le 19...	20ʰ 00ᵐ 00ˢ	Haut. observée.... ☉	16° 37′ 40″	
Longitude en T	2 51 32	Dépression .... —	4 11	
T. M. de Paris le 19..	22 51 32	Haut. apparente... ☉	16 33 29	
		½ Diamètre .... +	16 04	
Déclinaison ☉ le 19..	0° 22′ 35″ S.	Haut. apparente... ⊖	16 49 33	
partie prop⁰ˡˡᵉ ...... —	22 35	Réfract. — parall.. —	3 05	
Déclinaison ☉ calculée	0 00 00	Haut. vraie....... ⊖	16 46 28	

Latitude..........	51° 33′ 00″	Cᵗ log. cos	0.20633
Hauteur..........	16 46 28	Log. sin	9.46030
		Log. cos. P	9.66663

Angle horaire	4ʰ 09ᵐ 23ˢ,1
T. V. du Bord le 19.......	19 50 36 ,9
Equat. du T........... +	7 32 ,9
T. M. du Bord le 19......	19 58 09 ,8
Heure du chronomètre	16 58 23 ,4
Etat absolu........... —	2 59 46 ,4

125. Enfin , si la latitude du lieu et la déclinaison du soleil sont nulles simultanément, l'astre se trouvant alors au point D (fig. 64), on voit que l'angle horaire n'est autre que la distance zénithale DZ réduite en temps.

126. Quand on prend les hauteurs à l'horizon artificiel, et même dans certaines circonstances à la mer, il peut arriver que l'endroit où se font les observations ne soit pas celui où le chronomètre est déposé, attendu qu'il faut éviter de déplacer ces instruments, à moins d'une nécessité indispensable. On se sert alors d'une montre à secondes, ou *compteur*, que l'on compare au chronomètre avant et après les observations, et l'on fait noter sur ce compteur les heures correspondantes aux hauteurs. Pour déduire ensuite, de l'heure moyenne de la montre à secondes, celle que le chronomètre eût marquée à l'instant de l'observation moyenne, on suppose que, dans un très-court intervalle de temps, les mouvements de ces deux montres soient sensiblement proportionnels, et l'on établit la proportion suivante :

La différence des heures du compteur aux deux comparaisons extrêmes, est à la différence des heures correspondantes du chronomètre, comme la différence de l'heure moyenne du compteur et de celle de la première comparaison, est à un quatrième terme.

Ce quatrième terme, ajouté à la première heure du chronomètre, donnera l'heure moyenne qu'il eût indiquée, s'il eût servi lui-même aux observations.

Ex. Deux comparaisons entre un compteur et un chronomètre ont donné :

1re **Comparaison.** Heure du compteur. 7^h 55^m 20^s Heure du chron. 22^h 00^m 36^s,4

2me **Comparaison.** Heure du compteur. 8 33 18   Heure du chron. 22 38 31 ,5

On demande l'heure du chronomètre qui correspond à l'heure intermédiaire 8^h 24^m 10^s **du compteur.**

1re h^{re} du comp.	7^h 55^m 20^s	1re h^{re} du ch.	22^h 00^m 36^s,4	1re h^{re} du comp.	7^h 55^m 20^s
2me h^{re} du comp.	8 33 18	2me h^{re} du ch.	22 38 31 ,5	h^{re} interméd.	8 24 10
Différence......	37 58	Différence..	37 55 ,1	Différence...	28 50

$$37^m 58^s \; : \; 37^m 55^s,1 \; :: \; 28^m 50^s \; : \; x = 28^m 47^s,8.$$

Ce quatrième terme s'obtient en réduisant les trois autres en secondes, et en extrayant ensuite les minutes contenues au quotient.

Première heure au chronomètre..	22^h 00^m 36^s,4
partie proportionnelle .... +	28 47 ,8
Heure du chronomètre demandée	22 29 24 ,2

Circonstances favorables.

127. Il n'est pas indifférent de prendre, à un moment quelconque de la journée, les hauteurs qui doivent servir au calcul d'angle horaire. Des trois éléments qui entrent dans ce calcul, celui qui a la plus grande influence sur la détermination de l'heure, est la distance zénithale; et l'on sait qu'à la mer surtout, quelque soin qu'on apporte aux observations, il n'est pas permis de compter sur une exactitude rigoureuse. Nous devons donc examiner dans quelles circonstances les erreurs provenant des hauteurs du soleil agissent le moins sur l'angle horaire.

Il est facile de se convaincre que cela arrive lorsque le mouvement vertical de cet astre est le plus rapide. Si, en effet, le soleil s'élève de 1', par exemple, dans une minute de temps, et qu'on se trompe précisément de 1' sur la hauteur, l'erreur résultante sur l'heure sera d'une minute; mais, s'il s'élève de 2', de 3', de 4', dans une minute de temps, la même erreur de 1' sur la hauteur ne donnera plus sur l'heure qu'une erreur de 30, de 20, de 15 secondes.

Or, quand la déclinaison est de même dénomination et plus grande que la latitude (fig. 66), le soleil monte le plus rapidement au moment où son parallèle mm' est tangent à son vertical ZG, puisqu'alors, dans un petit intervalle de temps, l'arc qu'il décrit, par l'effet du mouvement diurne, se confond avec un arc de ce vertical. Au point A, où cela a lieu, l'angle de position ZAP est droit.

Quand la déclinaison est de même dénomination et plus petite que la latitude (fig 67), le parallèle du soleil fait constamment un angle avec tous les verticaux qu'il rencontre; et comme cet angle est droit aux deux points m et m' où l'astre passe au méridien, on conçoit qu'il doit être le plus petit possible sur le premier vertical ZE qui tient le milieu entre tous les cercles verticaux menés d'un même côté du méridien. A ce moment, l'arc décrit par le soleil se rapprochant le plus du vertical qui lui est adjacent, donne évidemment le changement en hauteur le plus considérable.

Telles sont donc les deux circonstances favorables au calcul d'angle horaire. On voit qu'elles exigent, l'une et l'autre, que la déclinaison soit de même nom que la latitude. Lorsque cette condition ne sera pas remplie, on devra observer le soleil, à son lever ou à son coucher, parce qu'alors, dans le parallèle rr' (fig. 67) qu'il décrit dans la journée, il est le plus près possible du premier vertical; cependant, à cause de l'incertitude des réfractions horizontales, il faudra attendre qu'il ait atteint une hauteur d'environ 10 ou 12 degrés.

Il nous reste à faire voir comment on saisit ces circonstances favorables.

On commence par déterminer l'heure à laquelle elles se présenteront; mais comme cette heure doit être indiquée plus tard par une montre, et qu'on risquerait de ne pas observer en temps opportun, si la montre était mal réglée, on calcule la hauteur vraie du centre du soleil pour cet instant, et on la ramène à la hauteur à observer par la formule suivante, inverse de celle du n° 85 :

$$\text{Haut. obs. } \odot = \text{Haut. vr. } \ominus - \tfrac{1}{2}\,\text{diam.} + (\text{réfr.} - \text{paral.})\ \odot + \text{dépr.}$$

17

Ici, la réfraction moins la parallaxe ne pourra être cherchée qu'avec la hauteur vraie du bord à observer, considérée comme hauteur apparente; cependant si la hauteur est petite, il sera plus exact de calculer de nouveau cette correction avec la hauteur apparente approchée du Bord. On comprend, du reste, que ce calcul ne devant servir qu'à se préparer à une observation ultérieure, pour le moment de laquelle la latitude et la longitude du lieu où l'on se trouvera ne sont pas connues, il est superflu d'y apporter une exactitude tout à fait illusoire.

On place enfin l'alidade de l'Octant sur cette hauteur, préalablement altérée de l'erreur instrumentale, et l'on attend, pour commencer les observations, que l'heure de la circonstance favorable soit arrivée, ce dont on sera prévenu, lorsque le soleil aura atteint la hauteur marquée sur l'instrument.

On peut effectuer ce calcul à l'aide de la *Table III* de cet ouvrage. On prend d'abord les nombres qui correspondent aux degrés de la latitude et de la déclinaison; puis, on cherche des parties proportionnelles aux variations horizontales et verticales de chacun des deux éléments de la table, avec les minutes de la latitude et de la déclinaison. Le plus souvent, cela se fait à vue.

128. *Pour calculer l'heure du passage du soleil au premier vertical*, après avoir fait le point pour le lieu présumé où se trouvera le navire à ce moment, on cherche la déclinaison avec l'heure correspondante de Paris, et dans le triangle ZAP (fig 67), rectangle en Z, dont on connaît le côté ZP, complément de la latitude, et l'hypoténuse AP égale à la distance polaire, on calcule l'angle horaire P par la proportion :

$$R : \cos P :: \text{tang. lat.} : \text{tang. décl.}$$

D'où (*Arith.* 74) :

$$\text{Log. cos. } P = 10 + \text{log. tang. décl.} + c^t_{\bullet} \text{ log. tang. lat.} - 10$$

Ou $\qquad$ $$\text{Log. cos. } P = \text{log. tang. décl.} + c^t \text{ log. tang. lat.}$$

L'angle horaire étant trouvé, on en déduit (121) l'heure T. V. et T. M. La hauteur vraie s'obtient par la proportion :

$$R : \sin. \text{ haut.} :: \sin. \text{ lat.} : \sin. \text{ décl.}$$

D'où $\qquad$ $$\text{Log. sin. haut.} = \text{log. sin. décl.} + c^t \text{ log. sin. lat.}$$

Ex. Le 1ᵉʳ **Mai** 1852, par une **latitude N.** de 41° 24′, et une longitude **O.** de 26° 12′, on veut avoir l'heure **T. M.** du passage du ☉ au premier vertical, et la hauteur instrumentale du ☼ à cet instant. Heure présumée 7ʰ 10ᵐ du matin **T. M.**; erreur instrumentale + 1′ 30″, élévation 4ᵐ.

Heure présum. le 30 Avril.	19ʰ 10ᵐ 00ˢ	Déclinaison ☉ le 30.	14° 54′ 18″ N.
Longitude en T.........	1 44 48	partie prop‌ᵗⁱᵉ.....—	15 50
T. M. de Paris le 30......	20 54 48	Déclin. ☉ calculée..	15 10 08 N.

Latitude.... 41° 24′ 00″	Cᵗ log. tang .	0.05472	Cᵗ log. sin.. 0.17959
Déclinaison . 15 10 08	Log. tang...	9.43315	Log. sin.... 9.41775
	Log. cos. P .	9 48787	Log. sin. H. 9.59734

Angle horaire.............	4ʰ 48ᵐ 22ˢ	Haut. vraie...... ⊖	23° 18′ 29″
T. V. du pass. le 1ᵉʳ au matin	7 11 38	¼ Diamètre....... —	15 53
Equat. du T........... —	3 04	Haut. vraie...... ◯	23 02 36
T. M. du passage demandé...	7 08 34	Réfr. —parall ... +	2 10
		Haut. appar...... ◯	23 04 46
Par la Table III.		Dépression ...... +	3 34
pʳ d. = 15°, l. = 41° 4ʰ 48ᵐ	23° 14′	Haut. obs .... ◯	23 08 20
pʳ 10′ de déc...... — 1	+ 16	Erreur instr...... —	1 30
pʳ 24′ de lat...... + 1	— 12	Haut. instrum.......	23 06 50
P. = 4 48 H. = 23 18			

129. *Pour calculer l'heure à laquelle l'angle de position du soleil est droit,* on fait le point, comme précédemment, et ayant déterminé la déclinaison pour l'heure présumée réduite à l'heure de Paris T. M., dans le triangle Z A P (fig. 66), rectangle en A, on connaît l'hypoténuse Z P, complément de la latitude, le côté A P qui est la distance polaire, et on calcule l'angle horaire P par la proportion :

$$R : \cos. P :: \text{tang. décl.} : \text{tang. lat.}$$

D'où (*Arith. 74*) :

$$\text{Log. cos. P} = \text{log. tang. lat.} + c^t \text{log. tang. décl.} ;$$

on en déduit ensuite (121) l'heure T. V. et T. M. du lieu.

La hauteur vraie s'obtient en posant :

$$R : \sin. \text{haut.} :: \sin. \text{décl.} : \sin. \text{lat.}$$

D'où $$\text{Log. sin. haut.} = \text{log. sin. lat.} + c^t \text{log. sin. décl.}$$

Ex. Le 11 Décembre 1852, par une latitude S. de 13° 53′, et une longitude O. de 147° 20′, on veut avoir l'heure T. M. à laquelle l'angle de position du ☉ sera droit, ainsi que la hauteur instrumentale du ◯ au même instant. Heure présumée 3ʰ 30ᵐ du soir T. M.; erreur instrumentale + 4′ 15″, élévation 3ᵐ,9.

Heure présumée le 11....	3ʰ 30ᵐ 00ˢ	Déclinaison ⊙ le 11....	23° 03′ 24″ S.
Longitude en T..........	9 49 20	partie prop^lle ....+	2 30
T. M. de Paris le 11	13 19 20	Déclinaison ⊙ calculée..	23 05 54 S.

Déclinaison .	23° 03′ 54″	C' log. tang .	0.37008	C' log. sin ..	0.40637
Latitude....	13 53	Log. tang ...	9.39299	Log sin	9.38011
		Log. cos. P..	9.76307	Log. sin. H.	9.78648

T. V. du lieu le 11	3ʰ 38ᵐ 40ˢ	Haut. vraie...... ⊖	37° 42′ 22″	
Equat. du T.......... —	6 03	½ Diamètre ...... —	16 17	
T. M. du lieu le 11	3 32 37	Haut. vraie...... ○	37 26 05	
		Réfr. — parall... +	1 09	
Par la Table III.		Haut. appar...... ○	37 27 14	
		Dépression....... +	3 31	
p^r d. = 23°, l. = 13° 3ʰ48 35° 09′		Haut. obs .... ○	37 30 45	
p^r 6′ de décl ...... + 1 — 10		Erreur instr ..... —	4 15	
p^r 53′ de lat....... — 10 + 2 44		Haut. instrum......	37 26 30	
P. = 3 39 H. = 37 43				

130. Lorsqu'on règle un chronomètre à terre, on ne se contente pas d'une seule observation pour déterminer son état absolu ; en voici le motif.

L'erreur que l'on commet toujours sur la hauteur, quelques précautions que l'on prenne, est de signe contraire à celle qui en résulte sur l'angle horaire, parce que l'angle horaire diminue quand la hauteur augmente, et réciproquement. Or, l'heure astronomique varie dans le sens de l'angle horaire, si le soleil est dans l'Ouest du méridien, et en sens opposé, s'il est dans l'Est. Donc, une même erreur sur la hauteur produira sur l'heure une erreur de signe contraire pour les observations du soir, et de même signe pour celles du matin. Par conséquent, si l'état absolu est trop grand dans la première circonstance, il sera trop faible dans la seconde ; et, en prenant une moyenne, on détruira à peu près l'influence de l'erreur provenant de la hauteur.

Il suit de là qu'on devra observer le soleil le matin et le soir, à des heures équidistantes de midi, autant que possible, toujours dans les moments favorables, et calculer la moyenne des deux états absolus que l'on aura trouvés.

Lever et coucher du soleil.

131. On distingue deux sortes de levers et couchers du soleil.

Le lever ou le coucher *vrai* a lieu lorsque le centre de l'astre se trouve à l'horizon rationnel. A ce moment, la réfraction et la dépression élèvent ce point d'environ 37', et, par suite, le bord inférieur de 21', quantité à peu près égale aux $\frac{2}{3}$ du diamètre vertical du soleil.

Le lever ou le coucher *apparent,* soit du centre, soit de l'un des bords du soleil, arrive quand le centre ou le bord paraît à l'horizon visuel.

132. On appelle *différence ascensionnelle* l'arc ED de l'équateur (fig. 68), compris entre le point E. ou O. de l'horizon et le cercle dè déclinaison de l'astre : c'est la différence entre 6ʰ et l'heure du lever ou du coucher vrai du soleil.

Pour déterminer cette heure, on cherche la déclinaison pour le moment pré-sumé converti en T. M. correspondant de Paris, et dans le triangle AED, rectangle en D, dont on connaît le côté AD égal à la déclinaison, et l'angle E qui est mesuré par l'arc HQ, complément de la latitude estimée, on cal-cule l'autre côté ED de l'angle droit par la proportion :

R : sin. dif. asc^{lle} :: cot. lat. : tang. decl.

D'où l'on tire :

Log. sin. dif. asc^{lle} = log. tang. décl. + c' log. cot. lat.

Si l'arc dont on doit prendre le compl. log. cotangente est moindre que 45°, la caractéristique surpassant 10 unités, ce complément s'obtient en re-tranchant de 20 le logarithme, et diminuant ensuite le résultat de 20. Alors, dans la proportion précédente, on a

Log. sin. dif. asc^{lle} = 10 + log. tang. décl. + c' log. cot. lat. — 20

= log. tang. décl. + c' log. cot. lat. — 10.

Même raisonnement, s'il s'agissait du compl. log. tangente d'un arc plus grand que 45°.

La différence ascensionnelle, réduite en temps et ajoutée à 6ʰ, donne l'heure T. V. du coucher vrai du soleil, lorsque la latitude et la déclinaison sont de même nom, et celle du lever vrai, lorsqu'elles sont de dénomina-tion opposée; retranchée, au contraire, de 6ʰ, elle donne l'heure du lever vrai dans le premier cas, et celle du coucher dans le second. Cela tient à ce que le soleil se couche après ou avant 6ʰ, et se lève avant ou après 6ʰ, suivant que la latitude et la déclinaison sont de même ou de différente déno-mination.

La *Table IV* de ce volume fait connaître à vue la différence ascensionnelle; elle est suffisante pour l'usage habituel de ce calcul dans la navigation.

Ex. I. Déterminer l'heure T. M. du lever vrai du ☉, le 7 Novembre 1852, par une latitude S. de 35° 14′, et une longitude O. de 119° 08′. Heure présumée 5ʰ T. M.

Heure présum. le 6 …	17ʰ00ᵐ00ˢ		Déclin. ☉ le 7 ……	16°25′35″ S.
Longit. en T ……	7 56 32		partie prop^lle …… +	41
T. M. de Paris le 7 ….	0 56 32		Déclin. ☉ càlculée….	16 26 16 S.

Latitude ,………	35°14′00″		C^t log. cot………	9.84899
Déclinaison ………	16 26 16		Log. tang………	9.46987
			Log. sin. dif. asc^lle .	9.34886

Diff. ascensionnelle….	0ʰ48ᵐ07ˢ		*Par la Table IV.*	
T. V. du lever le 7….	5 14 53		p^r d. = 16°, l. = 35°………	0ʰ46ᵐ
Equat. du T……… —	16 09		p^r 26′ de décl………… +	1,3
T. M. du lever le 7….	4 55 44		p^r 14′ de lat………… +	0,5
			Diff. asc^lle ……	0 47,8

Ex. II. Déterminer l'heure T. M. du coucher vrai du ☉, le 17 Juillet 1852, par une latitude S. de 12° 29′ et une longitude O. de 88° 15′. Heure présumée 5ʰ 45ᵐ T. M.

Heure présum. le 17..	5ʰ45ᵐ		Déclin. ☉ le 17 ….	21°09′18″ N.
Longitude en T…….	5 53		partie prop^lle ….. —	5 06
T. M. de Paris le 17..	11 38		Déclin. ☉ calculée..	21 04 12 N.

Latitude………	12°29′00″		C^t log. cot…….	9.34516
Déclinaison ……	21 04 12		Log. tang………	9.58576
			Log. sin. diff. asc^lle	8.93092

Diff. ascensionnelle….	0ʰ19ᵐ34ˢ		*Par la Table IV.*	
T. V. du coucher le 17.	5 40 26		p^r d. = 21°, l. = 12°…….	0ʰ19ᵐ
Equat. du T……… +	5 51		p^r 4′ de décl………… +	0,1
T. M. du coucher le 17.	5 46 17		p^r 29′ de lat………… +	0,5
			Diff. asc^lle ……	0 19,6

133. *Pour calculer l'heure du lever ou du coucher apparent* de l'un des bords du soleil, du bord inférieur, par exemple, on remarque qu'à cet instant ce point est encore au-dessous de l'horizon d'une quantité égale à la dépression et à la réfraction, et que, par suite, la vraie distance du centre de l'astre au zénith s'obtient en ajoutant à 90° cette somme diminuée du demi-diamètre. Dans le triangle Z A′P (fig 68), on connaît donc la distance zénithale A′Z, la colatitude ZP et la distance polaire A′P, en cherchant la déclinaison pour l'heure présumée réduite à l'heure correspondante de Paris, et l'on calcule l'angle horaire P par la formule suivante :

$$\text{L. sin. } \tfrac{1}{2}\text{ P.} = \frac{\text{l. sin. } (\tfrac{1}{2}\text{ S.} - \text{dist. pol.}) + \text{l. sin. } (\tfrac{1}{2}\text{ S.} - \text{col.}) + c^{t}\text{ l. sin. dist. pol.} + c^{t}\text{ l. sin. col.}}{2}$$

en appelant $\tfrac{1}{2}$ S la demi-somme des trois côtés. Cet angle horaire converti en temps, exprime l'heure T. V. du coucher, et, en le retranchant de 12^{h}, on a l'heure civile T. V. du lever.

S'il s'agissait du lever et du coucher apparent du bord supérieur du soleil, ou de son centre, on changerait le signe du demi-diamètre, ou on n'y aurait nullement égard, dans la correction de la distance zénithale.

Ex. Déterminer l'heure T. M. du coucher apparent du ☉, le 11 Juillet 1852, par une latitude N. de 28° 55′ et une longitude E. de 167° 14′. Heure présumée 7^{h} T. M., élévation 4^{m},4.

Heure présum. le 11..	7^{h} 00^{m} 00^{s}	Dist. zénith. obs ... ☉		90° 00′ 00″
Longitude en T........	11 08 56	Dépression .... +		3 45
T. M. de Paris le 10...	19 51 04	Dist. zénith. appar. ☉		90 03 45
		Réfract. — parall.. +		33 37
Déclinaison ☉ le 10...	22° 12′ 32″ N.	Dist. zénith. vraie. ☉		90 37 22
partie prop^{lle} ....—	6 33	$\tfrac{1}{2}$ Diamètre......... —		15 46
Déclinaison ☉ calculée	22 05 59 N.	Dist. zénith. vraie.. ⊖		90 21 36

Distance zénithale ...	90° 21′ 36″		
Distance polaire......	67 54 01	C^{t} log. sin	0.03314
Colatitude...........	61 05	C^{t} log. sin	0.05783
Somme............	219 20 37		
$\tfrac{1}{2}$ Somme...........	109 40 18		
$\tfrac{1}{2}$ S. — Dist. polaire.	41 46 17	Log. sin	9.82358
$\tfrac{1}{2}$ S. — Colatitude ...	48 35 18	Log. sin	9.87505
			19.78960
		Log. sin $\tfrac{1}{2}$ P......	9.89480

$\tfrac{1}{2}$ Angle horaire...........	3^{h} 26^{m} 50^{s}	
T. V. du coucher le 11....	6 53 40	
Equat. du T............ +	5 07	
T. M. du coucher le 11.....	6 58 47	

CHRONOMÈTRES.

Marche diurne d'un chronomètre.

134. Quelque perfection qu'ait atteinte, de nos jours, la construction des montres marines, ces instruments, si précieux pour la navigation, sont sujets à avancer ou à retarder sur le T. M. d'une quantité qui n'est pas constante. La moyenne de ces variations journalières, pendant un laps de temps déterminé et toujours assez court, est ce qu'on appelle la *marche diurne* du chronomètre. On lui donne le signe $+$, si elle est une avance, et le signe $-$, si elle est un retard.

Pour la trouver, on emploie la comparaison de deux états absolus sur le temps moyen d'un lieu, obtenus à deux époques assez rapprochées.

Si ces deux états sont de même signe, leur différence fait connaître la variation totale de la montre dans l'intervalle écoulé, laquelle prend le signe de ces quantités, ou bien un signe contraire, suivant que le deuxième état absolu est plus grand ou plus petit que le premier.

Si ces deux états sont de différent signe, la variation totale de la montre est égale à leur somme et affectée du signe du deuxième état absolu.

Puis, on établit la proportion :

L'intervalle T. M. qui sépare les deux époques, est à 24ʰ, comme la variation totale du chronomètre est à un quatrième terme.

Ce quatrième terme, auquel on doit évidemment donner le signe de la variation totale, représente la marche diurne du chronomètre.

On fera bien de calculer de la sorte un certain nombre de marches diurnes et d'en prendre la moyenne, en observant plusieurs états absolus pendant dix ou douze jours de suite, et en les combinant deux à deux, à trois ou quatre jours au moins de distance l'un de l'autre.

Ex. I. Le 7 Octobre, à $4^h\,33^m\,20^s$ **T. M.**, l'état absolu d'un chronomètre était $-\,4^h\,16^m\,34^s,5$. **Le 18 Octobre**, à $4^h\,05^m\,12^s$ **T. M.**, cet état absolu était devenu $-\,4^h\,21^m\,00^s,3$.
On demande la marche diurne du chronomètre.

T. M. du lieu le 7..	$4^h\,33^m\,20^s$		État absolu le 7...$-$	$4^h\,16^m\,34^s,5$
Idem le 18.	$4\ \ 05\ \ 12$		*Idem* le 18.$-$	$4\ \ 21\ \ 00\,,3$
Interv. T. M.... 10^j	$23^h\,31^m\,52^s$		Variation totale ...$-$	$4\ \ 25\,,8$

$$263^h,5 \,:\, 24^h \,::\, 4^m\,25^s,8 \,:\, x.$$

Il est suffisant de réduire l'intervalle écoulé en heures et dixièmes d'heure. On convertit en secondes la variation totale, et l'on trouve, enfin, après avoir effectué l'opération indiquée :

$$\text{Marche diurne} = -24^s,2.$$

Ex. II. Le 12 Septembre, à $20^h\ 04^m\ 36^s$ T. M., l'état absolu d'un **chronomètre était $+ 3^h\ 20^m\ 01,5^s$. Le 21 Septembre, à $4^h\ 43^m\ 10^s$ T. M.,** cet état absolu était devenu $+ 3^h\ 17^m\ 48^s,2$.
On demande la marche diurne du chronomètre.

T. M. du lieu le 12.	$20^h\ 04^m\ 36^s$	État absolu le 12.	$+$	$3^h 20^m\ 01^s,5$
Idem le 21.	$4\ 43\ 10$	*Idem* le 21.	$+$	$3\ 17\ 48\ ,2$
Intervalle T. M.....	$8^j\ 8^h 38^m 34^s$	Variation totale ..	$-$	$2\ 13\ ,3$

$$200^h,6\ :\ 24^h\ ::\ 2^m\ 13^s,3\ :\ x.$$

$$\text{Marche diurne} - -13^s,95.$$

Ex. III. Le 18 Juin, à $5^h\ 26^m\ 30^s$ T. M., l'état absolu d'un chronomètre était $- 0^h\ 02^m\ 44^s,8$. **Le 30 Juin, à $19^h\ 06^m\ 14^s$ T. M.,** cet état absolu était devenu $+ 0^h\ 01^m\ 56^s,3$.
On demande la marche diurne du chronomètre.

T. M. du lieu le 12...	$5^h 26^m 30^s$	État absolu le 18.	$-$	$0^h 02^m 44^s,8$
Idem le 30...	$19\ 06\ 14$	*Idem* le 30.	$+$	$0\ 01\ 56,3$
Intervalle T. M.....	$12^j\ 13^h 39^m 44^s$	Variation totale..	$+$	$4\ 41,1$

$$301^h,7\ :\ 24^h\ ::\ 4^m\ 41^s,1\ :\ x.$$

$$\text{Marche diurne} = + 22^s,36.$$

Convertir en T. M. un intervalle chronométrique.

135. Pour convertir en T. M. un intervalle écoulé au chronomètre, il n'y a évidemment qu'à le corriger de la variation correspondante de la montre, proportionnellement à sa marche diurne. Cette correction doit être toujours de signe contraire à celui de cette dernière quantité.

Ex. Il s'est écoulé entre deux observations un intervalle de $17^h\ 48^m\ 30^s$ à un chronomètre dont la marche diurne est $+ 14^s,7$.
On demande l'intervalle T. M. correspondant.

Intervalle chronométrique.......		$17^h 48^m 30^s$
Avance du chron. dans l'interv.	$-$	$10,9$
Intervalle T. M...............		$17\ 48\ 19,1$

État absolu sur le midi moyen de Paris.

136. Avant d'embarquer un chronomètre, on a soin de déterminer, par plusieurs séries d'observations, sa marche diurne, ainsi que son état absolu sur le T. M. du lieu de départ à une certaine époque qui est ordinairement la dernière. Or, il est préférable, pour les nécessités de la navigation, de ramener cet état absolu au midi moyen de Paris, parce que le premier méridien est l'origine des longitudes, et que midi est l'origine du jour.

Nous conviendrons, dans ce problème, de considérer comme *positives* les longitudes orientales, et comme *négatives* les longitudes occidentales.

On commence par chercher l'heure moyenne de Paris correspondante à celle du lieu. Puis, si l'état absolu et la longitude sont de même signe, on les ajoute et l'on donne à la somme leur signe commun ; dans le cas contraire, on les retranche l'un de l'autre, et la différence prend le signe de la plus grande de ces deux quantités. Cette somme ou cette différence est l'état absolu du chronomètre sur le T. M. de Paris, au moment qui correspond à celui des observations.

On corrige ce résultat de la variation proportionnelle de la montre pour l'heure moyenne du premier méridien, et l'on obtient son état absolu sur le midi moyen de Paris qui précède. Cet état absolu, s'il est une avance, ou son complément à 24^h, s'il est un retard, exprime l'heure marquée par le chronomètre à cet instant.

Le jour chronométrique se compte de 0^h à 24^h, comme le jour astronomique.

Ex. I. Le 4 Avril, dans un port situé par une longitude E. de 83° 07', à 4^h 01^m 22^s,3 T. M., on a obtenu + 4^h 15^m 31^s,7 pour l'état absolu d'un chronomètre dont la marche diurne est + 17^s,8.
On demande l'heure qu'indiquait le chronomètre, au moment du midi moyen de Paris qui a précédé l'observation.

T. M. du lieu le 4	4^{h}01^{m}22^s,3
Longitude en T	5 32 28
T. M. de Paris le 3	22 28 54,3

Etat absolu sur le T. M. du lieu	+	4^{h}15^{m}31^s,7
Longitude en T	+	5 32 28
Etat absolu sur le T. M. de Paris à 22^h 29^m	+	9 47 59,7
Avance du chronomètre dans 22^h 29^m		16,7
Etat absolu sur le midi M. de Paris	+	9 47 43,0
Heure du chronomètre à midi M. de Paris le 3		9 47 43,0

Ex. II. Le 22 Mai, dans un port situé par une longitude O. de 152° 20′, à 22ʰ 14ᵐ 05ˢ T. M., on a obtenu — 5ʰ 00ᵐ 35ˢ,8 pour l'état absolu d'un chronomètre dont la marche diurne est — 8ˢ,2.

On demande l'heure qu'indiquait le chronomètre, au moment du midi moyen de Paris qui a précédé l'observation.

T. M. du lieu le 22..............	22ʰ 14ᵐ 05ˢ
Longitude en T.................	10 09 20
T. M. de Paris le 23............	8 23 25

Etat absolu sur le T. M. du lieu.................	— 5ʰ 00ᵐ 35ˢ,8
Longitude en T................................	— 10 09 20
Etat absolu sur le T. M. de Paris à 8ʰ 23ᵐ......	— 15 09 55,8
Retard du chron. dans 8ʰ 23ᵐ......................	2,8
Etat absolu sur le midi M. de Paris..............	— 15 09 53,0
Heure du chron. à midi M. de Paris le 23..........	8 50 07,0

Ex. III. Le 21 Mars, dans un port situé par une longitude E. de 23° 44′, à 4ʰ 52ᵐ 11ˢ T. M., on a obtenu — 5ʰ 16ᵐ 44ˢ,7 pour l'état absolu d'un chronomètre dont la marche diurne est + 20ˢ,5.

On demande l'heure qu'indiquait le chronomètre, au moment du midi moyen de Paris qui a précédé l'observation.

T. M. du lieu le 21....................	4ʰ 52ᵐ 11ˢ
Longitude en T........................	1 34 56
T. M. de Paris le 21..................	3 17 15

Etat absolu sur le T. M. du lieu.................	— 5ʰ 16ᵐ 44ˢ,7
Longitude en T................................	+ 1 34 56
Etat absolu sur le T. M. de Paris à 3ʰ 17ᵐ......	— 3 41 48,7
Avance du chron. dans 3ʰ 17ᵐ........................	2,9
Etat absolu sur le midi M. de Paris..............	— 3 41 51,6
Heure du chron. à midi M. de Paris le 21..........	20 18 08,4

Ex. IV. Le 13 Février, dans un port situé par une longitude O. de 121° 40′, à 19ʰ 34ᵐ 45ˢ T. M., on a obtenu + 2ʰ 09ᵐ 51ˢ,3 pour l'état absolu d'un chronomètre dont la marche diurne est — 10ˢ,4.

On demande l'heure qu'indiquait le chronomètre, au moment du midi moyen de Paris qui a précédé l'observation.

$$T. M. \text{ du lieu le } 13 \dots \dots \quad 19^h 34^m 45^s$$
$$\text{Longitude en } T \dots \dots \quad 8 \ 06 \ 40$$

$$T. M. \text{ de Paris le } 14 \dots \dots \quad 3 \ 41 \ 25$$

Etat absolu sur le T. M. du lieu $\dots$ +	$2^h 09^m 51^s,3$
Longitude en T$\dots$ —	8 06 40
Etat absolu sur le T. M. de Paris à $3^h 41^m$ $\dots$ —	5 56 48,7
Retard du chron. dans $3^h 41^m$ $\dots$	1,6
Etat absolu sur le midi M. de Paris $\dots$ —	5 56 47,1
Heure du chron. à midi M. de Paris le 14 $\dots$	18 03 12,9

Heure de Paris par le chronomètre.

137. Le principal usage des montres marines, à Bord, est de faire connaître, à un moment quelconque, l'heure moyenne correspondante de
Paris ; voici comment on y parvient.

Le chronomètre ayant été réglé avant le départ, on en a conclu, comme
on l'a vu dans les problèmes précédents, sa marche diurne et l'heure qu'il
indiquait, un certain jour, au midi moyen du premier méridien. Depuis ce
midi jusqu'à celui du jour proposé, ce chronomètre a varié d'une quantité égale au produit de sa marche diurne par le nombre de jours écoulés ;
on obtient ainsi l'heure qu'il a dû marquer à midi moyen de Paris, à l'époque actuelle. La différence entre cette heure et celle, intrinsèquement plus
grande, qu'il indique à l'instant même, représente l'intervalle de temps
chronométrique écoulé depuis midi moyen de Paris. Cet intervalle, converti
en T. M. (135), donne évidemment l'heure cherchée.

**Ex. I. Le 22 Décembre, à midi moyen de Paris, un chronomètre dont la
marche diurne est + 9^s,7, indiquait 19^h 41^m 20^s 8.**
**Le 2 Janvier de Paris, la date du Bord étant le 2 au matin, on lit sur le
chronomètre 23^h 05^m 46^s,3, et l'on demande l'heure correspondante de Paris
T. M.**

Heure au chron. à midi M. de Paris le 22 Déc $\dots$	$19^h 41^m 20^s,8$
Avance du chron. en 11 jours $\dots$ +	1 46,7
Heure au chron. à midi M. de Paris le 2 Janv $\dots$	19 43 07,5
Heure actuelle au chronomètre $\dots$	23 05 46,3
Intervalle au chron. depuis midi M. de Paris $\dots$	3 22 38,8
Avance du chron. dans l'intervalle $\dots$ —	1,3
Heure de Paris T. M. le 2 Janvier $\dots$	3 22 37,5

Ex. II. Le 7 Octobre, à midi moyen de Paris, un chronomètre, dont la marche diurne est — 15^s,6, indiquait 5^h 27^m 31^s,3.

Le 29 Octobre de Paris, la date du Bord étant le 30 au soir, on demande l'heure de Paris T. M., au moment où le chronomètre indique 1^h 28^m 44^s,2.

Heure au chron. à midi M. de Paris le 7	5^{h}27^{m}31^s,3
Retard du chron. en 22 jours...................... —	5 43,2
Heure au chron. à midi M. de Paris le 29	5 21 48,1
Heure actuelle au chronomètre	1 28 44,2
Intervalle au chron. depuis midi M. de Paris	20 06 56,1
Retard du chron. dans l'intervalle .... +	13,1
Heure de Paris T. M. le 29 Octobre	20 07 09,2

Heure du Bord par le chronomètre.

138. Etant à la mer, on peut déterminer, à l'aide d'un chronomètre, l'heure moyenne du lieu où l'on se trouve, à quelque moment que ce soit du jour ou de la nuit.

Il faut, pour cela, qu'on ait pris des hauteurs du soleil, le jour même ou la veille, et qu'on ait obtenu l'état de la montre sur le T. M. du lieu où l'on était alors arrivé. On connaît, de plus, en faisant le point, le changement en longitude qui sépare les deux stations.

On cherche la différence des heures marquées par le chronomètre aux deux époques, et, la réduisant (135) en temps moyen, on a l'intervalle T. M. qui s'est écoulé depuis les observations; cet intervalle, ajouté à l'heure moyenne du Bord à l'instant de l'angle horaire, donne l'heure actuelle approchée. On corrige ce résultat du changement en longitude du navire, en remarquant que l'heure de la deuxième station est plus grande ou plus petite que celle de la première, au même instant physique, selon qu'on s'est avancé vers l'E. ou vers l'O., et l'on obtient enfin l'heure T. M. demandée.

On pourrait, par un procédé analogue, trouver l'heure que doit marquer le chronomètre à un moment donné. Au lieu d'avoir un intervalle chronométrique à convertir en temps moyen, ce serait l'opération inverse qu'il faudrait faire; nous ne nous y arrêterons pas.

Ex. I. On a reconnu, par un calcul d'angle horaire, qu'au moment où le chronomètre marquait 7^h 18^m 24^s,8, l'heure du Bord T. M. était 3^h 57^m 19^s,6.

Environ 9^h après, au moment où le chronomètre indique 16^h 24^m 03^s,1, on demande l'heure du Bord T. M., sachant que le navire s'est déplacé en longitude de 0° 58′ vers l'O., et que la marche diurne du chronomètre est — 14^s,7.

Heure au chron. à la 1re station	$7^h 18^m 24^s,8$
Heure au chron. à la 2e station	16 24 03,1
Intervalle écoulé au chronomètre	9 05 38,3
Retard du chron. dans l'intervalle	+ 5,6
Intervalle écoulé T. M	9 05 43,9
T. M. du Bord à la 1re station	3 57 19,6
Heure actuelle T. M. approchée	13 03 03,5
Chang. en longitude	— 3 52
Heure actuelle T. M	12 59 11,5

Ex. II. On comptait à Bord $21^h 16^m 23^s,4$, lorsqu'il était $17^h 44^m 29^s,8$ à un chronomètre dont la marche diurne est $+ 10^s,3$.

Environ 16^h après, le navire s'étant déplacé en longitude de $1° 12'$ vers l'**E.**, on demande l'heure du **Bord T. M.** au moment où le chronomètre indique $9^h 38^m 21^s,5$.

Heure au chron. à la 1re station	$17^h 44^m 29^s,8$
Heure au chron. à la 2e station	9 38 21,5
Intervalle écoulé au chronomètre	15 53 51,7
Avance du chron. dans l'intervalle	— 6,8
Intervalle écoulé T. M	15 53 44,9
T. M. du Bord à la 1re station	21 16 23,4
Heure actuelle T. M. approchée	13 10 08,3
Chang. en longitude	+ 4 48
Heure actuelle T. M	13 14 56,3

LATITUDE.

139. On emploie, à la mer, plusieurs méthodes pour déterminer la latitude. Nous ne mentionnerons ici que celle qui est la plus simple et la plus exacte de toutes, la méthode par la hauteur méridienne des astres.

Latitude par la hauteur méridienne.

140. On commence par chercher l'heure du passage de l'astre au méridien, heure qui est toujours *midi vrai*, s'il s'agit du soleil, et, quelques instants avant ce passage, on se met en observation. On prend (80) la hauteur méridienne que l'on corrige de toutes les causes d'erreur qui l'altèrent,

et l'on en déduit la distance zénithale, à laquelle nous conviendrons de donner une dénomination *contraire* à celle du pôle vers lequel on était tourné dans
ce moment. On fait le point, et, à l'aide de la longitude estimée, combinée
avec l'heure du lieu, on détermine l'heure correspondante de Paris T.M.,
pour laquelle on calcule la déclinaison de l'astre.

En additionnant ou soustrayant la déclinaison et la distance zénithale, on
obtient immédiatement la latitude.

*Si la distance zénithale et la déclinaison sont de même dénomination, leur
somme donne la latitude qui est de même nom que ces deux quantités.*

*Si elles sont de dénomination contraire, leur différence fait connaître la la-
titude qui prend le nom de la plus grande de ces deux quantités.*

Dans le cas où l'on aurait observé l'astre au moment de son passage au
méridien inférieur, on ferait la somme de la déclinaison et de la distance zénithale, et le supplément de cette somme serait la latitude, de même dénomination que la déclinaison.

Soient, en effet (fig. 69), PZQH' le méridien du lieu, HH' l'horizon, QQ'
l'équateur, et supposons, pour fixer les idées, que le pôle élevé P soit le pôle
Nord.

1° La distance zénithale et la déclinaison étant de même dénomination,
l'astre ne peut passer au méridien qu'entre le zénith et l'équateur, au point
A, par exemple : car, alors, la déclinaison AQ est Nord, et la distance
zénithale AZ est aussi Nord, puisqu'on est tourné vers le Sud pendant
l'observation. Or, on a

$$ZQ = AQ + AZ,$$

Ou   Latitude = Déclinaison + Distance zénithale ;

et l'on voit que la latitude est Nord, comme ces deux quantités.

2° La déclinaison et la distance zénithale étant de dénomination contraire,
l'astre passera au méridien entre l'horizon et l'équateur, au point A', ou
bien entre le zénith et le pôle, au point A''. Dans le premier cas, on a

$$ZQ = ZA' - QA',$$

Ou   Latitude = Distance zénithale — Déclinaison ;

et la latitude est Nord, comme la distance zénithale qui est la plus grande.
Dans le second cas, il vient

$$ZQ = QA'' - ZA'',$$

Ou   Latitude = Déclinaison — Distance zénithale ;

et la latitude est Nord, comme la plus grande de ces deux quantités, qui est
ici la déclinaison.

Enfin, lorsque l'astre passe au méridien inférieur, en A''', on a

$$ZQ = 180° - (ZA''' + Q'A'''),$$

Ou Latitude = 180° — (Distance zénithale + Déclinaison).

Lorsqu'on détermine la latitude par l'observation de la hauteur méridienne d'une étoile, l'heure approchée de son passage s'obtient en retranchant de l'ascension droite de cette étoile *(Ephém. Table XIII)*, augmentée, s'il le faut, de 24^h, l'ascension droite moyenne du soleil prise pour le midi de Paris du jour proposé.

Ex. I. Le 18 Avril 1852, par une longitude E. de 143° 20′, on a observé vers le S. la hauteur méridienne du ☉ de 44° 26′ 30″, élévation 5^m. On demande la latitude.

T. V. du Bord le 18..	0^h 00^m 00^s		Haut. observée.... ☉	44° 26′ 30″
Longitude en T	9 33 20		Dépression .... —	3 58
T. V. de Paris le 17..	14 26 40		Haut. apparente... ☉	44 22 32
Équat. du T......... —	41		½ Diamètre .... +	15 56
T. M. de Paris le 17..	14 25 59		Haut. apparente... ⊖	44 38 28
			Réfract. — parall.. —	54
Déclinaison ☉ le 17..	10° 37′ 42″ N.		Haut. vraie....... ⊖	44 37 34
partie prop^{lle} ...... +	12 36		Distance zénithale.....	45 22 26
Déclinaison ☉ calculée	10 50 18 N.			

Déclinaison .... 10° 50′ 18″ N.

Distance zénithale............. 45 22 26 N.

Latitude.................... 56 12 44 N.

Ex. II. Le 27 Novembre 1852, par une longitude O. de 129° 44′, on a observé vers le S. la hauteur méridienne du ☉ de 75° 03′ 20″; erreur instrumentale — 2′ 30″, élévation 4^m,6. On demande la latitude.

T. V. du Bord le 27...	0^h 00^m 00^s		Haut. instrumentale...	75° 03′ 20″
Longitude en T........	8 38 56		Erreur instrument . —	2 30
T. V. de Paris le 27..	8 38 56		Haut. observée..... ☉	75 00 50
Equat. du T........ —	11 55		Dépression......... —	3 50
T. M. de Paris le 27..	8 27 01		Haut. apparente ... ☉	74 57 00
			½ Diamètre .... +	16 15
Déclinaison ☉ le 27..	21° 13′ 49″ S.		Haut. apparente.... ⊖	75 13 15
partie prop^{lle} ....+	3 44		Réfract. — parall.. —	13
Déclinaison ☉ calculée	21 17 33 S.		Haut. vraie......... ⊖	75 13 02
			Distance zénithale	14 46 58

Déclinaison.....,............... 21°17′ 33″ S.
Distance zénithale.............. 14 46 58 N.
____
Latitude .... 6 30 35 S.

**Ex. III. Le 13 Décembre 1852, à minuit T. V., par une longitude E. de 53°
25″, on a observé, au-dessous du pôle, la hauteur méridienne du ☉ de 5° 23′
15″, élévation 5^m,8.**
On demande la latitude.

T. V. du Bord le 12...	12^h 00^m 00^s	Haut. observée..... ☉	5°23′ 15″
Longitude en T........	3 33 40	Dépression.......... —	4 18
T. V. de Paris le 12...	8 26 20	Haut. apparente.... ☉	5 18 57
Equat. du T........ —	5 39	½ Diamètre.......... +	16 17
T. M. de Paris le 12..	8 20 41	Haut. apparente.... ⊖	5 35 14
		Réfr. — parall.. —	0 16
Déclin. ☉ le 12.......	23°07′ 54″ S.	Haut. vraie.......... ⊖	5 25 58
partie prop^lle.......—	1 24	Distance zénithale.....	84 34 02
Déclin. ☉ calculée....	23 09 18 S.		

Déclinaison................... 23°09′18″ S.
Distance zénithale........... 84 34 02
____
Somme..................... 107 43 20
Latitude .... 72 16 40 S.

**Ex. IV. Le 5 Juillet 1852, par une longitude E. de 71° 55′, on a observé vers
le Nord la hauteur méridienne du ☾ de 52° 01′ 40″; erreur instrumentale +
30″, élévation 5^m,8.**
On demande la latitude.

Pass. de ☾ à Paris le 5..	15^h 54^m	Haut. instrumentale ...	52° 01′ 40″
partie prop^lle........ —	9	Erreur instrum ..... +	30
Pass. de ☾ au mérid. le 5	15 42	Haut. observée..... ☾	52 02 10
Longitude en T...... —	4 48	Dépression .... —	4 18
T. M. de Paris le 5......	10 54	Haut. apparente.... ☾	51 57 52
		½ Diamètre horiz.... —	15 07
Déclin. ☾ le 5 à 0^h ..	15°13′ 30″ S.	Haut. app^te appr ... ☾	51 42 45
partie prop^lle ..... —	1 48 25	Parall. — réfr...... +	33 25
Déclin. ☾ calculée...	13 25 05 S.	Haut. vraie......... ☾	52 16 10
Parallaxe horiz......	55′ 28″	Distance zénithale	37 43 50
½ Diamètre horiz	15′ 07″		

Déclinaison .... 13°25′05″ S.
Distance zénithale .... 37 43 50 S.
———
Latitude .... 51 08 55 S.

Ex. V. Le 26 Juin 1852, par une longitude O. de 83° 52′, on a observé vers le Sud la hauteur méridienne du ☾ de 41° 37′ 40″; erreur instrumentale + 2′ 20″, élévation 5ᵐ,3.
On demande la latitude.

Pass. de ☾ à Paris le 26 .	7ʰ43ᵐ	Haut. instrumentale...		41°37′ 40″
partie propˡˡᵉ........ +	12	Erreur instrum .... +		2 20
Pass. de ☾ au mérid. le 26	7 55	Haut. observée.... ☾		41 40 00
Longitude en T ...... +	5 35	Dépression........ —		4 06
T. M. de Paris le 26.....	13 30	Haut. apparente.... ☾		41 35 54
Déclin. ☾ le 26 à 12ʰ	8°19′ 45″ S.	½ Diamètre horiz... +		16 14
partie propˡˡᵉ..... +	19 32	Haut. appᵗᵉ appr... ☾		41 52 08
Déclin. ☾ calculée...	8 39 17 S.	Parall. — réfr..... +		43 29
Parallaxe horiz......	59′ 33″	Haut. vraie .... ☾		42 35 37
½ Diamètre horiz ...	16′ 14″	Distance zénithale		47 24 23

Déclinaison .... 8°39′ 17″ S.
Distance zénithale.......... 47 24 23 N.
———
Latitude .... 38 45 06 N.

Ex. VI. Le 25 Août 1852, on a observé vers le Nord la hauteur méridienne de l'étoile Antarès de 53° 47′ 30″; erreur instrumentale + 3′ 40″, élévation 6ᵐ,5.
On demande la latitude.

Ascens. droite de l'Étoile.	16ʰ20ᵐ	Haut. instrumentale...	53° 47′ 30″
Ascension droite moy . ☉	10 16	Erreur instrum .... +	3 40
Passage appr. au mérid. .	6 04	Haut. observée.......	53 51 10
		Dépression........ —	4 32
Déclin. de l'Ét. le 1ᵉʳ Janv.	26°05′ 56″ S.	Haut. apparente	53 46 38
partie propˡˡᵉ........ +	6	Réfraction........ —	42
Déclinaison calculée.....	26 06 02 S.	Haut. vraie.........	53 45 56
		Distance zénithale	36 14 04

Déclinaison .... 26°06′ 02″ S.
Distance zénithale .... 36 14 04 S.
———
Latitude .... 62 20 06 S.

LONGITUDE.

141. La longitude d'un lieu n'étant autre chose que la différence des heures que l'on compte, au même instant, sur le méridien de Paris et sur le méridien de ce lieu, le problème des longitudes se compose essentiellement de deux parties : chercher l'heure moyenne du lieu, puis l'heure moyenne correspondante du premier méridien. La première question se résoud toujours par un calcul d'angle horaire; quant à la seconde, elle peut être traitée par deux procédés distincts, la méthode des chronomètres et celle des distances lunaires.

La détermination de la longitude par les montres marines étant la seule exigée aux examens du cabotage, nous renverrons à la fin du volume, sous le titre *Appendice*, l'exposé de la méthode des distances.

Longitude par les chronomètres.

142. Au moment de la journée favorable (127) pour le calcul de l'heure, on prend une série de hauteurs de l'un des bords du soleil, en notant au chronomètre les heures correspondantes à chaque observation. De l'heure moyenne du chronomètre on conclut (136) l'heure **T.M.** de Paris, pour laquelle on cherche la déclinaison du soleil.

On corrige la hauteur moyenne de toutes les causes d'erreur qui l'altèrent; et, faisant le point pour cet instant, on a la latitude estimée.

Avec ces éléments, on fait un calcul d'angle horaire, et l'on obtient ainsi l'heure **T.V.** du Bord que l'on réduit en **T.M.**, à l'aide de l'équation du temps déterminée pour l'heure de Paris déjà trouvée. La différence entre cette heure et celle de Paris **T.M.** donne la longitude du navire, que l'on convertit ensuite en degrés.

La longitude est Ouest, quand l'heure de Paris surpasse celle du Bord, et Est dans le cas contraire.

Ex. I. Le 20 Août 1852, à midi **M.** de **Paris**, un chronomètre, dont la marche diurne est — $8^s,8$, indiquait $22^h 05^m 34^s,3$.

Le 11 Septembre de **Paris**, la date du Bord étant le 11 au matin, par une latitude **N.** de $16° 23'$, au moment où l'heure du chronomètre était $1^h 44^m 28^s,3$, on a observé la hauteur du ☉ de $14° 12' 30''$; erreur instrumentale — $6' 15''$, élévation 5^m.

On demande la longitude du navire.

Hre au chr. à M. M. de Paris le 20 A.	22h 05m 34s,3	Haut. instrumentale		14° 12′ 30″
Retard du chron. en 22 jours..... —	3 13,6	Err. instrument.. —		6 15
Hre au chr. à M. M. de Paris le 11 S.	22 02 20,7	Haut. observée.. ☉	14 06 15
Heure actuelle au chron.........	1 44 28,3	Dépression ..... —	3 58
Intervlle au chr. depuis M. M. de Paris	3 42 07,6	Haut. apparente. ☉	14 02 17
Retard du chr. dans l'intervalle.. +	1,4	½ Diamètre..... +	15 56
T. M. de Paris le 11 Septembre	3 42 09,0	Haut. apparente. ⊖	14 18 13
		Réfract.— parall. —	3 40
Déclinaison ☉ le 11..........	4° 24′ 54″ N.		
partie proplle.............. —	3 32	Haut. vraie..... ⊖	14 14 33
Déclinaison ☉ calculée........	4 21 22 N.		

Distance zénithale.....	75° 45′ 27″		
Distance polaire.......	85 38 38	Ct log. sin	0.00125
Colatitude..........	73 37	Ct log. sin	0.01800
Somme.............	235 01 05		
½ Somme............	117 30 32		
½ S. — Dist. polaire.....	31 51 54	Log. sin.......	9.72257
½ S. — Colatitude......	43 53 32	Log. sin.......	9.84092
			19.58274
		Log. sin. ½ P...	9.79137

½ Angle horaire	2h 32m 50s,3
Angle horaire	5 05 40,6
T. V. du Bord le 10......	18 54 19,4
Equat. du T......... —	3 38,6
T. M. du Bord le 10	18 50 40,8
T. M. de Paris le 11......	3 42 09
Longitude en T.........	8 51 28,2
Longitude demandée.....	132° 52′ 03″ O.

Ex. II. Le 13 Février 1852, à midi **M.** de **Paris**, un chronomètre, dont la marche diurne est + 13s,4, indiquait 2h 43m 25s,8.

Le 2 **Mars** dè **Paris**, la date du Bord étant le 3 au soir, par une latitude **S.** de 49° 37′, au moment où l'heure du chronomètre était 0h 18m 21s,5, on a observé la hauteur du ⊙ de 15° 06′ 40″; erreur instrumentale — 3′, élévation 3m,6.

On demande la longitude du navire.

Hʳᵉ au chr. à M. M. de Paris le 13 F.	2ʰ43ᵐ25ˢ,8	Haut. instrumentale		15°06′ 40″
Avance du chron. en 18ʲ........ +	4 01 ,2	Erreur instrum.. —		3 00
Hʳᵉ au chr. à M. M. de Paris le 2 M.	2 47 27,0	Haut. observée.. ⊙	15 03 40
Heure actuelle au chron.........	0 18 21,5	Dépression.,... —		3 22
Intervᵉˡˡᵉ au chr. depuis M. M. de Paris	24 30 54,5	Haut. apparente. ⊙	15 00 18
Avance du chron. dans l'intervalle —	11 ,8	½ Diamètre.... —		16 09
T. M. de Paris le 2 Mars........	24 30 42,7	Haut. apparente. ⊖	14 44 09
		Réfr. — parall.. —		3 25
Déclinaison ⊙ le 2........	7°01′ 36″ S.	Haut. vraie..... ⊖	14 40 44
partie propˡˡᵉ............ —	20 36		
Déclinaison ⊙ calculée......	6 41 00 S.		

Distance zénithale....	75°19′ 16″		
Distance polaire......	83 19 00	Cᵗ log. sin	0.00296
Colatitude	40 23	Cᵗ log. sin......	0.18849
Somme	199 01 16		
½ Somme	99 80 38		
½ S. — Dist. polaire .	16 11 38	Log. sin........	9.44543
½ S.— Colatitude	59 07 38	Log. sin........	9.93364
			19.57052
		Log. sin. ½ P	9.78526

½ Angle horaire..........	2ʰ80ᵐ 19ˢ,9	
T. V. du Bord le 3........	5 00 39,8	
Equat. du T.......... +	12 07,3	
T. M. du Bord le 3	5 12 47,1	
T. M. de Paris le 2........	24 30 42,7	
Longitude en T..........	7 42 04,4	
Longitude demandée......	115°31′ 06″ E.	

143. La longitude du navire ayant été ainsi calculée à une certaine heure de la journée, et la latitude étant assez exactement connue par la hauteur méridienne et par le changement en latitude dans l'intervalle, en portant ces deux éléments sur la carte, on obtient le *point observé*.

Si donc on fixe en même temps le *point estimé* du navire, en tenant compte de la route suivie au compas et du chemin parcouru depuis le dernier point déterminé astronomiquement, il est clair que la différence entre la position vraie et la position déduite de l'estime devra être due presque entièrement à l'action des courants. La ligne qui joindra ces deux points, indiquera, par son gisement et par sa grandeur, la direction et la vitesse du courant pendant le temps qui s'est écoulé depuis les dernières observations.

VARIATION.

144. La *variation* est (91) l'angle formé dans le plan de l'horizon par la méridienne du lieu et la méridienne magnétique.

On sait (48) que *l'azimut* d'un astre est l'arc de l'horizon compris entre le méridien du lieu et son vertical, et qu'il se compte, à partir du pôle élevé, de 0° à 180°, soit vers l'Est, soit vers l'Ouest. Par analogie, on nomme *azimut magnétique*, ou *azimut au compas*, l'arc de l'horizon compris entre ce même vertical et le méridien magnétique, ou bien entre le pied de ce vertical et la ligne Nord et Sud du compas ; nous conviendrons de le compter comme l'azimut vrai, de 0° à 180°, dans le sens oriental et dans le sens occidental, à partir du Nord ou du Sud de la rose, suivant que la latitude du lieu a l'une ou l'autre de ces deux dénominations.

Nous allons commencer par prouver que la variation résulte de la comparaison des azimuts vrai et magnétique d'un même astre obtenus au même instant.

Soient (fig 70) N O S E le cercle de l'horizon, N S la méridienne et N'S' la ligne Nord et Sud du compas, la variation étant N O par exemple ; supposons que le pôle élevé soit le pôle Nord.

1° Les deux azimuts étant de même dénomination, il peut arriver que l'azimut vrai soit plus grand ou plus petit que l'azimut magnétique.

Dans le premier cas, le pied du vertical est au point A, et l'on a

$$N N' = N A - N' A,$$

Ou   Variation = Azim. vrai — Azim. magnét. ;

et l'on voit que la variation est de même nom que l'azimut vrai.

Dans le second cas, l'astre répond au point A', et il vient

$$N N' = N' A' - N A',$$

Ou   Variation = Azim. magnét. — Azim vrai ;

et la variation est de nom contraire à celui de l'azimut vrai.

2° Les deux azimuts étant de différente dénomination, le pied du vertical est en A'', et l'on a

$$N N' = N A'' + N' A'',$$

Ou   Variation = Azim. vrai + Azim. magnét. ;

et la variation est du N. vers l'O,, ainsi que l'azimut vrai. Lorsque la somme surpasse 180°, comme cela aurait lieu si l'astre répondait au point A‴, on a

$$N N' = 360° - (N A''' + N' A'''),$$

Ou   Variation $= 360° - (\text{Azim. vrai} + \text{Azim. magnét.});$

et elle est de nom contraire à celui de l'azimut vrai.

Si le pôle élevé était le pôle Sud, un raisonnement semblable mènerait aux mêmes conséquences, en faisant attention que le sens du S. vers l'E. est le même que du N. vers l'O., et que le sens du S. vers l'O. est le même que du N. vers l'E.

Nous déduirons de ce qui précède la règle suivante :

Lorsque l'azimut vrai et l'azimut magnétique sont de même dénomination, on en fait la différence, et l'on a la variation qui prend le nom de ces deux quantités si l'azimut vrai est le plus grand, et le nom contraire, s'il est le plus petit.

Lorsque les deux azimuts sont de différente dénomination, leur somme donne la variation de même nom que l'azimut vrai. Si cette somme surpasse 180°, on la retranche de 360°, et le reste est la variation de nom contraire à celui de l'azimut vrai.

145. Habituellement, le calcul de la variation se fait au lever ou au coucher du soleil, et l'on préfère se servir des *amplitudes*, au lieu des azimuts.

L'amplitude d'un astre est (48) l'arc de l'horizon compris entre le premier vertical et le vertical de l'astre, ou bien entre la ligne E. et O. de l'horizon et le pied de ce vertical ; on la compte de l'Est, s'il s'agit du lever, de l'Ouest, s'il s'agit du coucher, de 0° à 90° vers le Nord ou vers le Sud, suivant le nom de la déclinaison.

Nous appellerons de même *amplitude magnétique*, ou *amplitude au compas*, l'arc de l'horizon compris entre la ligne E. et O. du compas et le pied du vertical de l'astre.

Une simple addition ou soustraction de ces deux amplitudes déterminées simultanément, fait connaître la variation, par une règle analogue à celle déjà donnée pour les azimuts et que l'on vérifiera facilement.

Si l'amplitude vraie et l'amplitude magnétique sont de même dénomination, on en fait la différence, et l'on a la variation qui prend le nom de ces deux quantités, lorsque l'amplitude vraie est la plus grande, et le nom contraire, lorsqu'elle est la plus petite.

Si les deux amplitudes sont de différente dénomination, leur somme donne la variation qui est de même nom que l'amplitude vraie.

Il est entendu que, si le résultat de cette comparaison est de l'E. vers le S., ou de l'O. vers le N., la variation est N E., et qu'elle est N O., si ce résultat est de l'E. vers le N., ou de l'O. vers le S.

146. La connaissance de la variation dépend donc de deux éléments :

l'un, l'azimut vrai ou l'amplitude que l'on trouve par des méthodes que nous allons exposer ; l'autre, l'azimut ou l'amplitude magnétique que l'on obtient en relevant le soleil au compas de variation.

Cette dernière opération se fait en coupant le soleil en deux parties égales par le fil de la pinnule, ou mieux en mettant successivement ce fil en contact avec le bord oriental et le bord occidental du disque de l'astre, et prenant la moyenne des arcs lus sur la rose ; ces arcs comptés du N. ou du S. donnent l'azimut magnétique, et comptés de l'E. ou de l'O., l'amplitude au compas.

Variation par l'amplitude vraie.

147. Nous désignerons, sous le nom particulier *d'amplitude vraie*, l'amplitude du soleil à l'instant de son lever ou de son coucher vrai.

On a déjà vu (131) qu'à ce moment le bord inférieur de cet astre paraît généralement élevé des deux tiers de son diamètre vertical au-dessus de l'horizon visuel. En le relevant alors, on aura l'amplitude magnétique.

Ayant fait le point, on calcule la déclinaison pour l'heure présumée du lieu réduite à l'heure correspondante de Paris T. M. ; et dans le triangle rectangle A E D (fig 68), dont on connaît le côté A D égal à la déclinaison, et l'angle E qui est mesuré par le complément de la latitude, on détermine l'amplitude E A par la proportion :

$$R : \sin. \text{ampl} :: \cos. \text{lat.} : \sin. \text{décl.}$$

D'où

$$\text{Log. sin. ampl.} = 10 + \text{log. sin. décl.} + c^t \log. \cos. \text{lat.} - 10$$

Ou

$$\text{Log. sin. ampl.} = \text{log. sin. décl.} + c^t \log. \cos. \text{lat.}$$

Comparant ensuite (145) l'amplitude vraie avec l'amplitude au compas, on en déduit la variation.

On se sert commodément, dans la pratique, de la *Table V* de cet ouvrage, parce que les relèvements ne pouvant être obtenus, à la mer, qu'à 20 ou 30 minutes près, au plus favorable, il est tout à fait inutile d'apporter une extrême précision dans ce calcul.

Lorsque la latitude du lieu est nulle, l'amplitude vraie est égale à la déclinaison du soleil.

Lorsque la déclinaison est nulle, l'amplitude l'est aussi.

Ex. I. Le 7 Janvier 1852, vers 7ʰ 40ᵐ du soir, T. M., par une latitude **S.** de 46° 22′, et une longitude **O.** de 154° 15′, on a relevé le ☉ au **S O** 4° **O.** du compas, au moment de son coucher vrai.
On demande la variation.

T. M. du Bord le 7.....   7ʰ 40ᵐ   Déclin. ☉ le 30.....   22°26′57″ S.
Longitude en T.........   10 17   partie propˡˡᵉ.... —   5 44
                                          ____
T. M. de Paris le 14....   17 57   Déclin. ☉ calculée..   22 21 13 S.

Latit ..   46°22′ Cᵗ log. cos....   0.16113   *Par la Table V.*
Déclin.   22 21   Log. sin ......   9.58008   pʳ l. = 46°, d. = 22° .... 32°38′
                                                 pʳ 22′ de lat .... + 14
                   Log. sin Ampl.   9.74121   pʳ 21′ de décl .... + 34
                                                                        ____
  Amplitude vraie ..... O.   33°26′ S.   Amplitude V..... 33 26
  Amplit. au compas .. O.   41 00 S.

  Variation.............   7 34 NE.

Ex. II. Le 28 Juillet 1852, vers 6ʰ 40ᵐ du matin T. M., par une latitude S. de 17° 33′, et une longitude O. de 24° 18′, on a relevé le ☉ à l'E ¼ NE. du compas, au moment de son lever vrai.
On demande la variation.

T. M. du Bord le 27 ...   18ʰ40ᵐ   Déclin. ☉ le 27.....   19°08′53″ N.
Longit. en T.........   1 37   partie propˡˡᵉ...... —   11 40
                                        ____
T. M. de Paris le 27..... 20 17   Déclin. ☉ calculée...   18 57 13 N.

Latit ..   17°35′ Cᵗ log. cos...   0.02078   *Par la Table V.*
Déclin.   18 57   Log. sin .....   9.51154   pʳ l. = 17°, d. = 18° ...... 18°51′
                                                pʳ 35′ de lat .... + 04
                   Log. sin. Ampl. 9.53232   pʳ 57′ de décl .... + 1 00
                                                                        ____
  Amplitude vraie..... E.   19°55′ N.   Amplitude V..... 19 55
  Amplit. au compas... E.   11 15 N.

  Variation.............   8 40 NO.

Ex. III. Le 15 Avril 1852, vers 5ʰ 30ᵐ du matin T. M., par une latitude N. de 37° 54′, et une longitude E. de 9° 10′, on a relevé le ☉ à l'E 6° S. du compas, au moment de son lever vrai.
On demande la variation.

T. M. du Bord le 14 ..   17ʰ 30ᵐ   Déclin. ☉ le 14 ....   9°33′51″ N.
Longitude en T.......   0 37   partie propˡˡᵉ ..... +   15 02
                                        ____
T. M. de Paris le 14 ..   16 53   Déclin. ☉ calculée ..   9 48 53 N.

                                                                        22

				Par la Table V.	
Latit..	37°24′	C^t log. cos ...	0.09995·	p^r l. $=$ 37°, d. $=$ 9°	11°18′
Déclin.	9 49	Log. sin.....	9.23171	p^r 24′ de lat............ $+$	04
		Log: sin.Ampl.	9.33166	p^r 49′ de décl........... $+$	1 01
Amplitude vraie.... E.	12°23′,5	N.		Amplitude V.....	12 23
Ampl. au compas... E.	6 00	S.			
Variation	18 23,5 NO.				

Variation par l'amplitude apparente.

148. On nomme *amplitude apparente* du soleil l'amplitude au moment de son lever ou de son coucher apparent. Ordinairement, c'est l'instant où le bord inférieur de cet astre touche l'horizon visible que l'on considère; néanmoins, nous détaillerons le calcul pour l'un quelconque des bords.

Cette méthode est préférable à la précédente quand on se trouve par des latitudes élevées, parce qu'alors, le parallèle de l'astre rencontrant l'horizon très-obliquement, il est difficile de saisir le moment précis du lever ou du coucher vrai, et que le changement en azimut étant très-rapide, on s'expose à commettre sur le relèvement une erreur assez considérable.

On relève le soleil, lorsqu'un de ses bords paraît en contact avec l'horizon de la mer, et l'on en déduit l'amplitude magnétique.

On fait le point, et, cherchant la déclinaison pour l'heure présumée du lieu réduite à l'heure correspondante de Paris T. M., on en conclut la distance polaire; puis, on détermine la distance zénithale vraie du centre, comme il a été dit au n° 133. Dans le triangle Z A′P (fig 68), dont on connaît ainsi les trois côtés, on calcule l'azimut Z par la formule :

$$ \text{L. sin. } \tfrac{1}{2} \text{Z.} = \frac{\text{l sin. } (\tfrac{1}{2}\text{S.} - \text{dist. zén.}) + \text{l. sin. } (\tfrac{1}{2}\text{S.} - \text{col.}) + \text{c}^t\text{ l. sin. dist. zén.} + \text{c}^t\text{ l. sin. col.}}{2} $$

Cet angle azimutal a pour mesure l'arc I H′ de l'horizon, dont le complément EI est l'amplitude demandée qui prend, comme l'amplitude vraie, le nom de la déclinaison. Si l'azimut surpasse 90°, le soleil se levant au point G, par exemple, on voit que l'amplitude EG s'obtient en diminuant de 90° l'azimut G H′.

Enfin, on compare (145) l'amplitude apparente et l'amplitude au compas, et l'on en déduit la variation.

On peut employer à ce calcul les deux *Tables V et VI* de ce volume.

On se procure d'abord, par la *Table V*, l'amplitude vraie du soleil. Puis, ayant calculé la quantité dont le centre de l'astre est abaissé au-dessous de l'horizon, quantité égale à la dépression, plus la réfraction, moins ou plus le demi-diamètre, selon qu'il s'agit du bord inférieur ou du bord supérieur, on la multiplie par le nombre de la *Table VI*, qui convient à la latitude estimée et à l'amplitude. Ce produit, divisé par 100, donne une correction que l'on ajoute à l'amplitude vraie, si la latitude et la déclinaison sont de même dénomination, et que l'on en retranche dans le cas contraire. On obtient ainsi l'amplitude apparente.

Ex. I. Le 25 Janvier 1852, vers 7ʰ 50ᵐ du matin, T M., par une latitude N. de 51° 28′, et une longitude O. de 27° 45′, élévation 3ᵐ,9, on a relevé le ⊙ au S E ¼ S 2° E. du compas, au moment où son bord inférieur touchait l'horizon visible. On demande la variation.

T. M. du Bord, le 24 ...	19ʰ 50ᵐ		Dist. zénith. obs ... ◯	90° 00′ 00″
Longitude en T.........	1 51		Dépression .... +	3 31
T. M. de Paris le 24 ...	21 41		Dist. zénith. appar. ◯	90 03 31
			½ Diamètre........ —	16 16
Déclin. ⊙ le 24 ...	19° 20′ 10″ S.		Dist. zénith. appar. ⊖	89 47 15
partie prop^lla .... —	13 04		Réfract. — parall.. +	33 37
Déclin. ⊙ calculée.	19 07 06 S.		Dist. zénith. vraie. ⊖	90 20 52

Dist. polaire ...	109° 07′			
Dist. zénith	90 21	C^t log. sin..	0.00001	
Colatitude	38 32	C^t log. sin..	0.20553	
Somme	238 00			
½ Somme	119 00			
½ S. — Dist. zén.	28 39	Log. sin ...	9.68075	
½ S. — Colat ...	80 28	Log. sin ...	9.99396	
			19.88025	
		Log. sin ½ Z.	9.94012	
½ Azimut...............	60° 36′			
Azimut...............	121 12			
Amplitude apparente ... E.	31 12	S.		
Amplitude au compas .. E.	54 15	S.		
Variation	23 03 N O.			

Par les Tables V et VI.

—

TABLE V.

p^r l. = 51°, d. = 19° ...	31° 09′
p^r 28′ de lat .... +	22
p^r 07′ de décl .... +	12
Amplitude V...	31 43

TABLE VI.

p^r l. = 51°, ampl. = 32°	148′
part. prop. p^r 21′ de haut. —	0° 31′
Amplitude vraie	31 43
Amplitude appar^te ...	31 12′

Ex. II. Le 4 Novembre 1852, vers 5ʰ 20ᵐ du soir T. M., par une latitude N. de 21° 13′ et une longitude E. de 58° 27′, élévation 5ᵐ, on a relevé le ⊙ à l'O. 3° N. du compas, au moment où son bord supérieur touchait l'horizon visible. On demande la variation.

T. M. du Bord le 4 ...	5ʰ 20ᵐ		Dist. zénith. obs... ☽	90° 00' 00"
Longitude en T	3 54		Dépression .... +	3 58
T. M. de Paris le 4 ...	1 26		Dist. zénith. appᵗᵉ . ☽	90 03 58
			½ Diamètre .... +	16 10
Déclin. ⊙ le 4....	15°31'31"S.		Dist. zénith. appᵗᵉ . ☉	90 20 08
partie propˡˡᵉ .. +	1 06		Réfr. — parall .... +	33 37
Déclin. ⊙ calculée.	15 32 37 S.		Dist. zénith. vraie.. ☉	90 53 45

				Par les Tables V et VI.
Dist. polaire ...	105° 33'			
Dist. zénith ...	90 54	Cᵗ log. sin..	0.00005	—
Colatitude	68 47	Cᵗ log. sin..	0.03048	**TABLE V.**
Somme	265 14			pʳ l. = 21°, d. = 15°... 16° 06'
½ Somme	132 37			pʳ 13' de lat .... + 1,5
½ S. — Dist. zén.	44 43	Log. sin ...	9.82311	pʳ 33' de décl ...... + 35,0
½ S. — Colat ...	63 50	Log. sin ...	9.95304	Amplitude V... 16 42,5
			19.80668	**TABLE VI.**
		Log. sin ½ Z.	9.90334	pˡ l. = 21°, ampl. = 16° 40'
½ Azimut	53° 10',5			part. pr. pʳ 54' de haut. — 0° 22'
Azimut	106 21			Amplitude vraie 16 42,5
Amplitude apparente .. O.	16 21	S.		Amplitude apparᵗᵉ .. 16 20,5
Amplitude au compas.. O.	3 00	N.		
Variation	19 21 N O.			

Variation par l'azimut.

149. Cette méthode a spécialement pour objet de déterminer la variation, lorsque l'astre que l'on observe est élevé au-dessus de l'horizon.

Comme les hauteurs inférieures à 8 ou 10 degrés sont toujours incertaines, et que, d'un autre côté, les relèvements cessent d'être assez exacts quand l'élévation de l'astre surpasse une vingtaine de degrés, on a soin de prendre la hauteur au moment où elle arrive entre ces deux limites, et on relève l'astre, à cet instant, au compas de variation.

Ayant fait le point, on cherche la déclinaison pour l'heure T. M. de Paris correspondante à l'heure présumée du lieu, et l'on en conclut la distance polaire. On corrige la hauteur de toutes les causes d'erreur qui l'altèrent, et, dans le triangle ZAP (fig. 47), dont on connaît les trois côtés qui sont : la distance polaire, la distance zénithale et la colatitude, on calcule l'angle azimutal Z par la formule :

$$L.\sin.\tfrac{1}{2}Z. = \frac{l.\sin.(\tfrac{1}{2}S.-\text{dist. zén.}) + l.\sin.(\tfrac{1}{2}S.-\text{col.}) + c^t\log.\sin.\text{dist. zén} + c^t\log.\sin.\text{col.}}{2}$$

On a ainsi l'azimut vrai de l'astre. Le comparant (144) avec l'azimut au compas , on obtient la variation.

Ex. I. Le 21 Mai 1852, vers $4^h 10^m$ **du soir T. M., par une latitude S. de 9°
33′, et une longitude O. de 121° 18′, on a observé la hauteur du** ☉ **de 14° 42′ 20″;
erreur instrumentale + 3′ 10″, élévation 4ᵐ. L'astre répondait alors à l'ONO
2° O. du compas.
On demande la variation.**

T. M. du Bord le 21....	$4^h 10^m 00^s$		Haut. instrumentale...		14° 42′ 20″
Longitude en T........	8 05 12		Erreur instrum .... +		3 10
T. M. de Paris le 21....	12 15 12		Haut. observée..... ☉		14 45 30
			Dépression........ —		3 34
Déclin. ☉ le 21.....	20° 16′ 31″ N.		Haut. apparente..... ☉		14 41 56
partie prop^lle.... +	6 03		½ Diamètre........ +		15 49
Déclin. ☉ calculée..	20 22 34 N.		Haut. apparente.... ⊖		14 57 45
			Réfr. — parall .... —		3 30
			Haut. vraie........ ⊖		14 54 15

Distance polaire......	110° 23′			
Distance zénithale....	75 06		C^l log. sin	0.01485
Colatitude	80 27		C^l log. sin.......	0.00606
Somme	265 56			
¼ Somme	132 58			
½ S. — Dist. zénithale	57 52		Log. sin........	9.92779
½ S.— Colatitude	52 31		Log. sin........	9.89956
				19.84826
			Log. sin. ½ Z	9.92413

½ Azimut.................		57° 06′,5	
Azimut vrai............ S.	114 13		O.
Azimut au compas........ S.	110 30		O.
Variation...............	3 43		N E.

Ex. II. Le 17 Octobre 1852, vers $7^h 10^m$ **du matin T. M., par une latitude S.
de 35° 44′, et une longitude O. de 139° 51′, on a observé la hauteur du** ☉ **de 12°
50′ 45″; erreur instrumentale — 5′ 20″, élévation 6ᵐ. L'astre répondait en ce
moment à l'E ¼ N E 3° E. du compas.
On demande la variation.**

T. M. du Bord le 16...	19^h 10^m 00^s		Haut. instrumentale...	12° 50′ 45″
Longitude en T........	9 19 24		Err. instrument.... —	5 20
T. M. de Paris le 17...	4 29 24		Haut. observée .... ☉	12 45 25
			Dépression .... —	4 22
Déclin. ☉ le 17...	9° 25′ 06″ S.		Haut. apparente... ☉	12 41 03
partie prop^{lle}...+	4 05		½ Diamètre .... +	16 05
Déclin. ☉ calculée	9 29 11 S.		Haut. apparente... ⊕	12 57 08
			Réfract. — parall.. —	4 05
			Haut. vraie .... ⊕	12 53 03

Distance polaire..........	80° 31′		
Distance zénithale	77 07	C^t log. sin........	0.01107
Colatitude.................	54 16	C^t log. sin.........	0.09058
Somme...................	211 54		
½ Somme.................	105 57		
½ S. — Dist. zénithale...	28 50	Log. sin...........	9.68328
½ S. — Colatitude	51 41	Log. sin	9.89465
			19.67958
		Log. sin. ½ Z.....	9.83979

½ Azimut	43° 45′		
Azimut vrai .... S.	87 30	E.	
Azimut au compas .... S.	98 15	E.	
Variation....................	10 45	N E.	

Ex. III. Le 14 Décembre 1852, vers 11^h du soir **T. M.**, par une latitude **S.** de 74° 42′, et une longitude **O.** de 108° 45′, on a observé la hauteur du ☉ de 10° 47′ 30″; élévation 4^m,6. L'astre répondait alors au **S 5° E.** du compas. **On demande la variation.**

T. M. du Bord le 14..	11^h 00^m		Haut. observée.... ☉	10° 47′ 30″
Longitude en T	7 15		Dépression .... —	3 50
T. M. de Paris le 14..	18 15		Haut. apparente... ☉	10 43 40
			½ Diamètre .... +	16 17
Déclin. ☉ le 14..	23° 15′ 32″ S.		Haut. apparente... ⊕	10 59 57
partie prop^{lle}... +	2 21		Réfract. — parall.. —	4 51
Déclin. ☉ calculée	23 17 53 S.		Haut. vraie........ ⊕	10 55 06

Distance polaire	66° 42′			
Distance zénithale	79 05	C' log. sin	0.00793	
Colatitude	15 18	C' log. sin	0.57860	
Somme	161 05			
½ Somme	80 32			
½ S. — Dist. zénithale	1 27	Log. sin	8.40320	
½ S. — Colatitude	65 14	Log. sin	9.95810	
			18.94783	
		Log. sin. ½ Z	9.47391	

½ Azimut	17° 19′,5			
Azimut vrai	S.	34 39	O.	
Azimut au compas	S.	5 00	E.	
Variation		39 39	N E.	

Ex. IV. Le 14 Novembre 1852, par une latitude **N.** de 49° 28′, on a pris la hauteur de l'étoile **Fomalhaut**, dans l'**Est** du méridien, de 9° 48′ 30″; élévation 5ᵐ,2. L'astre répondait dans ce moment au **S ¼ SO.** du compas. **On demande la variation.**

Déclin. de Fomalhaut le 1ᵉʳ Janv.	30° 24′ 20″ S.	Haut. observée.	9° 48′ 30″
partie propᵉˡˡᵉ pʳ 10ᵐ 15ʲ	— 16	Dépression —	4 03
Déclin. de Fomalhaut calculée	30 24 04 S.	Hauteur apparᵗᵉ	9 44 27
		Réfraction —	5 28
		Haut. vraie	9 38 59

Distance polaire	120° 24′		
Distance zénithale	80 21	C' log. sin	0.00619
Colatitude	40 32	C' log. sin	0.18716
Somme	241 17		
½ Somme	120 38		
½ S. — Dist. zénithale	40 17	Log. sin	9.81061
½ S. — Colatitude	80 06	Log. sin	9.99348
			19.99744
		Log. sin. ½ Z	9.99872

½ Azimut	85° 36′		
Azimut vrai	N. 171 12 E.		
Azimut au compas	N. 168 45 O.		
Somme	339 57		
	360 00		
Variation	20 03 N O.		

150. Lorsque la latitude du lieu est nulle, on détermine la déclinaison pour l'heure présumée réduite à l'heure de Paris, on ramène la hauteur observée en hauteur vraie, et dans le triangle AGP (fig. 64), rectangle en G, dont on connaît l'hypoténuse AP, complément de la déclinaison, et le côté AG égal à la hauteur, on calcule le troisième côté GP, mesure de l'angle azimutal Z, par la proportion :

$$R : \cos. Z :: \cos. \text{haut.} : \sin. \text{décl.}$$

D'où (*Arith.* 74) :

$$\text{Log. cos. } Z = 10 + \text{log. sin. décl.} + c^t \text{ log. cos. haut.} - 10$$

Ou $\qquad$ $\text{Log. cos. } Z = \text{log. sin. décl.} + c^t \text{ log. cos. haut.}$

On comptera cet azimut du N. ou du S., selon que la déclinaison sera boréale ou australe.

Ex. Le 11 Février 1852, vers 7ʰ 30ᵐ du matin T. M., étant sur l'équateur et par une longitude E. de 83° 25′, on a observé la hauteur du ☉ de 15° 27′ 30″; élévation 4ᵐ,4. L'astre répondait alors à l'ESE 2° S. du compas. On demande la variation.

T. M. du Bord le 10....	19ʰ 30ᵐ 00ˢ		Haut. observée.....	☉	15° 27′ 30″
Longitude en T..........	5 33 40		Dépression	—	3 45
T. M. de Paris le 10....	13 56 20		Haut. apparente....	☉	15 23 45
			½ Diamètre..........	+	16 14
Déclin. ☉ le 10....	14° 31′ 18″ S.		Haut. apparente....	⊖	15 39 59
partie propˡˡᵉ.... —	11 16		Réfr. — parall......	—	3 20
Déclin. ☉ calculée	14 20 02 S.		Haut. vraie	⊖	15 36 39

Hauteur................	15° 37′		Cᵗ log. cos...........	0.01634
Déclinaison	14 20		Log. sin	9.39369
			Log. cos. Z	9.41003

Azimut vrai .... S.   75° 06′   E.

Azimut au compas .... S.   65 30   E.

Variation .... 9 36 N O.

151. Lorsque la déclinaison de l'astre est nulle, on fait le point, et l'on corrige la hauteur observée de toutes les causes d'erreur qui l'altèrent; puis, dans le triangle ZAQ (fig. 65), rectangle en Q, dont on connaît le côté ZQ égal à la latitude, et l'hypoténuse AZ, complément de la hauteur vraie, on calcule l'angle AZQ supplémentaire de l'azimut cherché AZP, et que nous appellerons Z', par la proportion :

$$R : \cos. Z' :: \cot. \text{lat.} : \text{tang. haut.}$$

D'où   Log. cos. Z' = log. tang. haut. + c^t log. cot. lat.

L'angle Z' une fois déterminé, on obtient l'azimut demandé en le retranchant de 180°.

Ex. Le 23 Septembre 1852, vers 7ʰ du matin T. M., par une latitude S. de 49° 25′, et une longitude E. de 137° 15′, on a observé la hauteur du ☽ de 12° 44′; élévation 4ᵐ,7, erreur instrumentale + 2′ 20″. L'astre répondait dans ce moment au NE ¼ E. du compas.
On demande la variation.

T. M. du Bord le 22...	19ʰ00ᵐ	Haut. instrumentale...	12° 44′ 00″
Longitude en T........	9 09	Erreur instrument . +	2 20
T. M. de Paris le 22..	9 51	Haut. observée..... ☽	12 46 20
		Dépression......... —	3 52
Déclin. ☉ le 22 ..	0° 09′ 36″ N.	Haut. apparente ... ☽	12 42 28
partie propᵉⁿ....— ′	9 36	½ Diamètre .... +	15 58
Déclin. ☉ calculée	0 00 00	Haut. apparente ... ☽	12 58 26
		Réfract. — parall.. —	4 04
		Haut. vraie......... ☽	12 54 22

Latitude..............	49° 25′	C^t log. cot...........	0.06722
Hauteur.............	12 54	Log. tang	9.35989
		Log. cos Z'...........	9.42711

Z'...............		74° 29′,5	
		180	
Azimut vrai........... S.		105 31	E.
Azimut au compas .... S.		123 45	E.
Variation................		18 14	N E.

152. Enfin, si la déclinaison de l'astre et la latitude du lieu sont nulles en même temps, on voit que, l'astre étant alors au point D (fig. 64), son azimut est égal à 90°.

Variation par le passage au premier vertical.

153. Lorsque le soleil passe au premier vertical, il répond directement à l'Est ou à l'Ouest de l'horizon ; son azimut est donc alors de 90°. Nous avons fait voir (127) comment on saisit cette circonstance, et ici l'usage de la *Table III* sera suffisant. Le relèvement obtenu à cet instant donne de suite la variation, sans rien changer à la règle du n° 144.

Ex. Au moment où le soleil passait au premier vertical, le soir, on l'a relevé à l'ONO 3° N. du compas.
On demande la variation.

Azimut vrai................. N. 90° 00′ O.
Azimut au compas.......... N. 64 30   O.
——————————————
Variation .... 25 30 NO.

APPENDICE.

154. Nous réunissons sous ce titre quelques problèmes qui ne sont pas rigoureusement exigés aux examens, mais sur lesquels des questions sont souvent adressées aux candidats. Ils compléteront l'ensemble des matières qui doivent former le Cours du cabotage, et que nous avons eu pour objet de développer dans ce livre.

Longitude par les distances lunaires.

155. Cette méthode ne diffère de celle des chronomètres que par le moyen particulier qu'elle présente pour déterminer l'heure de Paris.

On sait (54) que la lune s'éloigne moyennement des étoiles de 13° 11′, et du soleil de 12° 11′, chaque jour. Ce mouvement étant très-rapide, on a pu calculer, en rapprochant suffisamment les époques, la position de la lune par rapport au soleil et aux astres les plus remarquables; c'est ainsi que sont consignées dans les Éphémérides les distances lunaires, de 3 heures en 3 heures, en temps moyen de Paris, pour tous les jours où il est possible de les obtenir. Or, le lieu de la lune dans le ciel, à un moment quelconque de sa révolution, étant indépendant de la situation où l'on se trouve sur la terre, il en résulte que, si l'on observe une de ces distances, il n'y aura qu'à la chercher dans les Tables pour connaître l'heure de Paris qui lui correspond. Toute la difficulté du calcul consistera à réduire cette distance en distance vraie, condition indispensable, puisque les astres ne sont jamais aperçus là où ils sont réellement placés.

156. Supposons qu'on veuille déterminer la longitude par la distance de la lune au soleil, et que l'instant soit favorable pour le calcul de l'heure.

Trois observateurs, agissant simultanément, prennent, l'un, le plus exercé, une série de distances du bord éclairé de la lune au bord voisin du soleil, les deux autres une série de hauteurs du bord inférieur du soleil et du bord le mieux terminé de la lune.

Cela fait, on ramène l'heure approchée du Bord à l'heure correspondante de Paris T. M., pour laquelle on calcule la parallaxe horizontale, le demi-diamètre horizontal et le demi-diamètre en hauteur de la lune. On corrige les hauteurs moyennes observées des deux astres de toutes les causes d'erreur qui les altèrent, en employant pour celle de la lune la seconde méthode du n° 86. On ajoute à la distance observée le demi-diamètre du soleil et le demi-diamètre en hauteur de la lune, et l'on obtient la distance apparente des centres de ces astres. On procède ensuite au calcul de la distance vraie.

On fait la somme, puis la demi-somme, de la distance apparente et des hauteurs apparentes des centres de la lune et du soleil, et l'on prend la différence entre cette demi-somme et la distance apparente. On ajoute entre elles les deux hauteurs vraies, et l'on en prend la moitié.

On cherche les compl. log. cosinus des hauteurs apparentes, et les log. cosinus de la première demi-somme, de la différence à la distance, et de chacune des hauteurs vraies. On prend la moitié de la somme de ces six logarithmes, et l'on retranche de ce résultat le log. cosinus de la demi-somme des deux hauteurs vraies; le reste est le log. sinus d'un arc auxiliaire que l'on cherche dans les Tables, et dont on prend le log. cosinus. Ce logarithme, ajouté à celui de la demi-somme des hauteurs vraies et diminué de 10, donne le log. sinus de la demi-distance vraie, d'où l'on conclut, enfin, la distance vraie.

Il s'agit maintenant de déterminer l'heure de Paris correspondante à cette distance.

Si la distance calculée ne se trouve pas exactement dans les Éphémérides, ce qui est le cas le plus ordinaire, on en fait la différence avec la distance qui la précède, et l'on établit la proportion :

La différence tabulaire est à la différence entre la distance précédente et la distance vraie, comme 3^h *est à un quatrième terme.*

Ce quatrième terme, ajouté à l'heure de la distance précédente, fait connaître l'heure de Paris T. M.

On cherche ensuite la déclinaison du soleil pour cette heure, et, avec la hauteur vraie de cet astre et la latitude estimée, on fait un calcul d'angle horaire, d'où l'on déduit l'heure T. V. et l'heure T. M. du lieu.

La comparaison de l'heure moyenne de Paris et de l'heure moyenne du Bord, donne la longitude du navire.

Ex. Le 29 Février 1852, vers 5^h 15^m du soir T. M., par une latitude S. de 30° 17′, et une longitude estimée E. de 53° 30′, élévation $6^m,2$, on a fait les observations suivantes :

Distance observée ⊙—☾	105° 22′ 53″
Hauteur observée ⊙	15 07 02
Hauteur observée ☾	32 04 44

On demande la longitude du navire.

T. M. du Bord le 29.....	$5^h 15^m$	Dist. observ. ☉—☾	$105°22' 53''$
Longitude en T..........	3 34	½ Diamètre ☉...: +	16 10
T. M. de Paris le 29.....	1 41	½ Diam. en haut. ☾ +	15 35
		Distance apparente ..	105 54 38
Parallaxe horiz. ☾	56' 42''		
½ Diamètre horiz. ☾.....	15 27		
½ Diamètre en haut. ☾...	15 35		

Haut. observée...... ☉	$15°07' 02''$	Haut. observée..... ☾	$32°04' 44''$
Dépression......... —	4 25	Dépression......... —	4 25
Haut. apparente...... ☉	15 02 37	Haut. apparente.... ☾	32 00 19
½ Diamètre......... +	16 10	½ Diamètre en haut. +	15 35
Haut. apparente ..... ⊕	15 18 47	Haut. apparente.... ☾	32 15 54
Réfr. — parall....... —	3 25	Parall. — réfr...... +	46 26
Haut. vraie......... ⊕	15 15 22	Haut. vraie......... ☾	33 02 20

Distance apparente...	$105°54' 38''$		
Hauteur app^{te} .... ⊕	15 18 47	C' lóg. cos........	0.01570
Hauteur app^{te} .... ☾	32 15 54	C' log. cos	0.07284
Somme.............	153 29 19		
½ Somme..........	76 44 39	Log. cos...........	9.36041
½ S. — Dist. app^{te} ...	29 09 59	Log. cos..........	9.94112
Hauteur vraie..... ⊕	15 15 22	Log. cos..........	9.98442
Hauteur vraie..... ☾	33 02 20	Log. cos...........	9.92340
S. des haut. vraies...	48 17 42		39.29789
			19.64894
½ S. des haut. vraies..	24 08 51	Log. cos..........	9.96023
		Log. sin. Arc auxil...	9.68871
Arc auxiliaire........	29 13 50	Log. cos..........	9.94085
½ S. des haut. vraies..	24 08 51	Log. cos..........	9.96023
		Log. sin. ½ Dist. vr..	9.90108

½ Distance vraie ...	$52°46' 42''$	Heure de la dist. précédente..	$0^h 00^m 00^s$
Distance vraie	105 33 24	Heure à ajouter............	1 46 37,9
Distance précéd^{te}..	104 40 37	T. M. de Paris le 29........	1 46 37,9
Différence........	0 52 47		
		Déclinaison ☉ le 29........	$7°47' 16''$ S.
$1°29' 06'' : 52' 47'' :: 3^h : x$		partie prop^{lle}............ —	1 42
$x = 1^h 46^m 37^s,9$		Déclinaison ☉ calculée......	7 45 34 S.

Distance zénithale....	74° 44′ 38″		
Distance polaire	82 14 26	C¹ log. sin........	0.00399
Colatitude	59 43	C¹ log. sin........	0.06372
Somme..............	216 42 04		
½ Somme............	108 21 02		
½ S. — Dist. polaire..	26 06 36	Log. sin..........	9.64355
½ S. — Colatitude	48 38 02	Log. sin..........	9.87535
			19.58661
		Log. sin. ½ P....	9.79330

½ Angle horaire...........	2ʰ 33ᵐ 38ˢ,7
T. V. du Bord le 29......	5 07 47,4
Equat. du T.......... ╋	12 42,3
T. M. du Bord le 29......	5 19 59,7
T. M. de Paris le 29......	1 46 37,9
Longitude en T	3 33 21,8
Longitude demandée......	53° 20′ 27″ E.

157. Lorsque l'instant de l'observation de la distance n'est pas propre au calcul d'angle horaire, on détermine l'heure T. M. du Bord par le chronomètre, comme il a été expliqué au n° 138. S'il n'a pas été possible de trouver l'état absolu de la montre avant de prendre les distances, on attend qu'une circonstance favorable se présente, et, à l'aide de l'intervalle chronométrique écoulé entre les deux stations, converti en temps moyen, et du changement en longitude, on revient facilement de l'heure du lieu de l'angle horaire à celle que l'on comptait au moment et au lieu de la distance.

158. Si l'on veut obtenir la longitude par la distance de la lune à une étoile, on cherche l'heure de Paris exactement comme par une distance au soleil. Quant à l'heure du Bord, elle ne doit évidemment être donnée que par le chronomètre.

159. Il peut arriver qu'il n'y ait qu'un seul observateur. Dans ce cas, on agit de la manière suivante :

On prend successivement deux ou trois hauteurs de lune, deux ou trois hauteurs de soleil, et une série de distances; puis deux ou trois hauteurs de soleil et deux ou trois hauteurs de lune, en notant les heures au chronomètre ou à un bon compteur. Ayant conclu les moyennes de toutes ces observations, on ramène la hauteur de chacun des deux astres à ce qu'elle eût été si on l'avait prise au moment de la distance moyenne, par la proportion :

La différence des heures des deux hauteurs moyennes, est à la différence de l'heure de la première hauteur et de celle de la distance, comme la différence des deux hauteurs est à un quatrième terme.

Ce quatrième terme, ajouté ou retranché à la hauteur moyenne qui précède la distance, selon que les hauteurs vont en augmentant ou en diminuant, fait connaître la hauteur à l'instant de la distance.

Variation par le passage au méridien.

160. On relève le soleil à *midi vrai*, c'est-à-dire quand il passe au méridien. Son azimut étant alors 0° ou 180°, en le comparant à l'azimut au compas, on obtient immédiatement la variation.

Cette méthode serait la plus simple de toutes, si l'élévation du soleil à ce moment permettait de le relever avec assez d'exactitude. Comme elle ne peut être employée qu'en choisissant un astre dont la hauteur méridienne soit très-petite, et que, par suite, on ne peut l'appliquer au soleil que lorsqu'on se trouve par de très-fortes latitudes, on n'en fait jamais ou presque jamais usage.

Ex. On a relevé le soleil au **S.** 27° 40′ **O.** du compas, au moment de son passage au méridien.
On demande la variation.

Azimut vrai .... S.	0°00′	O.
Azimut au compas............. S.	27 40	O.
Variation	27 40	N O.

Variation à six heures.

161. Ce procédé consiste à relever le soleil à 6ʰ du matin ou du soir, et à déterminer son azimut à cet instant. Le calcul en est assez commode, mais il exige qu'on cherche la hauteur, afin de la faire marquer à l'instrument et de saisir le moment précis du passage de l'astre au méridien de 6ʰ. De plus, il faut que la latitude du lieu et la déclinaison du soleil soient de même dénomination. C'est ce qui explique la préférence accordée par les marins à l'observation des levers et des couchers.

Dans la fig. 71, le méridien PE, qui passe par les points E. et O. de l'horizon, représente le méridien de 6ʰ, puisque l'angle horaire ZPE est mesuré par l'arc QE de l'équateur, lequel est égal à 90° ou 6ʰ. Le soleil se trouvant en A sur ce cercle, il s'agit d'obtenir sa hauteur et son azimut.

Le triangle ZAP, rectangle en P, dont les éléments connus sont la colatitude ZP et la distance polaire AP, donne

$$R : \sin. \text{lat.} :: \sin. \text{décl.} : \sin. \text{haut.}$$

D'où   Log. sin. haut. $=$ log. sin. lat. $+$ log. sin. décl. $-$ 10.

On convertit ensuite la hauteur vraie en hauteur instrumentale.
L'azimut se calcule par la proportion suivante :

$$R : \text{tang. } Z :: \cos. \text{lat.} : \cot. \text{décl.}$$

D'où   Log. tang. Z $=$ log. cot. décl. $+$ c^t log. cos. lat.

Ex. Le 11 Mai 1852, par une latitude N. de 36° 18′, et une longitude **O.** de 29° 08′, trouver la hauteur instrumentale du ☉ à 6^h du soir **T. V.**; erreur instrumentale $+$ 3′ 30″, élévation 5^m,2.
Ayant relevé le ☉ **à cet instant au NO** 4° **O. du compas, on demande aussi la variation.**

T. V. du Bord le 11....	6^{h}00^{m}00	Déclin. ☉ le 11...	17°59′ 29″ N.
Longitude en T	1 56 32	partie prop^{lle} .. $+$	4 58
T. V. de Paris le 11...	7 56 32	Déclin. ☉ calculée	18 04 27 N.
Equat. du T......... $-$	3 53		
T. M. de Paris le 11...	7 52 39		

Latitude	36°18′ 00″	Log. sin.....	9.77233	C^t log. cos...	0.09370
Déclinaison .	18 04 27	Log. sin.....	9.49171	Log. cot.....	10.48631
		Log. sin. H.	9.26404	Log. tang. Z.	10.58001

Haut. vraie ...... ⊖	10° 35′ 01″	Azimut vrai........ N.	75°16′ O.	
½ Diamètre .... $-$	15 51	Azimut au compas. N.	49 00 O.	
Haut. vraie ...... ☉	10 19 10	Variation.............	26 16 N O.	
Réfr. $-$ parall .. $+$	4 58			
Haut. apparente. ☉	10 24 08			
Dépression....... $+$	4 03			
Haut. observée.. ☉	10 28 11			
Erreur instrum .. $-$	3 30			
Haut. instrum	10 24 41			

Problèmes des routes par le calcul.

162. Nous avons dit (95) que, pour détruire l'erreur que l'on commet sur les cartes réduites en supposant les degrés des parallèles égaux à ceux de l'équateur, on augmenté dans le même rapport les arcs semblables des méridiens terrestres. Il en résulte que la latitude vraie de chaque point du globe se trouve ainsi accrue, et l'on appelle *latitude croissante* le nombre de minutes que l'on prend pour représenter la latitude de ce point sur la carte.

La *Table VII* de cet ouvrage donne les latitudes croissantes pour tous les arcs de 10′ en 10′; il est facile, à l'aide du petit tableau de parties proportionnelles qui la termine, de trouver les nombres qui correspondent aux différents arcs intermédiaires.

La résolution des problèmes des routes par le calcul est basée sur les deux proportions suivantes :

(a)   R : cos V :: chemin parcouru : chang. en latit.

(b)   R : tang. V :: chang. en lat. croiss. : chang. en longit.

dans lesquelles V exprime l'angle du rhumb de vent.

Le changement en latitude croissante s'obtient en faisant la différence ou la somme des latitudes croissantes qui se rapportent aux deux latitudes de départ et d'arrivée, suivant qu'elles sont de même ou de différente dénomination.

PREMIER PROBLÈME.

163. Après avoir corrigé la route au compas de la dérive et de la variation, on détermine le changement en latitude par la proportion (a) qui donne :

Log. chang. en lat. = log. cos. V + log. chemin — 10 ;

puis, on obtient la latitude d'arrivée, conformément à la règle du n° 107.

Cherchant, comme nous l'avons dit plus haut, le changement en latitude croissante, on tire de la proportion (b) :

Log. chang. en longit. = log. tang. V + log. ch. en lat. croiss. — 10,

et l'on en conclut la longitude d'arrivée, d'après la règle du n° 107.

Dans le cas ou le rhumb de vent serait l'E. ou l'O., on trouverait le changement en longitude par la proportion :

(c)   R : cos. latit. :: chang. en longit. : chemin parcouru.

Ex. Etant parti d'une latitude N. de 27° 39′, et d'une longitude E. de 153° 20′, on a parcouru 44ᵐ,8 au SO ¼ S. du compas; dérive 13° B, variation 7° 40′ NE.

On demande le point d'arrivée.

                    Route au compas................. S. 33°45′ O.
                    Correction........................ 5 20 B.
                                                        ————————
                    Route vraie.................... S. 28 25 O.

Route vraie.. 28°25′ Log. cos....... 9.94424 Chang. en latit.. 0°39′,4 S.
Chemin...... 44ᵐ,8   Log. N........ 1.65128 Latit. de départ. 27 39,0 N.
                                       ————————   ————————
              Log. ch. en lat. 1.59552 Latit. d'arrivée . 26 59,6 N.

              Latit. croiss. de départ.......... 1727,8
              Latit. croiss. d'arrivée.......... 1683,0
                                                 ————————
              Chang. en latit. croiss...........   44,8

Route vraie..... 28°25′ Log. tang...... 9.73326 Chang. en longit.   0°24′,2 O.
Ch. en lat. crois. 44′,8 Log. N........ 1.65128 Longit. de départ 153 20,0 E.
                                           ————————   ————————
              Lᵍ ch. en long. 1.38454 Longit. d'arrivée. 152 55,8 E.

DEUXIÈME PROBLÈME.

164. On commence par chercher le changement en latitude vraie et
le changement en longitude, d'après les règles du n° 110, puis, le changement en latitude croissante.

La proportion (*b*) donne :

$$\text{Log. tang. V} = \text{log. chang. en longit.} + c^t \text{ log. chang. en latit. croiss.} ;$$

ce qui fait connaître le rhumb de vent. On détermine ensuite les milles de
distance par la proportion (*a*), d'où l'on déduit :

$$\text{Log. chemin} = \text{log. chang. en latit.} + c^t \text{ log. cos. V.}$$

Si la latitude de départ était égale à celle d'arrivée, on trouverait le chemin à parcourir par la proportion (*c*).

**Ex. Étant par une latitude S. de 28° 35′, et une longitude E. de 144° 10′, on
veut se rendre par une latitude S. de 27° 10′, et une longitude E. de 145° 23′ ;
variation 14° 50′ NE., dérive supposée 21° B.
On demande la route au compas et la distance à parcourir.**

     Latitude de départ... 28°35′ S.   Longit. de départ... 144°10′ E.
     Latitude d'arrivée.... 27 10 S.   Longitude d'arrivée. 145 23 E.
                            ————————   ————————
     Chang. en latitude ... 1 25 N.   Chang. en longitude. 1 13 E.

               Latit. croiss. de départ........... 1791
               Latit. croiss. d'arrivée............ 1695
                                                    ————
               Chang. en latit. croiss.............   96

Chang. en lat. croiss... 96′ C′ log . N... 8.01773   Route vraie .... N. 37° 15′ E.
Chang. en longitude ... .73 Log . N..... 1.86332   Altération .... 6 10 T.

Log. tang. V 9.88105   Route au compas N. 43 25 E.

Route vraie....... 37°15′ C′ log. cos... 0.09909
Chang. en latit... 85 Log. N...... 1.92942   Milles à parcourir... 107ᵐ

Log. chemin. 2.02851

TROISIÈME PROBLÈME.

165. On corrige la route au compas de la dérive et de la variation, et l'on cherche le changement en latitude vraie, ainsi que le changement en latitude croissante.

On tire de la proportion (*a*) :

$$\text{Log. chemin} = \text{log. chang. en latit.} + c^\iota \text{ log. cos. V,}$$

et l'on obtient le chemin parcouru.

Le changement en longitude se trouve ensuite comme au premier problème.

Ex. Étant parti d'une latitude N. de 33° 28′, et d'une longitude O. de 31° 24′, on est arrivé par une latitude N. de 34° 50′, après avoir couru au N O ¼ N.; dérive 17° B, variation 15° 30′ N O.
On demande le chemin et la longitude d'arrivée.

Route au compas... N. 33°45′ O.   Latit. de départ ... 33°28′ N.
Correction .... 32 30 B.   Latit. d'arrivée.... 34 50 N.

Route vraie .... N. 66 15 O.   Chang. en latitude. 1 22 N.

Latit. croiss. de départ 2132,6
Latit. croiss. d'arrivée 2232,0

Chang. en latit. croiss............ 99,4

Route vraie .... 66°15′ C′ log. cos.... 0.39497
Chang. en lat .. 82 Log. N........ 1.91384   Milles parcourus.... 204ᵐ

Log. chemin. 2.30878

Route vraie..... 66°15′ Log. tang....... 10.35654   Chang. en long. 3°46′ O.
Ch. en lat. crois. 99,4 Log. N .... 1.99739   Long. de départ. 31 24 O.

Lᵍ ch. en longit. 2.35393   Longit. d'arrivée 35 10 O.

QUATRIÈME PROBLÈME.

166. Ayant déterminé le changement en latitude vraie, ainsi que le changement en latitude croissante, on obtient le rhumb de vent par la proportion (*a*) qui donne :

$$\text{Log. cos. V} = c^t \text{ log. chemin} + \text{log. chang. en latit. ;}$$

et l'on calcule le changement en longitude comme au premier problème.

Lorsque la latitude de départ est égale à celle d'arrivée, on fait usage de la proportion (*c*) pour trouver le changement en longitude.

·Ex. Etant parti d'une latitude N. de 53° 26′, et d'une longitude O. de 27° 30′, on a parcouru 114ᵐ du côté de l'O. du monde, et l'on est arrivé par une latitude N. de 53° 55′.
On demande la route vraie et la longitude d'arrivée.

Latit. de départ	53°26′ N.	Latit. croiss. de départ..	3807,2
Latit. d'arrivée	53 55 N.	Latit. croiss. d'arrivée...	3856,5
Chang. en latit......	0 29 N.	Chang. en lat. croiss.....	49,3

Chemin parcouru....	114ᵐ	C^t log. N....	7.94310	
Chang. en latit......	29	Log. N......	1.46240	Route vraie... N. 75° 16′ O.
		Log. cos. V.	9.40550	

Route vraie	75°16′	Log. tang......	10.58010	Chang. en longit. 3°07′ O.
Ch. en lat. croiss.	49,3	Log. N	1.69285	Longit. de départ 27 30 O.
		L^g ch. en long.	2.27295	Longit. d'arrivée. 30 37 O.

TABLES.

LOGARITHMES DES NOMBRES.

N.	Log.	N.	Log.	N.	Log.	N.	Log.	N.	Log.
1	0.00000	61	1.78533	121	2.08279	181	2.25768	241	2.38202
2	0.30103	62	1.79239	122	2.08636	182	2.26007	242	2.38382
3	0.47712	63	1.79934	123	2.08991	183	2.26245	243	2.38561
4	0.60206	64	1.80618	124	2.09342	184	2.26482	244	2.38739
5	0.69897	65	1.81291	125	2.09691	185	2.26717	245	2.38917
6	0.77815	66	1.81954	126	2.10037	186	2.26951	246	2.39094
7	0.84510	67	1.82607	127	2.10380	187	2.27184	247	2.39270
8	0.90309	68	1.83251	128	2.10721	188	2.27416	248	2.39445
9	0.95424	69	1.83885	129	2.11059	189	2.27646	249	2.39620
10	1.00000	70	1.84510	130	2.11394	190	2.27875	250	2.39794
11	1.04139	71	1.85126	131	2.11727	191	2.28103	251	2.39967
12	1.07918	72	1.85733	132	2.12057	192	2.28330	252	2.40140
13	1.11394	73	1.86332	133	2.12385	193	2.28556	253	2.40312
14	1.14613	74	1.86923	134	2.12710	194	2.28780	254	2.40483
15	1.17609	75	1.87506	135	2.13033	195	2.29003	255	2.40654
16	1.20412	76	1.88081	136	2.13354	196	2.29226	256	2.40824
17	1.23045	77	1.88649	137	2.13672	197	2.29447	257	2.40993
18	1.25527	78	1.89209	138	2.13988	198	2.29667	258	2.41162
19	1.27875	79	1.89763	139	2.14301	199	2.29885	259	2.41330
20	1.30103	80	1.90309	140	2.14613	200	2.30103	260	2.41497
21	1.32222	81	1.90849	141	2.14922	201	2.30320	261	2.41664
22	1.34242	82	1.91381	142	2.15229	202	2.30535	262	2.41830
23	1.36173	83	1.91908	143	2.15534	203	2.30750	263	2.41996
24	1.38021	84	1.92428	144	2.15836	204	2.30963	264	2.42160
25	1.39794	85	1.92942	145	2.16137	205	2.31175	265	2.42325
26	1.41497	86	1.93450	146	2.16435	206	2.31387	266	2.42488
27	1.43136	87	1.93952	147	2.16732	207	2.31597	267	2.42651
28	1.44716	88	1.94448	148	2.17026	208	2.31806	268	2.42813
29	1.46240	89	1.94939	149	2.17319	209	2.32015	269	2.42975
30	1.47712	90	1.95424	150	2.17609	210	2.32222	270	2.43136
31	1.49136	91	1.95904	151	2.17898	211	2.32428	271	2.43297
32	1.50515	92	1.96379	152	2.18184	212	2.32634	272	2.43457
33	1.51851	93	1.96848	153	2.18469	213	2.32838	273	2.43616
34	1.53148	94	1.97313	154	2.18752	214	2.33041	274	2.43775
35	1.54407	95	1.97772	155	2.19033	215	2.33244	275	2.43933
36	1.55630	96	1.98227	156	2.19312	216	2.33445	276	2.44091
37	1.56820	97	1.98677	157	2.19590	217	2.33646	277	2.44248
38	1.57978	98	1.99123	158	2.19866	218	2.33846	278	2.44404
39	1.59106	99	1.99564	159	2.20140	219	2.34044	279	2.44560
40	1.60206	100	2.00000	160	2.20412	220	2.34242	280	2.44716
41	1.61278	101	2.00432	161	2.20683	221	2.34439	281	2.44871
42	1.62325	102	2.00860	162	2.20952	222	2.34635	282	2.45025
43	1.63347	103	2.01284	163	2.21219	223	2.34830	283	2.45179
44	1.64345	104	2.01703	164	2.21484	224	2.35025	284	2.45332
45	1.65321	105	2.02119	165	2.21748	225	2.35218	285	2.45484
46	1.66276	106	2.02531	166	2.22011	226	2.35411	286	2.45637
47	1.67210	107	2.02938	167	2.22272	227	2.35603	287	2.45788
48	1.68124	108	2.03342	168	2.22531	228	2.35793	288	2.45939
49	1.69020	109	2.03743	169	2.22789	229	2.35984	289	2.46090
50	1.69897	110	2.04139	170	2.23045	230	2.36173	290	2.46240
51	1.70757	111	2.04532	171	2.23300	231	2.36361	291	2.46389
52	1.71600	112	2.04922	172	2.23553	232	2.36549	292	2.46538
53	1.72428	113	2.05308	173	2.23805	233	2.36736	293	2.46687
54	1.73239	114	2.05690	174	2.24055	234	2.36922	294	2.46835
55	1.74036	115	2.06070	175	2.24304	235	2.37107	295	2.46982
56	1.74819	116	2.06446	176	2.24551	236	2.37291	296	2.47129
57	1.75587	117	2.06819	177	2.24797	237	2.37475	297	2.47276
58	1.76343	118	2.07188	178	2.25042	238	2.37658	298	2.47422
59	1.77085	119	2.07555	179	2.25285	239	2.37840	299	2.47567
60	1.77815	120	2.07918	180	2.25527	240	2.38021	300	2.47712

TABLE I.

LOGARITHMES DES NOMBRES.

N.	Log.	N	Log.	N.	Log.	N.	Log.	N.	Log.
301	2.47857	361	2.55751	421	2.62428	481	2.68215	541	2.73320
302	2.48001	362	2.55871	422	2.62531	482	2.68305	542	2.73400
303	2.48144	363	2.55991	423	2.62634	483	2.68395	543	2.73480
304	2.48287	364	2.56110	424	2.62737	484	2.68485	544	2.73560
305	2.48430	365	2.56229	425	2.62839	485	2.68574	545	2.73640
306	2.48572	366	2.56348	426	2.62941	486	2.68664	546	2.73719
307	2.48714	367	2.56467	427	2.63043	487	2.68753	547	2.73799
308	2.48855	368	2.56585	428	2.63144	488	2.68842	548	2.73878
309	2.48996	369	2.56703	429	2.63246	489	2.68931	549	2.73957
310	2.49136	370	2.56820	430	2.63347	490	2.69020	550	2.74036
311	2.49276	371	2.56937	431	2.63448	491	2.69108	551	2.74115
312	2.49415	372	2.57054	432	2.63548	492	2.69197	552	2.74194
313	2.49554	373	2.57171	433	2.63649	493	2.69285	553	2.74273
314	2.49693	374	2.57287	434	2.63749	494	2.69373	554	2.74351
315	2.49831	375	2.57403	435	2.63849	495	2.69461	555	2.74429
316	2.49969	376	2.57519	436	2.63949	496	2.69548	556	2.74507
317	2.50106	377	2.57634	437	2.64048	497	2.69636	557	2.74586
318	2.50243	378	2.57749	438	2.64147	498	2.69723	558	2.74663
319	2.50379	379	2.57864	439	2.64246	499	2.69810	559	2.74741
320	2.50515	380	2.57978	440	2.64345	500	2.69897	560	2.74819
321	2.50651	381	2.58092	441	2.64444	501	2.69984	561	2.74896
322	2.50786	382	2.58206	442	2.64542	502	2.70070	562	2.74974
323	2.50920	383	2.58320	443	2.64640	503	2.70157	563	2.75051
324	2.51055	384	2.58433	444	2.64738	504	2.70243	564	2.75128
325	2.51188	385	2.58546	445	2.64836	505	2.70329	565	2.75205
326	2.51322	386	2.58659	446	2.64933	506	2.70415	566	2.75282
327	2.51455	387	2.58771	447	2.65031	507	2.70501	567	2.75358
328	2.51587	388	2.58883	448	2.65128	508	2.70586	568	2.75435
329	2.51720	389	2.58995	449	2.65225	509	2.70672	569	2.75511
330	2.51851	390	2.59106	450	2.65321	510	2.70757	570	2.75587
331	2.51983	391	2.59218	451	2.65418	511	2.70842	571	2.75664
332	2.52114	392	2.59329	452	2.65514	512	2.70927	572	2.75740
333	2.52244	393	2.59439	453	2.65610	513	2.71012	573	2.75815
334	2.52375	394	2.59550	454	2.65706	514	2.71096	574	2.75891
335	2.52504	395	2.59660	455	2.65801	515	2.71181	575	2.75967
336	2.52634	396	2.59770	456	2.65896	516	2.71265	576	2.76042
337	2.52763	397	2.59879	457	2.65992	517	2.71349	577	2.76118
338	2.52892	398	2.59988	458	2.66087	518	2.71433	578	2.76193
339	2.53020	399	2.60097	459	2.66181	519	2.71517	579	2.76268
340	2.53148	400	2.60206	460	2.66276	520	2.71600	580	2.76343
341	2.53275	401	2.60314	461	2.66370	521	2.71684	581	2.76418
342	2.53403	402	2.60423	462	2.66464	522	2.71767	582	2.76492
343	2.53529	403	2.60531	463	2.66558	523	2.71850	583	2.76567
344	2.53656	404	2.60638	464	2.66652	524	2.71933	584	2.76641
345	2.53782	405	2.60746	465	2.66745	525	2.72016	585	2.76716
346	2.53908	406	2.60853	466	2.66839	526	2.72099	586	2.76790
347	2.54033	407	2.60959	467	2.66932	527	2.72181	587	2.76864
348	2.54158	408	2.61066	468	2.67025	528	2.72263	588	2.76938
349	2.54283	409	2.61172	469	2.67117	529	2.72346	589	2.77012
350	2.54407	410	2.61278	470	2.67210	530	2.72428	590	2.77085
351	2.54531	411	2.61384	471	2.67302	531	2.72509	591	2.77159
352	2.54654	412	2.61490	472	2.67394	532	2.72591	592	2.77232
353	2.54777	413	2.61595	473	2.67486	533	2.72673	593	2.77305
354	2.54900	414	2.61700	474	2.67578	534	2.72754	594	2.77379
355	2.55023	415	2.61805	475	2.67669	535	2.72835	595	2.77452
356	2.55145	416	2.61909	476	2.67761	536	2.72916	596	2.77525
357	2.55267	417	2.62014	477	2.67852	537	2.72997	597	2.77597
358	2.55388	418	2.62118	478	2.67943	538	2.73078	598	2.77670
359	2.55509	419	2.62221	479	2.68034	539	2.73159	599	2.77743
360	2.55630	420	2.62325	480	2.68124	540	2.73239	600	2.77815

LOGARITHMES DES NOMBRES.

N.	Log.	N.	Log.	N.	Log.	N.	Log.	N.	Log.	N.	Log.
601	2.77887	661	2.82020	721	2.85794	781	2.89265	841	2.92480		
602	2.77960	662	2.82086	722	2.85854	782	2.89321	842	2.92531		
603	2.78032	663	2.82151	723	2.85914	783	2.89376	843	2.92583		
604	2.78104	664	2.82217	724	2.85974	784	2.89432	844	2.92634		
605	2.78176	665	2.82282	725	2.86034	785	2.89487	845	2.92686		
606	2.78247	666	2.82347	726	2.86094	786	2.89542	846	2.92737		
607	2.78319	667	2.82413	727	2.86153	787	2.89597	847	2.92788		
608	2.78390	668	2.82478	728	2.86213	788	2.89653	848	2.92840		
609	2.78462	669	2.82543	729	2.86273	789	2.89708	849	2.92891		
610	2.78533	670	2.82607	730	2.86332	790	2.89763	850	2.92942		
611	2.78604	671	2.82672	731	2.86392	791	2.89818	851	2.92993		
612	2.78675	672	2.82737	732	2.86451	792	2.89873	852	2.93044		
613	2.78746	673	2.82802	733	2.86510	793	2.89927	853	2.93095		
614	2.78817	674	2.82866	734	2.86570	794	2.89982	854	2.93146		
615	2.78888	675	2.82930	735	2.86629	795	2.90037	855	2.93197		
616	2.78958	676	2.82995	736	2.86688	796	2.90091	856	2.93247		
617	2.79029	677	2.83059	737	2.86747	797	2.90146	857	2.93298		
618	2.79099	678	2.83123	738	2.86806	798	2.90200	858	2.93349		
619	2.79169	679	2.83187	739	2.86864	799	2.90255	859	2.93399		
620	2.79239	680	2.83251	740	2.86923	800	2.90309	860	2.93450		
621	2.79309	681	2.83315	741	2.86982	801	2.90363	861	2.93500		
622	2.79379	682	2.83378	742	2.87040	802	2.90417	862	2.93551		
623	2.79449	683	2.83442	743	2.87099	803	2.90472	863	2.93601		
624	2.79518	684	2.83506	744	2.87157	804	2.90526	864	2.93651		
625	2.79588	685	2.83569	745	2.87216	805	2.90580	865	2.93702		
626	2.79657	686	2.83632	746	2.87274	806	2.90634	866	2.93752		
627	2.79727	687	2.83696	747	2.87332	807	2.90687	867	2.93802		
628	2.79796	688	2.83759	748	2.87390	808	2.90741	868	2.93852		
629	2.79865	689	2.83822	749	2.87448	809	2.90795	869	2.93902		
630	2.79934	690	2.83885	750	2.87506	810	2.90849	870	2.93952		
631	2.80003	691	2.83948	751	2.87564	811	2.90902	871	2.94002		
632	2.80072	692	2.84011	752	2.87622	812	2.90956	872	2.94052		
633	2.80140	693	2.84073	753	2.87679	813	2.91009	873	2.94101		
634	2.80209	694	2.84136	754	2.87737	814	2.91062	874	2.94151		
635	2.80277	695	2.84198	755	2.87795	815	2.91116	875	2.94201		
636	2.80346	696	2.84261	756	2.87852	816	2.91169	876	2.94250		
637	2.80414	697	2.84323	757	2.87910	817	2.91222	877	2.94300		
638	2.80482	698	2.84386	758	2.87967	818	2.91275	878	2.94349		
639	2.80550	699	2.84448	759	2.88024	819	2.91328	879	2.94399		
640	2.80618	700	2.84510	760	2.88081	820	2.91381	880	2.94448		
641	2.80686	701	2.84572	761	2.88138	821	2.91434	881	2.94498		
642	2.80754	702	2.84634	762	2.88195	822	2.91487	882	2.94547		
643	2.80821	703	2.84696	763	2.88252	823	2.91540	883	2.94596		
644	2.80889	704	2.84757	764	2.88309	824	2.91593	884	2.94645		
645	2.80956	705	2.84819	765	2.88366	825	2.91645	885	2.94694		
646	2.81023	706	2.84880	766	2.88423	826	2.91698	886	2.94743		
647	2.81090	707	2.84942	767	2.88480	827	2.91751	887	2.94792		
648	2.81158	708	2.85003	768	2.88536	828	2.91803	888	2.94841		
649	2.81224	709	2.85065	769	2.88593	829	2.91855	889	2.94890		
650	2.81291	710	2.85126	770	2.88649	830	2.91908	890	2.94939		
651	2.81358	711	2.85187	771	2.88705	831	2.91960	891	2.94988		
652	2.81425	712	2.85248	772	2.88762	832	2.92012	892	2.95036		
653	2.81491	713	2.85309	773	2.88818	833	2.92065	893	2.95085		
654	2.81558	714	2.85370	774	2.88874	834	2.92117	894	2.95134		
655	2.81624	715	2.85431	775	2.88930	835	2.92169	895	2.95182		
656	2.81690	716	2.85491	776	2.88986	836	2.92221	896	2.95231		
657	2.81757	717	2.85552	777	2.89042	837	2.92273	897	2.95279		
658	2.81823	718	2.85612	778	2.89098	838	2.92324	898	2.95328		
659	2.81889	719	2.85673	779	2.89154	839	2.92376	899	2.95376		
660	2.81954	720	2.85733	780	2.89209	840	2.92428	900	2.95424		

TABLE I.

LOGARITHMES DES NOMBRES.

N.	Log.	N.	Log.	N.	Log.	N.	Log.	N.	Log.
901	2.95472	961	2.98272	1021	3.00903	1081	3.03383	1141	3.05729
902	2.95521	962	2.98318	1022	3.00945	1082	3.03423	1142	3.05767
903	2.95569	963	2.98363	1023	3.00988	1083	3.03463	1143	3.05805
904	2.95617	964	2.98408	1024	3.01030	1084	3.03503	1144	3.05843
905	2.95665	965	2.98453	1025	3.01072	1085	3.03543	1145	3.05881
906	2.95713	966	2.98498	1026	3.01115	1086	3.03583	1146	3.05918
907	2.95761	967	2.98543	1027	3.01157	1087	3.03623	1147	3.05956
908	2.95809	968	2.98588	1028	3.01199	1088	3.03663	1148	3.05994
909	2.95856	969	2.98632	1029	3.01242	1089	3.03703	1149	3.06032
910	2.95904	970	2.98677	1030	3.01284	1090	3.03743	1150	3.06070
911	2.95952	971	2.98722	1031	3.01326	1091	3.03782	1151	3.06108
912	2.95999	972	2.98767	1032	3.01368	1092	3.03822	1152	3.06145
913	2.96047	973	2.98811	1033	3.01410	1093	3.03862	1153	3.06183
914	2.96095	974	2.98856	1034	3.01452	1094	3.03902	1154	3.06221
915	2.96142	975	2.98900	1035	3.01494	1095	3.03941	1155	3.06258
916	2.96190	976	2.98945	1036	3.01536	1096	3.03981	1156	3.06296
917	2.96237	977	2.98989	1037	3.01578	1097	3.04021	1157	3.06333
918	2.96284	978	2.99034	1038	3.01620	1098	3.04060	1158	3.06371
919	2.96332	979	2.99078	1039	3.01662	1099	3.04100	1159	3.06408
920	2.96379	980	2.99123	1040	3.01703	1100	3.04139	1160	3.06446
921	2.96426	981	2.99167	1041	3.01745	1101	3.04179	1161	3.06483
922	2.96473	982	2.99211	1042	3.01787	1102	3.04218	1162	3.06521
923	2.96520	983	2.99255	1043	3.01828	1103	3.04258	1163	3.06558
924	2.96567	984	2.99300	1044	3.01870	1104	3.04297	1164	3.06595
925	2.96614	985	2.99344	1045	3.01912	1105	3.04336	1165	3.06633
926	2.96661	986	2.99388	1046	3.01953	1106	3.04376	1166	3.06670
927	2.96708	987	2.99432	1047	3.01995	1107	3.04415	1167	3.06707
928	2.96755	988	2.99476	1048	3.02036	1108	3.04454	1168	3.06744
929	2.96802	989	2.99520	1049	3.02078	1109	3.04493	1169	3.06781
930	2.96848	990	2.99564	1050	3.02119	1110	3.04532	1170	3.06819
931	2.96895	991	2.99607	1051	3.02160	1111	3.04571	1171	3.06856
932	2.96942	992	2.99651	1052	3.02202	1112	3.04610	1172	3.06893
933	2.96988	993	2.99695	1053	3.02243	1113	3.04650	1173	3.06930
934	2.97035	994	2.99739	1054	3.02284	1114	3.04689	1174	3.06967
935	2.97081	995	2.99782	1055	3.02325	1115	3.04727	1175	3.07004
936	2.97128	996	2.99826	1056	3.02366	1116	3.04766	1176	3.07041
937	2.97174	997	2.99870	1057	3.02407	1117	3.04805	1177	3.07078
938	2.97220	998	2.99913	1058	3.02449	1118	3.04844	1178	3.07115
939	2.97267	999	2.99957	1059	3.02490	1119	3.04883	1179	3.07151
940	2.97313	1000	3.00000	1060	3.02531	1120	3.04922	1180	3.07188
941	2.97359	1001	3.00043	1061	3.02572	1121	3.04961	1181	3.07225
942	2.97405	1002	3.00087	1062	3.02612	1122	3.04999	1182	3.07262
943	2.97451	1003	3.00130	1063	3.02653	1123	3.05038	1183	3.07298
944	2.97497	1004	3.00173	1064	3.02694	1124	3.05077	1184	3.07335
945	2.97543	1005	3.00217	1065	3.02735	1125	3.05115	1185	3.07372
946	2.97589	1006	3.00260	1066	3.02776	1126	3.05154	1186	3.07408
947	2.97635	1007	3.00303	1067	3.02816	1127	3.05192	1187	3.07445
948	2.97681	1008	3.00346	1068	3.02857	1128	3.05231	1188	3.07482
949	2.97727	1009	3.00389	1069	3.02898	1129	3.05269	1189	3.07518
950	2.97772	1010	3.00432	1070	3.02938	1130	3.05308	1190	3.07555
951	2.97818	1011	3.00475	1071	3.02979	1131	3.05346	1191	3.07591
952	2.97864	1012	3.00518	1072	3.03019	1132	3.05385	1192	3.07628
953	2.97909	1013	3.00561	1073	3.03060	1133	3.05423	1193	3.07664
954	2.97955	1014	3.00604	1074	3.03100	1134	3.05461	1194	3.07700
955	2.98000	1015	3.00647	1075	3.03141	1135	3.05500	1195	3.07737
956	2.98046	1016	3.00689	1076	3.03181	1136	3.05538	1196	3.07773
957	2.98091	1017	3.00732	1077	3.03222	1137	3.05576	1197	3.07809
958	2.98137	1018	3.00775	1078	3.03262	1138	3.05614	1198	3.07846
959	2.98182	1019	3.00817	1079	3.03302	1139	3.05652	1199	3.07882
960	2.98227	1020	3.00860	1080	3.03342	1140	3.05690	1200	3.07918

LOGARITHMES SINUS, COSINUS, TANGENTES ET COTANGENTES.

0°	0h	Sin.	Diff.	Tang.	Diff.	Cotang.	Cosin.	60m	60'
0'	0m 0s						10.00000	60m 0s	60'
1	4	6.46373		6.46373		13.53627	10.00000	56	59
2	8	6.76476		6.76476		13.23524	10.00000	52	58
3	12	6.94085		6.94085		13.05915	10.00000	48	57
4	16	7.06579		7.06579		12.93421	10.00000	44	56
5	20	7.16270	9691	7.16270	9691	12.83730	10.00000	40	55
6	24	7.24188	7918	7.24188	7918	12.75812	10.00000	36	54
7	28	7.30882	6694	7.30882	6694	12.69118	10.00000	32	53
8	32	7.36682	5800	7.36682	5800	12.63318	10.00000	28	52
9	36	7.41797	5115	7.41797	5115	12.58203	10.00000	24	51
10	40	7.46373	4576	7.46373	4576	12.53627	10.00000	20	50
11	44	7.50512	4139	7.50512	4139	12.49488	10.00000	16	49
12	48	7.54291	3779	7.54291	3779	12.45709	10.00000	12	48
13	52	7.57767	3476	7.57767	3476	12.42233	10.00000	8	47
14	56	7.60985	3218	7.60986	3219	12.39014	10.00000	4	46
15	1 0	7.63982	2997	7.63982	2996	12.36018	10.00000	59 0	45
16	4	7.66784	2802	7.66785	2803	12.33215	10.00000	56	44
17	8	7.69417	2633	7.69418	2633	12.30582	9.99999	52	43
18	12	7.71900	2483	7.71900	2482	12.28100	9.00000	48	42
19	16	7.74248	2348	7.74248	2348	12.25752	9.99999	44	41
20	20	7.76475	2227	7.76476	2228	12.23524	9.99999	40	40
21	24	7.78594	2119	7.78595	2119	12.21405	9.99999	36	39
22	28	7.80615	2021	7.80615	2020	12.19385	9.99999	32	38
23	32	7.82545	1930	7.82546	1931	12.17454	9.99999	28	37
24	36	7.84393	1848	7.84394	1848	12.15606	9.99999	24	36
25	40	7.86166	1773	7.86167	1773	12.13833	9.99999	20	35
26	44	7.87870	1704	7.87871	1704	12.12129	9.99999	16	34
27	48	7.89509	1639	7.89510	1639	12.10490	9.99999	12	33
28	52	7.91088	1579	7.91089	1579	12.08911	9.99999	8	32
29	56	7.92612	1524	7.92613	1524	12.07387	9.99998	4	31
30	2 0	7.94084	1472	7.94086	1473	12.05914	9.99998	58 0	30
31	4	7.95508	1424	7.95510	1424	12.04490	9.99998	56	29
32	8	7.96887	1379	7.96889	1379	12.03111	9.99998	52	28
33	12	7.98223	1336	7.98225	1336	12.01775	9.99998	48	27
34	16	7.99520	1297	7.99522	1297	12.00478	9.99998	44	26
35	20	8.00779	1259	8.00781	1259	11.99219	9.99998	40	25
36	24	8.02002	1223	8.02004	1223	11.97996	9.99998	36	24
37	28	8.03192	1190	8.03194	1190	11.96806	9.99997	32	23
38	32	8.04350	1158	8.04353	1159	11.95647	9.99997	28	22
39	36	8.05478	1128	8.05481	1128	11.94519	9.99997	24	21
40	40	8.06578	1100	8.06581	1100	11.93419	9.99997	20	20
41	44	8.07650	1072	8.07653	1072	11.92347	9.99997	16	19
42	48	8.08696	1046	8.08700	1047	11.91300	9.99997	12	18
43	52	8.09718	1022	8.09722	1022	11.90278	9.99997	8	17
44	56	8.10717	999	8.10720	998	11.89280	9.99996	4	16
45	3 0	8.11693	976	8.11696	976	11.88304	9.99996	57 0	15
46	4	8.12647	954	8.12651	955	11.87349	9.99996	56	14
47	8	8.13581	934	8.13585	934	11.86415	9.99996	52	13
48	12	8.14495	914	8.14500	915	11.85500	9.99996	48	12
49	16	8.15391	896	8.15395	895	11.84605	9.99996	44	11
50	20	8.16268	877	8.16273	878	11.83727	9.99995	40	10
51	24	8.17128	860	8.17133	860	11.82867	9.99995	36	9
52	28	8.17971	843	8.17976	843	11.82024	9.99995	32	8
53	32	8.18798	827	8.18804	828	11.81196	9.99995	28	7
54	36	8.19610	812	8.19616	812	11.80384	9.99995	24	6
55	40	8.20407	797	8.20413	797	11.79587	9.99994	20	5
56	44	8.21189	782	8.21195	782	11.78805	9.99994	16	4
57	48	8.21958	769	8.21964	769	11.78036	9.99994	12	3
58	52	8.22713	755	8.22720	756	11.77280	9.99994	8	2
59	56	8.23456	743	8.23462	742	11.76538	9.99994	4	1
60'	4m 0s	8.24186	730	8.24192	730	11.75808	9.99993	56m 0s	0'
		Cosin.		Cotang.		Tang.	Sin.	5h	89°

LOGARITHMES SINUS, COSINUS, TANGENTES ET COTANGENTES.									
1°	**0ʰ**	**Sin.**	Diff.	**Tang.**	Diff.	**Cotang.**	**Cosin.**		
0	4ᵐ 0ˢ	8.24186	717	8.24192	718	11.75808	9.99993	36ᵐ 0ˢ	60'
1	4	8.24903	706	8.24910	706	11.75090	9.99993	56	59
2	8	8.25609	695	8.25616	696	11.74384	9.99993	52	58
3	12	8.26304	684	8.26312	684	11.73688	9.99993	48	57
4	16	8.26988	673	8.26996	673	11.73004	9.99992	44	56
5	20	8.27661	663	8.27669	663	11.72331	9.99992	40	55
6	24	8.28324	653	8.28332	654	11.71668	9.99992	36	54
7	28	8.28977	644	8.28986	643	11.71014	9.99992	32	53
8	32	8.29621	634	8.29629	634	11.70371	9.99992	28	52
9	36	8.30255	624	8.30263	625	11.69737	9.99991	24	51
10	40	8.30879	616	8.30888	617	11.69112	9.99991	20	50
11	44	8.31495	608	8.31503	607	11.68495	9.99991	16	49
12	48	8.32103	599	8.32112	599	11.67888	9.99990	12	48
13	52	8.32702	590	8.32711	591	11.67289	9.99990	8	47
14	56	8.33292	583	8.33302	584	11.66698	9.99990	4	46
15	5 0	8.33875	575	8.33886	575	11.66114	9.99990	35 0	45
16	4	8.34450	568	8.34461	568	11.65539	9.99989	56	44
17	8	8.35018	560	8.35029	568	11.64971	9.99989	52	43
18	12	8.35578	553	8.35590	561	11.64410	9.99989	48	42
19	16	8.36131	547	8.36143	553	11.63857	9.99989	44	41
20	20	8.36678	539	8.36689	546	11.63311	9.99988	40	40
21	24	8.37217	533	8.37229	540	11.62771	9.99988	36	39
22	28	8.37750	526	8.37762	533	11.62238	9.99988	32	38
23	32	8.38276	520	8.38289	527	11.61711	9.99987	28	37
24	36	8.38796	514	8.38809	520	11.61191	9.99987	24	36
25	40	8.39310	508	8.39323	514	11.60677	9.99987	20	35
26	44	8.39818	502	8.39832	509	11.60168	9.99986	16	34
27	48	8.40320	496	8.40334	502	11.59666	9.99986	12	33
28	52	8.40816	491	8.40830	496	11.59170	9.99986	8	32
29	56	8.41307	485	8.41321	491	11.58679	9.99985	4	31
30	6 0	8.41792	480	8.41807	486	11.58193	9.99985	54 0	30
31	4	8.42272	474	8.42287	480	11.57713	9.99985	56	29
32	8	8.42746	470	8.42762	475	11.57238	9.99984	52	28
33	12	8.43216	464	8.43232	470	11.56768	9.99984	48	27
34	16	8.43680	459	8.43696	464	11.56304	9.99984	44	26
35	20	8.44139	455	8.44156	460	11.55844	9.99983	40	25
36	24	8.44594	450	8.44611	455	11.55389	9.99983	36	24
37	28	8.45044	445	8.45061	450	11.54939	9.99983	32	23
38	32	8.45489	441	8.45507	446	11.54493	9.99982	28	22
39	36	8.45930	436	8.45948	441	11.54052	9.99982	24	21
40	40	8.46366	433	8.46385	437	11.53615	9.99982	20	20
41	44	8.46799	427	8.46817	432	11.53183	9.99981	16	19
42	48	8.47226	424	8.47245	428	11.52755	9.99981	12	18
43	52	8.47650	419	8.47669	424	11.52331	9.99981	8	17
44	56	8.48069	416	8.48089	420	11.51911	9.99980	4	16
45	7 0	8.48485	411	8.48505	416	11.51495	9.99980	53 0	15
46	4	8.48896	408	8.48917	412	11.51083	9.99979	56	14
47	8	8.49304	404	8.49325	408	11.50675	9.99979	52	13
48	12	8.49708	400	8.49729	404	11.50271	9.99979	48	12
49	16	8.50108	396	8.50130	401	11.49870	9.99978	44	11
50	20	8.50504	393	8.50527	397	11.49473	9.99978	40	10
51	24	8.50897	390	8.50920	393	11.49080	9.99977	36	9
52	28	8.51287	386	8.51310	390	11.48690	9.99977	32	8
53	32	8.51673	382	8.51696	386	11.48304	9.99977	28	7
54	36	8.52055	379	8.52079	383	11.47921	9.99976	24	6
55	40	8.52434	376	8.52459	380	11.47541	9.99976	20	5
56	44	8.52810	373	8.52835	376	11.47165	9.99975	16	4
57	48	8.53183	369	8.53208	373	11.46792	9.99975	12	3
58	52	8.53552	367	8.53578	370	11.46422	9.99974	8	2
59	56	8.53919	363	8.53945	367	11.46055	9.99974	4	1
60'	8ᵐ 0ˢ	8.54282		8.54308	363	11.45692	9.99974	52ᵐ 0ˢ	0'
		Cosin.		**Cotang.**		**Tang.**	**Sin.**	5ʰ	**88°**

LOGARITHMES SINUS, COSINUS, TANGENTES ET COTANGENTES.

2°	0ʰ	Sin.	Diff.	Tang.	Diff.	Cotang.	Cosin.		60′
0′	8ᵐ 0ˢ	8.54282	360	8.54308	361	11.45692	9.99974	52ᵐ 0ˢ	60
1	4	8.54642	357	8.54669	358	11.45331	9.99973	56	59
2	8	8.54999	355	8.55027	355	11.44973	9.99973	52	58
3	12	8.55354	351	8.55382	352	11.44618	9.99972	48	57
4	16	8.55705	349	8.55734	349	11.44266	9.99972	44	56
5	20	8.56054	346	8.56083	346	11.43917	9.99971	40	55
6	24	8.56400	343	8.56429	344	11.43571	9.99971	36	54
7	28	8.56743	341	8.56773	341	11.43227	9.99970	32	53
8	32	8.57084	337	8.57114	338	11.42886	9.99970	28	52
9	36	8.57421	336	8.57452	336	11.42548	9.99969	24	51
10	40	8.57757	332	8.57788	333	11.42212	9.99969	20	50
11	44	8.58089	330	8.58121	330	11.41879	9.99968	16	49
12	48	8.58419	328	8.58451	328	11.41549	9.99968	12	48
13	52	8.58747	325	8.58779	326	11.41221	9.99967	8	47
14	56	8.59072	323	8.59105	323	11.40895	9.99967	4	46
15	9 0	8.59395	320	8.59428	321	11.40572	9.99967	51 0	45
16	4	8.59715	318	8.59749	319	11.40251	9.99966	56	44
17	8	8.60033	316	8.60068	316	11.39932	9.99966	52	43
18	12	8.60349	313	8.60384	314	11.39616	9.99965	48	42
19	16	8.60662	311	8.60698	311	11.39302	9.99964	44	41
20	20	8.60973	309	8.61009	310	11.38991	9.99964	40	40
21	24	8.61282	307	8.61319	307	11.38681	9.99963	36	39
22	28	8.61589	305	8.61626	305	11.38374	9.99963	32	38
23	32	8.61894	302	8.61931	303	11.38069	9.99962	28	37
24	36	8.62196	301	8.62234	301	11.37766	9.99962	24	36
25	40	8.62497	298	8.62535	299	11.37465	9.99961	20	35
26	44	8.62795	296	8.62834	297	11.37166	9.99961	16	34
27	48	8.63091	294	8.63131	295	11.36869	9.99960	12	33
28	52	8.63385	293	8.63426	292	11.36574	9.99960	8	32
29	56	8.63678	290	8.63718	291	11.36282	9.99959	4	31
30	10 0	8.63968	288	8.64009	289	11.35991	9.99959	50 0	30
31	4	8.64256	287	8.64298	287	11.35702	9.99958	56	29
32	8	8.64543	284	8.64585	285	11.35415	9.99958	52	28
33	12	8.64827	283	8.64870	284	11.35130	9.99957	48	27
34	16	8.65110	281	8.65154	281	11.34846	9.99956	44	26
35	20	8.65391	279	8.65435	280	11.34565	9.99956	40	25
36	24	8.65670	277	8.65715	278	11.34285	9.99955	36	24
37	28	8.65947	276	8.65993	276	11.34007	9.99955	32	23
38	32	8.66223	274	8.66269	274	11.33731	9.99954	28	22
39	36	8.66497	272	8.66543	273	11.33457	9.99954	24	21
40	40	8.66769	270	8.66816	271	11.33184	9.99953	20	20
41	44	8.67039	269	8.67087	269	11.32913	9.99952	16	19
42	48	8.67308	267	8.67356	268	11.32644	9.99952	12	18
43	52	8.67575	266	8.67624	266	11.32376	9.99951	8	17
44	56	8.67841	263	8.67890	264	11.32110	9.99951	4	16
45	11 0	8.68104	263	8.68154	263	11.31846	9.99950	49 0	15
46	4	8.68367	260	8.68417	261	11.31583	9.99949	56	14
47	8	8.68627	259	8.68678	260	11.31322	9.99949	52	13
48	12	8.68886	258	8.68938	258	11.31062	9.99948	48	12
49	16	8.69144	256	8.69196	257	11.30804	9.99948	44	11
50	20	8.69400	254	8.69453	255	11.30547	9.99947	40	10
51	24	8.69654	253	8.69708	254	11.30292	9.99946	36	9
52	28	8.69907	252	8.69962	252	11.30038	9.99946	32	8
53	32	8.70159	250	8.70214	251	11.29786	9.99945	28	7
54	36	8.70409	249	8.70465	249	11.29535	9.99944	24	6
55	40	8.70658	247	8.70714	248	11.29286	9.99944	20	5
56	44	8.70905	246	8.70962	246	11.29038	9.99943	16	4
57	48	8.71151	244	8.71208	245	11.28792	9.99942	12	3
58	52	8.71395	243	8.71453	244	11.28547	9.99942	8	2
59	56	8.71638	242	8.71697	243	11.28303	9.99941	4	1
60′	12ᵐ 0ˢ	8.71880		8.71940		11.28060	9.99940	48ᵐ 0ˢ	0′
		Cosin.		**Cotang.**		**Tang.**	**Sin.**	5ʰ	**87°**

LOGARITHMES SINUS, COSINUS, TANGENTES ET COTANGENTES.

3°	0ʰ	Sin.	Diff.	Tang.	Diff.	Cotang.	Cosin.		
0′	12ᵐ 0ˢ	8.71880		8.71940		11.28060	9.99940	48ᵐ 0ˢ	60′
1	4	8.72120	240	8.72181	241	11.27819	9.99940	56	59
2	8	8.72359	239	8.72420	239	11.27580	9.99939	52	58
3	12	8.72597	238	8.72659	239	11.27341	9.99938	48	57
4	16	8.72834	237	8.72896	237	11.27104	9.99938	44	56
5	20	8.73069	235	8.73132	236	11.26868	9.99937	40	55
6	24	8.73303	234	8.73366	234	11.26634	9.99936	36	54
7	28	8.73535	232	8.73600	234	11.26400	9.99936	32	53
8	32	8.73767	232	8.73832	232	11.26168	9.99935	28	52
9	36	8.73997	230	8.74063	231	11.25937	9.99934	24	51
10	40	8.74226	229	8.74292	229	11.25708	9.99934	20	50
11	44	8.74454	228	8.74521	229	11.25479	9.99933	16	49
12	48	8.74680	226	8.74748	227	11.25252	9.99932	12	48
13	52	8.74906	226	8.74974	226	11.25026	9.99932	8	47
14	56	8.75130	224	8.75199	225	11.24801	9.99931	4	46
15	13 0	8.75353	223	8.75423	224	11.24577	9.99930	47 0	45
16	4	8.75575	222	8.75645	222	11.24355	9.99929	56	44
17	8	8.75795	220	8.75867	222	11.24133	9.99929	52	43
18	12	8.76015	220	8.76087	220	11.23913	9.99928	48	42
19	16	8.76234	219	8.76306	219	11.23694	9.99927	44	41
20	20	8.76451	217	8.76525	219	11.23475	9.99926	40	40
21	24	8.76667	216	8.76742	217	11.23258	9.99926	36	39
22	28	8.76883	216	8.76958	216	11.23042	9.99925	32	38
23	32	8.77097	214	8.77173	215	11.22827	9.99924	28	37
24	36	8.77310	213	8.77387	214	11.22613	9.99923	24	36
25	40	8.77522	212	8.77600	213	11.22400	9.99923	20	35
26	44	8.77733	211	8.77811	211	11.22189	9.99922	16	34
27	48	8.77943	210	8.78022	211	11.21978	9.99921	12	33
28	52	8.78152	209	8.78232	210	11.21768	9.99920	8	32
29	56	8.78360	208	8.78441	209	11.21559	9.99920	4	31
30	14 0	8.78568	208	8.78649	208	11.21351	9.99919	46 0	30
31	4	8.78774	206	8.78855	206	11.21145	9.99918	56	29
32	8	8.78979	205	8.79061	206	11.20939	9.99917	52	28
33	12	8.79183	204	8.79266	205	11.20734	9.99917	48	27
34	16	8.79386	203	8.79470	204	11.20530	9.99916	44	26
35	20	8.79588	202	8.79673	203	11.20327	9.99915	40	25
36	24	8.79789	201	8.79875	202	11.20125	9.99914	36	24
37	28	8.79990	201	8.80076	201	11.19924	9.99913	32	23
38	32	8.80189	199	8.80277	201	11.19723	9.99913	28	22
39	36	8.80388	199	8.80476	199	11.19524	9.99912	24	21
40	40	8.80585	197	8.80674	198	11.19326	9.99911	20	20
41	44	8.80782	197	8.80872	198	11.19128	9.99910	16	19
42	48	8.80978	196	8.81068	196	11.18932	9.99909	12	18
43	52	8.81173	195	8.81264	196	11.18736	9.99909	8	17
44	56	8.81367	194	8.81459	195	11.18541	9.99908	4	16
45	15 0	8.81560	193	8.81653	194	11.18347	9.99907	45 0	15
46	4	8.81752	192	8.81846	193	11.18154	9.99906	56	14
47	8	8.81944	192	8.82038	192	11.17962	9.99905	52	13
48	12	8.82134	190	8.82230	192	11.17770	9.99904	48	12
49	16	8.82324	190	8.82420	190	11.17580	9.99904	44	11
50	20	8.82513	189	8.82610	190	11.17390	9.99903	40	10
51	24	8.82701	188	8.82799	189	11.17201	9.99902	36	9
52	28	8.82888	187	8.82987	188	11.17013	9.99901	32	8
53	32	8.83075	187	8.83175	188	11.16825	9.99900	28	7
54	36	8.83261	186	8.83361	186	11.16639	9.99899	24	6
55	40	8.83446	185	8.83547	186	11.16453	9.99898	20	5
56	44	8.83630	184	8.83732	185	11.16268	9.99898	16	4
57	48	8.83813	183	8.83916	184	11.16084	9.99897	12	3
58	52	8.83996	183	8.84100	184	11.15900	9.99896	8	2
59	56	8.84177	181	8.84282	182	11.15718	9.99895	4	1
60′	16ᵐ 0ˢ	8.84358	181	8.84464	182	11.15536	9.99894	44ᵐ 0ˢ	0′
		Cosin.		Cotang.		Tang.	Sin.	5ʰ	86°

LOGARITHMES SINUS, COSINUS, TANGENTES ET COTANGENTES.

4°	0h	Sin.	D ff.	Tang.	Diff.	Cotang.	Cosin.	44m 0s	60'
0'	16m 0s	8.84358	181	8.84464	182	11.15536	9.99894	44m 0s	60'
1	4	8.84539	179	8.84646	180	11.15354	9.99893	56	59
2	8	8.84718	179	8.84826	180	11.15174	9.99892	52	58
3	12	8.84897	178	8.85006	179	11.14994	9.99891	48	57
4	16	8.85075	177	8.85185	178	11.14815	9.99891	44	56
5	20	8.85252	177	8.85363	177	11.14637	9.99890	40	55
6	24	8.85429	176	8.85540	177	11.14460	9.99889	36	54
7	28	8.85605	175	8.85717	176	11.14283	9.99888	32	53
8	32	8.85780	175	8.85893	176	11.14107	9.99887	28	52
9	36	8.85955	173	8.86069	174	11.13931	9.99886	24	51
10	40	8.86128	173	8.86243	174	11.13757	9.99885	20	50
11	44	8.86301	173	8.86417	174	11.13583	9.99884	16	49
12	48	8.86474	171	8.86591	172	11.13409	9.99883	12	48
13	52	8.86645	171	8.86763	172	11.13237	9.99882	8	47
14	56	8.86816	171	8.86935	171	11.13065	9.99881	4	46
15	17 0	8.86987	169	8.87106	171	11.12894	9.99880	43 0	45
16	4	8.87156	169	8.87277	170	11.12723	9.99879	56	44
17	8	8.87325	169	8.87447	169	11.12553	9.99879	52	43
18	12	8.87494	167	8.87616	169	11.12384	9.99878	48	42
19	16	8.87661	168	8.87785	168	11.12215	9.99877	44	41
20	20	8.87829	166	8.87953	167	11.12047	9.99876	40	40
21	24	8.87995	166	8.88120	167	11.11880	9.99875	36	39
22	28	8.88161	165	8.88287	166	11.11713	9.99874	32	38
23	32	8.88326	164	8.88453	165	11.11547	9.99873	28	37
24	36	8.88490	164	8.88618	165	11.11382	9.99872	24	36
25	40	8.88654	163	8.88783	165	11.11217	9.99871	20	35
26	44	8.88817	163	8.88948	163	11.11052	9.99870	16	34
27	48	8.88980	162	8.89111	163	11.10889	9.99869	12	33
28	52	8.89142	162	8.89274	163	11.10726	9.99868	8	32
29	56	8.89304	160	8.89437	161	11.10563	9.99867	4	31
30	18 0	8.89464	161	8.89598	162	11.10402	9.99866	42 0	30
31	4	8.89625	159	8.89760	160	11.10240	9.99865	56	29
32	8	8.89784	159	8.89920	160	11.10080	9.99864	52	28
33	12	8.89943	159	8.90080	160	11.09920	9.99863	48	27
34	16	8.90102	158	8.90240	159	11.09760	9.99862	44	26
35	20	8.90260	157	8.90399	158	11.09601	9.99861	40	25
36	24	8.90417	157	8.90557	158	11.09443	9.99860	36	24
37	28	8.90574	156	8.90715	157	11.09285	9.99859	32	23
38	32	8.90730	155	8.90872	157	11.09128	9.99858	28	22
39	36	8.90885	155	8.91029	156	11.08971	9.99857	24	21
40	40	8.91040	155	8.91185	155	11.08815	9.99856	20	20
41	44	8.91195	154	8.91340	155	11.08660	9.99855	16	19
42	48	8.91349	153	8.91495	155	11.08505	9.99854	12	18
43	52	8.91502	153	8.91650	153	11.08350	9.99853	8	17
44	56	8.91655	152	8.91803	154	11.08197	9.99852	4	16
45	19 0	8.91807	152	8.91957	153	11.08043	9.99851	41 0	15
46	4	8.91959	151	8.92110	152	11.07890	9.99850	56	14
47	8	8.92110	151	8.92262	152	11.07738	9.99848	52	13
48	12	8.92261	150	8.92414	151	11.07586	9.99847	48	12
49	16	8.92411	150	8.92565	151	11.07435	9.99846	44	11
50	20	8.92561	149	8.92716	150	11.07284	9.99845	40	10
51	24	8.92710	149	8.92866	150	11.07134	9.99844	36	9
52	28	8.92859	148	8.93016	149	11.06984	9.99843	32	8
53	32	8.93007	147	8.93165	148	11.06835	9.99842	28	7
54	36	8.93154	147	8.93313	149	11.06687	9.99841	24	6
55	40	8.93301	147	8.93462	147	11.06538	9.99840	20	5
56	44	8.93448	146	8.93609	147	11.06391	9.99839	16	4
57	48	8.93594	146	8.93756	147	11.06244	9.99838	12	3
58	52	8.93740	145	8.93903	146	11.06097	9.99837	8	2
59	56	8.93885	145	8.94049	146	11.05951	9.99836	4	1
60'	20m 0s	8.94030		8.94195		11.05805	9.99834	40m 0s	0'
		Cosin.		Cotang.		Tang.	Sin.	5h	85°

LOGARITHMES SINUS, COSINUS, TANGENTES ET COTANGENTES.									
5°	**0ʰ**	**Sin.**	Diff.	**Tang.**	Diff.	**Cotang.**	**Cosin.**		**60′**
0′	20ᵐ 0ˢ	8.94030	144	8.94195	145	11.05805	9.99834	40ᵐ 0ˢ	60′
1	4	8.94174	143	8.94340	145	11.05660	9.99833	56	59
2	8	8.94317	144	8.94485	145	11.05515	9.99832	52	58
3	12	8.94461	142	8.94630	145	11.05370	9.99831	48	57
4	16	8.94603	143	8.94773	143	11.05227	9.99830	44	56
5	20	8.94746	141	8.94917	144	11.05083	9.99829	40	55
6	24	8.94887	142	8.95060	143	11.04940	9.99828	36	54
7	28	8.95029	141	8.95202	142	11.04798	9.99827	32	53
8	32	8.95170	140	8.95344	142	11.04656	9.99825	28	52
9	36	8.95310	140	8.95486	142	11.04514	9.99824	24	51
10	40	8.95450	139	8.95627	141	11.04373	9.99823	20	50
11	44	8.95589	139	8.95767	140	11.04233	9.99822	16	49
12	48	8.95728	139	8.95908	141	11.04092	9.99821	12	48
13	52	8.95867	138	8.96047	139	11.03953	9.99820	8	47
14	56	8.96005	138	8.96187	140	11.03813	9.99819	4	46
15	21 0	8.96143	137	8.96325	138	11.03675	9.99817	39 0	45
16	4	8.96280	137	8.96464	139	11.03536	9.99816	56	44
17	8	8.96417	136	8.96602	138	11.03398	9.99815	52	43
18	12	8.96553	136	8.96739	137	11.03261	9.99814	48	42
19	16	8.96689	136	8.96877	138	11.03123	9.99813	44	41
20	20	8.96825	135	8.97013	136	11.02987	9.99812	40	40
21	24	8.96960	135	8.97150	137	11.02850	9.99810	36	39
22	28	8.97095	134	8.97285	135	11.02715	9.99809	32	38
23	32	8.97229	134	8.97421	136	11.02579	9.99808	28	37
24	36	8.97363	133	8.97556	135	11.02444	9.99807	24	36
25	40	8.97496	133	8.97691	135	11.02309	9.99806	20	35
26	44	8.97629	133	8.97825	134	11.02175	9.99804	16	34
27	48	8.97762	132	8.97959	134	11.02041	9.99803	12	33
28	52	8.97894	132	8.98092	133	11.01908	9.99802	8	32
29	56	8.98026	131	8.98225	133	11.01775	9.99801	4	31
30	22 0	8.98157	131	8.98358	133	11.01642	9.99800	38 0	30
31	4	8.98288	131	8.98490	132	11.01510	9.99798	56	29
32	8	8.98419	130	8.98622	132	11.01378	9.99797	52	28
33	12	8.98549	130	8.98753	131	11.01247	9.99796	48	27
34	16	8.98679	129	8.98884	131	11.01116	9.99795	44	26
35	20	8.98808	129	8.99015	131	11.00985	9.99793	40	25
36	24	8.98937	129	8.99145	130	11.00855	9.99792	36	24
37	28	8.99066	128	8.99275	130	11.00725	9.99791	32	23
38	32	8.99194	128	8.99405	130	11.00595	9.99790	28	22
39	36	8.99322	128	8.99534	129	11.00466	9.99788	24	21
40	40	8.99450	127	8.99662	128	11.00338	9.99787	20	20
41	44	8.99577	127	8.99791	129	11.00209	9.99786	16	19
42	48	8.99704	126	8.99919	128	11.00081	9.99785	12	18
43	52	8.99830	126	9.00046	127	10.99954	9.99783	8	17
44	56	8.99956	126	9.00174	128	10.99826	9.99782	4	16
45	23 0	9.00082	125	9.00301	127	10.99699	9.99781	37 0	15
46	4	9.00207	125	9.00427	126	10.99573	9.99780	56	14
47	8	9.00332	124	9.00553	126	10.99447	9.99778	52	13
48	12	9.00456	125	9.00679	126	10.99321	9.99777	48	12
49	16	9.00581	123	9.00805	126	10.99195	9.99776	44	11
50	20	9.00704	124	9.00930	125	10.99070	9.99775	40	10
51	24	9.00828	123	9.01055	124	10.98945	9.99773	36	9
52	28	9.00951	123	9.01179	124	10.98821	9.99772	32	8
53	32	9.01074	122	9.01303	124	10.98697	9.99771	28	7
54	36	9.01196	122	9.01427	123	10.98573	9.99769	24	6
55	40	9.01318	122	9.01550	123	10.98450	9.99768	20	5
56	44	9.01440	121	9.01673	123	10.98327	9.99767	16	4
57	48	9.01561	121	9.01796	122	10.98204	9.99765	12	3
58	52	9.01682	121	9.01918	122	10.98082	9.99764	8	2
59	56	9.01803	120	9.02040	122	10.97960	9.99763	4	1
60′	24ᵐ 0ˢ	9.01923		9.02162		10.97838	9.99761	36ᵐ 0ˢ	0′
		Cosin.		**Cotang.**		**Tang.**	**Sin.**	**5ʰ**	**84°**

LOGARITHMES SINUS, COSINUS, TANGENTES ET COTANGENTES.

6°	0ʰ	Sin.	Diff.	Tang.	Diff.	Cotang.	Cosin.		
0'	24ᵐ 0ˢ	9.01923	120	9.02162	121	10.97838	9.99761	36ᵐ 0ˢ	60'
1	4	9.02043	120	9.02283	121	10.97717	9.99760	56	59
2	8	9.02163	120	9.02404	121	10.97596	9.99759	52	58
3	12	9.02283	119	9.02525	120	10.97475	9.99757	48	57
4	16	9 02402	118	9.02645	121	10.97355	9.99756	44	56
5	20	9.02520	119	9.02766	119	10.97234	9.99755	40	55
6	24	9.02639	118	9.02885	120	10.97115	9.99753	36	54
7	28	9.02757	117	9.03005	119	10.96995	9.99752	32	53
8	32	9.02874	118	9.03124	118	10.96876	9.99751	28	52
9	36	9.02992	117	9.03242	119	10.96758	9.99749	24	51
10	40	9.03109	117	9.03361	118	10.96639	9.99748	20	50
11	44	9.03226	116	9.03479	118	10.96521	9.99747	16	49
12	48	9.03342	116	9.03597	117	10.96403	9.99745	12	48
13	52	9.03458	116	9.03714	118	10.96286	9.99744	8	47
14	56	9.03574	116	9.03832	116	10.96168	9.99742	4	46
15	25 0	9.03690	115	9.03948	117	10.96052	9.99741	35 0	45
16	4	9.03805	115	9.04065	116	10.95935	9.99740	56	44
17	8	9.03920	114	9.04181	116	10.95819	9.99738	52	43
18	12	9.04034	115	9.04297	116	10.95703	9.99737	48	42
19	16	9.04149	113	9 04413	115	10.95587	9.99736	44	41
20	20	9.04262	114	9.04528	115	10.95472	9.99734	40	40
21	24	9.04376	114	9.04643	115	10.95357	9.99733	36	39
22	28	9.04490	113	9.04758	115	10.95242	9.99731	32	38
23	32	9.04603	112	9.04873	114	10.95127	9.99730	28	37
24	36	9.04715	113	9.04987	114	10.95013	9.99728	24	36
25	40	9.04828	112	9.05101	113	10.94899	9.99727	20	35
26	44	9.04940	112	9.05214	114	10.94786	9.99726	16	34
27	48	9.05052	112	9.05328	113	10.94672	9.99724	12	33
28	52	9.05164	111	9.05441	112	10.94559	9.99723	8	32
29	56	9.05275	111	9.05553	113	10.94447	9.99721	4	31
30	26 0	9.05386	111	9.05666	112	10.94334	9.99720	34 0	30
31	4	9.05497	110	9.05778	112	10.94222	9.99718	56	29
32	8	9.05607	110	9.05890	112	10.94110	9.99717	52	28
33	12	9.05717	110	9.06002	111	10.93998	9.99716	48	27
34	16	9.05827	110	9.06113	111	10.93887	9.99714	44	26
35	20	9.05937	109	9.06224	111	10.93776	9.99713	40	25
36	24	9 06046	109	9.06335	110	10 93665	9.99711	36	24
37	28	9 06155	109	9.06445	111	10.93555	9.99710	32	23
38	32	9 06264	108	9.06556	110	10.93444	9.99708	28	22
39	36	9.06372	109	9.06666	109	10.93334	9.99707	24	21
40	40	9.06481	108	9.06775	110	10 93225	9.99705	20	20
41	44	9.06589	107	9.06885	109	10.93115	9.99704	16	19
42	48	9.06696	108	9.06994	109	10.93006	9.99702	12	18
43	52	9.06804	107	9.07103	108	10.92897	9.99701	8	17
44	56	9.06911	107	9.07211	109	10.92789	9.99699	4	16
45	27 0	9.07018	106	9.07320	108	10.92680	9.99698	33 0	15
46	4	9.07124	107	9.07428	108	10.92572	9.99696	56	14
47	8	9.07231	106	9.07536	107	10.92464	9.99695	52	13
48	12	9.07337	105	9.07643	108	10.92357	9.99693	48	12
49	16	9.07442	106	9.07751	107	10.92249	9.99692	44	11
50	20	9.07548	105	9.07858	106	10.92142	9.99690	40	10
51	24	9.07653	105	9.07964	107	10.92036	9.99689	36	9
52	28	9.07758	105	9.08071	106	10.91929	9.99687	32	8
53	32	9.07863	105	9.08177	106	10.91823	9.99686	28	7
54	36	9.07968	104	9.08283	106	10.91717	9.99684	24	6
55	40	9.08072	104	9.08389	106	10 91611	9.99683	20	5
56	44	9.08176	104	9.08495	105	10.91505	9.99681	16	4
57	48	9.08280	103	9.08600	105	10.91400	9.99680	12	3
58	52	9.08383	103	9.08705	105	10.91295	9.99678	8	2
59	56	9 08486	103	9.08810	104	10.91190	9.99677	4	1
60'	28ᵐ 0ˢ	9.08589		9.08914		10.91086	9.99675	32ᵐ 0ˢ	0'
		Cosin.		Cotang.		Tang.	Sin.	5ʰ	83°

TABLE II.

7°	0h	Sin.	Diff.	Tang.	Diff.	Cotang.	Cosin.		60'
				LOGARITHMES SINUS, COSINUS, TANGENTES ET COTANGENTES.					
0'	28m 0s	9.08589	103	9.08914	105	10.91086	9.99675	32m 0s	60'
1	4	9.08692	103	9.09019	104	10.90981	9.99674	56	59
2	8	9.08795	102	9.09123	104	10.90877	9.99672	52	58
3	12	9.08897	102	9.09227	104	10.90773	9.99670	48	57
4	16	9.08999	102	9.09330	103	10.90670	9.99669	44	56
5	20	9.09101	101	9.09434	104	10.90566	9.99667	40	55
6	24	9.09202	102	9.09537	103	10.90463	9.99666	36	54
7	28	9.09304	101	9.09640	103	10.90360	9.99664	32	53
8	32	9.09405	101	9.09742	102	10.90258	9.99663	28	52
9	36	9.09506	100	9.09845	103	10.90155	9.99661	24	51
10	40	9.09606	101	9.09947	102	10.90053	9.99659	20	50
11	44	9.09707	100	9.10049	102	10.89951	9.99658	16	49
12	48	9.09807	100	9.10150	101	10.89850	9.99656	12	48
13	52	9.09907	100	9.10252	102	10.89748	9.99655	8	47
14	56	9.10006	99	9.10353	101	10.89647	9.99653	4	46
15	29 0	9.10106	100	9.10454	101	10.89546	9.99651	31 0	45
16	4	9.10205	99	9.10555	101	10.89445	9.99650	56	44
17	8	9.10304	99	9.10656	101	10.89344	9.99648	52	43
18	12	9.10402	98	9.10756	100	10.89244	9.99647	48	42
19	16	9.10501	99	9.10856	100	10.89144	9.99645	44	41
20	20	9.10599	98	9.10956	100	10.89044	9.99643	40	40
21	24	9.10697	98	9.11056	100	10.88944	9.99642	36	39
22	28	9.10795	98	9.11155	99	10.88845	9.99640	32	38
23	32	9.10893	98	9.11254	99	10.88746	9.99638	28	37
24	36	9.10990	97	9.11353	99	10.88647	9.99637	24	36
25	40	9.11087	97	9.11452	99	10.88548	9.99635	20	35
26	44	9.11184	97	9.11551	99	10.88449	9.99633	16	34
27	48	9.11281	97	9.11649	98	10.88351	9.99632	12	33
28	52	9.11377	96	9.11747	98	10.88253	9.99630	8	32
29	56	9.11474	97	9.11845	98	10.88155	9.99629	4	31
30	30 0	9.11570	96	9.11943	98	10.88057	9.99627	30 0	30
31	4	9.11666	96	9.12040	97	10.87960	9.99625	56	29
32	8	9.11761	95	9.12138	98	10.87862	9.99624	52	28
33	12	9.11857	96	9.12235	97	10.87765	9.99622	48	27
34	16	9.11952	95	9.12332	97	10.87668	9.99620	44	26
35	20	9.12047	95	9.12428	96	10.87572	9.99618	40	25
36	24	9.12142	95	9.12525	97	10.87475	9.99617	36	24
37	28	9.12236	94	9.12621	96	10.87379	9.99615	32	23
38	32	9.12331	95	9.12717	96	10.87283	9.99613	28	22
39	36	9.12425	94	9.12813	96	10.87187	9.99612	24	21
40	40	9.12519	94	9.12909	96	10.87091	9.99610	20	20
41	44	9.12612	93	9.13004	95	10.86996	9.99608	16	19
42	48	9.12706	94	9.13099	95	10.86901	9.99607	12	18
43	52	9.12799	93	9.13194	95	10.86806	9.99605	8	17
44	56	9.12892	93	9.13289	95	10.86711	9.99603	4	16
45	31 0	9.12985	93	9.13384	95	10.86616	9.99601	29 0	15
46	4	9.13078	93	9.13478	94	10.86522	9.99600	56	14
47	8	9.13171	92	9.13573	95	10.86427	9.99598	52	13
48	12	9.13263	92	9.13667	94	10.86333	9.99596	48	12
49	16	9.13355	92	9.13761	94	10.86239	9.99595	44	11
50	20	9.13447	92	9.13854	93	10.86146	9.99593	40	10
51	24	9.13539	91	9.13948	94	10.86052	9.99591	36	9
52	28	9.13630	92	9.14041	93	10.85959	9.99589	32	8
53	32	9.13722	91	9.14134	93	10.85866	9.99588	28	7
54	36	9.13813	91	9.14227	93	10.85773	9.99586	24	6
55	40	9.13904	90	9.14320	92	10.85680	9.99584	20	5
56	44	9.13994	91	9.14412	92	10.85588	9.99582	16	4
57	48	9.14085	90	9.14504	93	10.85496	9.99581	12	3
58	52	9.14175	91	9.14597	91	10.85403	9.99579	8	2
59	56	9.14266	90	9.14688	92	10.85312	9.99577	4	1
60'	32m 0s	9.14356		9.14780		10.85220	9.99575	28m 0s	0'
		Cosin.		Cotang.		Tang.	Sin.	5h	82°

LOGARITHMES SINUS, COSINUS, TANGENTES ET COTANGENTES.

8°	0ʰ	Sin.	Diff.	Tang.	Diff.	Cotang.	Cosin.		60'
0'	32ᵐ 0ˢ	9.14356	89	9.14780	92	10.85220	9.99575	28ᵐ 0ˢ	60
1	4	9.14445	90	9.14872	91	10.85128	9.99574	56	59
2	8	9.14535	89	9.14963	91	10.85037	9.99572	52	58
3	12	9.14624	90	9.15054	91	10.84946	9.99570	48	57
4	16	9.14714	89	9.15145	91	10.84855	9.99568	44	56
5	20	9.14803	88	9.15236	91	10.84764	9.99566	40	55
6	24	9.14891	89	9.15327	90	10.84673	9.99565	36	54
7	28	9.14980	89	9.15417	91	10.84583	9.99563	32	53
8	32	9.15069	88	9.15508	90	10.84492	9.99561	28	52
9	36	9.15157	88	9.15598	90	10.84402	9.99559	24	51
10	40	9.15245	88	9.15688	90	10.84312	9.99557	20	50
11	44	9.15333	88	9.15777	89	10.84223	9.99556	16	49
12	48	9.15421	87	9.15867	89	10.84133	9.99554	12	48
13	52	9.15508	88	9.15956	90	10.84044	9.99552	8	47
14	56	9.15596	87	9.16046	89	10.83954	9.99550	4	46
15	33 0	9.15683	87	9.16135	89	10.83865	9.99548	27 0	45
16	4	9.15770	87	9.16224	88	10.83776	9.99546	56	44
17	8	9.15857	87	9.16312	89	10.83688	9.99545	52	43
18	12	9.15944	86	9.16401	88	10.83599	9.99543	48	42
19	16	9.16030	86	9.16489	88	10.83511	9.99541	44	41
20	20	9.16116	87	9.16577	88	10.83423	9.99539	40	40
21	24	9.16203	86	9.16665	88	10.83335	9.99537	36	39
22	28	9.16289	85	9.16753	88	10.83247	9.99535	32	38
23	32	9.16374	86	9.16841	87	10.83159	9.99533	28	37
24	36	9.16460	85	9.16928	88	10.83072	9.99532	24	36
25	40	9.16545	86	9.17016	87	10.82984	9.99530	20	35
26	44	9.16631	85	9.17103	87	10.82897	9.99528	16	34
27	48	9.16716	85	9.17190	87	10.82810	9.99526	12	33
28	52	9.16801	85	9.17277	86	10.82723	9.99524	8	32
29	56	9.16886	84	9.17363	87	10.82637	9.99522	4	31
30	34 0	9.16970	85	9.17450	86	10.82550	9.99520	26 0	30
31	4	9.17055	84	9.17536	86	10.82464	9.99518	56	29
32	8	9.17139	84	9.17622	86	10.82378	9.99517	52	28
33	12	9.17223	84	9.17708	86	10.82292	9.99515	48	27
34	16	9.17307	84	9.17794	86	10.82206	9.99513	44	26
35	20	9.17391	83	9.17880	85	10.82120	9.99511	40	25
36	24	9.17474	84	9.17965	86	10.82035	9.99509	36	24
37	28	9.17558	83	9.18051	85	10.81949	9.99507	32	23
38	32	9.17641	83	9.18136	85	10.81864	9.99505	28	22
39	36	9.17724	83	9.18221	85	10.81779	9.99503	24	21
40	40	9.17807	83	9.18306	85	10.81694	9.99501	20	20
41	44	9.17890	83	9.18391	84	10.81609	9.99499	16	19
42	48	9.17973	82	9.18475	85	10.81525	9.99497	12	18
43	52	9.18055	82	9.18560	84	10.81440	9.99495	8	17
44	56	9.18137	83	9.18644	84	10.81356	9.99494	4	16
45	35 0	9.18220	82	9.18728	84	10.81272	9.99492	25 0	15
46	4	9.18302	81	9.18812	84	10.81188	9.99490	56	14
47	8	9.18383	82	9.18896	83	10.81104	9.99488	52	13
48	12	9.18465	82	9.18979	84	10.81021	9.99486	48	12
49	16	9.18547	81	9.19063	83	10.80937	9.99484	44	11
50	20	9.18628	81	9.19146	83	10.80854	9.99482	40	10
51	24	9.18709	81	9.19229	83	10.80771	9.99480	36	9
52	28	9.18790	81	9.19312	83	10.80688	9.99478	32	8
53	32	9.18871	81	9.19395	83	10.80605	9.99476	28	7
54	36	9.18952	81	9.19478	83	10.80522	9.99474	24	6
55	40	9.19033	80	9.19561	82	10.80439	9.99472	20	5
56	44	9.19113	80	9.19643	82	10.80357	9.99470	16	4
57	48	9.19193	80	9.19725	82	10.80275	9.99468	12	3
58	52	9.19273	80	9.19807	82	10.80193	9.99466	8	2
59	56	9.19353	80	9.19889	82	10.80111	9.99464	4	1
60'	36ᵐ 0ˢ	9.19433		9.19971		10.80029	9.99462	24ᵐ 0ˢ	0'
		Cosin.		Cotang.		Tang.	Sin.	5ʰ	81°

TABLE II.

LOGARITHMES SINUS, COSINUS, TANGENTES ET COTANGENTES.

9°	0h	Sin.	Diff.	Tang.	Diff.	Cotang.	Cosin.		60'
0'	36m 0s	9.19433		9.19971		10.80029	9.99462	24m 0s	60'
1	4	9.19513	80	9.20053	82	10.79947	9.99460	56	59
2	8	9.19592	79	9.20134	81	10.79866	9.99458	52	58
3	12	9.19672	80	9.20216	82	10.79784	9.99456	48	57
4	16	9.19751	79	9.20297	81	10.79703	9.99454	44	56
5	20	9.19830	79	9.20378	81	10.79622	9.99452	40	55
6	24	9.19909	79	9.20459	81	10.79541	9.99450	36	54
7	28	9.19988	79	9.20540	81	10.79460	9.99448	32	53
8	32	9.20067	79	9.20621	81	10.79379	9.99446	28	52
9	36	9.20145	78	9.20701	80	10.79299	9.99444	24	51
10	40	9.20223	78	9.20782	81	10.79218	9.99442	20	50
11	44	9.20302	79	9.20862	80	10.79138	9.99440	16	49
12	48	9.20380	78	9.20942	80	10.79058	9.99438	12	48
13	52	9.20458	78	9.21022	80	10.78978	9.99436	8	47
14	56	9.20535	77	9.21102	80	10.78898	9.99434	4	46
15	37 0	9.20613	78	9.21182	80	10.78818	9.99432	23 0	45
16	4	9.20691	78	9.21261	79	10.78739	9.99429	56	44
17	8	9.20768	77	9.21341	80	10.78659	9.99427	52	43
18	12	9.20845	77	9.21420	79	10.78580	9.99425	48	42
19	16	9.20922	77	9.21499	79	10.78501	9.99423	44	41
20	20	9.20999	77	9.21578	79	10.78422	9.99421	40	40
21	24	9.21076	77	9.21657	79	10.78343	9.99419	36	39
22	28	9.21153	77	9.21736	79	10.78264	9.99417	32	38
23	32	9.21229	76	9.21814	78	10.78186	9.99415	28	37
24	36	9.21306	77	9.21893	79	10.78107	9.99413	24	36
25	40	9.21382	76	9.21971	78	10.78029	9.99411	20	35
26	44	9.21458	76	9.22049	78	10.77951	9.99409	16	34
27	48	9.21534	76	9.22127	78	10.77873	9.99407	12	33
28	52	9.21610	76	9.22205	78	10.77795	9.99404	8	32
29	56	9.21685	75	9.22283	78	10.77717	9.99402	4	31
30	38 0	9.21761	76	9.22361	78	10.77639	9.99400	22 0	30
31	4	9.21836	75	9.22438	77	10.77562	9.99398	56	29
32	8	9.21912	76	9.22516	78	10.77484	9.99396	52	28
33	12	9.21987	75	9.22593	77	10.77407	9.99394	48	27
34	16	9.22062	75	9.22670	77	10.77330	9.99392	44	26
35	20	9.22137	75	9.22747	77	10.77253	9.99390	40	25
36	24	9.22211	74	9.22824	77	10.77176	9.99388	36	24
37	28	9.22286	75	9.22901	77	10.77099	9.99385	32	23
38	32	9.22361	75	9.22977	76	10.77023	9.99383	28	22
39	36	9.22435	74	9.23054	77	10.76946	9.99381	24	21
40	40	9.22509	74	9.23130	76	10.76870	9.99379	20	20
41	44	9.22583	74	9.23206	76	10.76794	9.99377	16	19
42	48	9.22657	74	9.23283	77	10.76717	9.99375	12	18
43	52	9.22731	74	9.23359	76	10.76641	9.99372	8	17
44	56	9.22805	74	9.23435	76	10.76565	9.99370	4	16
45	39 0	9.22878	73	9.23510	75	10.76490	9.99368	21 0	15
46	4	9.22952	74	9.23586	76	10.76414	9.99366	56	14
47	8	9.23025	73	9.23661	75	10.76339	9.99364	52	13
48	12	9.23098	73	9.23737	76	10.76263	9.99362	48	12
49	16	9.23171	73	9.23812	75	10.76188	9.99359	44	11
50	20	9.23244	73	9.23887	75	10.76113	9.99357	40	10
51	24	9.23317	73	9.23962	75	10.76038	9.99355	36	9
52	28	9.23390	73	9.24037	75	10.75963	9.99353	32	8
53	32	9.23462	72	9.24112	75	10.75888	9.99351	28	7
54	36	9.23535	73	9.24186	74	10.75814	9.99348	24	6
55	40	9.23607	72	9.24261	75	10.75739	9.99346	20	5
56	44	9.23679	72	9.24335	74	10.75665	9.99344	16	4
57	48	9.23752	73	9.24410	75	10.75590	9.99342	12	3
58	52	9.23823	71	9.24484	74	10.75516	9.99340	8	2
59	56	9.23895	72	9.24558	74	10.75442	9.99337	4	1
60'	40m 0s	9.23967	72	9.24632	74	10.75368	9.99335	20m 0s	0'
		Cosin.		Cotang.		Tang.	Sin.	5h	80°

LOGARITHMES SINUS, COSINUS, TANGENTES ET COTANGENTES.

10°	**0ʰ**	**Sin.**	Diff.	**Tang.**	Diff.	**Cotang.**	**Cosin.**		
0′	40ᵐ 0ˢ	9.23967	72	9.24632	74	10.75368	9.99335	20ᵐ 0ˢ	60′
1	4	9.24039	71	9.24706	73	10.75294	9.99333	56	59
2	8	9.24110	71	9.24779	74	10.75221	9.99331	52	58
3	12	9.24181	72	9.24853	73	10.75147	9.99328	48	57
4	16	9.24253	71	9.24926	74	10.75074	9.99326	44	56
5	20	9.24324	71	9.25000	73	10.75000	9.99324	40	55
6	24	9.24395	71	9.25073	73	10.74927	9.99322	36	54
7	28	9.24466	70	9.25146	73	10.74854	9.99319	32	53
8	32	9.24536	71	9.25219	73	10.74781	9.99317	28	52
9	36	9.24607	70	9.25292	73	10.74708	9.99315	24	51
10	40	9.24677	71	9.25365	73	10.74635	9.99313	20	50
11	44	9.24748	70	9.25437	72	10.74563	9.99310	16	49
12	48	9.24818	70	9.25510	73	10.74490	9.99308	12	48
13	52	9.24888	70	9.25582	72	10.74418	9.99306	8	47
14	56	9.24958	70	9.25655	73	10.74345	9.99304	4	46
15	41 0	9.25028	70	9.25727	72	10.74273	9.99301	19 0	45
16	4	9.25098	70	9.25799	72	10.74201	9.99299	56	44
17	8	9.25168	69	9.25871	72	10.74129	9.99297	52	43
18	12	9.25237	70	9.25943	72	10.74057	9.99294	48	42
19	16	9.25307	69	9.26015	72	10.73985	9.99292	44	41
20	20	9.25376	69	9.26086	71	10.73914	9.99290	40	40
21	24	9.25445	69	9.26158	72	10.73842	9.99288	36	39
22	28	9.25514	69	9.26229	71	10.73771	9.99285	32	38
23	32	9.25583	69	9.26301	72	10.73699	9.99283	28	37
24	36	9.25652	69	9.26372	71	10.73628	9.99281	24	36
25	40	9.25721	69	9.26443	71	10.73557	9.99278	20	35
26	44	9.25790	69	9.26514	71	10.73486	9.99276	16	34
27	48	9.25858	68	9.26585	71	10.73415	9.99274	12	33
28	52	9.25927	69	9.26655	70	10.73345	9.99271	8	32
29	56	9.25995	68	9.26726	71	10.73274	9.99269	4	31
30	42 0	9.26063	68	9.26797	71	10.73203	9.99267	18 0	30
31	4	9.26131	68	9.26867	70	10.73133	9.99264	56	29
32	8	9.26199	68	9.26937	70	10.73063	9.99262	52	28
33	12	9.26267	68	9.27008	71	10.72992	9.99260	48	27
34	16	9.26335	68	9.27078	70	10.72922	9.99257	44	26
35	20	9.26403	68	9.27148	70	10.72852	9.99255	40	25
36	24	9.26470	67	9.27218	70	10.72782	9.99252	36	24
37	28	9.26538	68	9.27288	69	10.72712	9.99250	32	23
38	32	9.26605	67	9.27357	70	10.72643	9.99248	28	22
39	36	9.26672	67	9.27427	69	10.72573	9.99245	24	21
40	40	9.26739	67	9.27496	70	10.72504	9.99243	20	20
41	44	9.26806	67	9.27566	69	10.72434	9.99241	16	19
42	48	9.26873	67	9.27635	69	10.72365	9.99238	12	18
43	52	9.26940	67	9.27704	69	10.72296	9.99236	8	17
44	56	9.27007	66	9.27773	69	10.72227	9.99233	4	16
45	43 0	9.27073	67	9.27842	69	10.72158	9.99231	17 0	15
46	4	9.27140	66	9.27911	69	10.72089	9.99229	56	14
47	8	9.27206	67	9.27980	69	10.72020	9.99226	52	13
48	12	9.27273	66	9.28049	68	10.71951	9.99224	48	12
49	16	9.27339	66	9.28117	69	10.71883	9.99221	44	11
50	20	9.27405	66	9.28186	68	10.71814	9.99219	40	10
51	24	9.27471	66	9.28254	69	10.71746	9.99217	36	9
52	28	9.27537	65	9.28323	68	10.71677	9.99214	32	8
53	32	9.27602	66	9.28391	68	10.71609	9.99212	28	7
54	36	9.27668	66	9.28459	68	10.71541	9.99209	24	6
55	40	9.27734	65	9.28527	68	10.71473	9.99207	20	5
56	44	9.27799	65	9.28595	67	10.71405	9.99204	16	4
57	48	9.27864	66	9.28662	68	10.71338	9.99202	12	3
58	52	9.27930	65	9.28730	68	10.71270	9.99200	8	2
59	56	9.27995	65	9.28798	67	10.71202	9.99197	4	1
60′	44ᵐ 0ˢ	9.28060		9.28865		10.71135	9.99195	16ᵐ 0ˢ	0′
		Cosin.		**Cotang.**		**Tang.**	**Sin.**	**5ʰ**	**79°**

LOGARITHMES SINUS, COSINUS, TANGENTES ET COTANGENTES.									
11°	**0h**	**Sin.**	Diff.	**Tang.**	Diff.	**Cotang.**	**Cosin.**	**16m 0s**	**60'**
0'	44m 0s	9.28060		9.28865		10.71135	9.99195	16m 0s	60'
1	4	9.28125	65	9.28933	68	10.71067	9.99192	56	59
2	8	9.28190	65	9.29000	67	10.71000	9.99190	52	58
3	12	9.28254	64	9.29067	67	10.70933	9.99187	48	57
4	16	9.28319	65	9.29134	67	10.70866	9.99185	44	56
5	20	9.28384	65	9.29201	67	10.70799	9.99182	40	55
6	24	9.28448	64	9.29268	67	10.70732	9.99180	36	54
7	28	9.28512	64	9.29335	67	10.70665	9.99177	32	53
8	32	9.28577	65	9.29402	67	10.70598	9.99175	28	52
9	36	9.28641	64	9.29468	66	10.70532	9.99172	24	51
10	40	9.28705	64	9.29535	67	10.70465	9.99170	20	50
11	44	9.28769	64	9.29601	66	10.70399	9.99167	16	49
12	48	9.28833	64	9.29668	67	10.70332	9.99165	12	48
13	52	9.28896	63	9.29734	66	10.70266	9.99162	8	47
14	56	9.28960	64	9.29800	66	10.70200	9.99160	4	46
15	45 0	9.29024	64	9.29866	66	10.70134	9.99157	15 0	45
16	4	9.29087	63	9.29932	66	10.70068	9.99155	56	44
17	8	9.29150	63	9.29998	66	10.70002	9.99152	52	43
18	12	9.29214	64	9.30064	66	10.69936	9.99150	48	42
19	16	9.29277	63	9.30130	66	10.69870	9.99147	44	41
20	20	9.29340	63	9.30195	65	10.69805	9.99145	40	40
21	24	9.29403	63	9.30261	66	10.69739	9.99142	36	39
22	28	9.29466	63	9.30326	65	10.69674	9.99140	32	38
23	32	9.29529	63	9.30391	65	10.69609	9.99137	28	37
24	36	9.29591	62	9.30457	66	10.69543	9.99135	24	36
25	40	9.29654	63	9.30522	65	10.69478	9.99132	20	35
26	44	9.29716	62	9.30587	65	10.69413	9.99130	16	34
27	48	9.29779	63	9.30652	65	10.69348	9.99127	12	33
28	52	9.29841	62	9.30717	65	10.69283	9.99124	8	32
29	56	9.29903	62	9.30782	65	10.69218	9.99122	4	31
30	46 0	9.29966	63	9.30846	64	10.69154	9.99119	14 0	30
31	4	9.30028	62	9.30911	65	10.69089	9.99117	56	29
32	8	9.30090	62	9.30975	64	10.69025	9.99114	52	28
33	12	9.30151	61	9.31040	65	10.68960	9.99112	48	27
34	16	9.30213	62	9.31104	64	10.68896	9.99109	44	26
35	20	9.30275	62	9.31168	64	10.68832	9.99106	40	25
36	24	9.30336	61	9.31233	65	10.68767	9.99104	36	24
37	28	9.30398	62	9.31297	64	10.68703	9.99101	32	23
38	32	9.30459	61	9.31361	64	10.68639	9.99099	28	22
39	36	9.30521	62	9.31425	64	10.68575	9.99096	24	21
40	40	9.30582	61	9.31489	64	10.68511	9.99093	20	20
41	44	9.30643	61	9.31552	63	10.68448	9.99091	16	19
42	48	9.30704	61	9.31616	64	10.68384	9.99088	12	18
43	52	9.30765	61	9.31679	63	10.68321	9.99086	8	17
44	56	9.30826	61	9.31743	64	10.68257	9.99083	4	16
45	47 0	9.30887	61	9.31806	63	10.68194	9.99080	13 0	15
46	4	9.30947	60	9.31870	64	10.68130	9.99078	56	14
47	8	9.31008	61	9.31933	63	10.68067	9.99075	52	13
48	12	9.31068	60	9.31996	63	10.68004	9.99072	48	12
49	16	9.31129	61	9.32059	63	10.67941	9.99070	44	11
50	20	9.31189	60	9.32122	63	10.67878	9.99067	40	10
51	24	9.31250	61	9.32185	63	10.67815	9.99064	36	9
52	28	9.31310	60	9.32248	63	10.67752	9.99062	32	8
53	32	9.31370	60	9.32311	63	10.67689	9.99059	28	7
54	36	9.31430	60	9.32373	62	10.67627	9.99056	24	6
55	40	9.31490	60	9.32436	63	10.67564	9.99054	20	5
56	44	9.31549	59	9.32498	62	10.67502	9.99051	16	4
57	48	9.31609	60	9.32561	63	10.67439	9.99048	12	3
58	52	9.31669	60	9.32623	62	10.67377	9.99046	8	2
59	56	9.31728	59	9.32685	62	10.67315	9.99043	4	1
60'	48m 0s	9.31788	60	9.32747	62	10.67253	9.99040	12m 0s	0'
		Cosin.		**Cotang.**		**Tang.**	**Sin.**	**5h**	**78°**

LOGARITHMES SINUS, COSINUS, TANGENTES ET COTANGENTES.

12°	0h	Sin.	Diff.	Tang.	Diff.	Cotang.	Cosin.		
0′	48m 0s	9.31788	59	9.32747	63	10.67253	9.99040	12m 0s	60
1	4	9.31847	60	9.32810	62	10.67190	9.99038	56	59
2	8	9.31907	59	9.32872	62	10.67128	9.99035	52	58
3	12	9.31966	59	9.32933	61	10.67067	9.99032	48	57
4	16	9.32025	59	9.32995	62	10.67005	9.99030	44	56
5	20	9.32084	59	9.33057	62	10.66943	9.99027	40	55
6	24	9.32143	59	9.33119	62	10.66881	9.99024	36	54
7	28	9.32202	59	9.33180	61	10.66820	9.99022	32	53
8	32	9.32261	58	9.33242	62	10.66758	9.99019	28	52
9	36	9.32319	59	9.33303	61	10.66697	9.99016	24	51
10	40	9.32378	59	9.33365	62	10.66635	9.99013	20	50
11	44	9.32437	59	9.33426	61	10.66574	9.99011	16	49
12	48	9.32495	58	9.33487	61	10.66513	9.99008	12	48
13	52	9.32553	58	9.33548	61	10.66452	9.99005	8	47
14	56	9.32612	59	9.33609	61	10.66391	9.99002	4	46
15	49 0	9.32670	58	9.33670	61	10.66330	9.99000	11 0	45
16	4	9.32728	58	9.33731	61	10.66269	9.98997	56	44
17	8	9.32786	58	9.33792	61	10.66208	9.98994	52	43
18	12	9.32844	58	9.33853	61	10.66147	9.98991	48	42
19	16	9.32902	58	9.33913	60	10.66087	0.98989	44	41
20	20	9.32960	58	9.33974	61	10.66026	9.98986	40	40
21	24	9.33018	58	9.34034	60	10.65966	9.98983	36	39
22	28	9.33075	57	9.34095	61	10.65905	9.98980	32	38
23	32	9.33133	58	9.34155	60	10.65845	9.98978	28	37
24	36	9.33190	57	9.34215	60	10.65785	9.98975	24	36
25	40	9.33248	58	9.34276	61	10.65724	9.98972	20	35
26	44	9.33305	57	9.34336	60	10.65664	9.98969	16	34
27	48	9.33362	57	9.34396	60	10.65604	9.98967	12	33
28	52	9.33420	58	9.34456	60	10.65544	9.98964	8	32
29	56	9.33477	57	9.34516	60	10.65484	9.98961	4	31
30	50 0	9.33534	57	9.34576	60	10.65424	9.98958	10 0	30
31	4	9.33591	57	9.34635	59	10.65365	9.98955	56	29
32	8	9.33647	56	9.34695	60	10.65305	9.98953	52	28
33	12	9.33704	57	9.34755	60	10.65245	9.98950	48	27
34	16	9.33761	57	9.34814	59	10.65186	9.98947	44	26
35	20	9.33818	57	9.34874	60	10.65126	9.98944	40	25
36	24	9.33874	56	9.34933	59	10.65067	9.98941	36	24
37	28	9.33931	57	9.34992	59	10.65008	9.98938	32	23
38	32	9.33987	56	9.35051	59	10.64949	9.98936	28	22
39	36	9.34043	56	9.35111	60	10.64889	9.98933	24	21
40	40	9.34100	57	9.35170	59	10.64830	9.98930	20	20
41	44	9.34156	56	9.35229	59	10.64771	9.98927	16	19
42	48	9.34212	56	9.35288	59	10.64712	9.98924	12	18
43	52	9.34268	56	9.35347	59	10.64653	9.98921	8	17
44	56	9 34324	56	9.35405	58	10.64595	9.98919	4	16
45	51 0	9.34380	56	9.35464	59	10.64536	9.98916	9 0	15
46	4	9.34436	56	9.35523	59	10.64477	9.98913	56	14
47	8	9.34491	55	9.35581	58	10.64419	9.98910	52	13
48	12	9.34547	56	9.35640	59	10.64360	9.98907	48	12
49	16	9.34602	55	9.35698	58	10.64302	9.98904	44	11
50	20	9.34658	56	9.35757	59	10.64243	9.98901	40	10
51	24	9.34713	55	9.35815	58	10.64185	9.98898	36	9
52	28	9.34769	56	9.35873	58	10.64127	9.98896	32	8
53	32	9 34824	55	9.35931	58	10.64069	9.98893	28	7
54	36	9.34879	55	9.35989	58	10.64011	9.98890	24	6
55	40	9 34934	55	9.36047	58	10.63953	9.98887	20	5
56	44	9.34989	55	9.36105	58	10.63895	9.98884	16	4
57	48	9.35044	55	9.36163	58	10.63837	9.98881	12	3
58	52	9.35099	55	9.36221	58	10.63779	9.98878	8	2
59	56	9.35154	55	9.36279	57	10.63721	9.98875	4	1
60	52m 0s	9.35209		9.36336		10.63664	9.98872	8m 0s	0′
		Cosin.		Cotang.		Tang.	Sin.	5h	77°

LOGARITHMES SINUS, COSINUS, TANGENTES ET COTANGENTES.

13°	0h	Sin.	Diff.	Tang.	Diff.	Cotang.	Cosin.		
0'	52m 0s	9.35209	54	9.36336	58	10.63664	9.98872	8m 0s	60'
1	4	9.35263	55	9.36394	58	10.63606	9.98869	56	59
2	8	9.35318	55	9.36452	57	10.63548	9.98867	52	58
3	12	9.35373	54	9.36509	57	10.63491	9.98864	48	57
4	16	9.35427	54	9.36566	58	10.63434	9.98861	44	56
5	20	9.35481	55	9.36624	57	10.63376	9.98858	40	55
6	24	9.35536	54	9.36681	57	10.63319	9.98855	36	54
7	28	9.35590	54	9.36738	57	10.63262	9.98852	32	53
8	32	9.35644	54	9.36795	57	10.63205	9.98849	28	52
9	36	9.35698	54	9.36852	57	10.63148	9.98846	24	51
10	40	9.35752	54	9.36909	57	10.63091	9.98843	20	50
11	44	9.35806	54	9.36966	57	10.63034	9.98840	16	49
12	48	9.35860	54	9.37023	57	10.62977	9.98837	12	48
13	52	9.35914	54	9.37080	57	10.62920	9.98834	8	47
14	56	9.35968	54	9.37137	57	10.62863	9.98831	4	46
15	53 0	9.36022	54	9.37193	56	10.62807	9.98828	7 0	45
16	4	9.36075	53	9.37250	57	10.62750	9.98825	56	44
17	8	9.36129	54	9.37306	56	10.62694	9.98822	52	43
18	12	9.36182	53	9.37363	57	10.62637	9.98819	48	42
19	16	9.36236	54	9.37419	56	10.62581	9.98816	44	41
20	20	9.36289	53	9.37476	57	10.62524	9.98813	40	40
21	24	9.36342	53	9.37532	56	10.62468	9.98810	36	39
22	28	9.36395	53	9.37588	56	10.62412	9.98807	32	38
23	32	9.36449	54	9.37644	56	10.62356	9.98804	28	37
24	36	9.36502	53	9.37700	56	10.62300	9.98801	24	36
25	40	9.36555	53	9.37756	56	10.62244	9.98798	20	35
26	44	9.36608	53	9.37812	56	10.62188	9.98795	16	34
27	48	9.36660	52	9.37868	56	10.62132	9.98792	12	33
28	52	9.36713	53	9.37924	56	10.62076	9.98789	8	32
29	56	9.36766	53	9.37980	56	10.62020	9.98786	4	31
30	54 0	9.36819	53	9.38035	55	10.61965	9.98783	6 0	30
31	4	9.36871	52	9.38091	56	10.61909	9.98780	56	29
32	8	9.36924	53	9.38147	56	10.61853	9.98777	52	28
33	12	9.36976	52	9.38202	55	10.61798	9.98774	48	27
34	16	9.37028	52	9.38257	55	10.61743	9.98771	44	26
35	20	9.37081	53	9.38313	56	10.61687	9.98768	40	25
36	24	9.37133	52	9.38368	55	10.61632	9.98765	36	24
37	28	9.37185	52	9.38423	55	10.61577	9.98762	32	23
38	32	9.37237	52	9.38479	56	10.61521	9.98759	28	22
39	36	9.37289	52	9.38534	55	10.61466	9.98756	24	21
40	40	9.37341	62	9.38589	55	10.61411	9.98753	20	20
41	44	9.37393	52	9.38644	55	10.61356	9.98750	16	19
42	48	9.37445	52	9.38699	55	10.61301	9.98746	12	18
43	52	9.37497	52	9.38754	55	10.61246	9.98743	8	17
44	56	9.37549	52	9.38808	54	10.61192	9.98740	4	16
45	55 0	9.37600	51	9.38863	55	10.61137	9.98737	5 0	15
46	4	9.37652	52	9.38918	55	10.61082	9.98734	56	14
47	8	9.37703	51	9.38972	54	10.61028	9.98731	52	13
48	12	9.37755	52	9.39027	55	10.60973	9.98728	48	12
49	16	9.37806	51	9.39082	55	10.60918	9.98725	44	11
50	20	9.37858	52	9.39136	54	10.60864	9.98722	40	10
51	24	9.37909	51	9.39190	54	10.60810	9.98719	36	9
52	28	9.37960	51	9.39245	53	10.60755	9.98715	32	8
53	32	9.38011	51	9.39299	54	10.60701	9.98712	28	7
54	36	9.38062	51	9.39353	54	10.60647	9.98709	24	6
55	40	9.38113	51	9.39407	54	10.60593	9.98706	20	5
56	44	9.38164	51	9.39461	54	10.60539	9.98703	16	4
57	48	9.38215	51	9.39515	54	10.60485	9.98700	12	3
58	52	9.38266	51	9.39569	54	10.60431	9.98697	8	2
59	56	9.38317	51	9.39623	54	10.60377	9.98694	4	1
60'	56m 0s	9.38368	51	9.39677	54	10.60323	9.98690	4m 0s	0'
		Cosin.		**Cotang.**		**Tang.**	**Sin.**	5h	**76°**

LOGARITHMES SINUS, COSINUS, TANGENTES ET COTANGENTES.

14°	0ʰ	Sin.	Diff.	Tang.	Diff.	Cotang.	Cosin.		
0′	56ᵐ 0ˢ	9.38368	50	9.39677	54	10.60323	9.98690	4ᵐ 0ˢ	60′
1	4	9.38418	51	9.39731	54	10.60269	9.98687	56	59
2	8	9.38469	50	9.39785	53	10.60215	9.98684	52	58
3	12	9.38519	51	9.39838	54	10.60162	9.98681	48	57
4	16	9.38570	50	9.39892	53	10.60108	9.98678	44	56
5	20	9.38620	50	9.39945	54	10.60055	9.98675	40	55
6	24	9.38670	51	9.39999	53	10.60001	9.98671	36	54
7	28	9.38721	50	9.40052	54	10.59948	9.98668	32	53
8	32	9.38771	50	9.40106	53	10.59894	9.98665	28	52
9	36	9.38821	50	9.40159	53	10.59841	9.98662	24	51
10	40	9.38871	50	9.40212	54	10.59788	9.98659	20	50
11	44	9.38921	50	9.40266	53	10.59734	9.98656	16	49
12	48	9.38971	50	9.40319	53	10.59681	9.98652	12	48
13	52	9.39021	50	9.40372	53	10.59628	9.98649	8	47
14	56	9.39071	50	9.40425	53	10.59575	9.98646	4	46
15	57 0	9.39121	49	9.40478	53	10 59522	9.98643	3 0	45
16	4	9.39170	50	9.40531	53	10.59469	9.98640	56	44
17	8	9.39220	50	9.40584	52	10.59416	9.98636	52	43
18	12	9.39270	49	9.40636	53	10.59364	9.98633	48	42
19	16	9.39319	50	9.40689	53	10.59311	9.98630	44	41
20	20	9.39369	49	9.40742	53	10.59258	9.98627	40	40
21	24	9.39418	49	9.40795	52	10.59205	9.98623	36	39
22	28	9.39467	50	9.40847	53	10.59153	9.98620	32	38
23	32	9.39517	49	9.40900	52	10.59100	9.98617	28	37
24	36	9.39566	49	9.40952	53	10.59048	9.98614	24	36
25	40	9.39615	49	9.41005	52	10 58995	9.98610	20	35
26	44	9.39664	49	9.41057	52	10 58943	9.98607	16	34
27	48	9.39713	49	9.41109	52	10.58891	9.98604	12	33
28	52	9.39762	49	9.41161	53	10.58839	9.98601	8	32
29	56	9.39811	49	9.41214	52	10.58786	9.98597	4	31
30	58 0	9.39860	49	9.41266	52	10.58734	9.98594	2 0	30
31	4	9.39909	49	9.41318	52	10.58682	9.98591	56	29
32	8	9.39958	48	9.41370	52	10.58630	9.98588	52	28
33	12	9.40006	49	9.41422	52	10.58578	9.98584	48	27
34	16	9.40055	48	9.41474	52	10.58526	9.98581	44	26
35	20	9.40103	49	9.41526	52	10.58474	9.98578	40	25
36	24	9.40152	48	9.41578	51	10.58422	9.98574	36	24
37	28	9.40200	49	9.41629	52	10 58371	9.98571	32	23
38	32	9.40249	48	9.41681	52	10.58319	9.98568	28	22
39	36	9.40297	49	9.41733	51	10.58267	9.98565	24	21
40	40	9.40346	48	9.41784	52	10.58216	9.98561	20	20
41	44	9.40394	48	9.41836	51	10.58164	9.98558	16	19
42	48	9.40442	48	9.41887	52	10.58113	9.98555	12	18
43	52	9.40490	48	9.41939	51	10.58061	9.98551	8	17
44	56	9.40538	48	9.41990	51	10 58010	9.98548	4	16
45	59 0	9.40586	48	9.42041	52	10.57959	9.98545	1 0	15
46	4	9.40634	48	9.42093	51	10.57907	9.98541	56	14
47	8	9.40682	48	9.42144	51	10.57856	9.98538	52	13
48	12	9.40730	48	9.42195	51	10 57805	9.98535	48	12
49	16	9.40778	47	9.42246	51	10.57754	9.98531	44	11
50	20	9.40825	48	9.42297	51	10.57703	9.98528	40	10
51	24	9.40873	48	9.42348	51	10.57652	9.98525	36	9
52	28	9.40921	47	9.42399	51	10 57601	9.98521	32	8
53	32	9.40968	48	9.42450	51	10.57550	9.98518	28	7
54	36	9.41016	47	9.42501	51	10.57499	9.98515	24	6
55	40	9.41063	48	9.42552	51	10.57448	9.98511	20	5
56	44	9.41111	47	9.42603	50	10.57397	9.98508	16	4
57	48	9.41158	47	9.42653	51	10.57347	9.98505	12	3
58	52	9.41205	47	9.42704	51	10.57296	9.98501	8	2
59	56	9.41252	48	9.42755	50	10.57245	9.98498	4	1
60′	60ᵐ 0ˢ	9.41300		9.42805		10.57195	9.98494	0ᵐ 0ˢ	0′
		Cosin.		Cotang.		Tang.	Sin.	5ʰ	75°

LOGARITHMES SINUS, COSINUS, TANGENTES ET COTANGENTES.

15°	1ʰ	Sin.	Diff.	Tang.	Diff.	Cotang.	Cosin.		
0′	0ᵐ 0ˢ	9.41300	47	9.42805	51	10.57195	9.98494	60ᵐ 0ˢ	60′
1	4	9.41347	47	9.42856	50	10.57144	9.98491	56	59
2	8	9.41394	47	9.42906	51	10.57094	9.98488	52	58
3	12	9.41441	47	9.42957	50	10.57043	9.98484	48	57
4	16	9.41488	47	9.43007	50	10.56993	9.98481	44	56
5	20	9.41535	47	9.43057	51	10.56943	9.98477	40	55
6	24	9.41582	46	9.43108	50	10.56892	9.98474	36	54
7	28	9.41628	47	9.43158	50	10.56842	9.98471	32	53
8	32	9.41675	47	9.43208	50	10.56792	9.98467	28	52
9	36	9.41722	46	9.43258	50	10.56742	9.98464	24	51
10	40	9.41768	47	9.43308	50	10.56692	9.98460	20	50
11	44	9.41815	46	9.43358	50	10.56642	9.98457	16	49
12	48	9.41861	47	9.43408	50	10.56592	9.98453	12	48
13	52	9.41908	46	9.43458	50	10.56542	9.98450	8	47
14	56	9.41954	47	9.43508	50	10.56492	9.98447	4	46
15	1 0	9.42001	46	9.43558	49	10.56442	9.98443	59 0	45
16	4	9.42047	46	9.43607	50	10.56393	9.98440	56	44
17	8	9.42093	47	9.43657	50	10.56343	9.98436	52	43
18	12	9.42140	46	9.43707	49	10.56293	9.98433	48	42
19	16	9.42186	46	9.43756	50	10.56244	9.98429	44	41
20	20	9.42232	46	9.43806	49	10.56194	9.98426	40	40
21	24	9.42278	46	9.43855	50	10.56145	9.98422	36	39
22	28	9.42324	46	9.43905	49	10.56095	9.98419	32	38
23	32	9.42370	46	9.43954	50	10.56046	9.98415	28	37
24	36	9.42416	45	9.44004	49	10.55996	9.98412	24	36
25	40	9.42461	46	9.44053	49	10.55947	9.98409	20	35
26	44	9.42507	46	9.44102	49	10.55898	9.98405	16	34
27	48	9.42553	46	9.44151	50	10.55849	9.98402	12	33
28	52	9.42599	46	9.44201	49	10.55799	9.98398	8	32
29	56	9.42644	45	9.44250	49	10.55750	9.98395	4	31
30	2 0	9.42690	46	9.44299	49	10.55701	9.98391	58 0	30
31	4	9.42735	45	9.44348	49	10.55652	9.98388	56	29
32	8	9.42781	46	9.44397	49	10.55603	9.98384	52	28
33	12	9.42826	45	9.44446	49	10.55554	9.98381	48	27
34	16	9.42872	46	9.44495	49	10.55505	9.98377	44	26
35	20	9.42917	45	9.44544	49	10.55456	9.98373	40	25
36	24	9.42962	45	9.44592	48	10.55408	9.98370	36	24
37	28	9.43008	46	9.44641	49	10.55359	9.98366	32	23
38	32	9.43053	45	9.44690	49	10.55310	9.98363	28	22
39	36	9.43098	45	9.44738	48	10.55262	9.98359	24	21
40	40	9.43143	45	9.44787	49	10.55213	9.98356	20	20
41	44	9.43188	45	9.44836	49	10.55164	9.98352	16	19
42	48	9.43233	45	9.44884	48	10.55116	9.98349	12	18
43	52	9.43278	45	9.44933	49	10.55067	9.98345	8	17
44	56	9.43323	44	9.44981	48	10.55019	9.98342	4	16
45	3 0	9.43367	45	9.45029	48	10.54971	9.98338	57 0	15
46	4	9.43412	45	9.45078	49	10.54922	9.98334	56	14
47	8	9.43457	45	9.45126	48	10.54874	9.98331	52	13
48	12	9.43502	44	9.45174	48	10.54826	9.98327	48	12
49	16	9.43546	45	9.45222	48	10.54778	9.98324	44	11
50	20	9.43591	44	9.45271	49	10.54729	9.98320	40	10
51	24	9.43635	45	9.45319	48	10.54681	9.98317	36	9
52	28	9.43680	44	9.45367	48	10.54633	9.98313	32	8
53	32	9.43724	45	9.45415	48	10.54585	9.98309	28	7
54	36	9.43769	44	9.45463	48	10.54537	9.98306	24	6
55	40	9.43813	44	9.45511	48	10.54489	9.98302	20	5
56	44	9.43857	44	9.45559	47	10.54441	9.98299	16	4
57	48	9.43901	45	9.45606	48	10.54394	9.98295	12	3
58	52	9.43946	44	9.45654	48	10.54346	9.98291	8	2
59	56	9.43990	44	9.45702	48	10.54298	9.98288	4	1
60′	4ᵐ 0ˢ	9.44034		9.45750		10.54250	9.98284	56ᵐ 0ˢ	0′
		Cosin.		Cotang.		Tang.	Sin.	4ʰ	74°

LOGARITHMES SINUS, COSINUS, TANGENTES ET COTANGENTES.

16°	1ʰ	Sin.	Diff.	Tang.	Diff.	Cotang.	Cosin.		
0′	4ᵐ 0ˢ	9.44034		9.45750		10.54250	9.98284	56ᵐ 0ˢ	60′
1	4	9.44078	44	9.45797	47	10.54203	9.98281	56	59
2	8	9.44122	44	9.45845	48	10.54155	9.98277	52	58
3	12	9.44166	44	9.45892	47	10.54108	9.98273	48	57
4	16	9.44210	44	9.45940	48	10.54060	9.98270	44	56
5	20	9.44253	43	9.45987	47	10.54013	9.98266	40	55
6	24	9.44297	44	9.46035	48	10.53965	9.98262	36	54
7	28	9.44341	44	9.46082	47	10.53918	9.98259	32	53
8	32	9.44385	44	9.46130	48	10.53870	9.98255	28	52
9	36	9.44428	43	9.46177	47	10.53823	9.98251	24	51
10	40	9.44472	44	9.46224	47	10.53776	9.98248	20	50
11	44	9.44516	44	9.46271	47	10.53729	9.98244	16	49
12	48	9.44559	43	9.46319	48	10.53681	9.98240	12	48
13	52	9.44602	43	9.46366	47	10.53634	9.98237	8	47
14	56	9.44646	44	9.46413	47	10.53587	9.98233	4	46
15	5 0	9.44689	43	9.46460	47	10.53540	9.98229	55 0	45
16	4	9.44733	44	9.46507	47	10.53493	9.98226	56	44
17	8	9.44776	43	9.46554	47	10.53446	9.98222	52	43
18	12	9.44819	43	9.46601	47	10.53399	9.98218	48	42
19	16	9.44862	43	9.46648	47	10.53352	9.98215	44	41
20	20	9.44905	43	9.46694	46	10.53306	9.98211	40	40
21	24	9.44948	43	9.46741	47	10.53259	9.98207	36	39
22	28	9.44992	44	9.46788	47	10.53212	9.98204	32	38
23	32	9.45035	43	9.46835	47	10.53165	9.98200	28	37
24	36	9.45077	42	9.46881	46	10.53119	9.98196	24	36
25	40	9.45120	43	9.46928	47	10.53072	9.98192	20	35
26	44	9.45163	43	9.46975	47	10.53025	9.98189	16	34
27	48	9.45206	43	9.47021	46	10.52979	9.98185	12	33
28	52	9.45249	43	9.47068	47	10.52932	9.98181	8	32
29	56	9.45292	43	9.47114	46	10.52886	9.98177	4	31
30	6 0	9.45334	42	9.47160	46	10.52840	9.98174	54 0	30
31	4	9.45377	43	9.47207	47	10.52793	9.98170	56	29
32	8	9.45419	42	9.47253	46	10.52747	9.98166	52	28
33	12	9.45462	43	9.47299	46	10.52701	9.98162	48	27
34	16	9.45504	42	9.47346	47	10.52654	9.98159	44	26
35	20	9.45547	43	9.47392	46	10.52608	9.98155	40	25
36	24	9.45589	42	9.47438	46	10.52562	9.98151	36	24
37	28	9.45632	43	9.47484	46	10.52516	9.98147	32	23
38	32	9.45674	42	9.47530	46	10.52470	9.98144	28	22
39	36	9.45716	42	9.47576	46	10.52424	9.98140	24	21
40	40	9.45758	42	9.47622	46	10.52378	9.98136	20	20
41	44	9.45801	43	9.47668	46	10.52332	9.98132	16	19
42	48	9.45843	42	9.47714	46	10.52286	9.98129	12	18
43	52	9.45885	42	9.47760	46	10.52240	9.98125	8	17
44	56	9.45927	42	9.47806	46	10.52194	9.98121	4	16
45	7 0	9.45969	42	9.47852	45	10.52148	9.98117	53 0	15
46	4	9.46011	42	9.47897	46	10.52103	9.98113	56	14
47	8	9.46053	42	9.47943	46	10.52057	9.98110	52	13
48	12	9.46095	41	9.47989	46	10.52011	9.98106	48	12
49	16	9.46136	42	9.48035	45	10.51965	9.98102	44	11
50	20	9.46178	42	9.48080	46	10.51920	9.98098	40	10
51	24	9.46220	42	9.48126	45	10.51874	9.98094	36	9
52	28	9.46262	41	9.48171	46	10.51829	9.98090	32	8
53	32	9.46303	42	9.48217	45	10.51783	9.98087	28	7
54	36	9.46345	41	9.48262	45	10.51738	9.98083	24	6
55	40	9.46386	42	9.48307	46	10.51693	9.98079	20	5
56	44	9.46428	41	9.48353	45	10.51647	9.98075	16	4
57	48	9.46469	42	9.48398	45	10.51602	9.98071	12	3
58	52	9.46511	41	9.48443	46	10.51557	9.98067	8	2
59	56	9.46552	42	9.48489	45	10.51511	9.98063	4	1
60′	8ᵐ 0ˢ	9.46594		9.48534		10.51466	9.98060	52ᵐ 0ˢ	0′
		Cosin.		Cotang.		Tang.	Sin.	4ʰ	73°

TABLE II.

LOGARITHMES SINUS, COSINUS, TANGENTES ET COTANGENTES.

17°	1ʰ	Sin.	Diff.	Tang.	Diff.	Cotang.	Cosin.	52ᵐ 0ˢ	60'
0'	8ᵐ 0ˢ	9.46594	41	9.48534	45	10.51466	9.98060	52ᵐ 0ˢ	60'
1	4	9.46635	41	9.48579	45	10.51421	9.98056	56	59
2	8	9.46676	41	9.48624	45	10.51376	9.98052	52	58
3	12	9.46717	41	9.48669	45	10.51331	9.98048	48	57
4	16	9.46758	42	9.48714	45	10.51286	9.98044	44	56
5	20	9.46800	41	9.48759	45	10.51241	9.98040	40	55
6	24	9.46841	41	9.48804	45	10.51196	9.98036	36	54
7	28	9.46882	41	9.48849	45	10.51151	9.98032	32	53
8	32	9.46923	41	9.48894	45	10.51106	9.98029	28	52
9	36	9.46964	41	9.48939	45	10.51061	9.98025	24	51
10	40	9.47005	40	9.48984	45	10.51016	9.98021	20	50
11	44	9.47045	41	9.49029	44	10.50971	9.98017	16	49
12	48	9.47086	41	9.49073	45	10.50927	9.98013	12	48
13	52	9.47127	41	9.49118	45	10.50882	9.98009	8	47
14	56	9.47168	41	9.49163	44	10.50837	9.98005	4	46
15	9 0	9.47209	40	9.49207	45	10.50793	9.98001	51 0	45
16	4	9.47249	41	9.49252	44	10.50748	9.97997	56	44
17	8	9.47290	40	9.49296	45	10.50704	9.97993	52	43
18	12	9.47330	41	9.49341	44	10.50659	9.97989	48	42
19	16	9.47371	40	9.49385	45	10.50615	9.97986	44	41
20	20	9.47411	41	9.49430	44	10.50570	9.97982	40	40
21	24	9.47452	40	9.49474	45	10.50526	9.97978	36	39
22	28	9.47492	41	9.49519	44	10.50481	9.97974	32	38
23	32	9.47533	40	9.49563	44	10.50437	9.97970	28	37
24	36	9.47573	40	9.49607	45	10.50393	9.97966	24	36
25	40	9.47613	41	9.49652	44	10.50348	9.97962	20	35
26	44	9.47654	40	9.49696	44	10.50304	9.97958	16	34
27	48	9.47694	40	9.49740	44	10.50260	9.97954	12	33
28	52	9.47734	40	9.49784	44	10.50216	9.97950	8	32
29	56	9.47774	40	9.49828	44	10.50172	9.97946	4	31
30	10 0	9.47814	40	9.49872	44	10.50128	9.97942	50 0	30
31	4	9.47854	40	9.49916	44	10.50084	9.97938	56	29
32	8	9.47894	40	9.49960	44	10.50040	9.97934	52	28
33	12	9.47934	40	9.50004	44	10.49996	9.97930	48	27
34	16	9.47974	40	9.50048	44	10.49952	9.97926	44	26
35	20	9.48014	40	9.50092	44	10.49908	9.97922	40	25
36	24	9.48054	40	9.50136	44	10.49864	9.97918	36	24
37	28	9.48094	40	9.50180	44	10.49820	9.97914	32	23
38	32	9.48133	39	9.50223	43	10.49777	9.97910	28	22
39	36	9.48173	40	9.50267	44	10.49733	9.97906	24	21
40	40	9.48213	40	9.50311	44	10.49689	9.97902	20	20
41	44	9.48252	39	9.50355	44	10.49645	9.97898	16	19
42	48	9.48292	40	9.50398	43	10.49602	9.97894	12	18
43	52	9.48332	40	9.50442	44	10.49558	9.97890	8	17
44	56	9.48371	39	9.50485	43	10.49515	9.97886	4	16
45	11 0	9.48411	40	9.50529	44	10.49471	9.97882	49 0	15
46	4	9.48450	39	9.50572	43	10.49428	9.97878	56	14
47	8	9.48490	40	9.50616	44	10.49384	9.97874	52	13
48	12	9.48529	39	9.50659	43	10.49341	9.97870	48	12
49	16	9.48568	39	9.50703	44	10.49297	9.97866	44	11
50	20	9.48607	39	9.50746	43	10.49254	9.97861	40	10
51	24	9.48647	40	9.50789	43	10.49211	9.97857	36	9
52	28	9.48686	39	9.50833	44	10.49167	9.97853	32	8
53	32	9.48725	39	9.50876	43	10.49124	9.97849	28	7
54	36	9.48764	39	9.50919	43	10.49081	9.97845	24	6
55	40	9.48803	39	9.50962	43	10.49038	9.97841	20	5
56	44	9.48842	39	9.51005	43	10.48995	9.97837	16	4
57	48	9.48881	39	9.51048	43	10.48952	9.97833	12	3
58	52	9.48920	39	9.51092	44	10.48908	9.97829	8	2
59	56	9.48959	39	9.51135	43	10.48865	9.97825	4	1
60'	12ᵐ 0ˢ	9.48998		9.51178	43	10.48822	9.97821	48ᵐ 0ˢ	0'
		Cosin.		Cotang.		Tang.	Sin.	4ʰ	72°

LOGARITHMES SINUS, COSINUS, TANGENTES ET COTANGENTES.

18°	1ʰ	Sin.	Diff.	Tang.	Diff.	Cotang.	Cosin.	Diff.		60'
0'	12ᵐ 0ˢ	9.48998	39	9.51178	43	10.48822	9.97821	4	48ᵐ 0ˢ	60'
1	4	9.49037	39	9.51221	43	10.48779	9.97817	5	56	59
2	8	9.49076	39	9.51264	42	10.48736	9.97812	4	52	58
3	12	9.49115	38	9.51306	43	10.48694	9.97808	4	48	57
4	16	9.49153	39	9.51349	43	10.48651	9.97804	4	44	56
5	20	9.49192	39	9.51392	43	10.48608	9.97800	4	40	55
6	24	9.49231	38	9.51435	43	10.48565	9.97796	4	36	54
7	28	9.49269	39	9.51478	42	10.48522	9.97792	4	32	53
8	32	9.49308	39	9.51520	43	10.48480	9.97788	4	28	52
9	36	9.49347	38	9.51563	43	10.48437	9.97784	5	24	51
10	40	9.49385	39	9.51606	42	10.48394	9.97779	4	20	50
11	44	9.49424	38	9.51648	43	10.48352	9.97775	4	16	49
12	48	9.49462	38	9.51691	43	10.48309	9.97771	4	12	48
13	52	9.49500	39	9.51734	42	10.48266	9.97767	4	8	47
14	56	9.49539	38	9.51776	43	10.48224	9.97763	4	4	46
15	13 0	9.49577	38	9.51819	42	10.48181	9.97759	5	47 0	45
16	4	9.49615	39	9.51861	42	10.48139	9.97754	4	56	44
17	8	9.49654	38	9.51903	43	10.48097	9.97750	4	52	43
18	12	9.49692	38	9.51946	42	10.48054	9.97746	4	48	42
19	16	9.49730	38	9.51988	43	10.48012	9.97742	4	44	41
20	20	9.49768	38	9.52031	42	10.47969	9.97738	4	40	40
21	24	9.49806	38	9.52073	42	10.47927	9.97734	5	36	39
22	28	9.49844	38	9.52115	42	10.47885	9.97729	4	32	38
23	32	9.49882	38	9.52157	43	10.47843	9.97725	4	28	37
24	36	9.49920	38	9.52200	42	10.47800	9.97721	4	24	36
25	40	9.49958	38	9.52242	42	10.47758	9.97717	4	20	35
26	44	9.49996	38	9.52284	42	10.47716	9.97713	5	16	34
27	48	9.50034	38	9.52326	42	10.47674	9.97708	4	12	33
28	52	9.50072	38	9.52368	42	10.47632	9.97704	4	8	32
29	56	9.50110	38	9.52410	42	10.47590	9.97700	4	4	31
30	14 0	9.50148	38	9.52452	42	10.47548	9.97696	5	46 0	30'
31	4	9.50185	37	9.52494	42	10.47506	9.97691	4	56	29
32	8	9.50223	38	9.52536	42	10.47464	9.97687	4	52	28
33	12	9.50261	38	9.52578	42	10.47422	9.97683	4	48	27
34	16	9.50298	37	9.52620	42	10.47380	9.97679	5	44	26
35	20	9.50336	38	9.52661	41	10.47339	9.97674	4	40	25
36	24	9.50374	38	9.52703	42	10.47297	9.97670	4	36	24
37	28	9.50411	37	9.52745	42	10.47255	9.97666	4	32	23
38	32	9.50449	38	9.52787	42	10.47213	9.97662	5	28	22
39	36	9.50486	37	9.52829	41	10.47171	9.97657	4	24	21
40	40	9.50523	37	9.52870	42	10.47130	9.97653	4	20	20
41	44	9.50561	38	9.52912	41	10.47088	9.97649	4	16	19
42	48	9.50598	37	9.52953	42	10.47047	9.97645	5	12	18
43	52	9.50635	37	9.52995	42	10.47005	9.97640	4	8	17
44	56	9.50673	38	9.53037	41	10.46963	9.97636	4	4	16
45	15 0	9.50710	37	9.53078	42	10.46922	9.97632	4	45 0	15
46	4	9.50747	37	9.53120	41	10.46880	9.97628	5	56	14
47	8	9.50784	37	9.53161	41	10.46839	9.97623	4	52	13
48	12	9.50821	37	9.53202	42	10.46798	9.97619	4	48	12
49	16	9.50858	37	9.53244	41	10.46756	9.97615	5	44	11
50	20	9.50896	38	9.53285	42	10.46715	9.97610	4	40	10
51	24	9.50933	37	9.53327	41	10.46673	9.97606	4	36	9
52	28	9.50970	37	9.53368	41	10.46632	9.97602	5	32	8
53	32	9.51007	37	9.53409	41	10.46591	9.97597	4	28	7
54	36	9.51043	36	9.53450	42	10.46550	9.97593	4	24	6
55	40	9.51080	37	9.53492	41	10.46508	9.97589	5	20	5
56	44	9.51117	37	9.53533	41	10.46467	9.97584	4	16	4
57	48	9.51154	37	9.53574	41	10.46426	9.97580	4	12	3
58	52	9.51191	36	9.53615	41	10.46385	9.97576	5	8	2
59	56	9.51227	37	9.53656	41	10.46344	9.97571	4	4	1
60'	16ᵐ 0ˢ	9.51264	37	9.53697	41	10.46303	9.97567		44ᵐ 0ˢ	0'
		Cosin.		Cotang.		Tang.	Sin.		4ʰ	**71°**

TABLE II.

LOGARITHMES SINUS, COSINUS, TANGENTES ET COTANGENTES.

19°	1h	Sin.	Diff.	Tang.	Diff.	Cotang.	Cosin.	Diff.		
0'	16m 0s	9.51264	37	9.53697	41	10.46303	9.97567	4	44m 0s	60'
1	4	9.51301	37	9.53738	41	10.46262	9.97563	5	56	59
2	8	9.51338	36	9.53779	41	10.46221	9.97558	4	52	58
3	12	9.51374	37	9.53820	41	10.46180	9.97554	4	48	57
4	16	9.51411	36	9.53861	41	10.46139	9.97550	5	44	56
5	20	9.51447	37	9.53902	41	10.46098	9.97545	4	40	55
6	24	9.51484	36	9.53943	41	10.46057	9.97541	5	36	54
7	28	9.51520	37	9.53984	41	10.46016	9.97536	4	32	53
8	32	9.51557	36	9.54025	40	10.45975	9.97532	4	28	52
9	36	9.51593	36	9.54065	41	10.45935	9.97528	5	24	51
10	40	9.51629	37	9.54106	41	10.45894	9.97523	4	20	50
11	44	9.51666	36	9.54147	40	10.45853	9.97519	4	16	49
12	48	9.51702	36	9.54187	41	10.45813	9.97515	5	12	48
13	52	9.51738	36	9.54228	41	10.45772	9.97510	4	8	47
14	56	9.51774	37	9.54269	40	10.45731	9.97506	5	4	46
15	17 0	9.51811	36	9.54309	41	10.45691	9.97501	4	43 0	45
16	4	9.51847	36	9.54350	40	10.45650	9.97497	5	56	44
17	8	9.51883	36	9.54390	41	10.45610	9.97492	4	52	43
18	12	9.51919	36	9.54431	40	10.45569	9.97488	4	48	42
19	16	9.51955	36	9.54471	41	10.45529	9.97484	5	44	41
20	20	9.51991	36	9.54512	40	10.45488	9.97479	4	40	40
21	24	9.52027	36	9.54552	41	10.45448	9.97475	5	36	39
22	28	9.52063	36	9.54593	40	10.45407	9.97470	4	32	38
23	32	9.52099	36	9.54633	40	10.45367	9.97466	5	28	37
24	36	9.52135	36	9.54673	41	10.45327	9.97461	4	24	36
25	40	9.52171	36	9.54714	40	10.45286	9.97457	4	20	35
26	44	9.52207	35	9.54754	40	10.45246	9.97453	5	16	34
27	48	9.52242	36	9.54794	41	10.45206	9.97448	4	12	33
28	52	9.52278	36	9.54835	40	10.45165	9.97444	5	8	32
29	56	9.52314	36	9.54875	40	10.45125	9.97439	4	4	31
30	18 0	9.52350	35	9.54915	40	10.45085	9.97435	5	42 0	30
31	4	9.52385	36	9.54955	40	10.45045	9.97430	4	56	29
32	8	9.52421	35	9.54995	40	10.45005	9.97426	5	52	28
33	12	9.52456	36	9.55035	40	10.44965	9.97421	4	48	27
34	16	9.52492	35	9.55075	40	10.44925	9.97417	5	44	26
35	20	9.52527	36	9.55115	40	10.44885	9.97412	4	40	25
36	24	9.52563	35	9.55155	40	10.44845	9.97408	5	36	24
37	28	9.52598	36	9.55195	40	10.44805	9.97403	4	32	23
38	32	9.52634	35	9.55235	40	10.44765	9.97399	5	28	22
39	36	9.52669	36	9.55275	40	10.44725	9.97394	4	24	21
40	40	9.52705	35	9.55315	40	10.44685	9.97390	5	20	20
41	44	9.52740	35	9.55355	40	10.44645	9.97385	4	16	19
42	48	9.52775	36	9.55395	39	10.44603	9.97381	5	12	18
43	52	9.52811	35	9.55434	40	10.44566	9.97376	4	8	17
44	56	9.52846	35	9.55474	40	10.44526	9.97372	5	4	16
45	19 0	9.52881	35	9.55514	40	10.44486	9.97367	4	41 0	15
46	4	9.52916	35	9.55554	39	10.44446	9.97363	5	56	14
47	8	9.52951	35	9.55593	40	10.44407	9.97358	5	52	13
48	12	9.52986	35	9.55633	40	10.44367	9.97353	4	48	12
49	16	9.53021	35	9.55673	39	10.44327	9.97349	5	44	11
50	20	9.53056	36	9.55712	40	10.44288	9.97344	4	40	10
51	24	9.53092	34	9.55752	39	10.44248	9.97340	5	36	9
52	28	9.53126	35	9.55791	40	10.44209	9.97335	4	32	8
53	32	9.53161	35	9.55831	39	10.44169	9.97331	5	28	7
54	36	9.53196	35	9.55870	40	10.44130	9.97326	4	24	6
55	40	9.53231	35	9.55910	39	10.44090	9.97322	5	20	5
56	44	9.53266	35	9.55949	40	10.44051	9.97317	5	16	4
57	48	9.53301	35	9.55989	39	10.44011	9.97312	4	12	3
58	52	9.53336	34	9.56028	39	10.43972	9.97308	5	8	2
59	56	9.53370	35	9.56067	40	10.43933	9.97303	4	4	1
60'	20m 0s	9.53405		9.56107		10.43893	9.97299		40m 0s	0'
		Cosin.		Cotang.		Tang.	Sin.		4h	70°

LOGARITHMES SINUS, COSINUS, TANGENTES ET COTANGENTES.

20°	1ʰ	Sin.	Diff.	Tang.	Diff.	Cotang.	Cosin.	Diff.		60'
0'	20ᵐ 0ˢ	9.53405	35	9.56107	39	10.43893	9.97299	5	40ᵐ 0ˢ	60'
1	4	9.53440	35	9.56146	39	10.43854	9.97294	5	56	59
2	8	9.53475	34	9.56185	39	10.43815	9.97289	5	52	58
3	12	9.53509	35	9.56224	40	10.43776	9.97285	4	48	57
4	16	9.53544	34	9.56264	39	10.43736	9.97280	5	44	56
5	20	9.53578	35	9.56303	39	10.43697	9.97276	4	40	55
6	24	9.53613	34	9.56342	39	10.43658	9.97271	5	36	54
7	28	9.53647	35	9.56381	39	10.43619	9.97266	5	32	53
8	32	9.53682	34	9.56420	39	10.43580	9.97262	4	28	52
9	36	9.53716	35	9.56459	39	10.43541	9.97257	5	24	51
10	40	9.53751	34	9.56498	39	10.43502	9.97252	5	20	50
11	44	9.53785	34	9.56537	39	10.43463	9.97248	4	16	49
12	48	9.53819	35	9.56576	39	10.43424	9.97243	5	12	48
13	52	9.53854	34	9.56615	39	10.43385	9.97238	5	8	47
14	56	9.53888	34	9.56654	39	10.43346	9.97234	4	4	46
15	21 0	9.53922	35	9.56693	39	10.43307	9.97229	5	39 0	45
16	4	9.53957	34	9.56732	39	10.43268	9.97224	4	56	44
17	8	9.53991	34	9.56771	39	10.43229	9.97220	5	52	43
18	12	9.54025	34	9.56810	39	10.43190	9.97215	5	48	42
19	16	9.54059	34	9.56849	38	10.43151	9.97210	4	44	41
20	20	0.54093	34	9.56887	39	10.43113	9.97206		40	40
21	24	9.54127	34	9.56926	39	10.43074	9.97201	5	36	39
22	28	9.54161	34	9.56965	39	10.43035	9.97196	5	32	38
23	32	9.54195	34	9.57004	38	10.42996	9.97192	4	28	37
24	36	9.54229	34	9.57042	39	10.42958	9.97187	5	24	36
25	40	9.54263	34	9.57081	39	10.42919	9.97182	5	20	35
26	44	9.54297	34	9.57120	38	10.42880	9.97178	4	16	34
27	48	9.54331	34	9.57158	39	10.42842	9.97173	5	12	33
28	52	9.54365	34	9.57197	38	10.42803	9.97168	5	8	32
29	56	9.54399	34	9.57235	39	10.42765	9.97163	5	4	31
30	22 0	9.54433	33	9.57274	38	10.42726	9.97159	4	38 0	30
31	4	9.54466	34	9.57312	39	10.42688	9.97154	5	56	29
32	8	9.54500	34	9.57351	38	10.42649	9.97149	5	52	28
33	12	9.54534	33	9.57389	39	10.42611	9.97145	4	48	27
34	16	9.54567	34	9.57428	38	10.42572	9.97140	5	44	26
35	20	9.54601	34	9.57466	38	10.42534	9.97135	5	40	25
36	24	9.54635	33	9.57504	39	10.42496	9.97130	4	36	24
37	28	9.54668	34	9.57543	38	10.42457	9.97126	5	32	23
38	32	9.54702	33	9.57581	38	10.42419	9.97121	5	28	22
39	36	9.54735	34	9.57619	39	10.42381	9.97116	5	24	21
40	40	9.54769	33	9.57658	38	10.42342	9.97111	5	20	20
41	44	9.54802	34	9.57696	38	10.42304	9.97107	4	16	19
42	48	9.54836	33	9.57734	38	10.42266	9.97102	5	12	18
43	52	9.54869	34	9.57772	38	10.42228	9.97097	5	8	17
44	56	9.54903	33	9.57810	39	10.42190	9.97092	5	4	16
45	23 0	9.54936	33	9.57849	38	10.42151	9.97087	5	37 0	15
46	4	9.54969	34	9.57887	38	10.42113	9.97083	4	56	14
47	8	9.55003	33	9.57925	38	10.42075	9.97078	5	52	13
48	12	9.55036	33	9.57963	38	10.42037	9.97073	5	48	12
49	16	9.55069	33	9.58001	38	10.41999	9.97068	5	44	11
50	20	9.55102	33	9.58039	38	10.41961	9.97063		40	10
51	24	9.55136	34	9.58077	38	10.41923	9.97059	4	36	9
52	28	9.55169	33	9.58115	38	10.41885	9.97054	5	32	8
53	32	9.55202	33	9.58153	38	10.41847	9.97049	5	28	7
54	36	9.55235	33	9.58191	38	10.41809	9.97044	5	24	6
55	40	9.55268	33	9.58229	38	10.41771	9.97039	5	20	5
56	44	9.55301	33	9.58267	38	10.41733	9.97035	4	16	4
57	48	9.55334	33	9.58304	37	10.41696	9.97030	5	12	3
58	52	9.55367	33	9.58342	38	10.41658	9.97025	5	8	2
59	56	9.55400	33	9.58380	38	10.41620	9.97020	5	4	1
60'	24ᵐ 0ˢ	9.55433	33	9.58418	38	10.41582	9.97015		36ᵐ 0ˢ	0'
		Cosin.		Cotang.		Tang.	Sin.		4ʰ	**69°**

TABLE II.

LOGARITHMES SINUS, COSINUS, TANGENTES ET COTANGENTES.										
21°	**1ʰ**	**Sin.**	Diff.	**Tang.**	Diff.	**Cotang.**	**Cosin.**	Diff.	**36ᵐ 0ˢ**	**60'**
0'	24ᵐ 0ˢ	9.55433	33	9.58418	37	10.41582	9.97015	5	36ᵐ 0ˢ	60'
1	4	9.55466	33	9.58455	38	10.41545	9.97010	5	56	59
2	8	9.55499	33	9.58493	38	10.41507	9.97005	4	52	58
3	12	9.55532	32	9.58531	38	10.41469	9.97001	5	48	57
4	16	9.55564	33	9.58569	37	10.41431	9.96996	5	44	56
5	20	9.55597	33	9.58606	38	10.41394	9.96991	5	40	55
6	24	9.55630	33	9.58644	37	10.41356	9.96986	5	36	54
7	28	9.55663	32	9.58681	38	10.41319	9.96981	5	32	53
8	32	9.55695	33	9.58719	38	10.41281	9.96976	5	28	52
9	36	9.55728	33	9.58757	37	10.41243	9.96971	5	24	51
10	40	9.55761	32	9.58794	38	10.41206	9.96966	4	20	50
11	44	9.55793	33	9.58832	37	10.41168	9.96962	5	16	49
12	48	9.55826	32	9.58869	38	10.41131	9.96957	5	12	48
13	52	9.55858	33	9.58907	37	10.41093	9.96952	5	8	47
14	56	9.55891	32	9.58944	37	10.41056	9.96947	5	4	46
15	25ᵐ 0ˢ	9.55923	33	9.58981	38	10.41019	9.96942	5	35ᵐ 0ˢ	45
16	4	9.55956	32	9.59019	37	10.40981	9.96937	5	56	44
17	8	9.55988	33	9.59056	38	10.40944	9.96932	5	52	43
18	12	9.56021	32	9.59094	37	10.40906	9.96927	5	48	42
19	16	9.56053	32	9.59131	37	10.40869	9.96922	5	44	41
20	20	9.56085	33	9.59168	37	10.40832	9.96917	5	40	40
21	24	9.56118	32	9.59205	38	10.40795	9.96912	5	36	39
22	28	9.56150	32	9.59243	37	10.40757	9.96907	4	32	38
23	32	9.56182	33	9.59280	37	10.40720	9.96903	5	28	37
24	36	9.56215	32	9.59317	37	10.40683	9.96898	5	24	36
25	40	9.56247	32	9.59354	37	10.40646	9.96893	5	20	35
26	44	9.56279	32	9.59391	38	10.40609	9.96888	5	16	34
27	48	9.56311	32	9.59429	37	10.40571	9.96883	5	12	33
28	52	9.56343	32	9.59466	37	10.40534	9.96878	5	8	32
29	56	9.56375	33	9.59503	37	10.40497	9.96873	5	4	31
30	26ᵐ 0ˢ	9.56408	32	9.59540	37	10.40460	9.96868	5	34ᵐ 0ˢ	30
31	4	9.56440	32	9.59577	37	10.40423	9.96863	5	56	29
32	8	9.56472	32	9.59614	37	10.40386	9.96858	5	52	28
33	12	9.56504	32	9.59651	37	10.40349	9.96853	5	48	27
34	16	9.56536	32	9.59688	37	10.40312	9.96848	5	44	26
35	20	9.56568	31	9.59725	37	10.40275	9.96843	5	40	25
36	24	9.56599	32	9.59762	37	10.40238	9.96838	5	36	24
37	28	9.56631	32	9.59799	36	10.40201	9.96833	5	32	23
38	32	9.56663	32	9.59835	37	10.40165	9.96828	5	28	22
39	36	9.56695	32	9.59872	37	10.40128	9.96823	5	24	21
40	40	9.56727	32	9.59909	37	10.40091	9.96818	5	20	20
41	44	9.56759	31	9.59946	37	10.40054	9.96813	5	16	19
42	48	9.56790	32	9.59983	37	10.40017	9.96808	5	12	18
43	52	9.56822	32	9.60019	36	10.39981	9.96803	5	8	17
44	56	9.56854	32	9.60056	37	10.39944	9.96798	5	4	16
45	27ᵐ 0ˢ	9.56886	31	9.60093	37	10.39907	9.96793	5	33ᵐ 0ˢ	15
46	4	9.56917	32	9.60130	37	10.39870	9.96788	5	56	14
47	8	9.56949	31	9.60166	36	10.39834	9.96783	5	52	13
48	12	9.56980	32	9.60203	37	10.39797	9.96778	6	48	12
49	16	9.57012	32	9.60240	37	10.39760	9.96772	5	44	11
50	20	9.57044	31	9.60276	36	10.39724	9.96767	5	40	10
51	24	9.57075	32	9.60313	37	10.39687	9.96762	5	36	9
52	28	9.57107	31	9.60349	36	10.39651	9.96757	5	32	8
53	32	9.57138	31	9.60386	37	10.39614	9.96752	5	28	7
54	36	9.57169	32	9.60422	36	10.39578	9.96747	5	24	6
55	40	9.57201	31	9.60459	37	10.39541	9.96742	5	20	5
56	44	9.57232	32	9.60495	36	10.39505	9.96737	5	16	4
57	48	9.57264	31	9.60532	37	10.39468	9.96732	5	12	3
58	52	9.57295	31	9.60568	36	10.39432	9.96727	5	8	2
59	56	9.57326	32	9.60605	37	10.39395	9.96722	5	4	1
60'	28ᵐ 0ˢ	9.57358		9.60641	36	10.39359	9.96717		32ᵐ 0ˢ	0'
		Cosin.		**Cotang.**		**Tang.**	**Sin.**		**4ʰ**	**68°**

LOGARITHMES SINUS, COSINUS, TANGENTES ET COTANGENTES.

22°	1ʰ	Sin.	Diff.	Tang.	Diff.	Cotang.	Cosin.	Diff.		60'
0'	28ᵐ 0ˢ	9.57358	31	9.60641	36	10.39359	9.96717	6	32ᵐ 0ˢ	60'
1	4	9.57389	31	9.60677	37	10.39323	9.96711	5	56	59
2	8	9.57420	31	9.60714	36	10.39286	9.96706	5	52	58
3	12	9.57451	31	9 60750	36	10.39250	9.96701	5	48	57
4	16	9.57482	32	9 60786	37	10.39214	9 96696	5	44	56
5	20	9.57514	31	9.60823	36	10.39177	9.96691	5	40	55
6	24	9.57545	31	9.60859	36	10.39141	9.96686	5	36	54
7	28	9.57576	31	9.60895	36	10.39105	9.96681	5	32	53
8	32	9.57607	31	9.60931	36	10.39069	9.96676	6	28	52
9	36	9.57638	31	9.60967	37	10.39033	9.96670	5	24	51
10	40	9.57669	31	9.61004	36	10.38996	9.96665	5	20	50
11	44	9.57700	31	9.61040	36	10.38960	9.96660	5	16	49
12	48	9.57731	31	9.61076	36	10.38924	9.96655	5	12	48
13	52	9.57762	31	9.61112	36	10.38888	9.96650	5	8	47
14	56	9.57793	31	9.61148	36	10.38852	9.96645	5	4	46
15	29 0	9.57824	31	9.61184	36	10.38816	9.96640	6	31 0	45
16	4	9.57855	31	9.61220	36	10.38780	9.96634	5	56	44
17	8	9.57885	30	9.61256	36	10.38744	9.96629	5	52	43
18	12	9.57916	31	9.61292	36	10.38708	9.96624	5	48	42
19	16	9.57947	31	9.61328	36	10 38672	9.96619	5	44	41
20	20	9.57978	31	9.61364	36	10.38636	9.96614	6	40	40
21	24	9.58008	30	9.61400	36	10.38600	9.96608	5	36	39
22	28	9.58039	31	9.61436	36	10.38564	9.96603	5	32	38
23	32	9.58070	31	9.61472	36	10.38528	9.96598	5	28	37
24	36	9.58101	31	9.61508	36	10.38492	9.96593	5	24	36
25	40	9.58131	30	9.61544	36	10 38456	9 96588	6	20	35
26	44	9.58162	31	9.61579	35	10.38421	9.96582	5	16	34
27	48	9.58192	30	9.61615	36	10.38385	9.96577	5	12	33
28	52	9.58223	31	9.61651	36	10.38349	9.96572	5	8	32
29	56	9.58253	30	9.61687	36	10.38313	9.96567	5	4	31
30	30 0	9.58284	31	9.61722	35	10.38278	9.96562	6	30 0	30
31	4	9.58314	30	9.61758	36	10.38242	9.96556	5	56	29
32	8	9.58345	31	9.61794	36	10.38206	9.96551	5	52	28
33	12	9.58375	30	9.61830	36	10.38170	9.96546	5	48	27
34	16	9.58406	31	9.61865	35	10.38135	9.96541	6	44	26
35	20	9 58436	30	9.61901	36	10.38099	9.96535	5	40	25
36	24	9.58467	31	9.61936	35	10.38064	9 96530	5	36	24
37	28	9.58497	30	9 61972	36	10 38028	9.96525	5	32	23
38	32	9 58527	30	9.62008	36	10.37992	9.96520	6	28	22
39	36	9.58557	30	9 62043	35	10.37957	9.96514	5	24	21
40	40	9.58588	31	9.62079	36	10.37921	9.96509	5	20	20
41	44	9.58618	30	9.62114	35	10.37886	9.96504	6	16	19
42	48	9.58648	30	9.62150	36	10.37850	9.96498	5	12	18
43	52	9.58678	30	9.62185	35	10.37815	9.96493	5	8	17
44	56	9 58709	31	9 62221	36	10 37779	9.96488	5	4	16
45	31 0	9 58739	30	9 62256	35	10.37744	9.96483	6	29 0	15
46	4	9.58769	30	9 62292	36	10.37708	9.96477	5	56	14
47	8	9 58799	30	9.62327	35	10.37673	9.96472	5	52	13
48	12	9.58829	30	9.62362	35	10 37638	9.96467	6	48	12
49	16	9.58859	30	9.62398	36	10.37602	9.96461	5	44	11
50	20	9 58889	30	9.62433	35	10.37567	9.96456	5	40	10
51	24	9 58919	30	9.62468	35	10.37532	9.96451	5	36	9
52	28	9.58949	30	9.62504	36	10 37496	9.96445	6	32	8
53	32	9.58979	30	9.62539	35	10.37461	9.96440	5	28	7
54	36	9.59009	30	9.62574	35	10.37426	9.96435	5	24	6
55	40	9.59039	30	9.62609	36	10.37391	9.96429	6	20	5
56	44	9.59069	29	9.62645	35	10.37355	9.96424	5	16	4
57	48	9.59098	30	9.62680	35	10.37320	9.96419	5	12	3
58	52	9.59128	30	9.62715	35	10.37285	9.96413	6	8	2
59	56	9.59158	30	9.62750	35	10.37250	9.96408	5	4	1
60'	32ᵐ 0ˢ	9.59188	30	9.62785	35	10.37215	9.96403	5	28ᵐ 0ˢ	0'
		Cosin.		Cotang.		Tang.	Sin.		4ʰ	67°

TABLE II.

LOGARITHMES SINUS, COSINUS, TANGENTES ET COTANGENTES.

23°	1ʰ	Sin.	Diff.	Tang.	Diff.	Cotang.	Cosin.	Diff.		66°
0′	32ᵐ 0ˢ	9.59188	30	9.62785	35	10.37215	9.96403	6	28ᵐ 0ˢ	60′
1	4	9.59218	29	9.62820	35	10.37180	9.96397	5	56	59
2	8	9.59247	30	9.62855	35	10.37145	9.96392	5	52	58
3	12	9.59277	30	9.62890	36	10.37110	9.96387	6	48	57
4	16	9.59307	30	9.62926	35	10.37074	9.96381	5	44	56
5	20	9.59336	29	9.62961	35	10.37039	9.96376	6	40	55
6	24	9.59366	30	9.62996	35	10.37004	9.96370	5	36	54
7	28	9.59396	30	9.63031	35	10.36969	9.96365	6	32	53
8	32	9.59425	29	9.63066	35	10.36934	9.96360	5	28	52
9	36	9.59455	30	9.63101	34	10.36899	9.96354	6	24	51
10	40	9.59484	29	9.63135	35	10.36865	9.96349	5	20	50
11	44	9.59514	30	9.63170	35	10.36830	9.96343	6	16	49
12	48	9.59543	29	9.63205	35	10.36795	9.96338	5	12	48
13	52	9.59573	30	9.63240	35	10.36760	9.96333	5	8	47
14	56	9.59602	29	9.63275	35	10.36725	9.96327	6	4	46
15	33 0	9.59632	30	9.63310	35	10.36690	9.96322	5	27 0	45
16	4	9.59661	29	9.63345	35	10.36655	9.96316	6	56	44
17	8	9.59690	29	9.63379	34	10.36621	9.96311	5	52	43
18	12	9.59720	30	9.63414	35	10.36586	9.96305	6	48	42
19	16	9.59749	29	9.63449	35	10.36551	9.96300	5	44	41
20	20	9.59778	29	9.63484	35	10.36516	9.96294	6	40	40
21	24	9.59808	30	9.63519	35	10.36481	9.96289	5	36	39
22	28	9.59837	29	9.63553	34	10.36447	9.96284	5	32	38
23	32	9.59866	29	9.63588	35	10.36412	9.96278	6	28	37
24	36	9.59895	29	9.63623	35	10.36377	9.96273	5	24	36
25	40	9.59924	29	9.63657	34	10.36343	9.96267	6	20	35
26	44	9.59954	30	9.63692	35	10.36308	9.96262	5	16	34
27	48	9.59983	29	9.63726	34	10.36274	9.96256	6	12	33
28	52	9.60012	29	9.63761	35	10.36239	9.96251	5	8	32
29	56	9.60041	29	9.63796	35	10.36204	9.96245	6	4	31
30	34 0	9.60070	29	9.63830	34	10.36170	9.96240	5	26 0	30
31	4	9.60099	29	9.63865	35	10.36135	9.96234	6	56	29
32	8	9.60128	29	9.63899	34	10.36101	9.96229	5	52	28
33	12	9.60157	29	9.63934	35	10.36066	9.96223	6	48	27
34	16	9.60186	29	9.63968	34	10.36032	9.96218	5	44	26
35	20	9.60215	29	9.64003	35	10.35997	9.96212	6	40	25
36	24	9.60244	29	9.64037	34	10.35963	9.96207	5	36	24
37	28	9.60273	29	9.64072	35	10.35928	9.96201	6	32	23
38	32	9.60302	29	9.64106	34	10.35894	9.96196	5	28	22
39	36	9.60331	28	9.64140	34	10.35860	9.96190	6	24	21
40	40	9.60359	29	9.64175	35	10.35825	9.96185	5	20	20
41	44	9.60388	29	9.64209	34	10.35791	9.96179	6	16	19
42	48	9.60417	29	9.64243	34	10.35757	9.96174	5	12	18
43	52	9.60446	28	9.64278	35	10.35722	9.96168	6	8	17
44	56	9.60474	29	9.64312	34	10.35688	9.96162	6	4	16
45	35 0	9.60503	29	9.64346	34	10.35654	9.96157	5	25 0	15
46	4	9.60532	29	9.64381	35	10.35619	9.96151	6	56	14
47	8	9.60561	28	9.64415	34	10.35585	9.96146	5	52	13
48	12	9.60589	29	9.64449	34	10.35551	9.96140	6	48	12
49	16	9.60618	28	9.64483	34	10.35517	9.96135	5	44	11
50	20	9.60646	29	9.64517	34	10.35483	9.96129	6	40	10
51	24	9.60675	29	9.64552	35	10.35448	9.96123	6	36	9
52	28	9.60704	28	9.64586	34	10.35414	9.96118	5	32	8
53	32	9.60732	29	9.64620	34	10.35380	9.96112	6	28	7
54	36	9.60761	28	9.64654	34	10.35346	9.96107	5	24	6
55	40	9.60789	29	9.64688	34	10.35312	9.96101	6	20	5
56	44	9.60818	28	9.64722	34	10.35278	9.96095	5	16	4
57	48	9.60846	29	9.64756	34	10.35244	9.96090	6	12	3
58	52	9.60875	28	9.64790	34	10.35210	9.96084	5	8	2
59	56	9.60903	28	9.64824	34	10.35176	9.96079	6	4	1
60′	36ᵐ 0ˢ	9.60931		9.64858	34	10.35142	9.96073		24ᵐ 0ˢ	0′
		Cosin.		Cotang.		Tang.	Sin.		4ʰ	66°

LOGARITHMES SINUS, COSINUS, TANGENTES ET COTANGENTES.

24°	1ʰ	Sin.	Diff.	Tang.	Diff.	Cotang.	Cosin.	Diff.	4ʰ	65°
0′	36ᵐ 0ˢ	9.60931	29	9.64858	34	10.35142	9.96073	6	24ᵐ 0ˢ	60′
1	4	9.60960	28	9.64892	34	10.35108	9.96067	5	56	59
2	8	9.60988	28	9.64926	34	10.35074	9.96062	6	52	58
3	12	9.61016	29	9.64960	34	10.35040	9.96056	6	48	57
4	16	9.61045	28	9.64994	34	10.35006	9.96050	5	44	56
5	20	9.61073	28	9.65028	34	10.34972	9.96045	6	40	55
6	24	9.61101	28	9.65062	34	10.34938	9.96039	5	36	54
7	28	9.61129	29	9.65096	34	10.34904	9.96034	6	32	53
8	32	9.61158	28	9.65130	34	10.34870	9.96028	6	28	52
9	36	9.61186	28	9.65164	33	10.34836	9.96022	5	24	51
10	40	9.61214	28	9.65197	34	10.34803	9.96017	6	20	50
11	44	9.61242	28	9.65231	34	10.34769	9.96011	6	16	49
12	48	9.61270	28	9.65265	34	10.34735	9.96005	5	12	48
13	52	9.61298	28	9.65299	34	10.34701	9.96000	6	8	47
14	56	9.61326	28	9.65333	33	10.34667	9.95994	6	4	46
15	37 0	9.61354	28	9.65366	34	10.34634	9.95988	6	23 0	45
16	4	9.61382	29	9.65400	34	10.34600	9.95982	5	56	44
17	8	9.61411	27	9.65434	33	10.34566	9.95977	6	52	43
18	12	9.61438	28	9.65467	34	10.34533	9.95971	6	48	42
19	16	9.61466	28	9.65501	34	10.34499	9.95965	5	44	41
20	20	9.61494	28	9.65535	33	10.34465	9.95960	6	40	40
21	24	9.61522	28	9.65568	34	10.34432	9.95954	6	36	39
22	28	9.61550	28	9.65602	34	10.34398	9.95948	6	32	38
23	32	9.61578	28	9.65636	33	10.34364	9.95942	5	28	37
24	36	9.61606	28	9.65669	34	10.34331	9.95937	6	24	36
25	40	9.61634	28	9.65703	33	10.34297	9.95931	6	20	35
26	44	9.61662	27	9.65736	34	10.34264	9.95925	5	16	34
27	48	9.61689	28	9.65770	33	10.34230	9.95920	6	12	33
28	52	9.61717	28	9.65803	34	10.34197	9.95914	6	8	32
29	56	9.61745	28	9.65837	33	10.34163	9.95908	6	4	31
30	38 0	9.61773	27	9.65870	34	10.34130	9.95902	6	22 0	30
31	4	9.61800	28	9.65904	33	10.34096	9.95897	5	56	29
32	8	9.61828	28	9.65937	34	10.34063	9.95891	6	52	28
33	12	9.61856	27	9.65971	33	10.34029	9.95885	6	48	27
34	16	9.61883	28	9.66004	34	10.33996	9.95879	6	44	26
35	20	9.61911	28	9.66038	33	10.33962	9.95873	6	40	25
36	24	9.61939	27	9.66071	33	10.33929	9.95868	5	36	24
37	28	9.61966	28	9.66104	34	10.33896	9.95862	6	32	23
38	32	9.61994	27	9.66138	33	10.33862	9.95856	6	28	22
39	36	9.62021	28	9.66171	33	10.33829	9.95850	6	24	21
40	40	9.62049	27	9.66204	34	10.33796	9.95844	6	20	20
41	44	9.62076	28	9.66238	33	10.33762	9.95839	5	16	19
42	48	9.62104	27	9.66271	33	10.33729	9.95833	6	12	18
43	52	9.62131	28	9.66304	33	10.33696	9.95827	6	8	17
44	56	9.62159	27	9.66337	34	10.33663	9.95821	6	4	16
45	39 0	9.62186	28	9.66371	33	10.33629	9.95815	6	21 0	15
46	4	9.62214	27	9.66404	33	10.33596	9.95810	5	56	14
47	8	9.62241	27	9.66437	33	10.33563	9.95804	6	52	13
48	12	9.62268	28	9.66470	33	10.33530	9.95798	6	48	12
49	16	9.62296	27	9.66503	34	10.33497	9.95792	6	44	11
50	20	9.62323	27	9.66537	33	10.33463	9.95786	6	40	10
51	24	9.62350	27	9.66570	33	10.33430	9.95780	5	36	9
52	28	9.62377	28	9.66603	33	10.33397	9.95775	6	32	8
53	32	9.62405	27	9.66636	33	10.33364	9.95769	6	28	7
54	36	9.62432	27	9.66669	33	10.33331	9.95763	6	24	6
55	40	9.62459	27	9.66702	33	10.33298	9.95757	6	20	5
56	44	9.62486	27	9.66735	33	10.33265	9.95751	6	16	4
57	48	9.62513	28	9.66768	33	10.33232	9.95745	6	12	3
58	52	9.62541	27	9.66801	33	10.33199	9.95739	6	8	2
59	56	9.62568	27	9.66834	33	10.33166	9.95733	5	4	1
60′	40ᵐ 0ˢ	9.62595	27	9.66867	33	10.33133	9.95728		20ᵐ 0ˢ	0′
		Cosin.		Cotang.		Tang.	Sin		4ʰ	65°

LOGARITHMES SINUS, COSINUS, TANGENTES ET COTANGENTES.

25°	1ʰ	Sin.	Diff.	Tang.	Diff.	Cotang.	Cosin.	Diff.	20ᵐ	60′
0′	40ᵐ 0ˢ	9.62595	27	9.66867	33	10.33133	9.95728	6	20ᵐ 0ˢ	60′
1	4	9.62622	27	9.66900	33	10.33100	9.95722	6	56	59
2	8	9.62649	27	9.66933	33	10.33067	9.95716	6	52	58
3	12	9.62676	27	9.66966	33	10.33034	9.95710	6	48	57
4	16	9.62703	27	9.66999	33	10.33001	9.95704	6	44	56
5	20	9.62730	27	9.67032	33	10.32968	9.95698	6	40	55
6	24	9.62757	27	9.67065	33	10.32935	9.95692	6	36	54
7	28	9.62784	27	9.67098	33	10.32902	9.95686	6	32	53
8	32	9.62811	27	9.67131	32	10.32869	9.95680	6	28	52
9	36	9.62838	27	9.67163	33	10.32837	9.95674	6	24	51
10	40	9.62865	27	9.67196	33	10.32804	9.95668	5	20	50
11	44	9.62892	26	9.67229	33	10.32771	9.95663	6	16	49
12	48	9.62918	27	9.67262	33	10.32738	9.95657	6	12	48
13	52	9.62945	27	9.67295	32	10.32705	9.95651	6	8	47
14	56	9.62972	27	9.67327	33	10.32673	9.95645	6	4	46
15	41 0	9.62999	27	9.67360	33	10.32640	9.95639	6	19 0	45
16	4	9.63026	26	9.67393	33	10.32607	9.95633	6	56	44
17	8	9.63052	27	9.67426	32	10.32574	9.95627	6	52	43
18	12	9.63079	27	9.67458	33	10.32542	9.95621	6	48	42
19	16	9.63106	27	9.67491	33	10.32509	9.95615	6	44	41
20	20	9.63133	26	9.67524	32	10.32476	9.95609	6	40	40
21	24	9.63159	27	9.67556	33	10.32444	9.95603	6	36	39
22	28	9.63186	27	9.67589	33	10.32411	9.95597	6	32	38
23	32	9.63213	26	9.67622	32	10.32378	9.95591	6	28	37
24	36	9.63239	27	9.67654	33	10.32346	9.95585	6	24	36
25	40	9.63266	26	9.67687	32	10.32313	9.95579	6	20	35
26	44	9.63292	27	9.67719	33	10.32281	9.95573	6	16	34
27	48	9.63319	26	9.67752	33	10.32248	9.95567	6	12	33
28	52	9.63345	27	9.67785	32	10.32215	9.95561	6	8	32
29	56	9.63372	26	9.67817	33	10.32183	9.95555	6	4	31
30	42 0	9.63398	27	9.67850	32	10.32150	9.95549	6	18 0	30
31	4	9.63425	26	9.67882	33	10.32118	9.95543	6	56	29
32	8	9.63451	27	9.67915	32	10.32085	9.95537	6	52	28
33	12	9.63478	26	9.67947	33	10.32053	9.95531	6	48	27
34	16	9.63504	27	9.67980	32	10.32020	9.95525	6	44	26
35	20	9.63531	26	9.68012	32	10.31988	9.95519	6	40	25
36	24	9.63557	26	9.68044	33	10.31956	9.95513	6	36	24
37	28	9.63583	27	9.68077	32	10.31923	9.95507	7	32	23
38	32	9.63610	26	9.68109	33	10.31891	9.95500	6	28	22
39	36	9.63636	26	9.68142	32	10.31858	9.95494	6	24	21
40	40	9.63662	27	9.68174	32	10.31826	9.95488	6	20	20
41	44	9.63689	26	9.68206	33	10.31794	9.95482	6	16	19
42	48	9.63715	26	9.68239	32	10.31761	9.95476	6	12	18
43	52	9.63741	26	9.68271	32	10.31729	9.95470	6	8	17
44	56	9.63767	27	9.68303	33	10.31697	9.95464	6	4	16
45	43 0	9.63794	26	9.68336	32	10.31664	9.95458	6	17 0	15
46	4	9.63820	26	9.68368	32	10.31632	9.95452	6	56	14
47	8	9.63846	26	9.68400	32	10.31600	9.95446	6	52	13
48	12	9.63872	26	9.68432	33	10.31568	9.95440	6	48	12
49	16	9.63898	26	9.68465	32	10.31535	9.95434	7	44	11
50	20	9.63924	26	9.68497	32	10.31503	9.95427	6	40	10
51	24	9.63950	26	9.68529	32	10.31471	9.95421	6	36	9
52	28	9.63976	26	9.68561	32	10.31439	9.95415	6	32	8
53	32	9.64002	26	9.68593	33	10.31407	9.95409	6	28	7
54	36	9.64028	26	9.68626	32	10.31374	9.95403	6	24	6
55	40	9.64054	26	9.68658	32	10.31342	9.95397	6	20	5
56	44	9.64080	26	9.68690	32	10.31310	9.95391	7	16	4
57	48	9.64106	26	9.68722	32	10.31278	9.95384	6	12	3
58	52	9.64132	26	9.68754	32	10.31246	9.95378	6	8	2
59	56	9.64158	26	9.68786	32	10.31214	9.95372	6	4	1
60′	44ᵐ 0ˢ	9.64184		9.68818		10.31182	9.95366		16ᵐ 0ˢ	0′
		Cosin.		Cotang.		Tang.	Sin.		4ʰ	64°

LOGARITHMES SINUS, COSINUS, TANGENTES ET COTANGENTES.

26°	1ʰ	Sin.	Diff.	Tang.	Diff.	Cotang.	Cosin.	Diff.		60'
0'	44ᵐ 0ˢ	9.64184	26	9.68818	32	10.31182	9.95366	6	16ᵐ 0ˢ	60'
1	4	9.64210	26	9.68850	32	10.31150	9.95360	6	56	59
2	8	9.64236	26	9.68882	32	10.31118	9.95354	6	52	58
3	12	9.64262	26	9.68914	32	10.31086	9.95348	7	48	57
4	16	9.64288	26	9.68946	32	10.31054	9.95341	6	44	56
5	20	9.64313	26	9.68978	32	10.31022	9.95335	6	40	55
6	24	9.64339	26	9.69010	32	10.30990	9.95329	6	36	54
7	28	9.64365	26	9.69042	32	10.30958	9.95323	6	32	53
8	32	9.64391	26	9.69074	32	10.30926	9.95317	7	28	52
9	36	9.64417	25	9.69106	32	10.30894	9.95310	6	24	51
10	40	9.64442	26	9.69138	32	10.30862	9.95304	6	20	50
11	44	9.64468	26	9.69170	32	10.30830	9.95298	6	16	49
12	48	9.64494	25	9.69202	32	10.30798	9.95292	6	12	48
13	52	9.64519	26	9.69234	32	10.30766	9.95286	7	8	47
14	56	9.64545	26	9.69266	32	10.30734	9.95279	6	4	46
15	45 0	9.64571	25	9.69298	31	10.30702	9.95273	6	15 0	45
16	4	9.64596	26	9.69329	32	10.30671	9.95267	6	56	44
17	8	9.64622	25	9.69361	32	10.30639	9.95261	7	52	43
18	12	9.64647	26	9.69393	32	10.30607	9.95254	6	48	42
19	16	9.64673	25	9.69425	32	10.30575	9.95248	6	44	41
20	20	9.64698	26	9.69457	31	10.30543	9.95242	6	40	40
21	24	9.64724	25	9.69488	32	10.30512	9.95236	7	36	39
22	28	9.64749	26	9.69520	32	10.30480	9.95229	6	32	38
23	32	9.64775	25	9.69552	32	10.30448	9.95223	6	28	37
24	36	9.64800	26	9.69584	31	10.30416	9.95217	7	24	36
25	40	9.64826	25	9.69615	32	10.30385	9.95211	6	20	35
26	44	9.64851	26	9.69647	32	10.30353	9.95204	6	16	34
27	48	9.64877	25	9.69679	31	10.30321	9.95198	7	12	33
28	52	9.64902	25	9.69710	32	10.30290	9.95192	6	8	32
29	56	9.64927	26	9.69742	32	10.30258	9.95185	6	4	31
30	46 0	9.64953	25	9.69774	31	10.30226	9.95179	6	14 0	30
31	4	9.64978	25	9.69805	32	10.30195	9.95173	6	56	29
32	8	9.65003	26	9.69837	31	10.30163	9.95167	7	52	28
33	12	9.65029	25	9.69868	32	10.30132	9.95160	6	48	27
34	16	9.65054	25	9.69900	32	10.30100	9.95154	6	44	26
35	20	9.65079	25	9.69932	31	10.30068	9.95148	7	40	25
36	24	9.65104	26	9.69963	32	10.30037	9.95141	6	36	24
37	28	9.65130	25	9.69995	31	10.30005	9.95135	6	32	23
38	32	9.65155	25	9.70026	32	10.29974	9.95129	7	28	22
39	36	9.65180	25	9.70058	31	10.29942	9.95122	6	24	21
40	40	9.65205	25	9.70089	32	10.29911	9.95116	6	20	20
41	44	9.65230	25	9.70121	31	10.29879	9.95110	7	16	19
42	48	9.65255	26	9.70152	32	10.29848	9.95103	6	12	18
43	52	9.65281	25	9.70184	31	10.29816	9.95097	7	8	17
44	56	9.65306	25	9.70215	32	10.29785	9.95090	6	4	16
45	47 0	9.65331	25	9.70247	31	10.29753	9.95084	6	13 0	15
46	4	9.65356	25	9.70278	31	10.29722	9.95078	7	56	14
47	8	9.65381	25	9.70309	32	10.29691	9.95071	6	52	13
48	12	9.65406	25	9.70341	31	10.29659	9.95065	6	48	12
49	16	9.65431	25	9.70372	32	10.29628	9.95059	7	44	11
50	20	9.65456	25	9.70404	31	10.29596	9.95052	6	40	10
51	24	9.65481	25	9.70435	31	10.29565	9.95046	7	36	9
52	28	9.65506	25	9.70466	32	10.29534	9.95039	6	32	8
53	32	9.65531	25	9.70498	31	10.29502	9.95033	6	28	7
54	36	9.65556	24	9.70529	31	10.29471	9.95027	7	24	6
55	40	9.65580	25	9.70560	32	10.29440	9.95020	6	20	5
56	44	9.65605	25	9.70592	31	10.29408	9.95014	7	16	4
57	48	9.65630	25	9.70623	31	10.29377	9.95007	6	12	3
58	52	9.65655	25	9.70654	31	10.29346	9.95001	6	8	2
59	56	9.65680	25	9.70685	32	10.29315	9.94995	7	4	1
60'	48ᵐ 0ˢ	9.65705	25	9.70717		10.29283	9.94988		12ᵐ 0ˢ	0'
		Cosin.		Cotang.		Tang.	Sin.		4ʰ	63°

LOGARITHMES SINUS, COSINUS, TANGENTES ET COTANGENTES.

27°	1ʰ	Sin.	Diff.	Tang.	Diff.	Cotang.	Cosin.	Diff.	1ʰ	60′
0′	48ᵐ 0ˢ	9.65705	24	9.70717	31	10.29283	9.94988	6	12ᵐ 0ˢ	60′
1	4	9.65729	25	9.70748	31	10.29252	9.94982	7	56	59
2	8	9.65754	25	9.70779	31	10.29221	9.94975	6	52	58
3	12	9.65779	25	9.70810	31	10.29190	9.94969	7	48	57
4	16	9.65804	24	9.70841	32	10.29159	9.94962	6	44	56
5	20	9.65828	25	9.70873	31	10.29127	9.94956	7	40	55
6	24	9.65853	25	9.70904	31	10.29096	9.94949	6	36	54
7	28	9.65878	24	9.70935	31	10.29065	9.94943	7	32	53
8	32	9.65902	25	9.70966	31	10.29034	9.94936	6	28	52
9	36	9.65927	25	9.70997	31	10.29003	9.94930	7	24	51
10	40	9.65952	24	9.71028	31	10.28972	9.94923	6	20	50
11	44	9.65976	25	9.71059	31	10.28941	9.94917	6	16	49
12	48	9.66001	24	9.71090	31	10.28910	9.94911	7	12	48
13	52	9.66025	25	9.71121	32	10.28879	9.94904	6	8	47
14	56	9.66050	25	9.71153	31	10.28847	9.94898	7	4	46
15	49 0	9.66075	24	9.71184	31	10.28816	9.94891	6	11 0	45
16	4	9.66099	25	9.71215	31	10.28785	9.94885	7	56	44
17	8	9.66124	24	9.71246	31	10.28754	9.94878	7	52	43
18	12	9.66148	25	9.71277	31	10.28723	9.94871	6	48	42
19	16	9.66173	24	9.71308	31	10.28692	9.94865	7	44	41
20	20	9.66197	24	9.71339	31	10.28661	9.94858	6	40	40
21	24	9.66221	25	9.71370	31	10.28630	9.94852	7	36	39
22	28	9.66246	24	9.71401	30	10.28599	9.94845	6	32	38
23	32	9.66270	25	9.71431	31	10.28569	9.94839	7	28	37
24	36	9.66295	24	9.71462	31	10.28538	9.94832	6	24	36
25	40	9.66319	24	9.71493	31	10.28507	9.94826	7	20	35
26	44	9.66343	25	9.71524	31	10.28476	9.94819	6	16	34
27	48	9.66368	24	9.71555	31	10.28445	9.94813	7	12	33
28	52	9.66392	24	9.71586	31	10.28414	9.94806	7	8	32
29	56	9.66416	25	9.71617	31	10.28383	9.94799	6	4	31
30	50 0	9.66441	24	9.71648	31	10.28352	9.94793	7	10 0	30
31	4	9.66465	24	9.71679	30	10.28321	9.94786	6	56	29
32	8	9.66489	24	9.71709	31	10.28291	9.94780	7	52	28
33	12	9.66513	24	9.71740	31	10.28260	9.94773	6	48	27
34	16	9.66537	25	9.71771	31	10.28229	9.94767	7	44	26
35	20	9.66562	24	9.71802	31	10.28198	9.94760	7	40	25
36	24	9.66586	24	9.71833	30	10.28167	9.94753	6	36	24
37	28	9.66610	24	9.71863	31	10.28137	9.94747	7	32	23
38	32	9.66634	24	9.71894	31	10.28106	9.94740	6	28	22
39	36	9.66658	24	9.71925	30	10.28075	9.94734	7	24	21
40	40	9.66682	24	9.71955	31	10.28045	9.94727	7	20	20
41	44	9.66706	25	9.71986	31	10.28014	9.94720	6	16	19
42	48	9.66731	24	9.72017	31	10.27983	9.94714	7	12	18
43	52	9.66755	24	9.72048	30	10.27952	9.94707	7	8	17
44	56	9.66779	24	9.72078	31	10.27922	9.94700	6	4	16
45	51 0	9.66803	24	9.72109	31	10.27891	9.94694	7	9 0	15
46	4	9.66827	24	9.72140	30	10.27860	9.94687	7	56	14
47	8	9.66851	24	9.72170	31	10.27830	9.94680	6	52	13
48	12	9.66875	24	9.72201	30	10.27799	9.94674	7	48	12
49	16	9.66899	23	9.72231	31	10.27769	9.94667	7	44	11
50	20	9.66922	24	9.72262	31	10.27738	9.94660	6	40	10
51	24	9.66946	24	9.72293	31	10.27707	9.94654	7	36	9
52	28	9.66970	24	9.72323	30	10.27677	9.94647	7	32	8
53	32	9.66994	24	9.72354	31	10.27646	9.94640	6	28	7
54	36	9.67018	24	9.72384	30	10.27616	9.94634	7	24	6
55	40	9.67042	24	9.72415	31	10.27585	9.94627	7	20	5
56	44	9.67066	24	9.72445	30	10.27555	9.94620	6	16	4
57	48	9.67090	23	9.72476	31	10.27524	9.94614	7	12	3
58	52	9.67113	24	9.72506	30	10.27494	9.94607	7	8	2
59	56	9.67137	24	9.72537	31	10.27463	9.94600	7	4	1
60′	52ᵐ 0ˢ	9.67161		9.72567	30	10.27433	9.94593		8ᵐ 0ˢ	0′
		Cosin.		Cotang.		Tang.	Sin.		4ʰ	62°

LOGARITHMES SINUS, COSINUS, TANGENTES ET COTANGENTES.

28°	1ʰ	Sin.	Diff.	Tang.	Diff.	Cotang.	Cosin.	Diff.	8ᵐ	60′
0′	52ᵐ 0ˢ	9.67161	24	9.72567	31	10.27433	9.94593	6	8ᵐ 0ˢ	60′
1	4	9.67185	23	9.72598	30	10.27402	9.94587	7	56	59
2	8	9.67208	24	9.72628	31	10.27372	9.94580	7	52	58
3	12	9.67232	24	9.72659	30	10.27341	9.94573	6	48	57
4	16	9.67256	24	9.72689	31	10.27311	9.94567	7	44	56
5	20	9.67280	23	9.72720	30	10.27280	9.94560	7	40	55
6	24	9.67303	24	9.72750	30	10.27250	9.94553	7	36	54
7	28	9.67327	23	9.72780	31	10.27220	9.94546	6	32	53
8	32	9.67350	24	9.72811	30	10.27189	9.94540	7	28	52
9	36	9.67374	24	9.72841	31	10.27159	9.94533	7	24	51
10	40	9.67398	23	9.72872	30	10.27128	9.94526	7	20	50
11	44	9.67421	24	9.72902	30	10.27098	9.94519	6	16	49
12	48	9.67445	23	9.72932	31	10.27068	9.94513	7	12	48
13	52	9.67468	24	9.72963	30	10.27037	9.94506	7	8	47
14	56	9.67492	23	9.72993	30	10.27007	9.94499	7	4	46
15	53 0	9.67515	24	9.73023	31	10.26977	9.94492	7	7 0	45
16	4	9.67539	23	9.73054	30	10.26946	9.94485	6	56	44
17	8	9.67562	24	9.73084	30	10.26916	9.94479	7	52	43
18	12	9.67586	23	9.73114	30	10.26886	9.94472	7	48	42
19	16	9.67609	24	9.73144	31	10.26856	9.94465	7	44	41
20	20	9.67633	23	9.73175	30	10.26825	9.94458	7	40	40
21	24	9.67656	24	9.73205	30	10.26795	9.94451	6	36	39
22	28	9.67680	23	9.73235	30	10.26765	9.94445	7	32	38
23	32	9.67703	23	9.73265	30	10.26735	9.94438	7	28	37
24	36	9.67726	24	9.73295	31	10.26705	9.94431	7	24	36
25	40	9.67750	23	9.73326	30	10.26674	9.94424	7	20	35
26	44	9.67773	23	9.73356	30	10.26644	9.94417	7	16	34
27	48	9.67796	24	9.73386	30	10.26614	9.94410	6	12	33
28	52	9.67820	23	9.73416	30	10.26584	9.94404	7	8	32
29	56	9.67843	23	9.73446	30	10.26554	9.94397	7	4	31
30	54 0	9.67866	24	9.73476	31	10.26524	9.94390	7	6 0	30
31	4	9.67890	23	9.73507	30	10.26493	9.94383	7	56	29
32	8	9.67913	23	9.73537	30	10.26463	9.94376	7	52	28
33	12	9.67936	23	9.73567	30	10.26433	9.94369	7	48	27
34	16	9.67959	23	9.73597	30	10.26403	9.94362	7	44	26
35	20	9.67982	24	9.73627	30	10.26373	9.94355	6	40	25
36	24	9.68006	23	9.73657	30	10.26343	9.94349	7	36	24
37	28	9.68029	23	9.73687	30	10.26313	9.94342	7	32	23
38	32	9.68052	23	9.73717	30	10.26283	9.94335	7	28	22
39	36	9.68075	23	9.73747	30	10.26253	9.94328	7	24	21
40	40	9.68098	23	9.73777	30	10.26223	9.94321	7	20	20
41	44	9.68121	23	9.73807	30	10.26193	9.94314	7	16	19
42	48	9.68144	23	9.73837	30	10.26163	9.94307	7	12	18
43	52	9.68167	23	9.73867	30	10.26133	9.94300	7	8	17
44	56	9.68190	23	9.73897	30	10.26103	9.94293	7	4	16
45	55 0	9.68213	24	9.73927	30	10.26073	9.94286	7	5 0	15
46	4	9.68237	23	9.73957	30	10.26043	9.94279	6	56	14
47	8	9.68260	23	9.73987	30	10.26013	9.94273	7	52	13
48	12	9.68283	22	9.74017	30	10.25983	9.94266	7	48	12
49	16	9.68305	23	9.74047	30	10.25953	9.94259	7	44	11
50	20	9.68328	23	9.74077	30	10.25923	9.94252	7	40	10
51	24	9.68351	23	9.74107	30	10.25893	9.94245	7	36	9
52	28	9.68374	23	9.74137	29	10.25863	9.94238	7	32	8
53	32	9.68397	23	9.74166	30	10.25834	9.94231	7	28	7
54	36	9.68420	23	9.74196	30	10.25804	9.94224	7	24	6
55	40	9.68443	23	9.74226	30	10.25774	9.94217	7	20	5
56	44	9.68466	23	9.74256	30	10.25744	9.94210	7	16	4
57	48	9.68489	23	9.74286	30	10.25714	9.94203	7	12	3
58	52	9.68512	22	9.74316	29	10.25684	9.94196	7	8	2
59	56	9.68534	23	9.74345	30	10.25655	9.94189	7	4	1
60′	56ᵐ 0ˢ	9.68557		9.74375		10.25625	9.94182		4ᵐ 0ˢ	0′
		Cosin.		Cotang.		Tang.	Sin.		4ʰ	61°

LOGARITHMES SINUS, COSINUS, TANGENTES ET COTANGENTES.

29°	**1ʰ**	**Sin.**	Diff.	**Tang.**	Diff.	**Cotang.**	**Cosin.**	Diff.		
0′	56ᵐ 0ˢ	9.68557	23	9.74375	30	10.25625	9.94182	7	4ᵐ 0ˢ	60′
1	4	9.68580	23	9.74405	30	10.25595	9.94175	7	56	59
2	8	9.68603	22	9.74435	30	10.25565	9.94168	7	52	58
3	12	9.68625	23	9.74465	29	10.25535	9.94161	7	48	57
4	16	9.68648	23	9.74494	30	10.25506	9.94154	7	44	56
5	20	9.68671	23	9.74524	30	10.25476	9.94147	7	40	55
6	24	9.68694	22	9.74554	29	10.25446	9.94140	7	36	54
7	28	9.68716	23	9.74583	30	10.25417	9.94133	7	32	53
8	32	9.68739	23	9.74613	30	10.25387	9.94126	7	28	52
9	36	9.68762	22	9.74643	30	10.25357	9.94119	7	24	51
10	40	9.68784	23	9.74673	29	10.25327	9.94112	7	20	50
11	44	9.68807	22	9.74702	30	10.25298	9.94105	7	16	49
12	48	9.68829	23	9.74732	30	10.25268	9.94098	8	12	48
13	52	9.68852	23	9.74762	29	10.25238	9.94090	7	8	47
14	56	9.68875	22	9.74791	30	10.25209	9.94083	7	4	46
15	57 0	9.68897	23	9.74821	30	10.25179	9.94076	7	3 0	45
16	4	9.68920	22	9.74851	29	10.25149	9.94069	7	56	44
17	8	9.68942	23	9.74880	30	10.25120	9.94062	7	52	43
18	12	9.68965	22	9.74910	29	10.25090	9.94055	7	48	42
19	16	9.68987	23	9.74939	30	10.25061	9.94048	7	44	41
20	20	9.69010	22	9.74969	29	10.25031	9.94041	7	40	40
21	24	9.69032	23	9.74998	30	10.25002	9.94034	7	36	39
22	28	9.69055	22	9.75028	30	10.24972	9.94027	7	32	38
23	32	9.69077	23	9.75058	29	10.24942	9.94020	8	28	37
24	36	9.69100	22	9.75087	30	10.24913	9.94012	7	24	36
25	40	9.69122	22	9.75117	29	10.24883	9.94005	7	20	35
26	44	9.69144	23	9.75146	30	10.24854	9.93998	7	16	34
27	48	9.69167	22	9.75176	29	10.24824	9.93991	7	12	33
28	52	9.69189	23	9.75205	30	10.24795	9.93984	7	8	32
29	56	9.69212	22	9.75235	29	10.24765	9.93977	7	4	31
30	58 0	9.69234	22	9.75264	30	10.24736	9.93970	7	2 0	30
31	4	9.69256	23	9.75294	29	10.24706	9.93963	8	56	29
32	8	9.69279	22	9.75323	30	10.24677	9.93955	7	52	28
33	12	9.69301	22	9.75353	29	10.24647	9.93948	7	48	27
34	16	9.69323	22	9.75382	29	10.24618	9.93941	7	44	26
35	20	9.69345	22	9.75411	30	10.24589	9.93934	7	40	25
36	24	9.69368	23	9.75441	29	10.24559	9.93927	7	36	24
37	28	9.69390	22	9.75470	30	10.24530	9.93920	8	32	23
38	32	9.69412	22	9.75500	29	10.24500	9.93912	7	28	22
39	36	9.69434	22	9.75529	29	10.24471	9.93905	7	24	21
40	40	9.69456	23	9.75558	30	10.24442	9.93898	7	20	20
41	44	9.69479	22	9.75588	29	10.24412	9.93891	7	16	19
42	48	9.69501	22	9.75617	30	10.24383	9.93884	8	12	18
43	52	9.69523	22	9.75647	29	10.24353	9.93876	7	8	17
44	56	9.69545	22	9.75676	29	10.24324	9.93869	7	4	16
45	59 0	9.69567	22	9.75705	30	10.24295	9.93862	7	1 0	15
46	4	9.69589	22	9.75735	29	10.24265	9.93855	8	56	14
47	8	9.69611	22	9.75764	29	10.24236	9.93847	7	52	13
48	12	9.69633	22	9.75793	29	10.24207	9.93840	7	48	12
49	16	9.69655	22	9.75822	30	10.24178	9.93833	7	44	11
50	20	9.69677	22	9.75852	29	10.24148	9.93826	7	40	10
51	24	9.69699	22	9.75881	29	10.24119	9.93819	8	36	9
52	28	9.69721	22	9.75910	29	10.24090	9.93811	7	32	8
53	32	9.69743	22	9.75939	30	10.24061	9.93804	7	28	7
54	36	9.69765	22	9.75969	29	10.24031	9.93797	8	24	6
55	40	9.69787	22	9.75998	29	10.24002	9.93789	7	20	5
56	44	9.69809	22	9.76027	29	10.23973	9.93782	7	16	4
57	48	9.69831	22	9.76056	30	10.23944	9.93775	7	12	3
58	52	9.69853	22	9.76086	29	10.23914	9.93768	8	8	2
59	56	9.69875	22	9.76115	29	10.23885	9.93760	7	4	1
60′	60ᵐ 0ˢ	9.69897	22	9.76144	29	10.23850	9.93753		0ᵐ 0ˢ	0′
		Cosin.		**Cotang.**		**Tang.**	**Sin.**		**4ʰ**	**60°**

LOGARITHMES SINUS, COSINUS, TANGENTES ET COTANGENTES.

30°	2ʰ	Sin.	Diff.	Tang.	Diff.	Cotang.	Cosin.	Diff.		
0'	0ᵐ 0ˢ	9.69897	22	9.76144	29	10.23856	9.93753	7	60ᵐ 0ˢ	60'
1	4	9.69919	22	9.76173	29	10.23827	9.93746	8	56	59
2	8	9 69941	22	9.76202	29	10.23798	9.93738	7	52	58
3	12	9.69963	21	9 76231	30	10.23769	9.93731	7	48	57
4	16	9.69984	22	9 76261	29	10.23739	9 93724	7	44	56
5	20	9 70006	22	9.76290	29	10.23710	9.93717	8	40	55
6	24	9.70028	22	9.76319	29	10.23681	9.93709	7	36	54
7	28	9.70050	22	9.76348	29	10.23652	9.93702	7	32	53
8	32	9.70072	21	9.76377	29	10.23623	9.93695	8	28	52
9	36	9.70093	22	9.76406	29	10.23594	9.93687	7	24	51
10	40	9.70115	22	9.76435	29	10.23565	9.93680	7	20	50
11	44	9.70137	22	9.76464	29	10.23536	9.93673	8	16	49
12	48	9.70159	21	9.76493	29	10.23507	9.93665	7	12	48
13	52	9.70180	22	9.76522	29	10.23478	9 93658	8	8	47
14	56	9.70202	22	9 76551	29	10.23449	9.93650	7	4	46
15	1 0	9.70224	21	9.76580	29	10.23420	9.93643	7	59 0	45
16	4	9.70245	22	9.76609	30	10.23391	9.93636	8	56	44
17	8	9.70267	21	9.76639	29	10.23361	9.93628	7	52	43
18	12	9 70288	22	9.76668	29	10.23332	9.93621	7	48	42
19	16	9.70310	22	9.76697	28	10 23303	9 93614	8	44	41
20	20	9.70332	21	9.76725	29	10 23275	9.93606	7	40	40
21	24	9.70353	22	9.76754	29	10.23246	9.93599	8	36	39
22	28	9.70375	21	9.76783	29	10.23217	9.93591	7	32	38
23	32	9.70396	22	9.76812	29	10.23188	9.93584	7	28	37
24	36	9.70418	21	9.76841	29	10.23159	9.93577	8	24	36
25	40	9.70439	22	9.76870	29	10 23130	9.93569	7	20	35
26	44	9.70461	21	9.76899	29	10 23101	9 93562	8	16	34
27	48	9.70482	22	9.76928	29	10.23072	9.93554	7	12	33
28	52	9.70504	21	9.76957	29	10.23043	9.93547	8	8	32
29	56	9.70525	22	9.76986	29	10.23014	9.93539	7	4	31
30	2 0	9.70547	21	9.77015	29	10.22985	9.93532	7	58 0	30
31	4	9.70568	22	9.77044	29	10.22956	9.93525	8	56	29
32	8	9.70590	21	9.77073	28	10.22927	9.93517	7	52	28
33	12	9.70611	22	9.77101	29	10.22899	9.93510	8	48	27
34	16	9.70633	21	9.77130	29	10.22870	9.93502	7	44	26
35	20	9 70654	21	9.77159	29	10.22841	9.93495	8	40	25
36	24	9.70675	22	9 77188	29	10.22812	9.93487	7	36	24
37	28	9.70697	21	9.77217	29	10 22783	9.93480	8	32	23
38	32	9 70718	21	9 77246	28	10.22754	9.93472	7	28	22
39	36	9.70739	22	9.77274	29	10.22726	9.93465	8	24	21
40	40	9.70761	21	9.77303	29	10.22697	9.93457	7	20	20
41	44	9.70782	21	9.77332	29	10.22668	9.93450	8	16	19
42	48	9 70803	21	9.77361	29	10.22639	9.93442	7	12	18
43	52	9.70824	22	9 77390	28	10.22610	9.93435	8	8	17
44	56	9 70846	21	9 77418	29	10 22582	9.93427	7	4	16
45	3 0	9 70867	21	9.77447	29	10.22553	9.93420	8	57 0	15
46	4	9 70888	21	9.77476	29	10.22524	9.93412	7	56	14
47	8	9.70909	22	9 77505	28	10.22495	9.93405	8	52	13
48	12	9.70931	21	9.77533	29	10 22467	9.93397	7	48	12
49	16	9.70952	21	9.77562	29	10.22438	9.93390	8	44	11
50	20	9 70973	21	9.77591	28	10.22409	9.93382	7	40	10
51	24	9 70994	21	9.77619	29	10.22381	9.93375	8	36	9
52	28	9.71015	21	9.77648	29	10 22352	9.93367	7	32	8
53	32	9.71036	22	9.77677	29	10.22323	9.93360	8	28	7
54	36	9.71058	21	9.77706	28	10.22294	9.93352	8	24	6
55	40	9.71079	21	9.77734	29	10.22266	9 93344	7	20	5
56	44	9.71100	21	9.77763	28	10.22237	9.93337	8	16	4
57	48	9.71121	21	9.77791	29	10.22209	9.93329	7	12	3
58	52	9.71142	21	9.77820	29	10.22180	9.93322	8	8	2
59	56	9.71163	21	9.77849	28	10.22151	9.93314	7	4	1
60'	4ᵐ 0ˢ	9.71184		9.77877		10.22123	9.93307		56ᵐ 0ˢ	0'
		Cosin.		Cotang.		Tang.	Sin.		3ʰ	59°

LOGARITHMES SINUS, COSINUS, TANGENTES ET COTANGENTES.

31°	2h	Sin.	Diff.	Tang.	Diff.	Cotang.	Cosin.	Diff.	56m 0s	60'
0'	4m 0s	9.71184	21	9.77877	29	10.22123	9.93307	8	56m 0s	60'
1	4	9.71205	21	9.77906	29	10.22094	9.93299	8	56	59
2	8	9.71226	21	9.77935	28	10.22065	9.93291	7	52	58
3	12	9.71247	21	9.77963	29	10.22037	9.93284	8	48	57
4	16	9.71268	21	9.77992	28	10.22008	9.93276	7	44	56
5	20	9.71289	21	9.78020	29	10.21980	9.93269	8	40	55
6	24	9.71310	21	9.78049	28	10.21951	9.93261	8	36	54
7	28	9.71331	21	9.78077	29	10.21923	9.93253	7	32	53
8	32	9.71352	21	9.78106	29	10.21894	9.93246	8	28	52
9	36	9.71373	20	9.78135	28	10.21865	9.93238	8	24	51
10	40	9.71393	21	9.78163	29	10.21837	9.93230	7	20	50
11	44	9.71414	21	9.78192	28	10.21808	9.93223	8	16	49
12	48	9.71435	21	9.78220	29	10.21780	9.93215	8	12	48
13	52	9.71456	21	9.78249	28	10.21751	9.93207	7	8	47
14	56	9.71477	21	9.78277	29	10.21723	9.93200	8	4	46
15	5 0	9.71498	21	9.78306	28	10.21694	9.93192	8	55 0	45
16	4	9.71519	21	9.78334	29	10.21666	9.93184	7	56	44
17	8	9.71539	20	9.78363	28	10.21637	9.93177	8	52	43
18	12	9.71560	21	9.78391	28	10.21609	9.93169	8	48	42
19	16	9.71581	21	9.78419	29	10.21581	9.93161	7	44	41
20	20	9.71602	20	9.78448	28	10.21552	9.93154	8	40	40
21	24	9.71622	21	9.78476	29	10.21524	9.93146	8	36	39
22	28	9.71643	21	9.78505	28	10.21495	9.93138	7	32	38
23	32	9.71664	21	9.78533	29	10.21467	9.93131	8	28	37
24	36	9.71685	20	9.78562	28	10.21438	9.93123	8	24	36
25	40	9.71705	21	9.78590	28	10.21410	9.93115	7	20	35
26	44	9.71726	21	9.78618	29	10.21382	9.93108	8	16	34
27	48	9.71747	20	9.78647	28	10.21353	9.93100	8	12	33
28	52	9.71767	21	9.78675	29	10.21325	9.93092	8	8	32
29	56	9.71788	21	9.78704	28	10.21296	9.93084	7	4	31
30	6 0	9.71809	20	9.78732	28	10.21268	9.93077	8	54 0	30
31	4	9.71829	21	9.78760	29	10.21240	9.93069	8	56	29
32	8	9.71850	20	9.78789	28	10.21211	9.93061	8	52	28
33	12	9.71870	21	9.78817	28	10.21183	9.93053	7	48	27
34	16	9.71891	20	9.78845	29	10.21155	9.93046	8	44	26
35	20	9.71911	21	9.78874	28	10.21126	9.93038	8	40	25
36	24	9.71932	20	9.78902	28	10.21098	9.93030	8	36	24
37	28	9.71952	21	9.78930	29	10.21070	9.93022	8	32	23
38	32	9.71973	21	9.78959	28	10.21041	9.93014	7	28	22
39	36	9.71994	20	9.78987	28	10.21013	9.93007	8	24	21
40	40	9.72014	20	9.79015	28	10.20985	9.92999	8	20	20
41	44	9.72034	21	9.79043	29	10.20957	9.92991	8	16	19
42	48	9.72055	20	9.79072	28	10.20928	9.92983	7	12	18
43	52	9.72075	21	9.79100	28	10.20900	9.92976	8	8	17
44	56	9.72096	20	9.79128	28	10.20872	9.92968	8	4	16
45	7 0	9.72116	21	9.79156	29	10.20844	9.92960	8	53 0	15
46	4	9.72137	20	9.79185	28	10.20815	9.92952	8	56	14
47	8	9.72157	20	9.79213	28	10.20787	9.92944	8	52	13
48	12	9.72177	21	9.79241	28	10.20759	9.92936	7	48	12
49	16	9.72198	20	9.79269	28	10.20731	9.92929	8	44	11
50	20	9.72218	20	9.79297	29	10.20703	9.92921	8	40	10
51	24	9.72238	21	9.79326	28	10.20674	9.92913	8	36	9
52	28	9.72259	20	9.79354	28	10.20646	9.92905	8	32	8
53	32	9.72279	20	9.79382	28	10.20618	9.92897	8	28	7
54	36	9.72299	21	9.79410	28	10.20590	9.92889	8	24	6
55	40	9.72320	20	9.79438	28	10.20562	9.92881	7	20	5
56	44	9.72340	20	9.79466	29	10.20534	9.92874	8	16	4
57	48	9.72360	21	9.79495	28	10.20505	9.92866	8	12	3
58	52	9.72381	20	9.79523	28	10.20477	9.92858	8	8	2
59	56	9.72401	20	9.79551	28	10.20449	9.92850	8	4	1
60'	8m 0s	9.72421		9.79579		10.20421	9.92842		52m 0s	0'
		Cosin.		Cotang.		Tang.	Sin.		3h	58°

LOGARITHMES SINUS, COSINUS, TANGENTES ET COTANGENTES.

32°	2ʰ	Sin.	Diff.	Tang.	Diff.	Cotang.	Cosin.	Diff.	52ᵐ 0ˢ	60'
0'	8ᵐ 0ˢ	9.72421	20	9.79579	28	10.20421	9.92842	8	52ᵐ 0ˢ	60'
1	.4	9.72441	20	9.79607	28	10.20393	9.92834	8	56	59
2	8	9.72461	20	9.79635	28	10.20365	9.92826	8	52	58
3	12	9.72482	21	9.79663	28	10.20337	9.92818	8	48	57
4	16	9.72502	20	9.79691	28	10.20309	9.92810	8	44	56
5	20	9.72522	20	9.79719	28	10.20281	9.92803	7	40	55
6	24	9.72542	20	9.79747	29	10.20253	9.92795	8	36	54
7	28	9.72562	20	9.79776	28	10.20224	9.92787	8	32	53
8	32	9.72582	20	9.79804	28	10.20196	9.92779	8	28	52
9	36	9.72602	20	9.79832	28	10.20168	9.92771	8	24	51
10	40	9.72622	21	9.79860	28	10.20140	9.92763	8	20	50
11	44	9.72643	20	9.79888	28	10.20112	9.92755	8	16	49
12	48	9.72663	20	9.79916	28	10.20084	9.92747	8	12	48
13	52	9.72683	20	9.79944	28	10.20056	9.92739	8	8	47
14	56	9.72703	20	9.79972	28	10.20028	9.92731	8	4	46
15	9 0	9.72723	20	9.80000	28	10.20000	9.92723	8	51 0	45
16	4	9.72743	20	9.80028	28	10.19972	9.92715	8	56	44
17	8	9.72763	20	9.80056	28	10.19944	9.92707	8	52	43
18	12	9.72783	20	9.80084	28	10.19916	9.92699	8	48	42
19	16	9.72803	20	9.80112	28	10.19888	9.92691	8	44	41
20	20	9.72823	20	9.80140	28	10.19860	9.92683	8	40	40
21	24	9.72843	20	9.80168	28	10.19832	9.92675	8	36	39
22	28	9.72863	20	9.80195	27	10.19805	9.92667	8	32	38
23	32	9.72883	19	9.80223	28	10.19777	9.92659	8	28	37
24	36	9.72902	20	9.80251	28	10.19749	9.92651	8	24	36
25	40	9.72922	20	9.80279	28	10.19721	9.92643	8	20	35
26	44	9.72942	20	9.80307	28	10.19693	9.92635	8	16	34
27	48	9.72962	20	9.80335	28	10.19665	9.92627	8	12	33
28	52	9.72982	20	9.80363	28	10.19637	9.92619	8	8	32
29	56	9.73002	20	9.80391	28	10.19609	9.92611	8	4	31
30	10 0	9.73022	19	9.80419	28	10.19581	9.92603	8	50 0	30
31	4	9.73041	20	9.80447	27	10.19553	9.92595	8	56	29
32	8	9.73061	20	9.80474	28	10.19526	9.92587	8	52	28
33	12	9.73081	20	9.80502	28	10.19498	9.92579	8	48	27
34	16	9.73101	20	9.80530	28	10.19470	9.92571	8	44	26
35	20	9.73121	19	9.80558	28	10.19442	9.92563	8	40	25
36	24	9.73140	20	9.80586	28	10.19414	9.92555	9	36	24
37	28	9.73160	20	9.80614	28	10.19386	9.92546	8	32	23
38	32	9.73180	20	9.80642	27	10.19358	9.92538	8	28	22
39	36	9.73200	19	9.80669	28	10.19331	9.92530	8	24	21
40	40	9.73219	20	9.80697	28	10.19303	9.92522	8	20	20
41	44	9.73239	20	9.80725	28	10.19275	9.92514	8	16	19
42	48	9.73259	19	9.80753	28	10.19247	9.92506	8	12	18
43	52	9.73278	20	9.80781	27	10.19219	9.92498	8	8	17
44	56	9.73298	20	9.80808	28	10.19192	9.92490	8	4	16
45	11 0	9.73318	19	9.80836	28	10.19164	9.92482	9	49 0	15
46	4	9.73337	20	9.80864	28	10.19136	9.92473	8	56	14
47	8	9.73357	20	9.80892	27	10.19108	9.92465	8	52	13
48	12	9.73377	19	9.80919	28	10.19081	9.92457	8	48	12
49	16	9.73396	20	9.80947	28	10.19053	9.92449	8	44	11
50	20	9.73416	19	9.80975	28	10.19025	9.92441	8	40	10
51	24	9.73435	20	9.81003	27	10.18997	9.92433	8	36	9
52	28	9.73455	19	9.81030	28	10.18970	9.92425	9	32	8
53	32	9.73474	20	9.81058	28	10.18942	9.92416	8	28	7
54	36	9.73494	19	9.81086	27	10.18914	9.92408	8	24	6
55	40	9.73513	20	9.81113	28	10.18887	9.92400	8	20	5
56	44	9.73533	19	9.81141	28	10.18859	9.92392	8	16	4
57	48	9.73552	20	9.81169	27	10.18831	9.92384	8	12	3
58	52	9.73572	19	9.81196	28	10.18804	9.92376	9	8	2
59	56	9.73591	20	9.81224	28	10.18776	9.92367	8	4	1
60'	12ᵐ 0ˢ	9.73611		9.81252		10.18748	9.92359		48ᵐ 0ˢ	0'
		Cosin.		Cotang.		Tang.	Sin.		3ʰ	57°

TABLE II.

LOGARITHMES SINUS, COSINUS, TANGENTES ET COTANGENTES.

33°	2ʰ	Sin.	Diff.	Tang.	Diff.	Cotang.	Cosin.	Diff.	2ʰ	56°
0′	12ᵐ 0ˢ	9.73611	19	9.81252	27	10.18748	9.92359	8	48ᵐ 0ˢ	60′
1	4	9.73630	20	9.81279	28	10.18721	9.92351	8	56	59
2	8	9.73650	19	9.81307	28	10.18693	9.92343	8	52	58
3	12	9.73669	20	9.81335	27	10.18665	9.92335	9	48	57
4	16	9.73689	19	9.81362	28	10.18638	9.92326	8	44	56
5	20	9.73708	19	9.81390	28	10.18610	9.92318	8	40	55
6	24	9.73727	20	9.81418	27	10.18582	9.92310	8	36	54
7	28	9.73747	19	9.81445	28	10.18555	9.92302	9	32	53
8	32	9.73766	19	9.81473	27	10.18527	9.92293	8	28	52
9	36	9.73785	20	9.81500	28	10.18500	9.92285	8	24	51
10	40	9.73805	19	9.81528	28	10.18472	9.92277	8	20	50
11	44	9.73824	19	9.81556	28	10.18444	9.92269	9	16	49
12	48	9.73843	20	9.81583	27	10.18417	9.92260	8	12	48
13	52	9.73863	19	9.81611	28	10.18389	9.92252	8	8	47
14	56	9.73882	19	9.81638	27	10.18362	9.92244	9	4	46
15	13 0	9.73901	20	9.81666	28	10.18334	9.92235	8	47 0	45
16	4	9.73921	19	9.81693	27	10.18307	9.92227	8	56	44
17	8	9.73940	19	9.81721	28	10.18279	9.92219	8	52	43
18	12	9.73959	19	9.81748	27	10.18252	9.92211	9	48	42
19	16	9.73978	19	9.81776	28	10.18224	9.92202	8	44	41
20	20	9.73997	20	9.81803	27	10.18197	9.92194	8	40	40
21	24	9.74017	19	9.81831	28	10.18169	9.92186	9	36	39
22	28	9.74036	19	9.81858	27	10.18142	9.92177	8	32	38
23	32	9.74055	19	9.81886	28	10.18114	9.92169	8	28	37
24	36	9.74074	19	9.81913	27	10.18087	9.92161	9	24	36
25	40	9.74093	20	9.81941	28	10.18059	9.92152	8	20	35
26	44	9.74113	19	9.81968	27	10.18032	9.92144	8	16	34
27	48	9.74132	19	9.81996	28	10.18004	9.92136	9	12	33
28	52	9.74151	19	9.82023	27	10.17977	9.92127	8	8	32
29	56	9.74170	19	9.82051	28	10.17949	9.92119	8	4	31
30	14 0	9.74189	19	9.82078	27	10.17922	9.92111	9	46 0	30
31	4	9.74208	19	9.82106	28	10.17894	9.92102	8	56	29
32	8	9.74227	19	9.82133	27	10.17867	9.92094	8	52	28
33	12	9.74246	19	9.82161	28	10.17839	9.92086	9	48	27
34	16	9.74265	19	9.82188	27	10.17812	9.92077	8	44	26
35	20	9.74284	19	9.82215	27	10.17785	9.92069	9	40	25
36	24	9.74303	19	9.82243	28	10.17757	9.92060	8	36	24
37	28	9.74322	19	9.82270	27	10.17730	9.92052	8	32	23
38	32	9.74341	19	9.82298	28	10.17702	9.92044	9	28	22
39	36	9.74360	19	9.82325	27	10.17675	9.92035	8	24	21
40	40	9.74379	19	9.82352	27	10.17648	9.92027	9	20	20
41	44	9.74398	19	9.82380	28	10.17620	9.92018	8	16	19
42	48	9.74417	19	9.82407	27	10.17593	9.92010	8	12	18
43	52	9.74436	19	9.82435	28	10.17565	9.92002	9	8	17
44	56	9.74455	19	9.82462	27	10.17538	9.91993	8	4	16
45	15 0	9.74474	19	9.82489	27	10.17511	9.91985	9	45 0	15
46	4	9.74493	19	9.82517	28	10.17483	9.91976	8	56	14
47	8	9.74512	19	9.82544	27	10.17456	9.91968	9	52	13
48	12	9.74531	18	9.82571	27	10.17429	9.91959	8	48	12
49	16	9.74549	19	9.82599	28	10.17401	9.91951	9	44	11
50	20	9.74568	19	9.82626	27	10.17374	9.91942	8	40	10
51	24	9.74587	19	9.82653	27	10.17347	9.91934	9	36	9
52	28	9.74606	19	9.82681	28	10.17319	9.91925	8	32	8
53	32	9.74625	19	9.82708	27	10.17292	9.91917	9	28	7
54	36	9.74644	18	9.82735	27	10.17265	9.91908	8	24	6
55	40	9.74662	19	9.82762	27	10.17238	9.91900	9	20	5
56	44	9.74681	19	9.82790	28	10.17210	9.91891	8	16	4
57	48	9.74700	19	9.82817	27	10.17183	9.91883	9	12	3
58	52	9.74719	18	9.82844	27	10.17156	9.91874	8	8	2
59	56	9.74737	19	9.82871	28	10.17129	9.91866	9	4	1
60′	10ᵐ 0ˢ	0.74756		9.82899		10.17101	9.91857		44ᵐ 0ˢ	0′
		Cosin.		Cotang.		Tang.	Sin		3ʰ	56°

LOGARITHMES SINUS, COSINUS, TANGENTES ET COTANGENTES.

34°	2h	Sin.	Diff.	Tang.	Diff.	Cotang.	Cosin.	Diff.		60'
0'	16m 0s	9.74756	19	9.82899	27	10.17101	9.91857	8	44m 0s	60'
1	4	9.74775	19	9.82926	27	10.17074	9.91849	9	56	59
2	8	9.74794	19	9.82953	27	10.17047	9.91840	8	52	58
3	12	9.74812	18	9.82980	27	10.17020	9.91832	9	48	57
4	16	9.74831	19	9.83008	28	10.16992	9.91823	8	44	56
5	20	9.74850	19	9.83035	27	10.16965	9.91815	9	40	55
6	24	9.74868	18	9.83062	27	10.16938	9.91806	8	36	54
7	28	9.74887	19	9.83089	27	10.16911	9.91798	9	32	53
8	32	9.74906	19	9.83117	28	10.16883	9.91789	8	28	52
9	36	9.74924	18	9.83144	27	10.16856	9.91781	8	24	51
10	40	9.74943	19	9.83171	27	10.16829	9.91772	9	20	50
11	44	9.74961	18	9.83198	27	10.16802	9.91763	9	16	49
12	48	9.74980	19	9.83225	27	10.16775	9.91755	8	12	48
13	52	9.74999	19	9.83252	27	10.16748	9.91746	9	8	47
14	56	9.75017	18	9.83280	28	10.16720	9.91738	8	4	46
15	17 0	9.75036	19	9.83307	27	10.16693	9.91729	9	43 0	45
16	4	9.75054	18	9.83334	27	10.16666	9.91720	9	56	44
17	8	9.75073	19	9.83361	27	10.16639	9.91712	8	52	43
18	12	9.75091	18	9.83388	27	10.16612	9.91703	9	48	42
19	16	9.75110	19	9.83415	27	10.16585	9.91695	8	44	41
20	20	9.75128	18	9.83442	27	10.16558	9.91686	9	40	40
21	24	9.75147	19	9.83470	28	10.16530	9.91677	9	36	39
22	28	9.75165	18	9.83497	27	10.16503	9.91669	8	32	38
23	32	9.75184	19	9.83524	27	10.16476	9.91660	9	28	37
24	36	9.75202	18	9.83551	27	10.16449	9.91651	9	24	36
25	40	9.75221	19	9.83578	27	10.16422	9.91643	8	20	35
26	44	9 75239	18	9.83605	27	10.16395	9.91634	9	16	34
27	48	9.75258	19	9.83632	27	10.16368	9.91625	9	12	33
28	52	9.75276	18	9.83659	27	10.16341	9.91617	8	8	32
29	56	9.75294	18	9.83686	27	10.16314	9.91608	9	4	31
30	18 0	9.75313	19	9.83713	27	10.16287	9.91599	9	42 0	30
31	4	9.75331	18	9.83740	27	10.16260	9.91591	8	56	29
32	8	9.75350	19	9.83768	28	10.16232	9.91582	9	52	28
33	12	9.75368	18	9.83795	27	10.16205	9.91573	9	48	27
34	16	9.75386	18	9.83822	27	10.16178	9.91565	8	44	26
35	20	9.75405	19	9.83849	27	10.16151	9.91556	9	40	25
36	24	9.75423	18	9.83876	27	10.16124	9.91547	9	36	24
37	28	9.75441	18	9.83903	27	10.16097	9.91538	9	32	23
38	32	9.75459	18	9.83930	27	10.16070	9.91530	8	28	22
39	36	9.75478	19	9.83957	27	10.16043	9.91521	9	24	21
40	40	9.75496	18	9.83984	27	10.16016	9.91512	9	20	20
41	44	9.75514	18	9.84011	27	10.15989	9.91504	8	16	19
42	48	9.75533	19	9.84038	27	10.15962	9.91495	9	12	18
43	52	9.75551	18	9.84065	27	10.15935	9.91486	9	8	17
44	56	9.75569	18	9 84092	27	10.15908	9.91477	9	4	16
45	19 0	9.75587	18	9.84119	27	10.15881	9.91469	8	41 0	15
46	4	9.75605	18	9.84146	27	10.15854	9.91460	9	56	14
47	8	9.75624	19	9.84173	27	10.15827	9.91451	9	52	13
48	12	9.75642	18	9.84200	27	10.15800	9.91442	9	48	12
49	16	9.75660	18	9.84227	27	10.15773	9.91433	8	44	11
50	20	9.75678	18	9.84254	27	10.15746	9.91425	9	40	10
51	24	9.75696	18	9.84280	26	10.15720	9.91416	9	36	9
52	28	9.75714	18	9.84307	27	10.15693	9.91407	9	32	8
53	32	9.75733	19	9.84334	27	10.15666	9.91398	9	28	7
54	36	9.75751	18	9.84361	27	10.15639	9.91389	8	24	6
55	40	9.75769	18	9.84388	27	10.15612	9.91381	9	20	5
56	44	9.75787	18	9.84415	27	10.15585	9.91372	9	16	4
57	48	9.75805	18	9.84442	27	10.15558	9.91363	9	12	3
58	52	9.75823	18	9.84469	27	10.15531	9.91354	9	8	2
59	56	9.75841	18	9.84496	27	10.15504	9.91345	9	4	1
60'	20m 0s	9.75859		9 84523		10.15477	9.91336		40m 0s	0'
		Cosin.		Cotang.		Tang.	Sin.		3h	55°

LOGARITHMES SINUS, COSINUS, TANGENTES ET COTANGENTES.

35°	2ʰ	Sin.	Diff.	Tang.	Diff.	Cotang.	Cosin.	Diff.		60′
0′	20ᵐ 0ˢ	9.75859	18	9.84523	27	10.15477	9.91336	8	40ᵐ 0ˢ	60′
1	4	9.75877	18	9.84550	26	10.15450	9.91328	9	56	59
2	8	9.75895	18	9.84576	27	10.15424	9.91319	9	52	58
3	12	9.75913	18	9.84603	27	10.15397	9.91310	9	48	57
4	16	9.75931	18	9.84630	27	10.15370	9.91301	9	44	56
5	20	9.75949	18	9.84657	27	10.15343	9.91292	9	40	55
6	24	9.75967	18	9.84684	27	10.15316	9.91283	9	36	54
7	28	9.75985	18	9.84711	27	10.15289	9.91274	8	32	53
8	32	9.76003	18	9.84738	26	10.15262	9.91266	9	28	52
9	36	9.76021	18	9.84764	27	10.15236	9.91257	9	24	51
10	40	9.76039	18	9.84791	27	10.15209	9.91248	9	20	50
11	44	9.76057	18	9.84818	27	10.15182	9.91239	9	16	49
12	48	9.76075	18	9.84845	27	10.15155	9.91230	9	12	48
13	52	9.76093	18	9.84872	27	10.15128	9.91221	9	8	47
14	56	9.76111	18	9.84899	26	10.15101	9.91212	9	4	46
15	21 0	9.76129	18	9.84925	27	10.15075	9.91203	9	39 0	45
16	4	9.76146	17	9.84952	27	10.15048	9.91194	9	56	44
17	8	9.76164	18	9.84979	27	10.15021	9.91185	9	52	43
18	12	9.76182	18	9.85006	27	10.14994	9.91176	9	48	42
19	16	9.76200	18	9.85033	26	10.14967	9.91167	9	44	41
20	20	9.76218	18	9.85059	27	10.14941	9.91158	9	40	40
21	24	9.76236	18	9.85086	27	10.14914	9.91149	8	36	39
22	28	9.76253	17	9.85113	27	10.14887	9.91141	9	32	38
23	32	9.76271	18	9.85140	26	10.14860	9.91132	9	28	37
24	36	9.76289	18	9.85166	27	10.14834	9.91123	9	24	36
25	40	9.76307	18	9.85193	27	10.14807	9.91114	9	20	35
26	44	9.76324	17	9.85220	27	10.14780	9.91105	9	16	34
27	48	9.76342	18	9.85247	26	10.14753	9.91096	9	12	33
28	52	9.76360	18	9.85273	27	10.14727	9.91087	9	8	32
29	56	9.76378	18	9.85300	27	10.14700	9.91078	9	4	31
30	22 0	9.76395	17	9.85327	27	10.14673	9.91069	9	38 0	30
31	4	9.76413	18	9.85354	26	10.14646	9.91060	9	56	29
32	8	9.76431	18	9.85380	27	10.14620	9.91051	9	52	28
33	12	9.76448	17	9.85407	27	10.14593	9.91042	9	48	27
34	16	9.76466	18	9.85434	26	10.14566	9.91033	10	44	26
35	20	9.76484	18	9.85460	27	10.14540	9.91023	9	40	25
36	24	9.76501	17	9.85487	27	10.14513	9.91014	9	36	24
37	28	9.76519	18	9.85514	26	10.14486	9.91005	9	32	23
38	32	9.76537	18	9.85540	27	10.14460	9.90996	9	28	22
39	36	9.76554	17	9.85567	27	10.14433	9.90987	9	24	21
40	40	9.76572	18	9.85594	26	10.14406	9.90978	9	20	20
41	44	9.76590	18	9.85620	27	10.14380	9.90969	9	16	19
42	48	9.76607	17	9.85647	27	10.14353	9.90960	9	12	18
43	52	9.76625	18	9.85674	26	10.14326	9.90951	9	8	17
44	56	9.76642	17	9.85700	27	10.14300	9.90942	9	4	16
45	23 0	9.76660	18	9.85727	27	10.14273	9.90933	9	37 0	15
46	4	9.76677	17	9.85754	26	10.14246	9.90924	9	56	14
47	8	9.76695	18	9.85780	27	10.14220	9.90915	9	52	13
48	12	9.76712	17	9.85807	27	10.14193	9.90906	10	48	12
49	16	9.76730	18	9.85834	26	10.14166	9.90896	9	44	11
50	20	9.76747	17	9.85860	27	10.14140	9.90887	9	40	10
51	24	9.76765	18	9.85887	26	10.14113	9.90878	9	36	9
52	28	9.76782	17	9.85913	27	10.14087	9.90869	9	32	8
53	32	9.76800	18	9.85940	27	10.14060	9.90860	9	28	7
54	36	9.76817	17	9.85967	26	10.14033	9.90851	9	24	6
55	40	9.76835	18	9.85993	27	10.14007	9.90842	10	20	5
56	44	9.76852	17	9.86020	26	10.13980	9.90832	9	16	4
57	48	9.76870	18	9.86046	27	10.13954	9.90823	9	12	3
58	52	9.76887	17	9.86073	27	10.13927	9.90814	9	8	2
59	56	9.76904	17	9.86100	27	10.13900	9.90805	9	4	1
60′	24ᵐ 0ˢ	9.76922	18	9.86126	26	10.13874	9.90796		36ᵐ 0ˢ	0′
		Cosin.		**Cotang.**		**Tang.**	**Sin.**		3ʰ	**54°**

LOGARITHMES SINUS, COSINUS, TANGENTES ET COTANGENTES.

36°	2ʰ	Sin.	Diff.	Tang.	Diff.	Cotang.	Cosin.	Diff.		60'
0'	24m 0s	9.76922	17	9.86126	27	10.13874	9.90796	9	36m 0s	60'
1	4	9.76939	18	9.86153	26	10.13847	9.90787	10	56	59
2	8	9.76957	17	9.86179	27	10.13821	9.90777	9	52	58
3	12	9.76974	17	9.86206	26	10.13794	9.90768	9	48	57
4	16	9.76991	18	9.86232	27	10.13768	9.90759	9	44	56
5	20	9.77009	17	9.86259	26	10.13741	9.90750	9	40	55
6	24	9.77026	17	9.86285	27	10.13715	9.90741	10	36	54
7	28	9.77043	18	9.86312	26	10.13688	9.90731	9	32	53
8	32	9.77061	17	9.86338	27	10.13662	9.90722	9	28	52
9	36	9.77078	17	9.86365	27	10.13635	9.90713	9	24	51
10	40	9.77095	17	9.86392	26	10.13608	9.90704	10	20	50
11	44	9.77112	18	9.86418	27	10.13582	9.90694	9	16	49
12	48	9.77130	17	9.86445	26	10.13555	9.90685	9	12	48
13	52	9.77147	17	9.86471	27	10.13529	9.90676	9	8	47
14	56	9.77164	17	9.86498	26	10.13502	9.90667	10	4	46
15	25 0	9.77181	18	9.86524	27	10.13476	9.90657	9	35 0	45
16	4	9.77199	17	9.86551	26	10.13449	9.90648	9	56	44
17	8	9.77216	17	9.86577	26	10.13423	9.90639	9	52	43
18	12	9.77233	17	9.86603	27	10.13397	9.90630	10	48	42
19	16	9.77250	18	9.86630	26	10.13370	9.90620	9	44	41
20	20	9.77268	17	9.86656	27	10.13344	9.90611	9	40	40
21	24	9.77285	17	9.86683	26	10.13317	9.90602	10	36	39
22	28	9.77302	17	9.86709	27	10.13291	9.90592	9	32	38
23	32	9.77319	17	9.86736	26	10.13264	9.90583	9	28	37
24	36	9.77336	17	9.86762	27	10.13238	9.90574	9	24	36
25	40	9.77353	17	9.86789	26	10.13211	9.90565	10	20	35
26	44	9.77370	17	9.86815	27	10.13185	9.90555	9	16	34
27	48	9.77387	18	9.86842	26	10.13158	9.90546	9	12	33
28	52	9.77405	17	9.86868	26	10.13132	9.90537	10	8	32
29	56	9.77422	17	9.86894	27	10.13106	9.90527	9	4	31
30	26 0	9.77439	17	9.86921	26	10.13079	9.90518	9	34 0	30
31	4	9.77456	17	9.86947	27	10.13053	9.90509	10	56	29
32	8	9.77473	17	9.86974	26	10.13026	9.90499	9	52	28
33	12	9.77490	17	9.87000	27	10.13000	9.90490	10	48	27
34	16	9.77507	17	9.87027	26	10.12973	9.90480	9	44	26
35	20	9.77524	17	9.87053	26	10.12947	9.90471	9	40	25
36	24	9.77541	17	9.87079	27	10.12921	9.90462	10	36	24
37	28	9.77558	17	9.87106	26	10.12894	9.90452	9	32	23
38	32	9.77575	17	9.87132	26	10.12868	9.90443	9	28	22
39	36	9.77592	17	9.87158	27	10.12842	9.90434	10	24	21
40	40	9.77609	17	9.87185	26	10.12815	9.90424	9	20	20
41	44	9.77626	17	9.87211	27	10.12789	9.90415	10	16	19
42	48	9.77643	17	9.87238	26	10.12762	9.90405	9	12	18
43	52	9.77660	17	9.87264	26	10.12736	9.90396	10	8	17
44	56	9.77677	17	9.87290	27	10.12710	9.90386	9	4	16
45	27 0	9.77694	17	9.87317	26	10.12683	9.90377	9	33 0	15
46	4	9.77711	17	9.87343	26	10.12657	9.90368	10	56	14
47	8	9.77728	16	9.87369	27	10.12631	9.90358	9	52	13
48	12	9.77744	17	9.87396	26	10.12604	9.90349	10	48	12
49	16	9.77761	17	9.87422	26	10.12578	9.90339	9	44	11
50	20	9.77778	17	9.87448	27	10.12552	9.90330	10	40	10
51	24	9.77795	17	9.87475	26	10.12525	9.90320	9	36	9
52	28	9.77812	17	9.87501	26	10.12499	9.90311	10	32	8
53	32	9.77829	17	9.87527	27	10.12473	9.90301	9	28	7
54	36	9.77846	16	9.87554	26	10.12446	9.90292	10	24	6
55	40	9.77862	17	9.87580	26	10.12420	9.90282	9	20	5
56	44	9.77879	17	9.87606	27	10.12394	9.90273	10	16	4
57	48	9.77896	17	9.87633	26	10.12367	9.90263	9	12	3
58	52	9.77913	17	9.87659	26	10.12341	9.90254	10	8	2
59	56	9.77930	16	9.87685	26	10.12315	9.90244	9	4	1
60'	28m 0s	9.77946		9.87711		10.12289	9.90235		32m 0s	0'
		Cosin.		Cotang.		Tang.	Sin.		3ʰ	53°

LOGARITHMES SINUS, COSINUS, TANGENTES ET COTANGENTES.

37°	2h	Sin.	Diff.	Tang.	Diff.	Cotang.	Cosin.	Diff.		60'
0'	28m 0s	9.77946	17	9.87711	27	10.12289	9.90235	10	32m 0s	60'
1	4	9.77963	17	9.87738	26	10.12262	9.90225	9	56	59
2	8	9.77980	17	9.87764	26	10.12236	9.90216	10	52	58
3	12	9.77997	16	9.87790	27	10.12210	9.90206	9	48	57
4	16	9.78013	17	9.87817	26	10.12183	9.90197	10	44	56
5	20	9.78030	17	9.87843	26	10.12157	9.90187	9	40	55
6	24	9.78047	16	9.87869	26	10.12131	9.90178	10	36	54
7	28	9.78063	17	9.87895	27	10.12105	9.90168	9	32	53
8	32	9.78080	17	9.87922	26	10.12078	9.90159	10	28	52
9	36	9.78097	16	9.87948	26	10.12052	9.90149	10	24	51
10	40	9.78113	17	9.87974	26	10.12026	9.90139	9	20	50
11	44	9.78130	17	9.88000	27	10.12000	9.90130	10	16	49
12	48	9.78147	16	9.88027	26	10.11973	9.90120	9	12	48
13	52	9.78163	17	9.88053	26	10.11947	9.90111	10	8	47
14	56	9.78180	17	9.88079	26	10.11921	9.90101	10	4	46
15	29 0	9.78197	16	9.88105	26	10.11895	9.90091	9	31 0	45
16	4	9.78213	17	9.88131	27	10.11869	9.90082	10	56	44
17	8	9.78230	16	9.88158	26	10.11842	9.90072	9	52	43
18	12	9.78246	17	9.88184	26	10.11816	9.90063	10	48	42
19	16	9.78263	17	9.88210	26	10.11790	9.90053	10	44	41
20	20	9.78280	16	9.88236	26	10.11764	9.90043	9	40	40
21	24	9.78296	17	9.88262	27	10.11738	9.90034	10	36	39
22	28	9.78313	16	9.88289	26	10.11711	9.90024	10	32	38
23	32	9.78329	17	9.88315	26	10.11685	9.90014	9	28	37
24	36	9.78346	16	9.88341	26	10.11659	9.90005	10	24	36
25	40	9.78362	17	9.88367	26	10.11633	9.89995	10	20	35
26	44	9.78379	16	9.88393	27	10.11607	9.89985	9	16	34
27	48	9.78395	17	9.88420	26	10.11580	9.89976	10	12	33
28	52	9.78412	16	9.88446	26	10.11554	9.89966	10	8	32
29	56	9.78428	17	9.88472	26	10.11528	9.89956	9	4	31
30	30 0	9.78445	16	9.88498	26	10.11502	9.89947	10	30 0	30
31	4	9.78461	17	9.88524	26	10.11476	9.89937	10	56	29
32	8	9.78478	16	9.88550	27	10.11450	9.89927	9	52	28
33	12	9.78494	16	9.88577	26	10.11423	9.89918	10	48	27
34	16	9.78510	17	9.88603	26	10.11397	9.89908	10	44	26
35	20	9.78527	16	9.88629	26	10.11371	9.89898	10	40	25
36	24	9.78543	17	9.88655	26	10.11345	9.89888	9	36	24
37	28	9.78560	16	9.88681	26	10.11319	9.89879	10	32	23
38	32	9.78576	16	9.88707	26	10.11293	9.89869	10	28	22
39	36	9.78592	17	9.88733	26	10.11267	9.89859	10	24	21
40	40	9.78609	16	9.88759	27	10.11241	9.89849	9	20	20
41	44	9.78625	17	9.88786	26	10.11214	9.89840	10	16	19
42	48	9.78642	16	9.88812	26	10.11188	9.89830	10	12	18
43	52	9.78658	16	9.88838	26	10.11162	9.89820	10	8	17
44	56	9.78674	17	9.88864	26	10.11136	9.89810	9	4	16
45	31 0	9.78691	16	9.88890	26	10.11110	9.89801	10	29 0	15
46	4	9.78707	16	9.88916	26	10.11084	9.89791	10	56	14
47	8	9.78723	16	9.88942	26	10.11058	9.89781	10	52	13
48	12	9.78739	17	9.88968	26	10.11032	9.89771	10	48	12
49	16	9.78756	16	9.88994	26	10.11006	9.89761	9	44	11
50	20	9.78772	16	9.89020	26	10.10980	9.89752	10	40	10
51	24	9.78788	17	9.89046	27	10.10954	9.89742	10	36	9
52	28	9.78805	16	9.89073	26	10.10927	9.89732	10	32	8
53	32	9.78821	16	9.89099	26	10.10901	9.89722	10	28	7
54	36	9.78837	16	9.89125	26	10.10875	9.89712	10	24	6
55	40	9.78853	16	9.89151	26	10.10849	9.89702	10	20	5
56	44	9.78869	17	9.89177	26	10.10823	9.89693	9	16	4
57	48	9.78886	16	9.89203	26	10.10797	9.89683	10	12	3
58	52	9.78902	16	9.89229	26	10.10771	9.89673	10	8	2
59	56	9.78918	16	9.89255	26	10.10745	9.89663	10	4	1
60'	32m 0s	9.78934		9.89281		10.10719	9.89653		28m 0s	0'
		Cosin.		Cotang.		Tang.	Sin.		3h	52°

LOGARITHMES SINUS, COSINUS, TANGENTES ET COTANGENTES.

38°	2ʰ	Sin.	Diff.	Tang.	Diff.	Cotang.	Cosin.	Diff.		
0′	32ᵐ 0ˢ	9.78934	16	9.89281	26	10.10719	9.89653	10	28ᵐ 0ˢ	60′
1	4	9.78950	17	9.89307	26	10.10693	9.89643	10	56	59
2	8	9.78967	16	9.89333	26	10.10667	9.89633	9	52	58
3	12	9.78983	16	9.89359	26	10.10641	9.89624	10	48	57
4	16	9.78999	16	9.89385	26	10.10615	9.89614	10	44	56
5	20	9.79015	16	9.89411	26	10.10589	9.89604	10	40	55
6	24	9.79031	16	9.89437	26	10.10563	9.89594	10	36	54
7	28	9.79047	16	9.89463	26	10.10537	9.89584	10	32	53
8	32	9.79063	16	9.89489	26	10.10511	9.89574	10	28	52
9	36	9.79079	16	9.89515	26	10.10485	9.89564	10	24	51
10	40	9.79095	16	9.89541	26	10.10459	9.89554	10	20	50
11	44	9.79111	16	9.89567	26	10.10433	9.89544	10	16	49
12	48	9.79128	17	9.89593	26	10.10407	9.89534	10	12	48
13	52	9.79144	16	9.89619	26	10.10381	9.89524	10	8	47
14	56	9.79160	16	9.89645	26	10.10355	9.89514	10	4	46
15	33 0	9.79176	16	9.89671	26	10.10329	9.89504	9	27 0	45
16	4	9.79192	16	9.89697	26	10.10303	9.89495	10	56	44
17	8	9.79208	16	9.89723	26	10.10277	9.89485	10	52	43
18	12	9.79224	16	9.89749	26	10.10251	9.89475	10	48	42
19	16	9.79240	16	9.89775	26	10.10225	9.89465	10	44	41
20	20	9.79256	16	9.89801	26	10.10199	9.89455	10	40	40
21	24	9.79272	16	9.89827	26	10.10173	9.89445	10	36	39
22	28	9.79288	16	9.89853	26	10.10147	9.89435	10	32	38
23	32	9.79304	15	9.89879	26	10.10121	9.89425	10	28	37
24	36	9.79319	16	9.89905	26	10.10095	9.89415	10	24	36
25	40	9.79335	16	9.89931	26	10.10069	9.89405	10	20	35
26	44	9.79351	16	9.89957	26	10.10043	9.89395	10	16	34
27	48	9.79367	16	9.89983	26	10.10017	9.89385	10	12	33
28	52	9.79383	16	9.90009	26	10.09991	9.89375	11	8	32
29	56	9.79399	16	9.90035	26	10.09965	9.89364	10	4	31
30	34 0	9.79415	16	9.90061	26	10.09939	9.89354	10	26 0	30
31	4	9.79431	16	9.90086	25	10.09914	9.89344	10	56	29
32	8	9.79447	16	9.90112	26	10.09888	9.89334	10	52	28
33	12	9.79463	15	9.90138	26	10.09862	9.89324	10	48	27
34	16	9.79478	16	9.90164	26	10.09836	9.89314	10	44	26
35	20	9.79494	16	9.90190	26	10.09810	9.89304	10	40	25
36	24	9.79510	16	9.90216	26	10.09784	9.89294	10	36	24
37	28	9.79526	16	9.90242	26	10.09758	9.89284	10	32	23
38	32	9.79542	16	9.90268	26	10.09732	9.89274	10	28	22
39	36	9.79558	15	9.90294	26	10.09706	9.89264	10	24	21
40	40	9.79573	16	9.90320	26	10.09680	9.89254	10	20	20
41	44	9.79589	16	9.90346	25	10.09654	9.89244	11	16	19
42	48	9.79605	16	9.90371	26	10.09629	9.89233	10	12	18
43	52	9.79621	15	9.90397	26	10.09603	9.89223	10	8	17
44	56	9.79636	16	9.90423	26	10.09577	9.89213	10	4	16
45	35 0	9.79652	16	9.90449	26	10.09551	9.89203	10	25 0	15
46	4	9.79668	16	9.90475	26	10.09525	9.89193	10	56	14
47	8	9.79684	15	9.90501	26	10.09499	9.89183	10	52	13
48	12	9.79699	16	9.90527	26	10.09473	9.89173	11	48	12
49	16	9.79715	16	9.90553	26	10.09447	9.89162	10	44	11
50	20	9.79731	16	9.90578	25	10.09422	9.89152	10	40	10
51	24	9.79746	15	9.90604	26	10.09396	9.89142	10	36	9
52	28	9.79762	16	9.90630	26	10.09370	9.89132	10	32	8
53	32	9.79778	15	9.90656	26	10.09344	9.89122	10	28	7
54	36	9.79793	16	9.90682	26	10.09318	9.89112	11	24	6
55	40	9.79809	16	9.90708	26	10.09292	9.89101	10	20	5
56	44	9.79825	15	9.90734	25	10.09266	9.89091	10	16	4
57	48	9.79840	16	9.90759	26	10.09241	9.89081	10	12	3
58	52	9.79856	16	9.90785	26	10.09215	9.89071	11	8	2
59	56	9.79872	15	9.90811	26	10.09189	9.89060	10	4	1
60′	36ᵐ 0ˢ	9.79887		9.90837		10.09163	9.89050		24ᵐ 0ˢ	0′
		Cosin.		Cotang.		Tang.	Sin.		3ʰ	51°

TABLE II.

LOGARITHMES SINUS, COSINUS, TANGENTES ET COTANGENTES.

39°	2ʰ	Sin.	Diff.	Tang.	Diff.	Cotang.	Cosin.	Diff.		60'
0'	36ᵐ 0ˢ	9.79887	16	9.90837	26	10.09163	9.89050	10	24ᵐ 0ˢ	60'
1	4	9.79903	15	9.90863	26	10.09137	9.89040	10	56	59
2	8	9.79918	16	9.90889	25	10.09111	9.89030	10	52	58
3	12	9.79934	16	9.90914	26	10.09086	9.89020	11	48	57
4	16	9.79950	15	9.90940	26	10.09060	9.89009	10	44	56
5	20	9.79965	16	9.90966	26	10.09034	9.88999	10	40	55
6	24	9.79981	15	9.90992	26	10.09008	9.88989	11	36	54
7	28	9.79996	16	9.91018	25	10.08982	9.88978	10	32	53
8	32	9.80012	15	9.91043	26	10.08957	9.88968	10	28	52
9	36	9.80027	16	9.91069	26	10.08931	9.88958	10	24	51
10	40	9.80043	15	9.91095	26	10.08905	9.88948	11	20	50
11	44	9.80058	16	9.91121	26	10.08879	9.88937	10	16	49
12	48	9.80074	15	9.91147	25	10.08853	9.88927	10	12	48
13	52	9.80089	16	9.91172	26	10.08828	9.88917	11	8	47
14	56	9.80105	15	9.91198	26	10.08802	9.88906	10	4	46
15	37 0	9.80120	16	9.91224	26	10.08776	9.88896	10	23 0	45
16	4	9.80136	15	9.91250	26	10.08750	9.88886	11	56	44
17	8	9.80151	15	9.91276	25	10.08724	9.88875	10	52	43
18	12	9.80166	16	9.91301	26	10.08699	9.88865	10	48	42
19	16	9.80182	15	9.91327	26	10.08673	9.88855	11	44	41
20	20	9.80197	16	9.91353	26	10.08647	9.88844	10	40	40
21	24	9.80213	15	9.91379	25	10.08621	9.88834	10	36	39
22	28	9.80228	16	9.91404	26	10.08596	9.88824	11	32	38
23	32	9.80244	15	9.91430	26	10.08570	9.88813	10	28	37
24	36	9.80259	15	9.91456	26	10.08544	9.88803	10	24	36
25	40	9.80274	16	9.91482	25	10.08518	9.88793	11	20	35
26	44	9.80290	15	9.91507	26	10.08493	9.88782	10	16	34
27	48	9.80305	15	9.91533	26	10.08467	9.88772	11	12	33
28	52	9.80320	16	9.91559	26	10.08441	9.88761	10	8	32
29	56	9.80336	15	9.91585	25	10.08415	9.88751	10	4	31
30	38 0	9.80351	15	9.91610	26	10.08390	9.88741	10	22 0	30
31	4	9.80366	16	9.91636	26	10.08364	9.88730	11	56	29
32	8	9.80382	15	9.91662	26	10.08338	9.88720	10	52	28
33	12	9.80397	15	9.91688	25	10.08312	9.88709	11	48	27
34	16	9.80412	16	9.91713	26	10.08287	9.88699	10	44	26
35	20	9.80428	15	9.91739	26	10.08261	9.88688	11	40	25
36	24	9.80443	15	9.91765	26	10.08235	9.88678	10	36	24
37	28	9.80458	15	9.91791	26	10.08209	9.88668	10	32	23
38	32	9.80473	16	9.91816	25	10.08184	9.88657	11	28	22
39	36	9.80489	15	9.91842	26	10.08158	9.88647	10	24	21
40	40	9.80504	15	9.91868	26	10.08132	9.88636	11	20	20
41	44	9.80519	15	9.91893	25	10.08107	9.88626	10	16	19
42	48	9.80534	16	9.91919	26	10.08081	9.88615	11	12	18
43	52	9.80550	15	9.91945	26	10.08055	9.88605	10	8	17
44	56	9.80565	15	9.91971	26	10.08029	9.88594	11	4	16
45	39 0	9.80580	15	9.91996	25	10.08004	9.88584	10	21 0	15
46	4	9.80595	15	9.92022	26	10.07978	9.88573	11	56	14
47	8	9.80610	15	9.92048	26	10.07952	9.88563	10	52	13
48	12	9.80625	16	9.92073	25	10.07927	9.88552	11	48	12
49	16	9.80641	15	9.92099	26	10.07901	9.88542	10	44	11
50	20	9.80656	15	9.92125	26	10.07875	9.88531	11	40	10
51	24	9.80671	15	9.92150	25	10.07850	9.88521	10	36	9
52	28	9.80686	15	9.92176	26	10.07824	9.88510	11	32	8
53	32	9.80701	15	9.92202	26	10.07798	9.88499	11	28	7
54	36	9.80716	15	9.92227	25	10.07773	9.88489	10	24	6
55	40	9.80731	15	9.92253	26	10.07747	9.88478	11	20	5
56	44	9.80746	16	9.92279	26	10.07721	9.88468	10	16	4
57	48	9.80762	15	9.92304	25	10.07696	9.88457	11	12	3
58	52	9.80777	15	9.92330	26	10.07670	9.88447	10	8	2
59	56	9.80792	15	9.92356	26	10.07644	9.88436	11	4	1
60'	40ᵐ 0ˢ	9.80807	15	9.92381	25	10.07619	9.88425	11	20ᵐ 0ˢ	0'
		Cosin.		Cotang.		Tang.	Sin.		3ʰ	50°

LOGARITHMES SINUS, COSINUS, TANGENTES ET COTANGENTES.

40°	2^{h}	Sin.	Diff.	Tang.	Diff.	Cotang.	Cosin.	Diff.		60'
0'	$40^{m}\,0^{s}$	9.80807	15	9.92381	26	10.07619	9.88425	10	$20^{m}\,0^{s}$	60'
1	4	9.80822	15	9.92407	26	10.07593	9.88415	11	56	59
2	8	9.80837	15	9.92433	25	10.07567	9.88404	10	52	58
3	12	9.80852	15	9.92458	26	10.07542	9.88394	11	48	57
4	16	9.80867	15	9.92484	26	10.07516	9.88383	11	44	56
5	20	9.80882	15	9.92510	25	10.07490	9.88372	10	40	55
6	24	9.80897	15	9.92535	26	10.07465	9.88362	11	36	54
7	28	9.80912	15	9.92561	26	10.07439	9.88351	11	32	53
8	32	9.80927	15	9.92587	25	10.07413	9.88340	10	28	52
9	36	9.80942	15	9.92612	26	10.07388	9.88330	11	24	51
10	40	9.80957	15	9.92638	25	10.07362	9.88319	11	20	50
11	44	9.80972	15	9.92663	26	10.07337	9.88308	10	16	49
12	48	9.80987	15	9.92689	26	10.07311	9.88298	11	12	48
13	52	9.81002	15	9.92715	25	10.07285	9.88287	11	8	47
14	56	9.81017	15	9.92740	26	10.07260	9.88276	10	4	46
15	41 0	9.81032	15	9.92766	26	10.07234	9.88266	11	19 0	45
16	4	9.81047	14	9.92792	25	10.07208	9.88255	11	56	44
17	8	9.81061	15	9.92817	26	10.07183	9.88244	10	52	43
18	12	9.81076	15	9.92843	25	10.07157	9.88234	11	48	42
19	16	9.81091	15	9.92868	26	10.07132	9.88223	11	44	41
20	20	9.81106	15	9.92894	26	10.07106	9.88212	11	40	40
21	24	9.81121	15	9.92920	25	10.07080	9.88201	10	36	39
22	28	9.81136	15	9.92945	26	10.07055	9.88191	11	32	38
23	32	9.81151	15	9.92971	25	10.07029	9.88180	11	28	37
24	36	9.81166	14	9.92996	26	10.07004	9.88169	11	24	36
25	40	9.81180	15	9.93022	26	10.06978	9.88158	10	20	35
26	44	9.81195	15	9.93048	25	10.06952	9.88148	11	16	34
27	48	9.81210	15	9.93073	26	10.06927	9.88137	11	12	33
28	52	9.81225	15	9.93099	25	10.06901	9.88126	11	8	32
29	56	9.81240	14	9.93124	26	10.06876	9.88115	10	4	31
30	42 0	9.81254	15	9.93150	25	10.06850	9.88105	11	18 0	30
31	4	9.81269	15	9.93175	26	10.06825	9.88094	11	56	29
32	8	9.81284	15	9.93201	26	10.06799	9.88083	11	52	28
33	12	9.81299	15	9.93227	25	10.06773	9.88072	11	48	27
34	16	9.81314	14	9.93252	26	10.06748	9.88061	10	44	26
35	20	9.81328	15	9.93278	25	10.06722	9.88051	11	40	25
36	24	9.81343	15	9.93303	26	10.06697	9.88040	11	36	24
37	28	9.81358	14	9.93329	25	10.06671	9.88029	11	32	23
38	32	9.81372	15	9.93354	26	10.06646	9.88018	11	28	22
39	36	9.81387	15	9.93380	26	10.06620	9.88007	11	24	21
40	40	9.81402	15	9.93406	25	10.06594	9.87996	11	20	20
41	44	9.81417	14	9.93431	26	10.06569	9.87985	10	16	19
42	48	9.81431	15	9.93457	25	10.06543	9.87975	11	12	18
43	52	9.81446	15	9.93482	26	10.06518	9.87964	11	8	17
44	56	9.81461	14	9.93508	25	10.06492	9.87953	11	4	16
45	43 0	9.81475	15	9.93533	26	10.06467	9.87942	11	17 0	15
46	4	9.81490	15	9.93559	25	10.06441	9.87931	11	56	14
47	8	9.81505	14	9.93584	26	10.06416	9.87920	11	52	13
48	12	9.81519	15	9.93610	26	10.06390	9.87909	11	48	12
49	16	9.81534	15	9.93636	25	10.06364	9.87898	11	44	11
50	20	9.81549	14	9.93661	26	10.06339	9.87887	10	40	10
51	24	9.81563	15	9.93687	25	10.06313	9.87877	11	36	9
52	28	9.81578	14	9.93712	26	10.06288	9.87866	11	32	8
53	32	9.81592	15	9.93738	25	10.06262	9.87855	11	28	7
54	36	9.81607	15	9.93763	26	10.06237	9.87844	11	24	6
55	40	9.81622	14	9.93789	25	10.06211	9.87833	11	20	5
56	44	9.81636	15	9.93814	26	10.06186	9.87822	11	16	4
57	48	9.81651	14	9.93840	25	10.06160	9.87811	11	12	3
58	52	9.81665	15	9.93865	26	10.06135	9.87800	11	8	2
59	56	9.81680	14	9.93891	25	10.06109	9.87789	11	4	1
60'	$44^{m}\,0^{s}$	9.81694		9.93916		10.06084	9.87778		$16^{m}\,0^{s}$	0'
		Cosin.		Cotang.		Tang.	Sin.		3^{h}	49°

LOGARITHMES SINUS, COSINUS, TANGENTES ET COTANGENTES.

41°	2h	Sin.	Diff.	Tang.	Diff.	Cotang.	Cosin.	Diff.		60'
0'	44m 0s	9.81694	15	9.93916	26	10.06084	9.87778	11	16m 0s	60'
1	4	9.81709	14	9.93942	25	10.06058	9.87767	11	56	59
2	8	9.81723	15	9.93967	26	10.06033	9.87756	11	52	58
3	12	9.81738	14	9.93993	25	10.06007	9.87745	11	48	57
4	16	9.81752	15	9.94018	26	10.05982	9.87734	11	44	56
5	20	9.81767	14	9.94044	25	10.05956	9.87723	11	40	55
6	24	9.81781	15	9.94069	26	10.05931	9.87712	11	36	54
7	28	9.81796	14	9.94095	25	10.05905	9.87701	11	32	53
8	32	9.81810	15	9.94120	26	10.05880	9.87690	11	28	52
9	36	9.81825	14	9.94146	25	10.05854	9.87679	11	24	51
10	40	9.81839	15	9.94171	26	10.05829	9.87668	11	20	50
11	44	9.81854	14	9.94197	25	10.05803	9.87657	11	16	49
12	48	9.81868	14	9.94222	26	10.05778	9.87646	11	12	48
13	52	9.81882	15	9.94248	25	10.05752	9.87635	11	8	47
14	56	9.81897	14	9.94273	26	10.05727	9.87624	11	4	46
15	45 0	9.81911	15	9.94299	25	10.05701	9.87613	12	15 0	45
16	4	9.81926	14	9.94324	26	10.05676	9.87601	11	56	44
17	8	9.81940	15	9.94350	25	10.05650	9.87590	11	52	43
18	12	9.81955	14	9.94375	26	10.05625	9.87579	11	48	42
19	16	9.81969	14	9.94401	25	10.05599	9.87568	11	44	41
20	20	9.81983	15	9.94426	26	10.05574	9.87557	11	40	40
21	24	9.81998	14	9.94452	25	10.05548	9.87546	11	36	39
22	28	9.82012	14	9.94477	26	10.05523	9.87535	11	32	38
23	32	9.82026	15	9.94503	25	10.05497	9.87524	11	28	37
24	36	9.82041	14	9.94528	26	10.05472	9.87513	12	24	36
25	40	9.82055	14	9.94554	25	10.05446	9.87501	11	20	35
26	44	9.82069	15	9.94579	25	10.05421	9.87490	11	16	34
27	48	9.82084	14	9.94604	26	10.05396	9.87479	11	12	33
28	52	9.82098	14	9.94630	25	10.05370	9.87468	11	8	32
29	56	9.82112	14	9.94655	26	10.05345	9.87457	11	4	31
30	46 0	9.82126	15	9.94681	25	10.05319	9.87446	12	14 0	30
31	4	9.82141	14	9.94706	26	10.05294	9.87434	11	56	29
32	8	9.82155	14	9.94732	25	10.05268	9.87423	11	52	28
33	12	9.82169	15	9.94757	26	10.05243	9.87412	11	48	27
34	16	9.82184	14	9.94783	25	10.05217	9.87401	11	44	26
35	20	9.82198	14	9.94808	26	10.05192	9.87390	12	40	25
36	24	9.82212	14	9.94834	25	10.05166	9.87378	11	36	24
37	28	9.82226	14	9.94859	25	10.05141	9.87367	11	32	23
38	32	9.82240	15	9.94884	26	10.05116	9.87356	11	28	22
39	36	9.82255	14	9.94910	25	10.05090	9.87345	11	24	21
40	40	9.82269	14	9.94935	26	10.05065	9.87334	12	20	20
41	44	9.82283	14	9.94961	25	10.05039	9.87322	11	16	19
42	48	9.82297	14	9.94986	26	10.05014	9.87311	11	12	18
43	52	9.82311	15	9.95012	25	10.04988	9.87300	12	8	17
44	56	9.82326	14	9.95037	25	10.04963	9.87288	11	4	16
45	47 0	9.82340	14	9.95062	26	10.04938	9.87277	11	13 0	15
46	4	9.82354	14	9.95088	25	10.04912	9.87266	11	56	14
47	8	9.82368	14	9.95113	26	10.04887	9.87255	12	52	13
48	12	9.82382	14	9.95139	25	10.04861	9.87243	11	48	12
49	16	9.82396	14	9.95164	26	10.04836	9.87232	11	44	11
50	20	9.82410	14	9.95190	25	10.04810	9.87221	12	40	10
51	24	9.82424	15	9.95215	25	10.04785	9.87209	11	36	9
52	28	9.82439	14	9.95240	26	10.04760	9.87198	11	32	8
53	32	9.82453	14	9.95266	25	10.04734	9.87187	12	28	7
54	36	9.82467	14	9.95291	26	10.04709	9.87175	11	24	6
55	40	9.82481	14	9.95317	25	10.04683	9.87164	11	20	5
56	44	9.82495	14	9.95342	26	10.04658	9.87153	12	16	4
57	48	9.82509	14	9.95368	25	10.04632	9.87141	11	12	3
58	52	9.82523	14	9.95393	25	10.04607	9.87130	11	8	2
59	56	9.82537	14	9.95418	26	10.04582	9.87119	12	4	1
60'	48m 0s	9.82551		9.95444		10.04556	9.87107		12m 0s	0'
		Cosin.		**Cotang.**		**Tang.**	**Sin**		3h	**48°**

LOGARITHMES SINUS, COSINUS, TANGENTES ET COTANGENTES.

42°	2ʰ	Sin.	Diff.	Tang.	Diff.	Cotang.	Cosin.	Diff.	12ᵐ	60'
0'	48ᵐ 0ˢ	9.82551	14	9.95444	25	10.04556	9.87107	11	12ᵐ 0ˢ	60'
1	4	9.82565	14	9.95469	26	10.04531	9.87096	11	56	59
2	8	9.82579	14	9.95495	25	10.04505	9.87085	12	52	58
3	12	9.82593	14	9.95520	25	10.04480	9.87073	11	48	57
4	16	9.82607	14	9.95545	26	10.04455	9.87062	12	44	56
5	20	9.82621	14	9.95571	25	10.04429	9.87050	11	40	55
6	24	9.82635	14	9.95596	26	10.04404	9.87039	11	36	54
7	28	9.82649	14	9.95622	25	10.04378	9.87028	12	32	53
8	32	9.82663	14	9.95647	25	10.04353	9.87016	11	28	52
9	36	9.82677	14	9.95672	26	10.04328	9.87005	12	24	51
10	40	9.82691	14	9.95698	25	10.04302	9.86993	12'	20	50
11	44	9.82705	14	9.95723	25	10.04277	9.86982	11	16	49
12	48	9.82719	14	9.95748	26	10.04252	9.86970	12	12	48
13	52	9.82733	14	9.95774	25	10.04226	9.86959	11	8	47
14	56	9.82747	14	9.95799	26	10.04201	9.86947	12	4	46
15	49 0	9.82761	14	9.95825	25	10.04175	9.86936	11	11 0	45
16	4	9.82775	13	9.95850	25	10.04150	9.86924	12	56	44
17	8	9.82788	14	9.95875	26	10.04125	9.86913	11	52	43
18	12	9.82802	14	9.95901	25	10.04099	9.86902	11	48	42
19	16	9.82816	14	9.95926	26	10.04074	9.86890	12	44	41
20	20	9.82830	14	9.95952	25	10.04048	9.86879	11	40	40
21	24	9.82844	14	9.95977	25	10.04023	9.86867	12	36	39
22	28	9.82858	14	9.96002	26	10.03998	9.86855	12	32	38
23	32	9.82872	13	9.96028	25	10.03972	9.86844	11	28	37
24	36	9.82885	14	9.96053	25	10.03947	9.86832	12	24	36
25	40	9.82899	14	9.96078	26	10.03922	9.86821	11	20	35
26	44	9.82913	14	9.96104	25	10.03896	9.86809	12	16	34
27	48	9.82927	14	9.96129	26	10.03871	9.86798	11	12	33
28	52	9.82941	14	9.96155	25	10.03845	9.86786	12	8	32
29	56	9.82955	13	9.96180	25	10.03820	9.86775	11	4	31
30	50 0	9.82968	14	9.96205	26	10.03795	9.86763	12	10 0	30
31	4	9.82982	14	9.96231	25	10.03769	9.86752	11	56	29
32	8	9.82996	14	9.96256	25	10.03744	9.86740	12	52	28
33	12	9.83010	13	9.96281	26	10.03719	9.86728	12	48	27
34	16	9.83023	14	9.96307	25	10.03693	9.86717	11	44	26
35	20	9.83037	14	9.96332	25	10.03668	9.86705	12	40	25
36	24	9.83051	14	9.96357	26	10.03643	9.86694	11	36	24
37	28	9.83065	13	9.96383	25	10.03617	9.86682	12	32	23
38	32	9.83078	14	9.96408	25	10.03592	9.86670	12	28	22
39	36	9.83092	14	9.96433	26	10.03567	9.86659	11	24	21
40	40	9.83106	14	9.96459	25	10.03541	9.86647	12	20	20
41	44	9.83120	13	9.96484	26	10.03516	9.86635	12	16	19
42	48	9.83133	14	9.96510	25	10.03490	9.86624	11	12	18
43	52	9.83147	14	9.96535	25	10.03465	9.86612	12	8	17
44	56	9.83161	13	9.96560	26	10.03440	9.86600	12	4	16
45	51 0	9.83174	14	9.96586	25	10.03414	9.86589	11	9 0	15
46	4	9.83188	14	9.96611	25	10.03389	9.86577	12	56	14
47	8	9.83202	13	9.96636	26	10.03364	9.86565	12	52	13
48	12	9.83215	14	9.96662	25	10.03338	9.86554	11	48	12
49	16	9.83229	13	9.96687	25	10.03313	9.86542	12	44	11
50	20	9.83242	14	9.96712	26	10.03288	9.86530	12	40	10
51	24	9.83256	14	9.96738	25	10.03262	9.86518	11	36	9
52	28	9.83270	13	9.96763	25	10.03237	9.86507	12	32	8
53	32	9.83283	14	9.96788	26	10.03212	9.86495	12	28	7
54	36	9.83297	13	9.96814	25	10.03186	9.86483	11	24	6
55	40	9.83310	14	9.96839	25	10.03161	9.86472	12	20	5
56	44	9.83324	14	9.96864	26	10.03136	9.86460	12	16	4
57	48	9.83338	13	9.96890	25	10.03110	9.86448	12	12	3
58	52	9.83351	14	9.96915	25	10.03085	9.86436	11	8	2
59	56	9.83365	13	9.96940	26	10.03060	9.86425	12	4	1
60'	52ᵐ 0ˢ	9.83378		9.96966		10.03034	9.86413		8ᵐ 0ˢ	0'
		Cosin.		Cotang.		Tang.	Sin.		3ʰ	47°

TABLE II.

LOGARITHMES SINUS, COSINUS, TANGENTES ET COTANGENTES.

43°	2ʰ	Sin.	Diff.	Tang.	Diff.	Cotang.	Cosin.	Diff.		
0′	52ᵐ 0ˢ	9.83378	14	9.96966	25	10.03034	9.86413	12	8ᵐ 0ˢ	60′
1	4	9.83392	13	9.96991	25	10.03009	9.86401	12	56	59
2	8	9.83405	14	9.97016	26	10.02984	9.86389	12	52	58
3	12	9.83419	13	9.97042	25	10.02958	9.86377	12	48	57
4	16	9.83432	14	9.97067	25	10.02933	9.86366	11	44	56
5	20	9.83446	13	9.97092	26	10.02908	9.86354	12	40	55
6	24	9.83459	14	9.97118	25	10.02882	9.86342	12	36	54
7	28	9.83473	13	9.97143	25	10.02857	9.86330	12	32	53
8	32	9.83486	14	9.97168	25	10.02832	9.86318	12	28	52
9	36	9.83500	13	9.97193	26	10.02807	9.86306	11	24	51
10	40	9.83513	14	9.97219	25	10.02781	9.86295	12	20	50
11	44	9.83527	13	9.97244	25	10.02756	9.86283	12	16	49
12	48	9.83540	14	9.97269	26	10.02731	9.86271	12	12	48
13	52	9.83554	13	9.97295	25	10.02705	9.86259	12	8	47
14	56	9.83567	14	9.97320	25	10.02680	9.86247	12	4	46
15	53 0	9.83581	13	9.97345	26	10.02655	9.86235	12	7 0	45
16	4	9.83594	14	9.97371	25	10.02629	9.86223	12	56	44
17	8	9.83608	13	9.97396	25	10.02604	9.86211	11	52	43
18	12	9.83621	13	9.97421	26	10.02579	9.86200	12	48	42
19	16	9.83634	13	9.97447	25	10.02553	9.86188	12	44	41
20	20	9.83648	14	9.97472	25	10.02528	9.86176	12	40	40
21	24	9.83661	13	9.97497	25	10.02503	9.86164	12	36	39
22	28	9.83674	13	9.97523	25	10.02477	9.86152	12	32	38
23	32	9.83688	14	9.97548	25	10.02452	9.86140	12	28	37
24	36	9.83701	13	9.97573	25	10.02427	9.86128	12	24	36
25	40	9.83715	14	9.97598	26	10.02402	9.86116	12	20	35
26	44	9.83728	13	9.97624	25	10.02376	9.86104	12	16	34
27	48	9.83741	13	9.97649	25	10.02351	9.86092	12	12	33
28	52	9.83755	14	9.97674	26	10.02326	9.86080	12	8	32
29	56	9.83768	13	9.97700	25	10.02300	9.86068	12	4	31
30	54 0	9.83781	13	9.97725	25	10.02275	9.86056	12	6 0	30
31	4	9.83795	14	9.97750	26	10.02250	9.86044	12	56	29
32	8	9.83808	13	9.97776	25	10.02224	9.86032	12	52	28
33	12	9.83821	13	9.97801	25	10.02199	9.86020	12	48	27
34	16	9.83834	13	9.97826	25	10.02174	9.86008	12	44	26
35	20	9.83848	14	9.97851	26	10.02149	9.85996	12	40	25
36	24	9.83861	13	9.97877	25	10.02123	9.85984	12	36	24
37	28	9.83874	13	9.97902	25	10.02098	9.85972	12	32	23
38	32	9.83887	13	9.97927	26	10.02073	9.85960	12	28	22
39	36	9.83901	14	9.97953	25	10.02047	9.85948	12	24	21
40	40	9.83914	13	9.97978	25	10.02022	9.85936	12	20	20
41	44	9.83927	13	9.98003	25	10.01997	9.85924	12	16	19
42	48	9.83940	13	9.98029	26	10.01971	9.85912	12	12	18
43	52	9.83954	14	9.98054	25	10.01946	9.85900	12	8	17
44	56	9.83967	13	9.98079	25	10.01921	9.85888	12	4	16
45	55 0	9.83980	13	9.98104	26	10.01896	9.85876	12	5 0	15
46	4	9.83993	13	9.98130	25	10.01870	9.85864	13	56	14
47	8	9.84006	13	9.98155	25	10.01845	9.85851	12	52	13
48	12	9.84020	14	9.98180	26	10.01820	9.85839	12	48	12
49	16	9.84033	13	9.98206	25	10.01794	9.85827	12	44	11
50	20	9.84046	13	9.98231	25	10.01769	9.85815	12	40	10
51	24	9.84059	13	9.98256	25	10.01744	9.85803	12	36	9
52	28	9.84072	13	9.98281	26	10.01719	9.85791	12	32	8
53	32	9.84085	13	9.98307	25	10.01693	9.85779	12	28	7
54	36	9.84098	13	9.98332	25	10.01668	9.85766	13	24	6
55	40	9.84112	14	9.98357	25	10.01643	9.85754	12	20	5
56	44	9.84125	13	9.98383	26	10.01617	9.85742	12	16	4
57	48	9.84138	13	9.98408	25	10.01592	9.85730	12	12	3
58	52	9.84151	13	9.98433	25	10.01567	9.85718	12	8	2
59	56	9.84164	13	9.98458	25	10.01542	9.85706	12	4	1
60′	56ᵐ 0ˢ	9.84177	13	9.98484	26	10.01516	9.85693	13	4ᵐ 0ˢ	0′
		Cosin.		Cotang.		Tang.	Sin.		3ʰ	46°

LOGARITHMES SINUS, COSINUS, TANGENTES ET COTANGENTES.

44°	2ʰ	Sin.	Diff.	Tang.	Diff.	Cotang.	Cosin.	Diff.		60′
0′	56ᵐ 0ˢ	9.84177	13	9.98484	25	10.01516	9.85693	12	4ᵐ 0ˢ	60′
1	4	9.84190	13	9.98509	25	10.01491	9.85681	12	56	59
2	8	9.84203	13	9.98534	26	10.01466	9.85669	12	52	58
3	12	9.84216	13	9.98560	25	10.01440	9.85657	12	48	57
4	16	9.84229	13	9.98585	25	10.01415	9.85645	13	44	56
5	20	9.84242	13	9.98610	25	10.01390	9.85632	12	40	55
6	24	9.84255	14	9.98635	26	10.01365	9.85620	12	36	54
7	28	9.84269	13	9.98661	25	10.01339	9.85608	12	32	53
8	32	9.84282	13	9.98686	25	10.01314	9.85596	13	28	52
9	36	9.84295	13	9.98711	26	10.01289	9.85583	12	24	51
10	40	9.84308	13	9.98737	25	10.01263	9.85571	12	20	50
11	44	9.84321	13	9.98762	25	10.01238	9.85559	12	16	49
12	48	9.84334	13	9.98787	25	10.01213	9.85547	13	12	48
13	52	9.84347	13	9.98812	26	10.01188	9.85534	12	8	47
14	56	9.84360	13	9.98838	25	10.01162	9.85522	12	4	46
15	57 0	9.84373	12	9.98863	25	10.01137	9.85510	13	3 0	45
16	4	9.84385	13	9.98888	25	10.01112	9.85497	12	56	44
17	8	9.84398	13	9.98913	26	10.01087	9.85485	12	52	43
18	12	9.84411	13	9.98939	25	10.01061	9.85473	13	48	42
19	16	9.84424	13	9.98964	25	10.01036	9.85460	12	44	41
20	20	9.84437	13	9.98989	26	10.01011	9.85448	12	40	40
21	24	9.84450	13	9.99015	25	10.00985	9.85436	13	36	39
22	28	9.84463	13	9.99040	25	10.00960	9.85423	12	32	38
23	32	9.84476	13	9.99065	25	10.00935	9.85411	12	28	37
24	36	9.84489	13	9.99090	26	10.00910	9.85399	13	24	36
25	40	9.84502	13	9.99116	25	10.00884	9.85386	12	20	35
26	44	9.84515	13	9.99141	25	10.00859	9.85374	13	16	34
27	48	9.84528	13	9.99166	25	10.00834	9.85361	12	12	33
28	52	9.84540	12	9.99191	26	10.00809	9.85349	12	8	32
29	56	9.84553	13	9.99217	25	10.00783	9.85337	13	4	31
30	58 0	9.84566	13	9.99242	25	10.00758	9.85324	12	2 0	30
31	4	9.84579	13	9.99267	26	10.00733	9.85312	13	56	29
32	8	9.84592	13	9.99293	25	10.00707	9.85299	12	52	28
33	12	9.84605	13	9.99318	25	10.00682	9.85287	13	48	27
34	16	9.84618	13	9.99343	25	10.00657	9.85274	12	44	26
35	20	9.84630	12	9.99368	26	10.00632	9.85262	12	40	25
36	24	9.84643	13	9.99394	25	10.00606	9.85250	13	36	24
37	28	9.84656	13	9.99419	25	10.00581	9.85237	12	32	23
38	32	9.84669	13	9.99444	25	10.00556	9.85225	13	28	22
39	36	9.84682	13	9.99469	26	10.00531	9.85212	12	24	21
40	40	9.84694	12	9.99495	25	10.00505	9.85200	13	20	20
41	44	9.84707	13	9.99520	25	10.00480	9.85187	12	16	19
42	48	9.84720	13	9.99545	25	10.00455	9.85175	13	12	18
43	52	9.84733	13	9.99570	26	10.00430	9.85162	12	8	17
44	56	9.84745	12	9.99596	25	10.00404	9.85150	13	4	16
45	59 0	9.84758	13	9.99621	25	10.00379	9.85137	12	1 0	15
46	4	9.84771	13	9.99646	26	10.00354	9.85125	13	56	14
47	8	9.84784	13	9.99672	25	10.00328	9.85112	12	52	13
48	12	9.84796	12	9.99697	25	10.00303	9.85100	13	48	12
49	16	9.84809	13	9.99722	25	10.00278	9.85087	13	44	11
50	20	9.84822	13	9.99747	26	10.00253	9.85074	12	40	10
51	24	9.84835	12	9.99773	25	10.00227	9.85062	13	36	9
52	28	9.84847	13	9.99798	25	10.00202	9.85049	12	32	8
53	32	9.84860	13	9.99823	25	10.00177	9.85037	13	28	7
54	36	9.84873	12	9.99848	26	10.00152	9.85024	12	24	6
55	40	9.84885	13	9.99874	25	10.00126	9.85012	13	20	5
56	44	9.84898	13	9.99899	25	10.00101	9.84999	13	16	4
57	48	9.84911	12	9.99924	25	10.00076	9.84986	12	12	3
58	52	9.84923	13	9.99949	26	10.00051	9.84974	13	8	2
59	56	9.84936	13	9.99975	25	10.00025	9.84961	12	4	1
60′	60ᵐ 0ˢ	9.84949		10.00000		10.00000	9.84949		0ᵐ 0ˢ	0′
		Cosin.		Cotang.		Tang.	Sin.		3ʰ	45°

CIRCONSTANCES FAVORABLES AU CALCUL DE L'HEURE.

Déclinaison de même dénomination que la latitude.

Latitude	0° Angle horaire	0° Hauteur	1° Angle horaire	1° Hauteur	2° Angle horaire	2° Hauteur	3° Angle horaire	3° Hauteur	4° Angle horaire	4° Hauteur	5° Angle horaire	5° Hauteur
1°	6h 0m	0° 0′	0h 0m	90° 0′	4h 0m	30° 0′	4h 42m	19° 29′	5h 2m	14° 29′	5h 14m	11° 33′
2	6 0	0 0	4 0	30 0	0 0	90 0	3 13	41 49	4 0	30 1	4 26	23 36
3	6 0	0 0	4 42	19 29	3 13	41 49	0 0	90 0	2 46	48 37	3 33	36 54
4	6 0	0 0	5 2	14 29	4 0	30 1	2 46	48 37	0 0	90 0	2 28	53 10
5	6 0	0 0	5 14	11 33	4 26	23 36	3 33	36 54	2 28	53 10	0 0	90 0
6	6 0	0 0	5 22	9 37	4 42	19 30	4 0	30 3	3 13	41 52	2 15	56 30
7	6 0	0 0	5 27	8 14	4 54	16 38	4 19	25 26	3 41	34 55	2 58	45 39
8	6 0	0 0	5 31	7 12	5 2	14 31	4 32	22 5	4 1	30 5	3 26	38 46
9	6 0	0 0	5 35	6 24	5 9	12 53	4 43	19 33	4 15	26 29	3 46	33 52
10	6 0	0 0	5 37	5 46	5 14	11 36	4 51	17 32	4 27	23 41	4 1	30 8
11	6 0	0 0	5 39	5 15	5 19	10 32	4 57	15 55	4 36	21 27	4 13	27 11
12	6 0	0 0	5 41	4 49	5 22	9 40	5 3	14 35	4 43	19 36	4 23	24 47
13	6 0	0 0	5 43	4 27	5 25	8 56	5 8	13 27	4 49	18 4	4 31	22 48
14	6 0	0 0	5 44	4 8	5 28	8 18	5 11	12 30	4 55	16 45	4 38	21 7
15	6	0 0	5 45	3 52	5 30	7 45	5 15	11 40	4 59	15 38	4 44	19 41
16	6 0	0 0	5 46	3 38	5 32	7 16	5 18	10 57	5 4	14 40	4 49	18 26
17	6 0	0 0	5 47	3 25	5 34	6 51	5 21	10 19	5 7	13 48	4 53	17 21
18	6 0	0 0	5 48	3 14	5 35	6 29	5 23	9 45	5 10	13 3	4 58	16 23
19	6 0	0 0	5 48	3 4	5 37	6 9	5 25	9 15	5 13	12 22	5 1	15 32
20	6 0	0 0	5 49	2 55	5 38	5 51	5 27	8 48	5 16	11 46	5 4	14 46
21	6 0	0 0	5 50	2 47	5 39	5 35	5 29	8 24	5 18	11 13	5 7	14 5
22	6 0	0 0	5 50	2 40	5 40	5 21	5 30	8 2	5 20	10 44	5 10	13 27
23	6 0	0 0	5 51	2 34	5 41	5 7	5 32	7 42	5 22	10 17	5 12	12 53
24	6 0	0 0	5 51	2 28	5 42	4 55	5 33	7 24	5 24	9 53	5 15	12 22
25	6 0	0 0	5 51	2 22	5 43	4 44	5 34	7 7	5 26	9 30	5 17	11 54
26	6 0	0 0	5 52	2 17	5 44	4 34	5 35	6 51	5 27	9 9	5 19	11 28
27	6 0	0 0	5 52	2 12	5 44	4 25	5 36	6 37	5 28	8 50	5 20	11 4
28	6 0	0 0	5 52	2 8	5 45	4 16	5 37	6 24	5 30	8 33	5 22	10 42
29	6 0	0 0	5 53	2 4	5 46	4 8	5 38	6 12	5 31	8 16	5 24	10 21
30	6 0	0 0	5 53	2 0	5 46	4 0	5 39	6 1	5 32	8 1	5 25	10 2
31	6 0	0 0	5 53	1 57	5 47	3 53	5 40	5 50	5 33	7 47	5 27	9 45
32	6 0	0 0	5 54	1 53	5 47	3 47	5 41	5 40	5 34	7 34	5 28	9 28
33	6 0	0 0	5 54	1 50	5 48	3 40	5 41	5 31	5 35	7 22	5 29	9 13
34	6 0	0 0	5 54	1 47	5 48	3 35	5 42	5 22	5 36	7 10	5 30	8 58
35	6 0	0 0	5 54	1 45	5 49	3 29	5 43	5 14	5 37	6 59	5 31	8 44
36	6 0	0 0	5 54	1 42	5 49	3 24	5 43	5 6	5 38	6 49	5 32	8 32
37	6 0	0 0	5 55	1 40	5 49	3 19	5 44	4 59	5 39	6 39	5 33	8 20
38	6 0	0 0	5 55	1 37	5 50	3 15	5 45	4 53	5 39	6 31	5 34	8 8
39	6 0	0 0	5 55	1 35	5 50	3 11	5 45	4 46	5 40	6 22	5 35	7 58
40	6 0	0 0	5 55	1 33	5 50	3 7	5 46	4 40	5 41	6 14	5 36	7 48
41	6 0	0 0	5 55	1 31	5 51	3 3	5 46	4 35	5 42	6 6	5 37	7 38
42	6 0	0 0	5 56	1 30	5 51	2 59	5 47	4 29	5 42	5 59	5 38	7 29
43	6 0	0 0	5 56	1 28	5 51	2 56	5 47	4 24	5 43	5 52	5 38	7 21
44	6 0	0 0	5 56	1 26	5 52	2 53	5 48	4 19	5 43	5 46	5 39	7 12
45	6 0	0 0	5 56	1 25	5 52	2 50	5 48	4 15	5 44	5 40	5 40	7 5
46	6 0	0 0	5 56	1 23	5 52	2 47	5 48	4 10	5 45	5 34	5 41	6 58
47	6 0	0 0	5 56	1 22	5 53	2 44	5 49	4 6	5 45	5 28	5 41	6 51
48	6 0	0 0	5 56	1 21	5 53	2 42	5 49	4 2	5 46	5 23	5 42	6 44
49	6 0	0 0	5 57	1 19	5 53	2 39	5 50	3 59	5 46	5 18	5 43	6 38
50	6 0	0 0	5 57	1 18	5 53	2 37	5 50	3 55	5 47	5 13	5 43	6 32
52	6 0	0 0	5 57	1 16	5 54	2 32	5 51	3 48	5 47	5 5	5 44	6 21
54	6 0	0 0	5 57	1 14	5 54	2 28	5 51	3 43	5 48	4 57	5 45	6 12
56	6 0	0 0	5 57	1 12	5 55	2 25	5 52	3 37	5 49	4 50	5 46	6 2
58	6 0	0 0	5 57	1 11	5 55	2 22	5 52	3 32	5 50	4 43	5 47	5 54
60	6 0	0 0	5 58	1 9	5 55	2 19	5 53	3 28	5 51	4 37	5 48	5 47
62	6 0	0 0	5 58	1 8	5 56	2 16	5 54	3 23	5 51	4 31	5 49	5 39
64	6 0	0 0	5 58	1 7	5 56	2 14	5 54	3 20	5 52	4 27	5 50	5 34
66	6 0	0 0	5 58	1 6	5 56	2 11	5 55	3 17	5 53	4 23	5 51	5 28

CIRCONSTANCES FAVORABLES AU CALCUL DE L'HEURE.

Déclinaison de même dénomination que la latitude.

Latitude.	6° Angle horaire.	6° Hauteur.	7° Angle horaire.	7° Hauteur.	8° Angle horaire.	8° Hauteur.	9° Angle horaire.	9° Hauteur.	10° Angle horaire.	10° Hauteur.	11° Angle horaire.	11° Hauteur.
1°	5ʰ22ᵐ	9°37′	5ʰ27ᵐ	8°14′	5ʰ31ᵐ	7°12′	5ʰ35ᵐ	6°24′	5ʰ37ᵐ	5°46′	5ʰ39ᵐ	5°15′
2	4 42	19 30	4 54	16 38	5 2	14 31	5 9	12 53	5 14	11 36	5 19	10 32
3	4 0	30 3	4 19	25 26	4 32	22 5	4 43	19 33	4 51	17 32	4 57	15 55
4	3 13	41 52	3 41	34 55	4 1	30 5	4 15	26 29	4 27	23 41	4 36	21 27
5	2 15	56 30	2 58	45 39	3 26	38 46	3 46	33 52	4 1	30 8	4 13	27 11
6	0 0	90 0	2 5	59 4	2 46	48 41	3 14	41 56	3 34	37 1	3 49	33 13
7	2 5	59 4	0 0	90 0	1 56	61 7	2 37	51 10	3 3	44 34	3 23	39 42
8	2 46	48 41	1 56	61 7	0 0	90 0	1 50	62 50	2 29	53 16	2 55	46 50
9	3 14	41 56	2 37	51 10	1 50	62 50	0 0	90 0	1 44	64 16	2 22	55 4
10	3 34	37 1	3 3	44 34	2 29	53 16	1 44	64 16	0 0	90 0	1 40	65 31
11	3 49	33 13	3 23	39 42	2 55	46 50	2 22	55 4	1 40	65 31	0 0	90 0
12	4 1	30 11	3 39	35 53	3 14	42 1	2 47	48 48	2 16	56 38	1 35	66 36
13	4 12	27 41	3 51	32 48	3 30	38 13	3 7	44 4	2 41	50 32	2 11	58 1
14	4 20	25 36	4 2	30 15	3 43	35 7	3 22	40 17	3 0	45 52	2 35	52 4
15	4 28	23 49	4 11	28 5	3 53	32 32	3 35	37 11	3 15	42 8	2 54	47 30
16	4 34	22 17	4 19	26 14	4 3	30 20	3 46	34 35	3 28	39 3	3 0	43 40
17	4 40	20 57	4 26	24 38	4 11	28 26	3 55	32 21	3 39	36 26	3 22	40 44
18	4 45	19 46	4 31	23 14	4 17	26 46	4 3	30 23	3 49	34 11	3 33	38 46
19	4 49	18 44	4 36	21 59	4 24	25 18	4 10	28 43	3 57	32 14	3 43	35 53
20	4 53	17 48	4 41	20 52	4 29	24 1	4 17	27 13	4 4	30 31	3 51	33 55
21	4 56	16 57	4 45	19 53	4 34	22 51	4 23	25 53	4 11	28 59	3 58	32 10
22	5 0	16 12	4 49	18 59	4 39	21 49	4 28	24 41	4 16	27 37	4 5	30 37
23	5 3	15 31	4 53	18 10	4 43	20 52	4 32	23 36	4 22	26 23	4 11	29 14
24	5 5	14 53	4 56	17 26	4 46	20 1	4 37	22 37	4 27	25 16	4 16	27 59
25	5 8	14 19	4 59	16 46	4 50	19 14	4 41	21 43	4 31	24 16	4 21	26 50
26	5 10	13 48	5 2	16 8	4 53	18 31	4 44	20 54	4 35	23 20	4 26	25 48
27	5 12	13 19	5 4	15 34	4 56	17 51	4 48	20 9	4 39	22 29	4 30	24 51
28	5 14	12 52	5 7	15 3	4 59	17 15	4 51	19 28	4 43	21 42	4 34	23 59
29	5 16	12 27	5 9	14 34	5 1	16 41	4 54	18 49	4 46	20 59	4 38	23 11
30	5 18	12 4	5 11	14 6	5 4	16 10	4 56	18 14	4 49	20 19	4 41	22 26
31	5 20	11 43	5 13	13 41	5 6	15 41	4 59	17 41	4 52	19 42	4 44	21 45
32	5 21	11 23	5 15	13 18	5 8	15 14	5 1	17 10	4 54	19 8	4 48	21 6
33	5 23	11 4	5 16	12 56	5 10	14 48	5 4	16 42	4 57	18 36	4 50	20 30
34	5 24	10 46	5 18	12 35	5 12	14 25	5 6	16 15	4 59	18 5	4 53	19 57
35	5 25	10 30	5 20	12 16	5 14	14 3	5 8	15 50	5 2	17 37	4 56	19 26
36	5 27	10 16	5 21	11 58	5 15	13 42	5 10	15 26	5 4	17 11	4 58	18 57
37	5 28	10 0	5 22	11 41	5 17	13 22	5 11	15 4	5 6	16 46	5 0	18 29
38	5 29	9 47	5 24	11 25	5 19	13 4	5 13	14 43	5 8	16 23	5 2	18 3
39	5 30	9 34	5 25	11 10	5 20	12 47	5 15	14 24	5 10	16 1	5 4	17 39
40	5 31	9 22	5 26	10 56	5 21	12 30	5 16	14 5	5 11	15 40	5 6	17 16
41	5 32	9 10	5 28	10 42	5 23	12 15	5 18	13 48	5 13	15 21	5 8	16 55
42	5 33	8 59	5 29	10 30	5 24	12 0	5 19	13 31	5 15	15 2	5 10	16 34
43	5 34	8 49	5 30	10 18	5 25	11 47	5 21	13 16	5 16	14 45	5 12	16 15
44	5 35	8 39	5 31	10 6	5 27	11 33	5 22	13 1	5 18	14 29	5 14	15 57
45	5 36	8 30	5 32	9 55	5 28	11 21	5 24	12 47	5 19	14 13	5 15	15 39
46	5 37	8 21	5 33	9 45	5 29	11 9	5 25	12 34	5 21	13 58	5 17	15 23
47	5 38	8 13	5 34	9 36	5 30	10 58	5 26	12 21	5 22	13 44	5 18	15 8
48	5 38	8 5	5 35	9 26	5 31	10 48	5 27	12 9	5 23	13 31	5 20	14 53
49	5 39	7 58	5 35	9 18	5 32	10 38	5 28	11 58	5 25	13 18	5 21	14 39
50	5 40	7 51	5 36	9 9	5 33	10 28	5 29	11 47	5 26	13 6	5 22	14 25
52	5 41	7 37	5 38	8 54	5 35	10 10	5 32	11 27	5 28	12 44	5 25	14 1
54	5 42	7 25	5 40	8 40	5 37	9 54	5 34	11 9	5 31	12 24	5 28	13 39
56	5 44	7 15	5 41	8 27	5 38	9 40	5 35	10 53	5 33	12 5	5 30	13 18
58	5 45	7 5	5 42	8 16	5 40	9 27	5 37	10 38	5 35	11 49	5 32	13 0
60	5 46	6 56	5 44	8 5	5 41	9 15	5 39	10 24	5 37	11 34	5 34	12 44
62	5 47	6 47	5 45	7 55	5 43	9 3	5 41	10 11	5 38	11 19	5 36	12 27
64	5 48	6 41	5 46	7 48	5 44	8 54	5 42	10 1	5 40	11 8	5 38	12 15
66	5 49	6 34	5 47	7 40	5 46	8 46	5 44	9 52	5 42	10 57	5 40	12 3

TABLE III.

CIRCONSTANCES FAVORABLES AU CALCUL DE L'HEURE.

Déclinaison de même dénomination que la latitude.

Latitude.	12°		13°		14°		15°		16°		17°	
	Angle horaire.	Hauteur.	Angle horaire.	Hauteur.	Angle horaire.	Hauteur.	Angle horaire.	Hauteur.	Angle horaire.	Hauteur.	Angle horaire.	Hauteur.
1°	5h 41m	4° 49'	5h 43m	4° 27'	5h 44m	4° 8'	5h 45m	3° 52'	5h 46m	3° 38'	5h 47m	3° 25'
2	5 22	9 40	5 25	8 56	5 28	8 18	5 30	7 45	5 32	7 16	5 34	6 51
3	5 3	14 35	5 8	13 27	5 11	12 30	5 15	11 40	5 18	10 57	5 21	10 19
4	4 43	19 36	4 49	18 4	4 55	16 45	4 59	15 38	5 4	14 40	5 7	13 48
5	4 23	24 47	4 31	22 48	4 38	21 7	4 44	19 41	4 49	18 26	4 53	17 21
6	4 1	30 11	4 12	27 41	4 20	25 36	4 28	23 49	4 34	22 17	4 40	20 57
7	3 39	35 53	3 51	32 48	4 2	30 15	4 11	28 5	4 19	26 14	4 25	24 38
8	3 14	42 1	3 30	38 13	3 43	35 7	3 53	32 32	4 3	30 20	4 11	28 26
9	2 47	48 48	3 7	44 4	3 22	40 17	3 35	37 11	3 46	34 35	3 55	32 21
10	2 16	56 38	2 41	50 32	3 0	45 52	3 15	42 8	3 28	39 3	3 39	36 26
11	1 35	66 36	2 11	58 1	2 35	52 4	2 54	47 30	3 9	43 48	3 22	40 44
12	0 0	90 0	1 32	67 33	2 6	59 15	2 30	53 27	2 49	48 58	3 4	45 20
13	1 32	67 33	0 0	90 0	1 29	68 25	2 2	60 22	2 26	54 42	2 44	50 18
14	2 6	59 15	1 29	68 25	0 0	90 0	1 26	69 11	1 58	61 22	2 21	55 50
15	2 30	53 27	2 2	60 22	1 26	69 11	0 0	90 0	1 23	69 53	1 55	62 17
16	2 49	48 58	2 26	54 42	1 58	61 22	1 23	69 53	0 0	90 0	1 21	70 31
17	3 4	45 20	2 44	50 18	2 21	55 50	1 55	62 17	1 21	70 31	0 0	90 0
18	3 17	42 17	2 59	46 43	2 40	51 32	2 18	56 53	1 52	63 7	1 19	71 7
19	3 28	39 41	3 12	43 42	2 54	48 0	2 36	52 39	2 14	57 51	1 50	63 54
20	3 37	37 26	3 23	41 8	3 7	45 1	2 50	49 11	2 32	53 42	2 11	58 45
21	3 46	35 28	3 32	38 53	3 18	42 28	3 3	46 14	2 47	50 17	2 29	54 40
22	3 53	33 43	3 41	36 54	3 28	40 14	3 14	43 42	2 59	47 22	2 43	51 18
23	4 0	32 9	3 48	35 9	3 36	38 15	3 23	41 29	3 10	44 52	2 56	48 26
24	4 6	30 45	3 55	33 35	3 44	36 30	3 32	39 31	3 20	42 40	3 7	45 57
25	4 12	29 28	4 1	32 10	3 51	34 55	3 40	37 46	3 28	40 43	3 16	43 46
26	4 17	28 19	4 7	30 52	3 57	33 30	3 47	36 11	3 36	38 58	3 25	41 50
27	4 21	27 15	4 12	29 42	4 3	32 12	3 53	34 45	3 43	37 23	3 33	40 5
28	4 26	26 17	4 17	28 38	4 8	31 1	3 59	33 27	3 49	35 57	3 40	38 31
29	4 30	25 24	4 22	27 39	4 13	29 56	4 4	32 16	3 55	34 39	3 46	37 5
30	4 34	24 34	4 26	26 44	4 18	28 56	4 9	31 10	4 1	33 27	3 52	35 47
31	4 37	23 49	4 30	25 54	4 22	28 1	4 14	30 10	4 6	32 21	3 58	34 35
32	4 40	23 6	4 33	25 7	4 26	27 10	4 18	29 14	4 11	31 21	4 3	33 29
33	4 44	22 26	4 37	24 24	4 30	26 22	4 23	28 22	4 15	30 24	4 8	32 28
34	4 47	21 50	4 40	23 43	4 33	25 38	4 26	27 34	4 19	29 32	4 12	31 31
35	4 49	21 15	4 43	23 5	4 37	24 57	4 30	26 49	4 23	28 43	4 16	30 39
36	4 52	20 43	4 46	22 30	4 40	24 18	4 33	26 8	4 27	27 58	4 20	29 50
37	4 54	20 13	4 49	21 57	4 43	23 42	4 37	25 28	4 31	27 16	4 24	29 4
38	4 57	19 44	4 51	21 26	4 46	23 8	4 40	24 52	4 34	26 36	4 28	28 21
39	4 59	19 18	4 54	20 57	4 48	22 36	4 43	24 17	4 37	25 59	4 31	27 41
40	5 1	18 52	4 56	20 29	4 51	22 7	4 46	23 45	4 40	25 24	4 35	27 3
41	5 3	18 29	4 58	20 3	4 53	21 38	4 48	23 14	4 43	24 51	4 38	26 28
42	5 5	18 6	5 1	19 39	4 56	21 12	4 51	22 45	4 46	24 20	4 41	25 55
43	5 7	17 45	5 3	19 16	4 58	20 47	4 53	22 18	4 48	23 50	4 43	25 23
44	5 9	17 25	5 5	18 54	5 0	20 23	4 56	21 53	4 51	23 23	4 46	24 53
45	5 11	17 6	5 7	18 33	5 2	20 0	4 58	21 28	4 53	22 57	4 49	24 25
46	5 13	16 48	5 8	18 13	5 4	19 39	5 0	21 5	4 56	22 32	4 51	23 59
47	5 14	16 31	5 10	17 55	5 6	19 19	5 2	20 44	4 58	22 8	4 54	23 34
48	5 16	16 15	5 12	17 37	5 8	19 0	5 4	20 23	5 0	21 46	4 56	23 10
49	5 17	15 59	5 14	17 20	5 10	18 42	5 6	20 3	5 2	21 25	4 58	22 48
50	5 19	15 45	5 15	17 5	5 12	18 25	5 8	19 45	5 4	21 5	5 1	22 26
52	5 22	15 18	5 18	16 35	5 15	17 53	5 12	19 10	5 8	20 28	5 5	21 47
54	5 24	14 54	5 21	16 9	5 18	17 24	5 15	18 39	5 12	19 55	5 9	21 11
56	5 27	14 31	5 24	15 45	5 21	16 58	5 18	18 12	5 15	19 25	5 12	20 39
58	5 29	14 11	5 27	15 23	5 24	16 35	5 21	17 46	5 19	18 58	5 16	20 10
60	5 32	13 53	5 29	15 3	5 27	16 13	5 24	17 23	5 22	18 34	5 19	19 44
62	5 34	13 35	5 32	14 44	5 30	15 52	5 27	17 0	5 25	18 9	5 23	19 18
64	5 36	13 23	5 34	14 30	5 32	15 37	5 30	16 44	5 28	17 52	5 26	18 59
66	5 38	13 9	5 36	14 15	5 35	15 21	5 33	16 27	5 31	17 34	5 29	18 40

CIRCONSTANCES FAVORABLES AU CALCUL DE L'HEURE.

Déclinaison de même dénomination que la latitude.

Latitude.	18° Angle horaire.	18° Hauteur.	19° Angle horaire.	19° Hauteur.	20° Angle horaire.	20° Hauteur.	21° Angle horaire.	21° Hauteur.	22° Angle horaire.	22° Hauteur.	23° Angle horaire.	23° Hauteur.
1°	5h48m	3°14'	5h48m	3° 4'	5h49m	2°55'	5h50m	2°47'	5h50m	2°40'	5h51m	2°34'
2	5 35	6 29	5 37	6 9	5 38	5 51	5 39	5 35	5 40	5 21	5 41	5 7
3	5 23	9 45	5 25	9 15	5 27	8 48	5 29	8 24	5 30	8 2	5 32	7 42
4	5 10	13 3	5 13	12 22	5 16	11 46	5 18	11 13	5 20	10 44	5 22	10 17
5	4 58	16 23	5 1	15 32	5 4	14 46	5 7	14 5	5 10	13 27	5 12	12 53
6	4 45	19 46	4 49	18 44	4 53	17 48	4 56	16 57	5 0	16 12	5 3	15 31
7	4 31	23 14	4 36	21 59	4 41	20 52	4 45	19 53	4 49	18 59	4 53	18 10
8	4 17	26 46	4 24	25 18	4 29	24 1	4 34	22 51	4 39	21 49	4 43	20 52
9	4 3	30 25	4 10	28 43	4 17	27 13	4 23	25 53	4 28	24 41	4 32	23 36
10	3 49	34 11	3 57	32 14	4 4	30 31	4 11	28 59	4 16	27 37	4 22	26 23
11	3 33	38 46	3 43	35 53	3 51	33 55	3 58	32 10	4 5	30 37	4 11	29 14
12	3 17	42 17	3 28	39 41	3 37	37 26	3 46	35 28	3 53	33 43	4 0	32 9
13	2 59	46 43	3 12	43 42	3 23	41 8	3 32	38 53	3 41	36 54	3 48	35 9
14	2 40	51 32	2 54	48 0	3 7	45 1	3 18	42 28	3 28	40 14	3 36	38 15
15	2 18	56 53	2 36	52 39	2 50	49 11	3 3	46 14	3 14	43 42	3 23	41 29
16	1 52	63 7	2 14	57 51	2 32	53 42	2 47	50 17	2 59	47 22	3 10	44 52
17	1 19	71 7	1 50	63 54	2 11	58 45	2 29	54 40	2 43	51 18	2 56	48 26
18	0 0	90 0	0 17	71 39	1 47	64 37	2 9	59 34	2 26	55 35	2 40	52 16
19	1 17	71 39	0 0	90 0	1 16	72 9	1 45	65 18	2 6	60 21	2 23	56 26
20	1 47	64 37	1 16	72 9	0 0	90 0	1 14	72 38	1 43	65 55	2 4	61 5
21	2 9	59 34	1 45	65 18	1 14	72 38	0 0	90 0	1 13	73 4	1 41	66 31
22	2 26	55 35	2 6	60 21	1 43	65 55	1 13	73 4	0 0	90 0	1 11	73 29
23	2 40	52 16	2 23	56 26	2 4	61 5	1 41	66 31	1 11	73 29	0 0	90 0
24	2 53	49 27	2 37	53 10	2 21	57 14	2 2	61 47	1 39	67 5	1 10	73 53
25	3 3	46 59	2 50	50 23	2 35	54 1	2 18	57 59	2 0	62 25	1 38	67 36
26	3 13	44 49	3 0	47 58	2 47	51 17	2 32	54 50	2 16	58 43	1 58	63 2
27	3 22	42 54	3 10	45 49	3 0	48 53	2 44	52 8	2 30	55 36	2 14	59 23
28	3 29	41 10	3 19	43 54	3 7	46 46	2 55	49 46	2 42	52 56	2 28	56 20
29	3 36	39 36	3 26	42 11	3 16	44 52	3 5	47 40	2 53	50 36	2 40	53 42
30	3 43	38 10	3 34	40 38	3 24	43 10	3 13	45 47	3 2	48 31	2 51	51 24
31	3 49	36 52	3 40	39 12	3 31	41 37	3 21	44 6	3 11	46 40	3 0	49 21
32	3 55	35 40	3 46	37 54	3 38	40 12	3 28	42 33	3 19	44 59	3 9	47 30
33	4 0	34 34	3 52	36 43	3 44	38 54	3 35	41 9	3 26	43 27	3 17	45 50
34	4 5	33 33	3 57	35 36	3 49	37 42	3 41	39 51	3 33	42 4	3 24	44 20
35	4 9	32 36	4 2	34 35	3 55	36 36	3 47	38 40	3 39	40 47	3 31	42 56
36	4 14	31 43	4 7	33 38	4 0	35 35	3 52	37 34	3 45	39 36	3 37	41 40
37	4 18	30 54	4 11	32 45	4 4	34 38	3 58	36 33	3 50	38 30	3 43	40 29
38	4 22	30 8	4 15	31 56	4 9	33 45	4 2	35 36	3 55	37 29	3 48	39 24
39	4 25	29 25	4 19	31 9	4 13	32 55	4 7	34 43	4 0	36 32	3 54	38 23
40	4 29	28 44	4 23	30 26	4 17	32 9	4 11	33 53	4 5	35 39	3 58	37 26
41	4 32	28 6	4 27	29 45	4 21	31 25	4 15	33 7	4 9	34 49	4 3	36 33
42	4 35	27 30	4 30	29 7	4 25	30 44	4 19	32 23	4 13	34 3	4 7	35 44
43	4 38	26 57	4 33	28 31	4 28	30 6	4 23	31 42	4 17	33 19	4 12	34 57
44	4 41	26 25	4 36	27 57	4 31	29 30	4 26	31 3	4 21	32 38	4 16	34 14
45	4 44	25 55	4 39	27 25	4 35	28 56	4 30	30 27	4 25	31 59	4 20	33 33
46	4 47	25 26	4 42	26 55	4 38	28 23	4 33	29 53	4 28	31 23	4 23	32 54
47	4 49	25 0	4 45	26 26	4 41	27 53	4 36	29 20	4 31	30 49	4 27	32 18
48	4 52	24 34	4 48	25 59	4 43	27 24	4 39	28 50	4 35	30 16	4 30	31 43
49	4 54	24 10	4 50	25 33	4 46	26 57	4 42	28 21	4 38	29 46	4 33	31 11
50	4 57	23 47	4 53	25 9	4 49	26 31	4 45	27 54	4 41	29 17	4 37	30 40
52	5 1	23 5	4 58	24 24	4 54	25 43	4 50	27 3	4 46	28 23	4 43	29 44
54	5 5	22 27	5 2	23 44	4 59	25 1	4 55	26 18	4 52	27 35	4 48	28 53
56	5 9	21 53	5 6	23 7	5 3	24 22	5 0	25 37	4 57	26 52	4 53	28 7
58	5 13	21 22	5 10	22 35	5 7	23 47	5 4	25 0	5 2	26 13	4 58	27 26
60	5 17	20 54	5 14	22 5	5 11	23 16	5 9	24 27	5 6	25 38	5 3	26 49
62	5 20	20 26	5 18	21 35	5 15	22 44	5 13	23 53	5 10	25 3	5 8	26 12
64	5 24	20 7	5 21	21 14	5 19	22 22	5 17	23 30	5 15	24 38	5 12	25 46
66	5 27	19 46	5 25	20 53	5 23	21 59	5 21	23 6	5 19	24 13	5 16	25 19

TABLE IV.

DIFFÉRENCE ASCENSIONNELLE.

Latit.	Déclinaison														
	1°	2°	3°	4°	5°	6°	7°	8°	9°	10°	11°	12°	13°	14°	15°
o	h m	h m	h m	h m	h m	h m	h m	h m	h m	h m	h m	h m	h m	h m	h m
1	0 0	0 0	0 0	0 0	0 0	0 0	0 0	0 1	0 1	0 1	0 1	0 1	0 1	0 1	0 1
2	0 0	0 0	0 0	0 1	0 1	0 1	0 1	0 1	0 1	0 1	0 2	0 2	0 2	0 2	0 2
3	0 0	0 0	0 1	0 1	0 1	0 1	0 1	0 2	0 2	0 2	0 2	0 3	0 3	0 3	0 3
4	0 0	0 1	0 1	0 1	0 1	0 2	0 2	0 2	0 3	0 3	0 3	0 3	0 4	0 4	0 4
5	0 0	0 1	0 1	0 1	0 2	0 2	0 2	0 3	0 3	0 4	0 4	0 4	0 5	0 5	0 5
6	0 0	0 1	0 1	0 2	0 2	0 3	0 3	0 3	0 4	0 4	0 5	0 5	0 6	0 6	0 6
7	0 0	0 1	0 1	0 2	0 2	0 3	0 3	0 4	0 4	0 5	0 5	0 6	0 6	0 7	0 8
8	0 1	0 1	0 2	0 2	0 3	0 3	0 4	0 5	0 5	0 6	0 6	0 7	0 7	0 8	0 9
9	0 1	0 1	0 2	0 3	0 3	0 4	0 4	0 5	0 6	0 6	0 6	0 8	0 8	0 9	0 10
10	0 1	0 1	0 2	0 3	0 4	0 4	0 5	0 6	0 6	0 7	0 8	0 9	0 9	0 10	0 11
11	0 1	0 2	0 2	0 3	0 4	0 5	0 5	0 6	0 7	0 8	0 9	0 9	0 10	0 11	0 12
12	0 1	0 2	0 3	0 3	0 4	0 5	0 6	0 7	0 8	0 9	0 9	0 10	0 11	0 12	0 13
13	0 1	0 2	0 3	0 4	0 5	0 6	0 6	0 7	0 8	0 9	0 10	0 11	0 12	0 13	0 14
14	0 1	0 2	0 3	0 4	0 5	0 6	0 7	0 8	0 9	0 10	0 11	0 12	0 13	0 14	0 15
15	0 1	0 2	0 3	0 4	0 5	0 6	0 8	0 9	0 10	0 11	0 12	0 13	0 14	0 15	0 16
16	0 1	0 2	0 3	0 5	0 6	0 7	0 8	0 9	0 10	0 12	0 13	0 14	0 15	0 16	0 18
17	0 1	0 2	0 4	0 5	0 6	0 7	0 9	0 10	0 11	0 12	0 14	0 15	0 16	0 17	0 19
18	0 1	0 3	0 4	0 5	0 7	0 8	0 9	0 10	0 12	0 13	0 14	0 16	0 17	0 19	0 20
19	0 1	0 3	0 4	0 6	0 7	0 8	0 10	0 11	0 12	0 14	0 15	0 17	0 18	0 20	0 21
20	0 1	0 3	0 4	0 6	0 7	0 9	0 10	0 12	0 13	0 15	0 16	0 18	0 19	0 21	0 22
21	0 2	0 3	0 5	0 6	0 8	0 9	0 11	0 12	0 14	0 16	0 17	0 19	0 20	0 22	0 24
22	0 2	0 3	0 5	0 6	0 8	0 10	0 11	0 13	0 15	0 16	0 18	0 20	0 21	0 23	0 25
23	0 2	0 3	0 5	0 7	0 9	0 10	0 12	0 14	0 15	0 17	0 19	0 21	0 22	0 24	0 26
24	0 2	0 4	0 5	0 7	0 9	0 11	0 13	0 14	0 16	0 18	0 20	0 22	0 24	0 26	0 27
25	0 2	0 4	0 6	0 7	0 9	0 11	0 13	0 15	0 17	0 19	0 21	0 23	0 25	0 27	0 29
26	0 2	0 4	0 6	0 8	0 10	0 12	0 14	0 16	0 18	0 20	0 22	0 24	0 26	0 28	0 30
27	0 2	0 4	0 6	0 8	0 10	0 12	0 14	0 16	0 19	0 21	0 23	0 25	0 27	0 29	0 31
28	0 2	0 4	0 6	0 9	0 11	0 13	0 15	0 17	0 19	0 22	0 24	0 26	0 28	0 30	0 33
29	0 2	0 4	0 7	0 9	0 11	0 13	0 16	0 18	0 20	0 22	0 25	0 27	0 29	0 32	0 34
30	0 2	0 5	0 7	0 9	0 12	0 14	0 16	0 19	0 21	0 23	0 26	0 28	0 31	0 33	0 36
31	0 2	0 5	0 7	0 10	0 12	0 14	0 17	0 19	0 22	0 24	0 27	0 29	0 32	0 34	0 37
32	0 2	0 5	0 7	0 10	0 13	0 15	0 18	0 20	0 23	0 25	0 28	0 31	0 33	0 36	0 39
33	0 3	0 5	0 8	0 10	0 13	0 16	0 18	0 21	0 24	0 26	0 29	0 32	0 34	0 37	0 40
34	0 3	0 5	0 8	0 11	0 14	0 16	0 19	0 22	0 25	0 27	0 30	0 33	0 36	0 39	0 42
35	0 3	0 6	0 8	0 11	0 14	0 17	0 20	0 23	0 25	0 28	0 31	0 34	0 37	0 40	0 43
36	0 3	0 6	0 9	0 12	0 15	0 18	0 20	0 23	0 26	0 29	0 32	0 36	0 39	0 42	0 45
37	0 3	0 6	0 9	0 12	0 15	0 18	0 21	0 24	0 27	0 31	0 34	0 37	0 40	0 43	0 47
38	0 3	0 6	0 9	0 13	0 16	0 19	0 22	0 25	0 28	0 32	0 35	0 38	0 42	0 45	0 48
39	0 3	0 6	0 10	0 13	0 16	0 20	0 23	0 26	0 29	0 33	0 36	0 40	0 43	0 47	0 50
40	0 3	0 7	0 10	0 13	0 17	0 20	0 24	0 27	0 31	0 34	0 38	0 41	0 45	0 48	0 52
41	0 3	0 7	0 10	0 14	0 17	0 21	0 25	0 28	0 32	0 35	0 39	0 43	0 46	0 50	0 54
42	0 4	0 7	0 11	0 14	0 18	0 22	0 25	0 29	0 33	0 37	0 40	0 44	0 48	0 52	0 56
43	0 4	0 7	0 11	0 15	0 19	0 22	0 26	0 30	0 34	0 38	0 42	0 46	0 50	0 54	0 58
44	0 4	0 8	0 12	0 15	0 19	0 23	9 27	0 31	0 35	0 39	0 43	0 47	0 52	0 56	1 0
45	0 4	0 8	0 12	0 16	0 20	0 24	0 28	0 32	0 36	0 41	0 45	0 49	0 53	0 58	1 2
46	0 4	0 8	0 12	0 17	0 21	0 25	0 29	0 33	0 38	0 42	0 46	0 51	0 55	1 0	1 4
47	0 4	0 9	0 13	0 17	0 22	0 26	0 30	0 35	0 39	0 44	0 48	0 53	0 57	1 2	1 7
48	0 4	0 9	0 13	9 18	0 22	0 27	0 31	0 36	0 41	0 45	0 50	0 55	0 59	1 4	1 9
49	0 5	0 9	0 14	0 18	0 23	0 28	0 32	0 37	0 42	0 47	0 52	0 57	1 2	1 7	1 12
50	0 5	0 10	0 14	0 19	0 24	0 29	0 34	0 39	0 44	0 49	0 54	0 59	1 4	1 9	1 14
51	0 5	0 10	0 15	0 20	0 25	0 30	0 35	0 40	0 45	0 50	0 56	1 1	1 6	1 12	1 17
52	0 5	0 10	0 15	0 21	0 26	0 31	0 36	0 41	0 47	0 52	0 58	1 3	1 9	1 14	1 20
53	0 5	0 11	0 16	0 21	0 27	0 32	0 38	0 43	0 49	0 54	1 0	1 6	1 11	1 17	1 23
54	0 5	0 11	0 16	0 22	0 28	0 33	0 39	0 45	0 50	0 56	1 2	1 8	1 14	1 20	1 27
56	0 6	0 12	0 18	0 24	0 30	0 36	0 42	0 48	0 54	1 1	1 7	1 13	1 20	1 27	1 34
58	0 6	0 13	0 19	0 26	0 32	0 39	0 45	0 52	0 59	1 6	1 12	1 19	1 27	1 34	1 42
60	0 7	0 14	0 21	0 28	0 35	0 42	0 49	0 56	1 4	1 11	1 19	1 26	1 34	1 42	1 51
62	0 8	0 15	0 23	0 30	0 38	0 46	0 53	1 1	1 9	1 17	1 26	1 34	1 43	1 52	2 1
64	0 8	0 16	0 25	0 33	0 41	0 50	0 58	1 7	1 16	1 25	1 34	1 43	1 53	2 3	2 13

DIFFÉRENCE ASCENSIONNELLE.

Déclinaison.

Latit.	16°	17°	18°	19°	20°	21°	22°	23°	24°	25°	26°	27°	28°	29°	30°
°	h m	h m	h m	h m	h m	h m	h m	h m	h m	h m	h m	h m	h m	h m	h m
1	0 1	0 1	0 1	0 1	0 1	0 2	0 2	0 2	0 2	0 2	0 2	0 2	0 2	0 2	0 2
2	0 2	0 2	0 3	0 3	0 3	0 3	0 3	0 3	0 4	0 4	0 4	0 4	0 4	0 4	0 4
3	0 3	0 4	0 4	0 4	0 4	0 5	0 5	0 5	0 5	0 6	0 6	0 6	0 6	0 7	0 7
4	0 5	0 5	0 5	0 6	0 6	0 6	0 6	0 7	0 7	0 7	0 8	0 8	0 9	0 9	0 9
5	0 6	0 6	0 7	0 7	0 7	0 8	0 8	0 9	0 9	0 9	0 10	0 10	0 11	0 11	0 12
6	0 7	0 7	0 8	0 8	0 9	0 9	0 10	0 10	0 11	0 11	0 12	0 12	0 13	0 13	0 14
7	0 8	0 9	0 9	0 10	0 10	0 11	0 11	0 12	0 13	0 13	0 14	0 14	0 15	0 16	0 16
8	0 9	0 10	0 10	0 11	0 12	0 12	0 13	0 14	0 14	0 15	0 16	0 16	0 17	0 18	0 19
9	0 10	0 11	0 12	0 12	0 13	0 14	0 15	0 15	0 16	0 17	0 18	0 19	0 19	0 20	0 21
10	0 12	0 12	0 13	0 14	0 15	0 16	0 16	0 17	0 18	0 19	0 20	0 21	0 21	0 22	0 23
11	0 13	0 14	0 14	0 15	0 16	0 17	0 18	0 19	0 20	0 21	0 22	0 23	0 24	0 25	0 26
12	0 14	0 15	0 16	0 17	0 18	0 19	0 20	0 21	0 22	0 23	0 24	0 25	0 26	0 27	0 28
13	0 15	0 16	0 17	0 18	0 19	0 20	0 21	0 22	0 24	0 25	0 26	0 27	0 28	0 29	0 31
14	0 16	0 17	0 19	0 20	0 21	0 22	0 23	0 24	0 25	0 27	0 28	0 29	0 30	0 31	0 33
15	0 18	0 19	0 20	0 21	0 22	0 24	0 25	0 26	0 27	0 29	0 30	0 31	0 33	0 34	0 36
16	0 19	0 20	0 21	0 23	0 24	0 25	0 27	0 28	0 29	0 31	0 32	0 34	0 35	0 37	0 38
17	0 20	0 21	0 23	0 24	0 26	0 27	0 28	0 30	0 31	0 33	0 34	0 36	0 37	0 39	0 41
18	0 21	0 23	0 24	0 26	0 27	0 29	0 30	0 32	0 33	0 35	0 36	0 38	0 40	0 41	0 43
19	0 23	0 24	0 26	0 27	0 29	0 30	0 32	0 34	0 35	0 37	0 39	0 40	0 42	0 44	0 46
20	0 24	0 26	0 27	0 29	0 30	0 32	0 34	0 36	0 37	0 39	0 41	0 43	0 45	0 47	0 49
21	0 25	0 27	0 29	0 30	0 32	0 34	0 36	0 38	0 39	0 41	0 43	0 45	0 47	0 49	0 51
22	0 27	0 28	0 30	0 32	0 34	0 36	0 38	0 40	0 41	0 43	0 45	0 48	0 50	0 52	0 54
23	0 28	0 30	0 32	0 34	0 36	0 37	0 39	0 42	0 44	0 46	0 48	0 50	0 52	0 54	0 57
24	0 29	0 31	0 33	0 35	0 37	0 39	0 41	0 44	0 46	0 48	0 50	0 52	0 55	0 57	1 0
25	0 31	0 33	0 35	0 37	0 39	0 41	0 43	0 46	0 48	0 50	0 53	0 55	0 57	1 0	1 2
26	0 32	0 34	0 36	0 39	0 41	0 43	0 45	0 48	0 50	0 53	0 55	0 58	1 0	1 3	1 5
27	0 34	0 36	0 38	0 40	0 43	0 45	0 47	0 50	0 52	0 55	0 58	1 0	1 3	1 6	1 8
28	0 35	0 37	0 40	0 42	0 45	0 47	0 50	0 52	0 55	0 57	1 0	1 3	1 6	1 9	1 11
29	0 37	0 39	0 42	0 44	0 47	0 49	0 52	0 54	0 57	1 0	1 3	1 6	1 9	1 12	1 15
30	0 38	0 41	0 43	0 46	0 49	0 51	0 54	0 57	1 0	1 2	1 5	1 8	1 11	1 15	1 18
31	0 40	0 42	0 45	0 48	0 51	0 53	0 56	0 59	1 2	1 5	1 8	1 11	1 14	1 18	1 21
32	0 41	0 44	0 47	0 50	0 53	0 56	0 58	1 1	1 5	1 8	1 11	1 14	1 18	1 21	1 25
33	0 43	0 46	0 49	0 52	0 55	0 58	1 1	1 4	1 7	1 11	1 14	1 17	1 21	1 24	1 28
34	0 45	0 48	0 51	0 54	0 57	1 0	1 3	1 7	1 10	1 13	1 17	1 20	1 24	1 28	1 32
35	0 46	0 49	0 53	0 56	0 59	1 2	1 6	1 9	1 13	1 16	1 20	1 24	1 27	1 31	1 35
36	0 48	0 51	0 55	0 58	1 1	1 5	1 8	1 12	1 16	1 19	1 23	1 27	1 31	1 35	1 39
37	0 50	0 53	0 57	1 0	1 4	1 7	1 11	1 15	1 18	1 22	1 26	1 30	1 34	1 39	1 43
38	0 52	0 55	0 59	1 2	1 6	1 10	1 14	1 17	1 21	1 25	1 30	1 34	1 38	1 43	1 47
39	0 54	0 57	1 1	1 5	1 9	1 12	1 16	1 20	1 25	1 29	1 33	1 37	1 42	1 47	1 51
40	0 56	0 59	1 3	1 7	1 11	1 15	1 19	1 23	1 28	1 32	1 37	1 41	1 46	1 51	1 56
41	0 58	1 2	1 6	1 10	1 14	1 18	1 22	1 27	1 31	1 36	1 40	1 45	1 50	1 55	2 0
42	1 0	1 4	1 8	1 12	1 17	1 21	1 25	1 30	1 35	1 39	1 44	1 49	1 55	2 0	2 5
43	1 2	1 6	1 11	1 15	1 19	1 24	1 29	1 33	1 38	1 43	1 48	1 53	1 59	2 4	2 10
44	1 4	1 9	1 13	1 18	1 22	1 27	1 32	1 37	1 42	1 47	1 52	1 58	2 4	2 9	2 16
45	1 7	1 11	1 16	1 21	1 25	1 30	1 35	1 40	1 46	1 51	1 57	2 3	2 8	2 15	2 21
46	1 9	1 14	1 19	1 24	1 29	1 34	1 39	1 44	1 50	1 55	2 1	2 7	2 14	2 20	2 27
47	1 12	1 17	1 22	1 27	1 32	1 37	1 43	1 48	1 54	2 0	2 6	2 12	2 19	2 26	2 33
48	1 14	1 19	1 25	1 30	1 35	1 41	1 47	1 53	1 59	2 5	2 11	2 18	2 25	2 32	2 40
49	1 17	1 22	1 28	1 33	1 39	1 45	1 51	1 57	2 3	2 10	2 17	2 24	2 31	2 38	2 46
50	1 20	1 25	1 31	1 37	1 43	1 49	1 55	2 2	2 8	2 15	2 22	2 30	2 37	2 45	2 54
51	1 23	1 29	1 35	1 41	1 47	1 53	2 0	2 6	2 13	2 21	2 28	2 36	2 44	2 53	3 2
52	1 26	1 32	1 38	1 45	1 51	1 58	2 5	2 12	2 19	2 27	2 35	2 43	2 52	3 1	3 11
53	1 29	1 36	1 42	1 49	1 56	2 2	2 10	2 17	2 25	2 33	2 41	2 50	3 0	3 9	3 20
54	1 33	1 40	1 46	1 53	2 0	2 8	2 15	2 23	2 31	2 40	2 49	2 58	3 8	3 19	3 30
56	1 41	1 48	1 55	2 3	2 11	2 19	2 27	2 36	2 45	2 55	3 5	3 16	3 28	3 41	3 55
58	1 49	1 57	2 5	2 14	2 22	2 32	2 41	2 51	3 2	3 13	3 25	3 38	3 53	4 10	4 30
60	1 59	2 8	2 17	2 26	2 36	2 47	2 58	3 9	3 22	3 35	3 51	4 8	4 28	4 55	6 0
62	2 11	2 20	2 31	2 41	2 53	3 5	3 18	3 32	3 47	4 5	4 26	4 54	6 0		
64	2 24	2 35	2 47	3 0	3 13	3 28	3 44	4 2	4 24	4 52	6 0				

TABLE V.

AMPLITUDES.

Déclinaison.

Lat	1°		2°		3°		4°		5°		6°		7°		8°		9°		10°		11°		12°		13°		14°	
°	°	′	°	′	°	′	°	′	°	′	°	′	°	′	°	′	°	′	°	′	°	′	°	′	°	′	°	′
1	1	0	2	0	3	0	4	0	5	0	6	0	7	0	8	0	9	0	10	0	11	0	12	0	13	0	14	0
3	1	0	2	0	3	0	4	0	5	0	6	0	7	1	8	1	9	1	10	1	11	1	12	1	13	1	14	1
5	1	0	2	0	3	1	4	1	5	1	6	1	7	2	8	2	9	2	10	2	11	3	12	3	13	4	14	3
6	1	0	2	1	3	1	4	1	5	2	6	2	7	2	8	3	9	3	10	3	11	4	12	4	13	4	14	5
7	1	0	2	1	3	1	4	2	5	2	6	3	7	3	8	4	9	4	10	5	11	5	12	5	13	6	14	6
8	1	1	2	1	3	2	4	2	5	3	6	4	7	4	8	5	9	5	10	6	11	7	12	7	13	8	14	8
9	1	1	2	1	3	2	4	3	5	4	6	5	7	5	8	6	9	7	10	8	11	8	12	9	13	10	14	11
10	1	1	2	2	3	3	4	3	5	5	6	6	7	7	8	7	9	8	10	9	11	10	12	11	13	12	14	13
11	1	1	2	2	3	3	4	4	5	6	6	7	7	8	8	9	9	10	10	11	11	13	12	14	13	15	14	16
12	1	1	2	3	3	4	4	5	5	7	6	9	7	10	8	11	9	12	10	14	11	16	12	17	13	18	14	20
13	1	2	2	3	3	5	4	6	5	8	6	10	7	11	8	13	9	14	10	16	11	18	12	19	13	21	14	23
14	1	2	2	4	3	6	4	7	5	9	6	11	7	13	8	15	9	17	10	19	11	20	12	22	13	24	14	26
15	1	2	2	4	3	6	4	8	5	11	6	13	7	15	8	17	9	19	10	21	11	24	12	26	13	28	14	30
16	1	2	2	5	3	7	4	10	5	12	6	15	7	17	8	19	9	22	10	24	11	27	12	29	13	32	14	35
17	1	3	2	5	3	8	4	11	5	14	6	17	7	19	8	22	9	25	10	28	11	31	12	33	13	36	14	39
18	1	3	2	6	3	9	4	12	5	15	6	19	7	22	8	25	9	28	10	31	11	34	12	38	13	41	14	44
19	1	3	2	7	3	10	4	14	5	17	6	21	7	24	8	28	9	31	10	35	11	39	12	42	13	46	14	49
20	1	4	2	8	3	12	4	15	5	19	6	23	7	27	8	31	9	35	10	39	11	43	12	47	13	51	14	55
21	1	4	2	9	3	13	4	17	5	21	6	26	7	30	8	34	9	39	10	43	11	48	12	52	13	57	15	1
22	1	5	2	9	3	14	4	19	5	24	6	28	7	33	8	38	9	43	10	48	11	53	12	57	14	2	15	7
23	1	5	2	10	3	16	4	21	5	26	6	31	7	36	8	42	9	47	10	52	11	58	13	3	14	9	15	14
24	1	6	2	11	3	17	4	23	5	28	6	34	7	40	8	46	9	52	10	57	12	3	13	9	14	15	15	21
25	1	6	2	12	3	19	4	25	5	31	6	37	7	44	8	50	9	56	11	3	12	9	13	16	14	22	15	29
26	1	7	2	14	3	20	4	27	5	34	6	41	7	48	8	54	10	1	11	8	12	15	13	22	14	30	15	37
27	1	7	2	15	3	22	4	29	5	37	6	44	7	52	8	59	10	7	11	14	12	22	13	30	14	37	15	45
28	1	8	2	16	3	24	4	32	5	40	6	48	7	56	9	4	10	12	11	21	12	29	13	37	14	46	15	54
29	1	9	2	17	3	26	4	34	5	43	6	52	8	1	9	9	10	18	11	27	12	36	13	45	14	54	16	3
30	1	9	2	19	3	28	4	37	5	47	6	56	8	5	9	15	10	24	11	34	12	44	13	53	15	3	16	13
31	1	10	2	20	3	30	4	40	5	50	7	0	8	10	9	21	10	31	11	41	12	52	14	2	15	13	16	24
32	1	11	2	22	3	32	4	43	5	54	7	5	8	16	9	27	10	38	11	49	13	0	14	11	15	23	16	34
33	1	12	2	23	3	35	4	46	5	58	7	10	8	21	9	33	10	45	11	57	13	9	14	21	15	34	16	46
34	1	12	2	25	3	37	4	50	6	2	7	15	8	27	9	40	10	53	12	5	13	18	14	31	15	45	16	58
35	1	13	2	27	3	40	4	53	6	6	7	20	8	33	9	47	11	1	12	14	13	28	14	42	15	56	17	11
36	1	14	2	28	3	43	4	57	6	11	7	25	8	40	9	54	11	9	12	24	13	39	14	54	16	9	17	24
37	1	15	2	30	3	45	5	1	6	16	7	31	8	47	10	2	11	18	12	33	13	49	15	5	16	22	17	38
38	1	16	2	32	3	48	5	5	6	21	7	37	8	54	10	10	11	27	12	44	14	1	15	18	16	35	17	53
39	1	17	2	34	3	52	5	9	6	26	7	44	9	1	10	19	11	37	12	55	14	13	15	31	16	50	18	8
40	1	18	2	37	3	55	5	13	6	32	7	51	9	9	10	28	11	47	13	6	14	25	15	45	17	5	18	25
41	1	20	2	39	3	59	5	18	6	38	7	58	9	18	10	38	11	58	13	18	14	39	15	59	17	20	18	42
42	1	21	2	42	4	2	5	23	6	44	8	5	9	26	10	48	12	9	13	31	14	53	16	15	17	37	19	0
43	1	22	2	44	4	6	5	28	6	51	8	13	9	36	10	58	12	21	13	44	15	7	16	31	17	55	19	19
44	1	23	2	47	4	10	5	34	6	58	8	21	9	45	11	9	12	34	13	58	15	23	16	48	18	13	19	39
45	1	25	2	50	4	15	5	40	7	5	8	30	9	55	11	21	12	47	14	13	15	39	17	6	18	33	20	0
46	1	26	2	53	4	19	5	46	7	12	8	39	10	6	11	33	13	1	14	29	15	57	17	25	18	54	20	23
47	1	28	2	56	4	24	5	52	7	21	8	49	10	18	11	46	13	16	14	45	16	15	17	45	19	16	20	47
48	1	30	2	59	4	29	5	59	7	29	8	59	10	30	12	0	13	31	15	2	16	34	18	6	19	39	21	12
49	1	31	3	3	4	35	6	6	7	38	9	10	10	42	12	15	13	48	15	21	16	54	18	29	20	3	21	38
50	1	33	3	7	4	40	6	14	7	48	9	22	10	56	12	30	14	5	15	40	17	16	18	52	20	29	22	7
51	1	35	3	11	4	46	6	22	7	58	9	34	11	10	12	47	14	24	16	1	17	39	19	17	20	57	22	36
52	1	37	3	15	4	53	6	30	8	8	9	47	11	25	13	4	14	43	16	23	18	3	19	44	21	26	23	8
53	1	40	3	19	4	59	6	39	8	20	10	0	11	41	13	22	15	4	16	46	18	29	20	13	21	57	23	42
54	1	42	3	24	5	7	6	49	8	32	10	15	11	58	13	42	15	26	17	11	18	57	20	43	22	30	24	18
55	1	45	3	29	5	14	6	59	8	44	10	30	12	16	14	3	15	50	17	37	19	26	21	15	23	5	24	57
56	1	47	3	35	5	22	7	10	8	58	10	46	12	35	14	25	16	15	18	5	19	57	21	50	23	43	25	38
57	1	50	3	40	5	31	7	22	9	13	11	4	12	56	14	48	16	42	18	36	20	30	22	26	24	24	26	22
58	1	53	3	47	5	40	7	34	9	28	11	23	13	18	15	14	17	10	19	8	21	6	23	6	25	7	27	10
59	1	57	3	53	5	50	7	47	9	45	11	43	13	41	15	41	17	41	19	42	21	45	23	49	25	54	28	1
60	2	0	4	0	6	0	8	1	10	2	12	4	14	6	16	10	18	14	20	19	22	26	24	34	26	44	28	56
61	2	4	4	8	6	12	8	16	10	21	12	27	14	34	16	41	18	49	20	59	23	11	25	24	27	39	29	56
62	2	8	4	16	6	24	8	33	10	42	12	52	15	3	17	15	19	28	21	42	23	59	26	17	28	38	31	1

AMPLITUDES.

Déclinaison.

Values are given as degrees and minutes (° ′).

Lat.	15°	16°	17°	18°	19°	20°	21°	21° 30′	22°	22° 30′	23°	23° 30′
1	15 0	16 0	17 0	18 0	19 0	20 0	21 0	21 30	22 0	22 30	23 0	23 30
3	15 1	16 1	17 1	18 2	19 2	20 2	21 2	21 32	22 2	22 32	23 2	23 32
5	15 4	16 4	17 4	18 4	19 5	20 5	21 5	21 35	22 5	22 35	23 6	23 36
6	15 5	16 5	17 6	18 6	19 7	20 7	21 7	21 37	22 7	22 37	23 8	23 38
7	15 7	16 7	17 8	18 8	19 9	20 9	21 10	21 40	22 10	22 41	23 11	23 41
8	15 9	16 9	17 10	18 11	19 12	20 12	21 13	21 43	22 14	22 44	23 14	23 45
9	15 11	16 12	17 13	18 14	19 15	20 16	21 16	21 47	22 17	22 48	23 18	23 49
10	15 14	16 15	17 16	18 17	19 18	20 19	21 20	21 50	22 21	22 52	23 22	23 53
11	15 17	16 18	17 20	18 21	19 22	20 23	21 25	21 55	22 26	22 57	23 27	23 58
12	15 20	16 22	17 24	18 25	19 26	20 28	21 30	22 0	22 31	23 2	23 32	24 2
13	15 24	16 26	17 28	18 29	19 31	20 33	21 35	22 6	22 37	23 8	23 38	24 9
14	15 28	16 30	17 32	18 34	19 36	20 38	21 40	22 11	22 43	23 14	23 45	24 16
15	15 33	16 35	17 37	18 39	19 42	20 44	21 47	22 18	22 49	23 20	23 52	24 23
16	15 37	16 40	17 42	18 45	19 48	20 51	21 53	22 25	22 56	23 28	23 59	24 30
17	15 42	16 45	17 48	18 51	19 54	20 57	22 1	22 32	23 4	23 35	24 7	24 39
18	15 47	16 51	17 54	18 58	20 1	21 5	22 8	22 40	23 12	23 44	24 15	24 47
19	15 53	16 57	18 1	19 5	20 8	21 12	22 16	22 49	23 20	23 52	24 25	24 57
20	15 59	17 3	18 8	19 12	20 16	21 21	22 25	22 57	23 30	24 2	24 34	25 7
21	16 6	17 10	18 15	19 20	20 25	21 29	22 34	23 7	23 39	24 12	24 45	25 17
22	16 13	17 18	18 23	19 28	20 33	21 39	22 44	23 17	23 50	24 23	24 55	25 28
23	16 20	17 25	18 31	19 37	20 43	21 49	22 55	23 28	24 1	24 34	25 7	25 40
24	16 27	17 34	18 40	19 46	20 53	21 59	23 6	23 39	24 13	24 46	25 19	25 53
25	16 36	17 42	18 49	19 56	21 3	22 10	23 18	23 51	24 25	24 59	25 32	26 6
26	16 44	17 52	18 59	20 7	21 14	22 22	23 30	24 4	24 38	25 12	25 46	26 20
27	16 53	18 1	19 9	20 18	21 26	22 34	23 43	24 17	24 52	25 26	26 1	26 35
28	17 3	18 11	19 20	20 29	21 38	22 47	23 57	24 31	25 6	25 41	26 16	26 51
29	17 13	18 22	19 32	20 41	21 51	23 1	24 11	24 46	25 22	25 57	26 32	27 7
30	17 23	18 34	19 44	20 54	22 5	23 16	24 27	25 2	25 38	26 13	26 49	27 25
31	17 34	18 45	19 57	21 8	22 19	23 31	24 43	25 19	25 55	26 31	27 7	27 43
32	17 46	18 58	20 10	21 22	22 35	23 47	25 0	25 36	26 13	26 49	27 26	28 3
33	17 59	19 11	20 24	21 37	22 51	24 4	25 18	25 55	26 32	27 9	27 46	28 23
34	18 11	19 25	20 39	21 53	23 7	24 22	25 37	26 14	26 52	27 29	28 7	28 45
35	18 25	19 40	20 55	22 10	23 25	24 41	25 57	26 35	27 13	27 51	28 29	29 8
36	18 39	19 55	21 11	22 27	23 44	25 1	26 18	26 56	27 35	28 14	28 53	29 32
37	18 55	20 11	21 28	22 46	24 3	25 21	26 40	27 19	27 58	28 38	29 17	29 57
38	19 10	20 28	21 47	23 5	24 24	25 43	27 3	27 43	28 23	29 3	29 44	30 24
39	19 27	20 46	22 6	23 26	24 46	26 7	27 28	28 8	28 49	29 30	30 11	30 52
40	19 45	21 5	22 26	23 47	25 9	26 31	27 54	28 35	29 17	29 58	30 40	31 22
41	20 3	21 25	22 48	24 10	25 33	26 57	28 21	29 3	29 46	30 28	31 11	31 54
42	20 23	21 46	23 10	24 34	25 59	27 24	28 50	29 33	30 16	31 0	31 43	32 27
43	20 44	22 8	23 34	25 0	26 26	27 53	29 20	30 5	30 49	31 33	32 18	33 2
44	21 5	22 32	23 59	25 26	26 55	28 23	29 53	30 38	31 23	32 8	32 54	33 39
45	21 28	22 57	24 25	25 55	27 25	28 56	30 27	31 13	31 59	32 46	33 33	34 20
46	21 53	23 23	24 53	26 25	27 57	29 30	31 3	31 51	32 38	33 26	34 14	35 2
47	22 18	23 50	25 23	26 57	28 31	30 6	31 42	32 30	33 19	34 8	34 57	35 47
48	22 45	24 20	25 55	27 30	29 7	30 44	32 23	33 13	34 3	34 53	35 44	36 35
49	23 14	24 51	26 28	28 6	29 45	31 25	33 7	33 58	34 49	35 41	36 33	37 26
50	23 45	25 24	27 3	28 44	30 26	32 9	33 53	34 46	35 39	36 32	37 26	38 20
51	24 17	25 59	27 41	29 25	31 9	32 55	34 43	35 37	36 32	37 27	38 23	39 19
52	24 52	26 36	28 21	30 8	31 56	33 45	35 36	36 32	37 29	38 26	39 24	40 22
53	25 28	27 16	29 4	30 54	32 45	34 38	36 33	37 31	38 30	39 29	40 29	41 30
54	26 7	27 58	29 50	31 43	33 38	35 35	37 34	38 34	39 36	40 37	41 40	42 43
55	26 49	28 43	30 39	32 36	34 35	36 36	38 40	39 43	40 47	41 51	42 56	44 3
56	27 34	29 32	31 31	33 33	35 36	37 42	39 51	40 57	42 4	43 11	44 20	45 29
57	28 22	30 24	32 28	34 34	36 43	38 54	41 9	42 18	43 27	44 38	45 50	47 4
58	29 14	31 21	33 29	35 40	37 54	40 12	42 33	43 45	44 59	46 14	47 30	48 48
59	30 10	32 21	34 35	36 52	39 12	41 37	44 6	45 22	46 40	47 59	49 21	50 44
60	31 10	33 27	35 47	38 10	40 38	43 10	45 47	47 8	48 31	49 56	51 24	52 54
61	32 16	34 39	37 5	39 36	42 11	44 52	47 40	49 7	50 36	52 7	53 42	55 20
62	33 27	35 57	38 31	41 10	43 54	46 46	49 46	51 19	52 56	54 36	56 20	58 9

VARIATION DE L'AMPLITUDE POUR 100′ DE CHANGEMENT EN HAUTEUR.

Latit.	Amplitude du côté du pôle élevé.									Amplitude du côté du pôle abaissé.								
°	0°	10°	15°	20°	30°	40°	45°	50°	55°	0°	10°	15°	20°	30°	40°	45°	50°	55°
1	2	2	2	2	2	2	2	3	3	2	2	2	2	2	2	2	3	3
3	5	5	5	5	6	6	7	8	9	5	5	5	5	6	7	7	9	10
5	8	8	8	9	10	10	12	14	15	8	8	8	9	10	12	13	15	17
6	10	10	10	11	12	12	14	16	18	10	10	10	11	12	14	15	17	20
7	12	12	12	13	14	14	16	19	21	12	12	12	13	14	16	17	19	23
8	14	14	14	15	16	17	18	21	24	14	14	14	15	17	19	20	22	26
9	16	16	16	17	18	19	20	24	27	16	16	16	17	19	22	22	25	29
10	18	18	18	19	20	22	23	27	30	18	18	18	20	22	25	25	28	32
11	19	20	20	21	22	24	25	29	33	19	20	20	22	24	27	28	31	35
12	21	22	22	23	24	26	28	32	36	21	22	22	24	26	29	30	34	38
13	23	24	24	25	26	28	31	34	39	23	24	24	26	28	31	32	37	41
14	25	26	26	27	28	30	34	37	42	25	26	26	28	30	33	35	40	44
15	27	28	28	29	30	33	37	40	45	27	28	28	30	32	35	38	43	48
16	29	29	29	30	32	35	39	43	48	29	30	30	32	34	37	41	46	51
17	31	31	31	32	34	38	41	46	52	31	32	32	34	36	39	44	49	54
18	33	33	33	34	37	41	44	49	55	33	34	34	36	38	41	47	52	58
19	35	35	35	37	40	44	47	52	58	35	36	36	38	40	45	50	55	61
20	37	37	37	39	42	47	50	55	62	37	38	38	40	43	48	53	58	65
21	39	39	39	41	44	49	53	58	65	39	40	40	42	45	50	55	61	68
22	41	41	41	43	46	51	56	62	69	41	42	42	44	47	53	58	64	72
23	43	43	43	45	48	54	59	65	72	43	44	44	46	50	56	61	68	75
24	45	45	45	47	50	57	62	68	76	45	46	46	48	52	59	64	72	79
25	47	48	48	50	53	60	65	72	80	47	48	48	51	55	62	67	75	83
26	49	50	50	52	55	63	68	75	83	49	50	50	52	57	65	70	78	87
27	51	52	52	54	57	66	71	78	87	51	52	52	55	59	68	73	81	91
28	53	54	54	56	60	69	74	81	90	53	54	54	57	62	71	76	85	95
29	55	56	57	59	62	72	77	84	94	55	56	57	59	65	74	79	88	99
30	58	59	60	62	65	75	80	88	98	58	59	60	62	68	77	83	92	104
31	60	61	62	64	68	78	83	91	102	60	61	62	64	70	80	86	96	108
32	62	63	64	66	71	81	86	95	106	62	63	64	66	73	83	90	100	112
33	65	66	67	69	74	84	90	99	110	65	66	67	69	76	86	94	104	116
34	67	68	69	71	77	87	93	103	114	67	69	70	73	79	89	98	108	120
35	70	71	72	74	80	90	97	107	118	70	72	73	76	82	93	102	112	125
36	72	74	75	77	83	93	101	111	122	72	74	75	78	85	96	106	116	130
37	75	77	78	80	86	97	105	115	127	75	77	78	81	88	100	110	120	135
38	77	80	81	83	89	100	109	119	132	77	79	81	83	91	104	114	124	140
39	80	83	84	87	93	104	113	123	137	80	82	84	86	94	108	118	128	145
40	83	86	87	90	97	108	117	128	142	83	85	87	90	98	112	122	133	150
41	87	89	90	93	100	112	122	133	147	87	89	90	94	102	115	125	138	157
42	90	92	93	96	103	115	125	137	153	90	92	93	96	105	120	130	143	162
43	93	96	97	99	107	120	130	142	158	93	95	97	101	108	123	135	148	167
44	97	99	100	102	110	125	133	147	163	97	99	100	104	112	128	138	153	173
45	100	102	103	106	115	128	138	152	170	100	102	103	107	117	132	145	160	180
46	103	106	107	110	118	133	143	158	175	103	105	108	111	122	137	150	165	187
47	107	109	110	113	123	138	148	163	182	107	109	112	115	125	142	155	172	193
48	112	114	115	118	127	143	155	168	188	112	113	115	119	130	147	158	177	200
49	115	117	118	122	132	148	160	175	195	115	117	120	124	135	153	167	183	207
50	120	122	123	127	137	153	165	182	202	120	121	123	127	140	158	172	190	215
51	123	126	127	131	142	158	172	187	208	123	125	128	132	145	163	178	196	223
52	128	131	132	136	147	165	177	192	217	128	130	133	137	150	170	185	205	232
53	133	136	137	141	152	170	183	200	223	133	135	138	142	155	177	192	212	240
54	138	141	142	146	157	177	190	208	232	138	140	143	147	162	183	198	220	248
55	143	146	147	151	163	183	198	217	240	143	145	148	152	167	190	207	228	258
56	148	152	153	157	168	190	205	225	250	148	151	155	159	173	197	215	238	268
57	153	157	158	162	175	197	213	233	258	153	156	160	164	180	205	223	247	280
58	160	164	165	170	183	205	222	242	268	160	163	167	171	187	213	232	257	292
59	167	171	172	177	190	213	230	252	280	167	170	173	178	195	222	242	268	303
60	173	177	178	183	198	222	239	262	290	173	177	180	186	203	232	252	278	317
61	182	186	187	192	207	232	250	273	302	182	185	188	195	212	242	263	290	330
62	190	194	195	200	215	242	260	285	315	190	194	197	204	222	252	275	303	345

LATITUDES CROISSANTES.

Latit. °	'		Latit. °	'		Latit. °	'		Latit. °	'		Latit. °	'		Latit. °	'		Latit. °	'	
0	0	0	9	0	542	18	0	1098	27	0	1684	36	0	2318	45	0	3030	54	0	3865
	10	10		10	552		10	1109		10	1695		10	2330		10	3044		10	3882
	20	20		20	562		20	1119		20	1706		20	2343		20	3058		20	3899
	30	30		30	573		30	1130		30	1717		30	2355		30	3073		30	3916
	40	40		40	583		40	1140		40	1729		40	2368		40	3087		40	3933
	50	50		50	593		50	1151		50	1740		50	2380		50	3101		50	3951
1	0	60	10	0	603	19	0	1161	28	0	1751	37	0	2393	46	0	3116	55	0	3968
	10	70		10	613		10	1172		10	1762		10	2405		10	3130		10	3985
	20	80		20	623		20	1183		20	1774		20	2418		20	3144		20	4003
	30	90		30	634		30	1193		30	1785		30	2430		30	3159		30	4021
	40	100		40	644		40	1204		40	1797		40	2443		40	3173		40	4038
	50	110		50	654		50	1214		50	1808		50	2456		50	3188		50	4056
2	0	120	11	0	664	20	0	1225	29	0	1819	38	0	2469	47	0	3203	56	0	4074
	10	130		10	674		10	1235		10	1831		10	2481		10	3217		10	4092
	20	140		20	684		20	1246		20	1842		20	2494		20	3232		20	4110
	30	150		30	695		30	1257		30	1854		30	2506		30	3247		30	4128
	40	160		40	705		40	1268		40	1865		40	2519		40	3262		40	4146
	50	170		50	715		50	1278		50	1877		50	2532		50	3277		50	4164
3	0	180	12	0	725	21	0	1289	30	0	1888	39	0	2545	48	0	3292	57	0	4183
	10	190		10	736		10	1300		10	1900		10	2558		10	3306		10	4201
	20	200		20	746		20	1311		20	1912		20	2571		20	3322		20	4219
	30	210		30	756		30	1321		30	1923		30	2584		30	3337		30	4238
	40	220		40	766		40	1332		40	1935		40	2597		40	3352		40	4257
	50	230		50	777		50	1343		50	1946		50	2610		50	3367		50	4275
4	0	240	13	0	787	22	0	1354	31	0	1958	40	0	2623	49	0	3382	58	0	4294
	10	250		10	797		10	1364		10	1970		10	2636		10	3397		10	4313
	20	260		20	807		20	1375		20	1981		20	2649		20	3413		20	4332
	30	270		30	818		30	1386		30	1993		30	2662		30	3428		30	4351
	40	280		40	828		40	1397		40	2005		40	2675		40	3443		40	4370
	50	290		50	838		50	1408		50	2017		50	2688		50	3459		50	4390
5	0	300	14	0	848	23	0	1419	32	0	2028	41	0	2702	50	0	3474	59	0	4409
	10	310		10	859		10	1429		10	2040		10	2715		10	3490		10	4429
	20	320		20	869		20	1440		20	2052		20	2728		20	3506		20	4448
	30	330		30	879		30	1451		30	2064		30	2741		30	3521		30	4468
	40	341		40	890		40	1462		40	2076		40	2755		40	3537		40	4488
	50	351		50	900		50	1473		50	2088		50	2768		50	3553		50	4507
6	0	361	15	0	910	24	0	1484	33	0	2099	42	0	2782	51	0	3569	60	0	4527
	10	371		10	921		10	1495		10	2111		10	2795		10	3585		10	4547
	20	381		20	931		20	1506		20	2123		20	2809		20	3601		20	4568
	30	391		30	942		30	1517		30	2135		30	2822		30	3617		30	4588
	40	401		40	952		40	1528		40	2147		40	2836		40	3633		40	4608
	50	411		50	962		50	1539		50	2159		50	2849		50	3649		50	4629
7	0	421	16	0	973	25	0	1550	34	0	2171	43	0	2863	52	0	3665	61	0	4649
	10	431		10	983		10	1561		10	2184		10	2877		10	3681		10	4670
	20	441		20	994		20	1572		20	2196		20	2891		20	3698		20	4691
	30	451		30	1004		30	1583		30	2208		30	2904		30	3714		30	4712
	40	461		40	1014		40	1594		40	2220		40	2918		40	3731		40	4733
	50	471		50	1025		50	1605		50	2232		50	2932		50	3747		50	4754
8	0	482	17	0	1035	26	0	1616	35	0	2244	44	0	2946	53	0	3764	62	0	4775
	10	492		10	1046		10	1628		10	2256		10	2960		10	3780		10	4796
	20	502		20	1056		20	1639		20	2269		20	2974		20	3797		20	4818
	30	512		30	1067		30	1650		30	2281		30	2988		30	3814		30	4839
	40	522		40	1077		40	1661		40	2293		40	3002		40	3831		40	4861
	50	532		50	1088		50	1672		50	2306		50	3016		50	3848		50	4883

LATITUDES CROISSANTES.

Latit. °	'		Latit. °	'		Latit. °	'		Latit. °	'		Latit. °	'		Latit. °	'		Latit. °	'	
63	0	4905	67	0	5474	71	0	6146	75	0	6970	79	0	8046	83	0	9606	87	0	12522
	10	4927		10	5500		10	6177		10	7009		10	8098		10	9689		10	12719
	20	4949		20	5526		20	6208		20	7048		20	8152		20	9774		20	12927
	30	4972		30	5552		30	6239		30	7088		30	8207		30	9861		30	13149
	40	4994		40	5578		40	6271		40	7128		40	8262		40	9951		40	13386
	50	5017		50	5604		50	6303		50	7169		50	8318		50	10043		50	13641
64	0	5039	68	0	5631	72	0	6333	76	0	7210	80	0	8375	84	0	10137	88	0	13916
	10	5062		10	5658		10	6367		10	7252		10	8433		10	10234		10	14216
	20	5085		20	5685		20	6400		20	7294		20	8492		20	10334		20	14543
	30	5108		30	5712		30	6433		30	7336		30	8552		30	10436		30	14906
	40	5132		40	5739		40	6467		40	7379		40	8613		40	10542		40	15311
	50	5155		50	5767		50	6500		50	7423		50	8676		50	10652		50	15770
65	0	5179	69	0	5795	73	0	6534	77	0	7467	81	0	8739	85	0	10765	89	0	16300
	10	5203		10	5823		10	6569		10	7512		10	8804		10	10881		10	16926
	20	5226		20	5851		20	6603		20	7557		20	8869		20	11002		20	17693
	30	5250		30	5879		30	6638		30	7603		30	8936		30	11127		30	18682
	40	5275		40	5908		40	6674		40	7650		40	9005		40	11257		40	20076
	50	5299		50	5937		50	6710		50	7697		50	9074		50	11392		50	22459
66	0	5323	70	0	5966	74	0	6746	78	0	7745	82	0	9145	86	0	11533			
	10	5348		10	5995		10	6782		10	7793		10	9218		10	11679			
	20	5373		20	6025		20	6819		20	7842		20	9292		20	11832			
	30	5398		30	6055		50	6856		30	7892		30	9368		30	11992			
	40	5423		40	6085		40	6894		40	7942		40	9445		40	12160			
	50	5448		50	6115		50	6932		50	7994		50	9525		50	12336			

PARTIES PROPORTIONNELLES.

'	10	12	14	16	18	20	22	24	26	28	30	32	34	36	38	40
1	1.0	1.2	1.4	1.6	1.8	2.0	2.2	2.4	2.6	2.8	3.0	3.2	3.4	3.6	3.8	4.0
2	2.0	2.4	2.8	3.2	3.6	4.0	4.4	4.8	5.2	5.6	6.0	6.4	6.8	7.2	7.6	8.0
3	3.0	3.6	4.2	4.8	5.4	6.0	6.6	7.2	7.8	8.4	9.0	9.6	10.2	10.8	11.4	12.0
4	4.0	4.8	5.6	6.4	7.2	8.0	8.8	9.6	10.4	11.2	12.0	12.8	13.6	14.4	15.2	16.0
5	5.0	6.0	7.0	8.0	9.0	10.0	11.0	12.0	13.0	14.0	15.0	16.0	17.0	18.0	19.0	20.0
6	6.0	7.2	8.4	9.6	10.8	12.0	13.2	14.4	15.6	16.8	18.0	19.2	20.4	21.6	22.8	24.0
7	7.0	8.4	9.8	11.2	12.6	14.0	15.4	16.8	18.2	19.6	21.0	22.4	23.8	25.2	26.6	28.0
8	8.0	9.6	11.2	12.8	14.4	16.0	17.6	19.2	20.8	22.4	24.0	25.6	27.2	28.8	30.4	32.0
9	9.0	10.8	12.6	14.4	16.2	18.0	19.8	21.6	23.4	25.2	27.0	28.8	30.6	32.4	34.2	36.0

'	42	44	46	48	50	52	54	56	58	60	62	64	66	68	70	72
1	4.2	4.4	4.6	4.8	5.0	5.2	5.4	5.6	5.8	6.0	6.2	6.4	6.6	6.8	7.0	7.2
2	8.4	8.8	9.2	9.6	10.0	10.4	10.8	11.2	11.6	12.0	12.4	12.8	13.2	13.6	14.0	14.4
3	12.6	13.2	13.8	14.4	15.0	15.6	16.2	16.8	17.4	18.0	18.6	19.2	19.8	20.4	21.0	21.6
4	16.8	17.6	18.4	19.2	20.0	20.8	21.6	22.4	23.2	24.0	24.8	25.6	26.4	27.2	28.0	28.8
5	21.0	22.0	23.0	24.0	25.0	26.0	27.0	28.0	29.0	30.0	31.0	32.0	33.0	34.0	35.0	36.0
6	25.2	26.4	27.6	28.8	30.0	31.2	32.4	33.6	34.8	36.0	37.2	38.4	39.6	40.8	42.0	43.2
7	29.4	30.8	32.2	33.6	35.0	36.4	37.8	39.2	40.6	42.0	43.4	44.8	46.2	47.6	49.0	50.4
8	33.6	35.2	36.8	38.4	40.0	41.6	43.2	44.8	46.4	48.0	49.6	51.2	52.8	54.4	56.0	57.6
9	37.8	39.6	41.4	43.2	45.0	46.8	48.6	50.4	52.2	54.0	55.8	57.6	59.4	61.2	63.0	64.8

Bayonne, imprimerie de Vᵉ Lamaignère,
rue Pont-Mayou, 48.

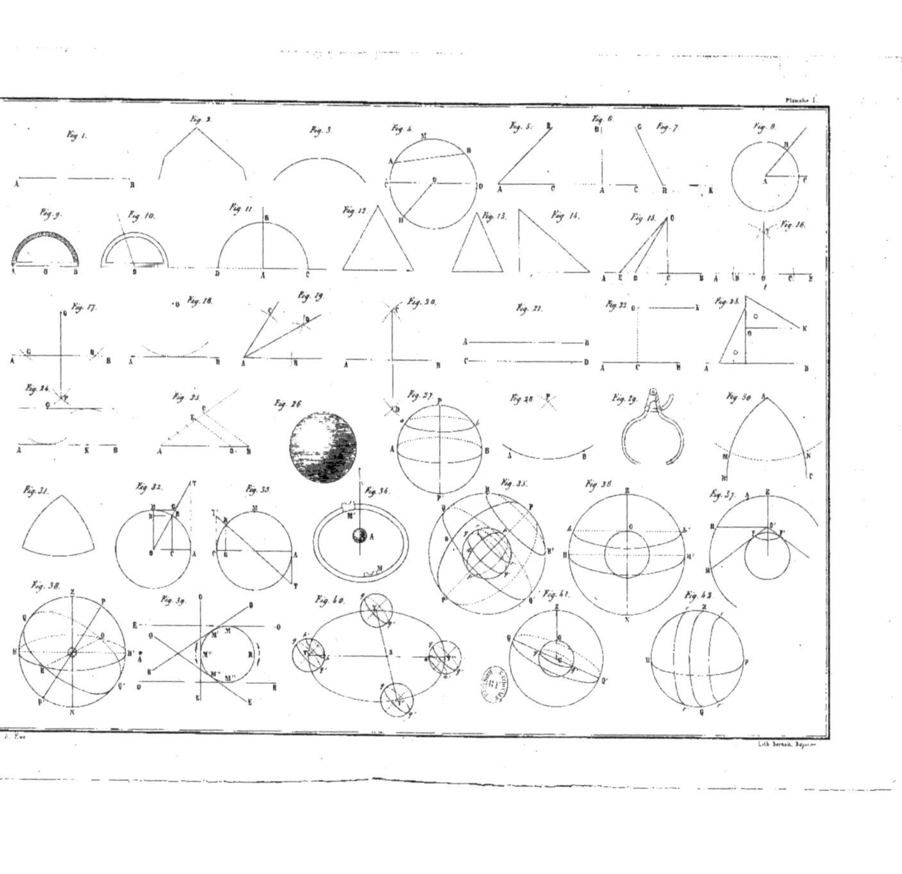

Fig. 1.
Fig. 2.
Fig. 3.
Fig. 4.
Fig. 5.
Fig. 6.
Fig. 7.
Fig. 8.
Fig. 9.
Fig. 10.
Fig. 11.
Fig. 12.
Fig. 13.
Fig. 14.
Fig. 15.
Fig. 16.
Fig. 17.
Fig. 18.
Fig. 19.
Fig. 20.
Fig. 21.
Fig. 22.
Fig. 23.
Fig. 24.
Fig. 25.
Fig. 26.
Fig. 27.
Fig. 28.
Fig. 29.
Fig. 30.
Fig. 31.
Fig. 32.
Fig. 33.
Fig. 34.
Fig. 35.
Fig. 36.
Fig. 37.
Fig. 38.
Fig. 39.
Fig. 40.
Fig. 41.
Fig. 42.

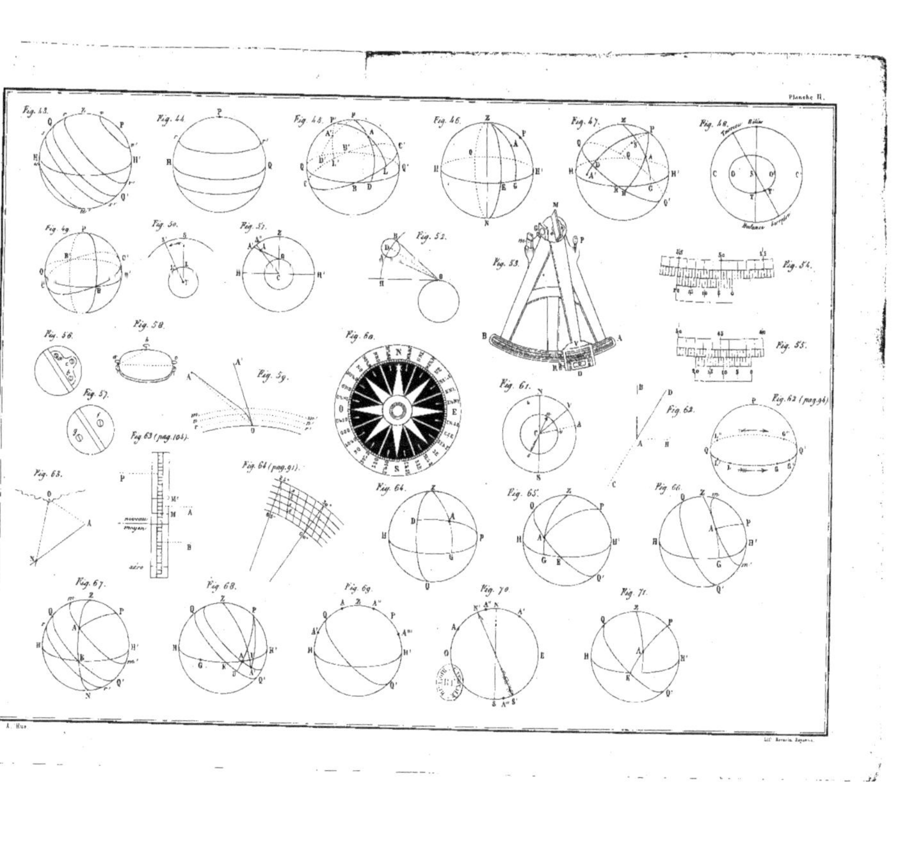

www.ingramcontent.com/pod-product-compliance
Ingram Content Group UK Ltd.
Pitfield, Milton Keynes, MK11 3LW, UK
UKHW022333090726
13658UKWH00001B/258